■2025年度高等学校受験用

武南高等学校

収録内容一覧

★この問題集は以下の収録内容となっています。また、編集の都合上、解説、解答用紙を省略させていただいている場合もございますのでご了承ください。

（○印は収録、一印は未収録）

入試問題の収録内容			解説	解答	解答用紙
2024年度	併願1	英語・数学・国語	○	○	○
	併願2	英語・数学・国語	―	○	○
2023年度	併願1	英語・数学・国語	○	○	○
	併願2	英語・数学・国語	―	○	○
2022年度	併願1	英語・数学・国語	○	○	○
	併願2	英語・数学・国語	―	○	○
2021年度	併願1	英語・数学・国語	○	○	○
	併願2	英語・数学・国語	―	○	○
2020年度	併願1	英語・数学・国語	○	○	○

★当問題集のバックナンバーは在庫がございません。あらかじめご了承ください。

JN004674

●凡例●

【英語】

≪解答≫

〔　〕　①別解

②置き換え可能な語句（なお下線は置き換える箇所が2語以上の場合）

（例）I am〔I'm〕glad〔happy〕to ~

（　）　省略可能な言葉

≪解説≫

1，2…　本文の段落（ただし本文が会話文の場合は話者の１つの発言）

〔　〕　置き換え可能な語句（なお〔　〕の前の下線は置き換える箇所が２語以上の場合）

（　）　①省略が可能な言葉

（例）「（数が）いくつかの」

②単語・代名詞の意味

（例）「彼（＝警察官）が叫んだ」

③言い換え可能な言葉

（例）「いやなにおいがするなべにはふたをするべきだ（＝くさいものにはふたをしろ）」

//　訳文と解説の区切り

cf.　比較・参照

≒　ほぼ同じ意味

【数学】

≪解答≫

〔　〕　別解

≪解説≫

（　）　補足的指示

（例）（右図１参照）など

〔　〕　①公式の文字部分

（例）〔長方形の面積〕＝〔縦〕×〔横〕

②面積・体積を表す場合

（例）〔立方体 ABCDEFGH〕

∴　ゆえに

≒　約、およそ

【社会】

≪解答≫

〔　〕　別解

（　）　省略可能な語

＿＿　使用を指示された語句

≪解説≫

〔　〕　別称・略称

（例）政府開発援助〔ODA〕

（　）　①年号

（例）壬申の乱が起きた（672年）。

②意味・補足的説明

（例）資本収支（海外への投資など）

【理科】

≪解答≫

〔　〕　別解

（　）　省略可能な語

＿＿　使用を指示された語句

≪解説≫

〔　〕　公式の文字部分

（　）　①単位

②補足的説明

③同義・言い換え可能な言葉

（例）カエルの子（オタマジャクシ）

≒　約、およそ

【国語】

≪解答≫

〔　〕　別解

（　）　省略してもよい言葉

＿＿　使用を指示された語句

≪解説≫

〈　〉　課題文中の空所部分（現代語訳・通釈・書き下し文）

（　）　①引用文の指示語の内容

（例）「それ（＝過去の経験）が ～」

②選択肢の正誤を示す場合

（例）（ア，ウ…×）

③現代語訳で主語などを補った部分

（例）（女は）出てきた。

／　漢詩の書き下し文・現代語訳の改行部分

武南高等学校

所在地	〒335-0002 埼玉県蕨市塚越5-10-21
電　話	048-441-6948
ホームページ	https://www.bunan.ed.jp/highschool/
交通案内	JR京浜東北線 西川口駅より徒歩10分

普通科

男女共学

くわしい情報は
ホームページへ

応募状況

年度		募集数		受験数	合格数	倍率
2024	特進	単願		15名	14名	1.1倍
		併1	40名	95名	72名	1.3倍
		併2		87名	67名	1.3倍
	選・進	単願	180名	217名	206名	1.1倍
		併1		845名	807名	1.0倍
		併2	180名	256名	238名	1.1倍
		併3		24名	11名	2.2倍
2023	特進	単願		14名	14名	1.0倍
		併1	40名	92名	76名	1.2倍
		併2		84名	66名	1.3倍
	選・進	単願	180名	225名	215名	1.0倍
		併1		800名	776名	1.0倍
		併2	180名	309名	283名	1.1倍
		併3		26名	13名	2.0倍
2022	特進	単願		13名	9名	1.4倍
		併1	40名	110名	81名	1.4倍
		併2		99名	69名	1.4倍
	選・進	単願	180名	254名	249名	1.0倍
		併1		1084名	1078名	1.0倍
		併2	180名	291名	304名	—
		併3		14名	9名	1.6倍

＊スライド合格を含む
＊選・進＝選抜コース・進学コースで，受験数，合格数は，両コースの合計

試験科目 （参考用：2024年度入試）

◎特進コース
単願・併願１・２：国語・数学・英語（マーク方式／英語はリスニング含む）
◎選抜・進学コース
単願・併願１・２：国語・数学・英語（マーク方式／英語はリスニング含む）
併願３：国語・数学・英語（記述式／英語はリスニング含む），面接

建学の精神

・自主・自立・自学・協同を本旨とする
・民族的自覚のもとに国際人としての知性と感覚を身につける
・家族地域社会の一員としての自覚を深める
・日々の学業の積み重ねによって実力を啓培する
・個性や能力を伸ばし勤労への積極的態度を培う
・明朗清新な生活態度を保つ
・スポーツに励み健康な心身を養う

本校の特色

本校では，「伸ばせ咲かせよ，武南桜」を合言葉に，21世紀に活躍できる未来を創造する人材を育成する。部活動加入率も高く，文武両道の環境を整えている。

難関国公立大を目指す「特進コース」，国公立大・難関私立大を目指す「選抜コース」，学習と部活動を両立させ大学合格を目指す「進学コース」の３コースを設置し，将来の夢を実現する確かな学力と社会に貢献できる自主自立の精神を育成する。各種テストや講習など支援体制も充実している。

イベント日程（予定）

○オープンスクール【要予約】
10月６日（日）　10:00～
○学校説明会【要予約】
第１回　10月12日（土）　第２回　10月20日（日）
第３回　11月９日（土）　第４回　11月23日（土祝）
9:00～／11:00～
※他に個別相談会を10月～12月に実施

編集部注一本書の内容は2024年6月現在のものであり，変更されている場合があります。正確な情報は，学校のホームページ等で必ずご確認ください。

出題傾向と今後の対策　英語

出題内容

	2024 併１	2023 併１	2022 併１
大問数	6	6	6
小問数	35	35	35
リスニング	○	○	○

◎大問数は６題，小問数は35問程度とほぼ一定している。放送問題，長文読解は必出。

2024年度の出題状況

《併願１》

Ⅰ放送問題

Ⅱ長文読解総合―物語

Ⅲ長文読解―適語選択・語形変化―説明文

Ⅳ適語（句）選択

Ⅴ対話文完成―適文選択

Ⅵ整序結合

解答形式

2024年度	記　述／マーク／併　用

出題傾向

全体的に見て量・質とも標準的な内容であり，中学校で学ぶ基礎力を幅広く問う問題となっている。出題形式は放送問題，長文読解，整序結合，適語選択，会話文完成である。この傾向に大きな変化は見られない。長文読解は，物語やエッセー，説明文が多く，設問は内容把握や書き換えなど多種多様で全般的な力が要求される。

今後への対策

基礎力の養成のために教科書の単語・熟語，文法事項，重要構文を正確に覚えよう。教科書を何度も音読し，重要例文は手書きすることも効果的である。これがすんだら，文法と長文の問題集で何度も反復練習を積もう。放送問題はラジオの講座などを利用し，毎日英文を聴くことで，発音やアクセント，強弱なども確認し，耳を慣らそう。

◆◆◆◆◆ 英語出題分野一覧表 ◆◆◆◆◆

分野			2022 併1	2023 併1	2024 併1	2025予想※ 併1
音声	放送問題		●	●	●	◎
	単語の発音・アクセント					
	文の区切り・強勢・抑揚					
語彙・文法	単語の意味・綴り・関連知識					
	適語(句)選択・補充		●	●	●	◎
	書き換え・同意文完成					
	語形変化		●		●	◎
	用法選択					
	正誤問題・誤文訂正			●		△
	その他					
作文	整序結合		●	●	●	◎
	日本語英訳	適語(句)・適文選択				
		部分・完全記述				
	条件作文					
	テーマ作文					
会話文	適文選択		●	●	●	◎
	適語(句)選択・補充					
	その他					
長文読解	内容把握	主題・表題				
		内容真偽			●	△
		内容一致・要約文完成				
		文脈・要旨把握		●	●	◎
		英問英答	●		●	◎
	適語(句)選択・補充		■	■	■	◎
	適文選択・補充				●	△
	文(章)整序					
	英文・語句解釈(指示語など)		●	■	●	◎
	その他					

●印：１～５問出題，■印：６～10問出題，★印：11問以上出題。
※予想欄　◎印：出題されると思われるもの。　△印：出題されるかもしれないもの。

出題傾向と今後への対策 数学

出題内容

2024年度 《併願１》 作 証 グ

大問８題，19問の出題。1は小問集合で，計算問題や方程式の応用など４問。2，3は平面図形の計量題。4は確率で，２つのさいころを利用したもの。5は空間図形で，正四面体について問うもの。6は関数で，放物線と直線に関するもの。放物線上の点を結んでできる四角形が正方形になるときについて問うものもある。7は二次方程式の応用問題。8は平面図形からの出題。

2023年度 《併願１》 作 証 グ

大問８題，14問の出題。1は数・式の計算，数の性質など４問。2は方程式の応用問題。3は平面図形で，角度問題２問。4はさいころを利用した確率の問題が３問。5は平面図形で，正六角形，正五角形などでつくられた図について問うもの。6は空間図形で，回転体について問うもの。7は関数で，放物線と直線に関するもの。8は特殊・新傾向問題で，規則的に並んだ数の列について問うもの。

作 …作図問題　証 …証明問題　グ …グラフ作成問題

解答形式

2024年度	記　述／マーク／併　用

出題傾向

大問７～10題，設問13～19問と，ややばらつきがある。１つの問題で複数のものを解答する形式になっていたりするので，ボリューム的には大きな違いはあまりない。応用力や思考力を必要とする問題も見られる。小問集合でも，解答にいたる手順が少し多いものが出題されている。さまざまな力が試される問題となっている。

今後への対策

まずは基礎・基本を定着させること。特に計算力は重要。次に，少しレベルの高い問題集などで，問題に慣れ，いろいろな解法パターンを身につけよう。演習を積み重ねることがレベルＵＰの近道である。さまざまな分野から出題されるので，苦手な分野をつくらないこと。苦手な分野がある人は，基礎に戻り克服しよう。

◆◆◆◆ 数学出題分野一覧表 ◆◆◆◆

分野	年度	2022	2023	2024	2025予想※
		併１	併１	併１	併１
数と式	計算，因数分解	★	★	■	◎
	数の性質，数の表し方		●		△
	文字式の利用，等式変形				
	方程式の解法，解の利用			●	△
	方程式の応用	●	●	■	◎
関　数	比例・反比例，一次関数	●			△
	関数$y=ax^2$とその他の関数		●	■	◎
	関数の利用，図形の移動と関数				
図　形	（平面）計　量	■	★	★	◎
	（平面）証明，作図				
	（平面）その他				
	（空間）計　量	●	●	★	◎
	（空間）頂点・辺・面，展開図				
	（空間）その他				
データの活用	場合の数，確率	★	★	★	◎
	データの分析・活用，標本調査				
その他	不等式				
	特殊・新傾向問題など	●	●		△
	融合問題				

●印：１問出題，■印：２問出題，★印：３問以上出題。
※予想欄　◎印：出題されると思われるもの。　△印：出題されるかもしれないもの。

出題傾向と今後への対策　国語

出題内容

2024年度　《併願１》

一 論説文　二 小説　三 古文　四 国語の知識

課題文

一外山滋比古『思考の整理学』
二まはら三桃『たまごを持つように』
三『宇治拾遺物語』

2023年度　《併願１》

一 論説文　二 小説　三 古文　四 国語の知識

課題文

一好井裕明『違和感から始まる社会学』
二重松　清『セッちゃん』
三『古本説話集』

2022年度　《併願１》

一 論説文　二 小説　三 古文　四 国語の知識

課題文

一名古谷隆彦『質問する，問い返す』
二朝井リョウ『ままならないから私とあなた』
三安楽庵策伝『醒睡笑』

解答形式

2024年度　記　述／マーク／併　用（マークに○）

出題傾向

設問は，論理的文章の読解問題に10問前後，文学的文章の読解問題に10問前後，古文の読解問題に５問前後，国語の知識の問題に４問前後付されており，いずれも平均的なレベルで，標準的な出題数となっている。課題文は，親しみやすいものが選ばれている。

今後への対策

読解問題については，基本的な学力が身につくように，問題集をたくさんやるとよいだろう。その他にも，日頃の読書が最終的には役に立つ。国語の知識については，慣用句やことわざなどの語句関連だけでなく文学史なども，参考書などを使って分野ごとに自分で知識の整理をし，確実に得点できるようにしよう。

◆◆◆◆◆ 国語出題分野一覧表 ◆◆◆◆◆

分野		年度	2022	2023	2024	2025予想※
			併1	併1	併1	併1
現代文	論説文 説明文	主題・要旨			●	△
		文脈・接続語・指示語・段落関係		●	●	◎
		文章内容	●	●	●	◎
		表現	●			△
	随筆 日記 手紙	主題・要旨				
		文脈・接続語・指示語・段落関係				
		文章内容				
		表現				
		心情				
	小説	主題・要旨	●	●		◎
		文脈・接続語・指示語・段落関係			●	△
		文章内容	●	●	●	◎
		表現	●	●	●	◎
		心情	●	●	●	◎
		状況・情景				
韻文	詩	内容理解				
		形式・技法				
	俳句 和歌 短歌	内容理解				
		技法				
古典	古文	古語・内容理解・現代語訳	●	●	●	◎
		古典の知識・古典文法		●		△
	漢文	（漢詩を含む）				
国語の知識	漢字 語句	漢字	●	●	●	◎
		語句・四字熟語	●	●	●	◎
		慣用句・ことわざ・故事成語		●		△
		熟語の構成・漢字の知識				
	文法	品詞		●		△
		ことばの単位・文の組み立て			●	△
		敬語・表現技法				
	文学史		●	●	●	◎
作文・文章の構成・資料						
その他						

※予想欄　◎印：出題されると思われるもの。　△印：出題されるかもしれないもの。

合格を勝ち取るための

本書の使い方

本書に掲載されている過去問をご覧になって，「難しそう」と感じたかもしれません。でも，大丈夫。ほとんどの受験生が同じように感じるのです。高校入試の出題範囲は中学校の定期テストに比べて広いですし，残りの中学校生活で学ぶはずの，まだ習っていない内容からも出題されているかもしれません。

ですから，初めて本書に取り組む際には，点数を気にする必要はありません。点数は本番で取れればいいのです。

過去問で重要なのは「間違えること」です。自分の弱点を知るために，過去問に取り組むのです。当然，間違った問題をそのままにしておいては意味がありません。

本書には，長年にわたって高校受験に関わってきたベテランスタッフによる詳細な解説がついています。間違えた問題は重点的に解説を読み，何度も解きなおしてください。時にはもう一度，教科書で復習するのもよいでしょう。

別冊として，抜き取って使える解答用紙を収録しました。表示してあるように拡大コピーをとれば，実際の入試と同じ条件で，何度でも過去問に取り組むことができます。特に記述問題では解答欄の大きさがヒントになる場合があります。そうした，本番で使える受験テクニックの練習ができるのも，本書の強みです。

前のページにある「出題傾向と今後への対策」もよく読んで，本校の出題傾向に慣れておきましょう。

2024年度　武南高等学校（併願１）

【英　語】（50分）〈満点：100点〉

Ⅰ　試験開始からおよそ３分後に放送が始まります。放送される英文をよく聴いて，あとの(1)～(5)の質問に対する答えとして最も適切なものを，それぞれ下の①～④の中から１つずつ選び，番号をマークしなさい。なお，英文とそれに対する質問文はそれぞれ２回ずつ読まれます。

(1)　①　Saitama　②　Osaka　③　Kobe　④　Tokyo

(2)　①　When he was six years old.
　②　When he was in Kobe.
　③　When he was eleven years old.
　④　When he moved to Sendai.

(3)　①　They were playing baseball.
　②　They were fishing in the river.
　③　They played catch.
　④　They lived next door.

(4)　①　Because his mother wanted to live in a bigger house.
　②　Because his father changed jobs.
　③　Because Tadashi's grandmother was living there.
　④　Because Tadashi wanted to play baseball.

(5)　①　He wants to play baseball for a stronger team.
　②　He wants to go to America and play in Major League Baseball.
　③　He wants to work as an interpreter.
　④　He wants to see Yuki again.

※＜**リスニングテスト放送原稿**＞は英語の問題の終わりに付けてあります。

Ⅱ　次の文章はダニエル・デフォー作『ロビンソン・クルーソー』の一節である。主人公であるRobinsonは船旅の最中に海賊に襲われて捕まってしまった。文章を読み，次の問いに答えなさい。

For two long years I lived the life of a *slave. I worked in the house and the garden, and every day I planned to escape, but it was never possible. I thought about (あ)it day and night. My *master liked to go fishing in a little boat, and he always took me with him. A man called Moely, and (い)a young boy also went with us.

One day my master said to us, 'Some of my friends want to go fishing tomorrow. Get the boat ready.'

So we put a lot of food and drink on the boat, and the next morning, we waited for my master and his friends. But when my master arrived, he was (う).

'My friends don't want to go fishing today,' he said to me. 'But you go with Moely and the boy, and catch some fish for our *supper tonight.'

'Yes, master,' (え)I answered quietly, but inside I was excited. 'Perhaps now I can escape,' I said to myself.

My master went back to his friends and we took the boat out to sea. For a time we fished quietly, and then I moved carefully behind Moely and knocked him into the water. 'Swim!' I cried. 'Swim to the *shore!'

My master liked to shoot seabirds and so there were *guns on the boat. Quickly, I took one of these guns. Moely was swimming after boat and I shouted to him:

'Go back to the shore! You can swim there — it's not too far. I won't hurt you, but if you come near the boat, (　お　)' So Moely turned, and swam back to the shore as quickly as he could.

Then I said to the boy, 'Xury, if you help me, I'll be a good friend to you. If you don't help me, I'll push you into the sea too.'

But Xury was happy to help me. 'I'll go all over the world with you,' he cried.

I wanted to sail to *the Canary Islands, but I was afraid to go too far from the shore. It was only a small boat. And so we sailed on south for some days. We had very (　か　) water, and it was *dangerous country here, with many wild animals. We were afraid, but we often had to go on shore to get more water. Once I used a gun to shoot a wild animal. I don't know what animal it was, but it made a good meal.

For about ten or twelve days we sailed on south, down the *coast of Africa. Then one day we saw some people on the shore — strange, wild people, who did not look friendly. By now we had very little food, and we really needed help. We were afraid, but we had to go on shore.

At first, (き)<u>they</u> were afraid of us, too. Perhaps white people never visited this coast. We did not speak their language, of course, so we used our hands and faces to show that we were hungry. They came with food for us, but then they moved away quickly. We carried the food to our boat, and they watched us. I tried to thank them, but I had nothing to give them.

Just then two big wild cats came down to the shore from the mountains. I think they were *leopards. The people were afraid of these wild cats, and the women cried out. Quickly, I took a gun, and shot one of the animals. The second wild cat ran back up into the mountains.

Guns were new to these African people, and they were afraid of the loud noise and the smoke. But they were happy about the dead wild cat. I gave them the meat of the dead animal, and they gave us more food and water.

We now had a lot of food and water, and we sailed on. Eleven days later we came near *the Cape Verde Islands. We could see them, but we couldn't get near because there was no wind. We waited.

*slave…奴隷　*master…主人　*supper…夕食　*shore…岸辺
*gun…銃　*the Canary Islands…カナリア諸島（アフリカ大陸北西の大西洋にある諸島）
*dangerous…危険な　*coast…海岸　*leopard…ヒョウ
*the Cape Verde Islands…カーボベルデ（アフリカ西方の大西洋にある島国）

(6) (あ)の内容として最も適切なものを次のうちから１つ選び番号をマークしなさい。

① 奴隷として生活すること　② 家事や庭仕事をすること
③ この生活から逃げ出すこと　④ 主人と一緒に釣りに行くこと

(7) Which sentence is true about underlined part (い)?

① He was a friend of master's.
② He was good at fishing.
③ He didn't want to go fishing.
④ His name was Xury and he became Robinson's friend.

(8) (う)に入る適語を次のうちから１つ選び番号をマークしなさい。

① alone　② angry　③ with my friend　④ with Moely

(9) (え)の理由として最も適切なものを次のうちから１つ選び番号をマークしなさい。

① 主人の友人たちのために舟に積んだ食料を食べられると思ったから。
② 主人の友人たちと一緒に舟に乗るのは嫌だったから。
③ 主人がいないのなら逃げられるのではないかと思ったから。
④ Moely と魚釣りを楽しめると思ったから。

(10) How many people were there on the boat when they took the boat out to sea?

① two　② three　③ four　④ five

(11) (お)に入る最も適切な文を次のうちから１つ選び番号をマークしなさい。

① I'll help you!
② I'll hold your hand.
③ I'll shoot you through the head!
④ I don't know what you do.

(12) (か)に入る適語を次のうちから１つ選び番号をマークしなさい。

① good　② bad　③ few　④ little

(13) Why did Robinson use a gun the first time?

① Because he was almost attacked by the wild animals.
② Because he wanted something to eat.
③ Because he wanted to use a gun.
④ Because he was good at shooting.

(14) (き)の表すものとして適切なものを次のうちから１つ選び番号をマークしなさい。

① many wild animals　② Moely and Xury
③ white people　④ African people

(15) Which sentence is true about this passage?

① Robinson was satisfied with the life of slave.
② One day Robinson went fishing with the master's friend Moely.
③ Robinson took a gun to the boat in order to escape.
④ Robinson and his friend Xury went south by boat.

Ⅲ　次の英文の(16)～(20)の空所に最もよく当てはまるものを，それぞれ下の①～④の中から１つずつ選び，番号をマークしなさい。

Soybeans are one of the world's most important food crops for humans ((16)) they are the best non-animal source for protein. Young soybeans known as *edamame* are nutritious and low in calories. Dried soybeans are used to make foods such as soy milk, tofu, and soy sauce.

Soybeans are also processed into oil and soymeal. Soybean oil is used in thousands of useful things. Some people and food companies choose soybean oil for frying and baking. Soybean oil is ((17)) for cooking because it can be heated to a high temperature without smoking or burning.

Soybeans are also changed into soymeal. Most is used as animal *feed. Soymeal is a perfect food for animals because it has higher protein and fiber content than other plant-based feeds. More than half of all the soymeal produced for animals ((18)) given to chickens, a quarter to pigs and the ((19)) to cows and other animals.

The biggest producers of soybeans are Brazil, China, and the United States. From 1990 to 2018, Brazil and the U.S. steadily increased their production of soybeans. By 2019, Brazil overtook the U.S. to become the world's ((20)) producer. Both countries are *predicted to continue to increase their production in the future. China now produces much less than these two countries. Production has largely remained the same since 1990 and is predicted to continue *similarly in the future.

*feed…エサ　　*predict…～と予想する　　*similarly…同様に

(16)　① but　② while　③ that　④ because
(17)　① good　② difficult　③ harmful　④ natural
(18)　① is　② are　③ being　④ been
(19)　① run　② rest　③ post　④ break
(20)　① best　② smallest　③ largest　④ least

Ⅳ　次の英文(21)～(25)の空所に最もよく当てはまるものを，それぞれ下の①～④の中から１つずつ選び，番号をマークしなさい。

(21)　I have a friend (　　) father is a professional soccer player.
① who　② whom　③ whose　④ that

(22)　I have lost my pen.　Could you lend me (　　)?
① that　② it　③ them　④ one

(23)　Who is the girl (　　) over there?
① crying　② is crying　③ cried　④ is cried

(24)　The (　　) of the two bags is mine.
① small　② smaller　③ smallest　④ more small

(25)　I'm looking forward (　　) you again.
① see　② to see　③ to seeing　④ to be seen

Ⅴ　次のＡさんとＢさんの対話文を読んで，(26)～(30)の空所に最もよく当てはまるものを，それぞれ下の①～④の中から１つずつ選び，番号をマークしなさい。

(26)　A：We have a new puppy at home.　Would you like to see it?
B：(　　　　) Emily.　I'll come over this afternoon.
A：See you then.
① It's not yours,　② You can't do it,
③ I'd love to,　④ That's all,

(27)　A：Fred, the TV is too loud.　(　　　　) please?
B：All right, Mom.
① Will you pick it up,　② Will you buy it,
③ Will you turn it down,　④ Will you play it,

(28)　A：May I speak to Mr. Takeda?
B：(　　　　)
① He can speak English well.　② Speaking.
③ So do I.　④ He may be there.

(29)　A：You look pale, Mike.　What's the matter?
B：(　　　　)

A： That's too bad. You should go to the hospital.
① I have a bad headache.
② I'm fine, thank you.
③ Don't worry, Mike.
④ I don't want to go to the hospital.

(30) A： What does your mother usually do on Saturday afternoon ?
B： Well, (　　　　)
① she usually goes shopping.
② she doesn't like cooking.
③ my mother is a music teacher.
④ my mother was staying at home.

Ⅵ　次の日本文に合うように，下の①～⑦の語(句)を用いて文を完成させる場合に空所(31)～(40)に最もよく当てはまるものを，それぞれ下の①～⑦の中から１つずつ選び，番号をマークしなさい。ただし，文頭に来るべき語も小文字で始めてあります。

(31)・(32)　その家の前に大きな木があった。
(　　)(　　)((31))(　　)(　　)((32))(　　) of the house.
① a　② in　③ was　④ big　⑤ front　⑥ there　⑦ tree

(33)・(34)　もし雨が降っていなければ，駅まで歩いて行くのだけど。
If (　　)(　　)((33))(　　), (　　)((34))(　　) to the station.
① would　② were　③ walk　④ we
⑤ raining　⑥ it　⑦ not

(35)・(36)　たった今到着した飛行機はシンガポールからのものだ。
The (　　)(　　)((35))(　　)(　　)((36))(　　) Singapore.
① arrived　② from　③ plane　④ is
⑤ which　⑥ just　⑦ has

(37)・(38)　デイビッドほどサッカーの上手い人はいない。
(　　)(　　)((37))(　　)(　　)((38))(　　) David.
① can　② as well　③ one　④ soccer
⑤ as　⑥ no　⑦ play

(39)・(40)　この問題は多くの科学者によって研究されている。
(　　)(　　)((39))(　　)(　　)((40))(　　) scientists.
① by　② is　③ this　④ many
⑤ studied　⑥ problem　⑦ being

＜リスニングテスト放送原稿＞

Tadashi was a Japanese high school student. He is seventeen years old now. He was born in Osaka, but now lives in Saitama. His family has moved three times since he was born.

First, they moved from Osaka to Kobe when he was six years old. It was because his parents wanted to live a bigger house with a garden. Tadashi went elementary school in Kobe. The school had eight classes of the same grade. He had a lot of friends there. One of his friends, Ken, who lived next to his house, was his best friend. Ken and Tadashi would often play catch in the park and go fishing in the river on weekends. When Tadashi was eleven years old, his family moved to Sendai because his father changed jobs. Before then, his father worked for a trading company in Kobe, but he became interested in agriculture, and then his family moved to Sendai in 2017.

He was very sad because he had to say goodbye to his friends. One of his friends, Yuki, gave him some pictures. In the picture, they were smiling together.

When he was in junior high school, Tadashi belonged to a baseball club. He practiced hard every day. At last, he became captain of the team.

He wanted to continue playing baseball with a stronger team. He decided to go to a high school that had a strong baseball team, so he moved to Saitama alone.

Now Tadashi wants to go to America and study English and communication at an American university. He wants to express his own opinions in English and become an interpreter.

(1) Where was Tadashi born ?

(2) When did Tadashi move the first time ?

(3) What did Ken and Tadashi do in the park on weekends ?

(4) Why did Tadashi move to Sendai ?

(5) What is Tadashi's dream for the future ?

【数　学】（50分）〈満点：100点〉

〔注意〕・コンパス，定規，分度器，電卓等の計算器は使用しないこと。

・分数や無理数は，下の例のように簡単にして答えること。

$\frac{\boxed{1}}{\boxed{2}}$…正解，　$\frac{\boxed{2}}{\boxed{4}}$…不正解とみなす

$\boxed{2}\sqrt{\boxed{2}}$…正解，　$\boxed{1}\sqrt{\boxed{8}}$…不正解とみなす

※**1** は解答用紙の解答欄 1 を，**2**～**4** は解答欄 2 を，**5**～**8** は解答欄 3 を使用します。

1　次の問いに答えよ。

(1) $\frac{1}{11}\times\left\{\frac{3}{2}\times\left(\frac{1}{5}\right)^3+7\div(-5)^3\right\}=\frac{\boxed{\text{アイ}}}{\boxed{\text{ウエオ}}}$

(2) 2次方程式 $x^2-2x-2=0$ を解くと $x=\boxed{\text{カ}}\pm\sqrt{\boxed{\text{キ}}}$

(3) 異なる2つの数がある。2つの数の差が8で，2つの数の積が153であるとき，2つの数は（$\boxed{\text{クケコ}}$，$\boxed{\text{サシ}}$），（$\boxed{\text{ス}}$，$\boxed{\text{セソ}}$）である。

(4) 片道11kmの道のりを車で往復した。行きは時速40kmで帰りは時速60kmで走った。このとき，往復の平均の速さは時速 $\boxed{\text{タチ}}$ kmである。

$\boxed{\text{ツ}}$～$\boxed{\text{ホ}}$ は使用しません。

2　下図のように，正五角形と2直線 l，m がある。$l /\!/ m$ のとき，$\angle x$ の大きさは $\boxed{\text{アイウ}}$°である。

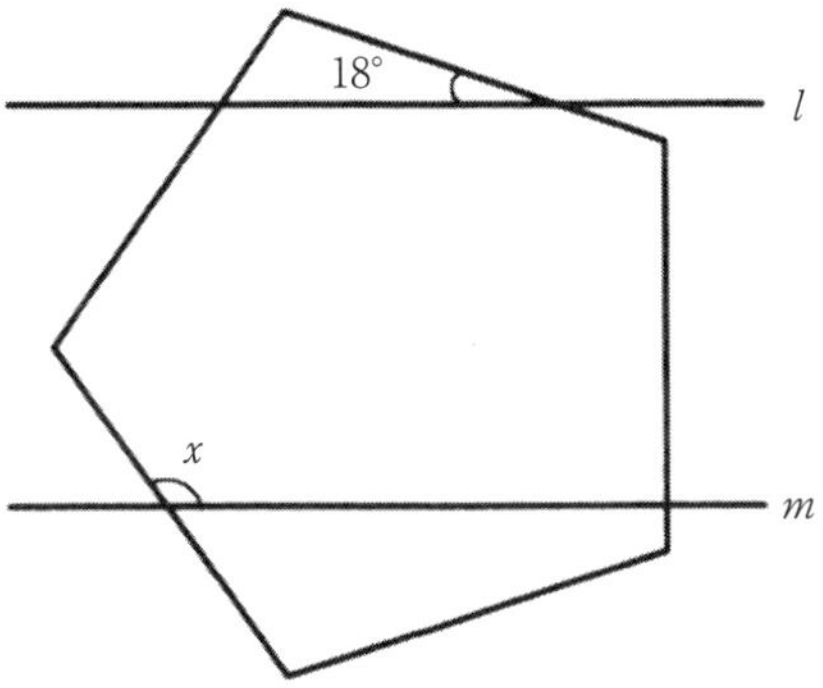

3　右図のように1辺の長さが2の正八角形の各辺の中点を結んでできた正方形に円が内接している。このとき，

正八角形の面積は $\boxed{\text{エ}}+\boxed{\text{オ}}\sqrt{\boxed{\text{カ}}}$

正方形の1辺の長さは $\boxed{\text{キ}}+\sqrt{\boxed{\text{ク}}}$

図の斜線部分の面積は $\boxed{\text{ケ}}\left(\boxed{\text{コ}}+\boxed{\text{サ}}\sqrt{\boxed{\text{シ}}}\right)+\frac{\boxed{\text{ス}}+\boxed{\text{セ}}\sqrt{\boxed{\text{ソ}}}}{2}\pi$

である。ただし，π は円周率とする。

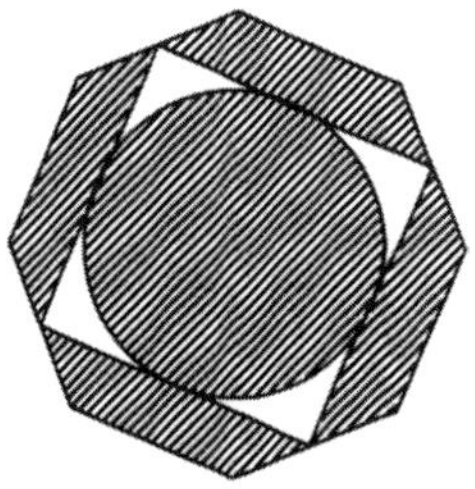

4　大小2つのさいころを同時に投げる。次の問いに答えよ。

(1) 出た目の積が偶数である確率は $\frac{\boxed{\text{タ}}}{\boxed{\text{チ}}}$ である。

(2)　出た目の和が素数である確率は $\dfrac{\boxed{ツ}}{\boxed{テト}}$ である。

(3)　大きいさいころの出た目が，小さいさいころの出た目より大きい数となる確率は $\dfrac{\boxed{ナ}}{\boxed{ニヌ}}$ である。

$\boxed{ネ}$～$\boxed{ホ}$ は使用しません。

5　1辺の長さが4の正四面体OABCについて，線分OA，線分OBの中点をそれぞれM，Nとする。以下の問いに答えよ。

(1)　線分MNの長さは $\boxed{ア}$ である。

(2)　線分ANの長さは $\boxed{イ}\sqrt{\boxed{ウ}}$ である。

(3)　四面体NABCの体積を V_1，四面体OMNCの体積を V_2 とするとき，$V_1 : V_2 = \boxed{エ} : \boxed{オ}$ である。

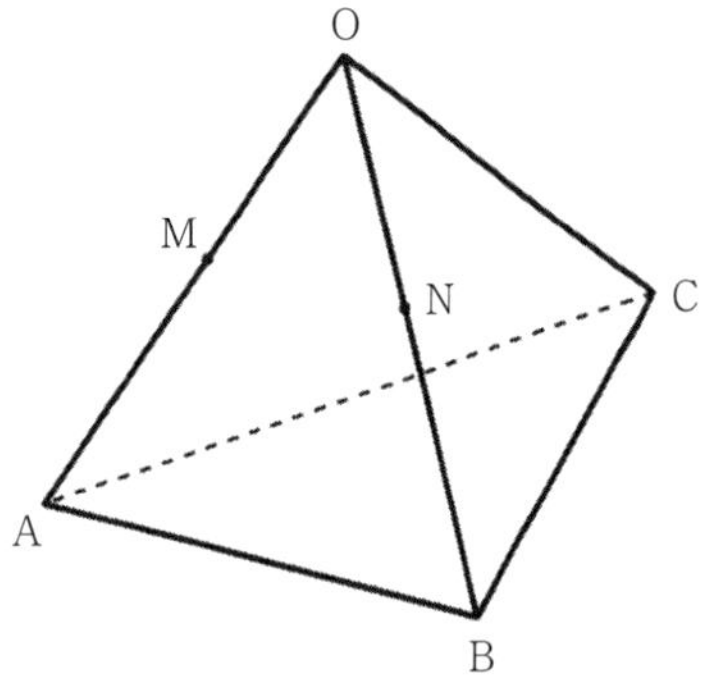

6　下図のように2つの放物線 $y=x^2$，$y=-\dfrac{1}{4}x^2$ 上に，直線RQと直線SPは x 軸に平行，直線RSと直線QPは y 軸に平行となるように，4点P，Q，R，Sをとる。以下の問いに答えよ。

(1)　点Pの x 座標が2のとき，点R（$\boxed{カキ}$，$\boxed{ク}$）である。

(2)　四角形PQRSが正方形となるとき，点Q$\left(\dfrac{\boxed{ケ}}{\boxed{コ}}, \dfrac{\boxed{サシ}}{\boxed{スセ}}\right)$である。

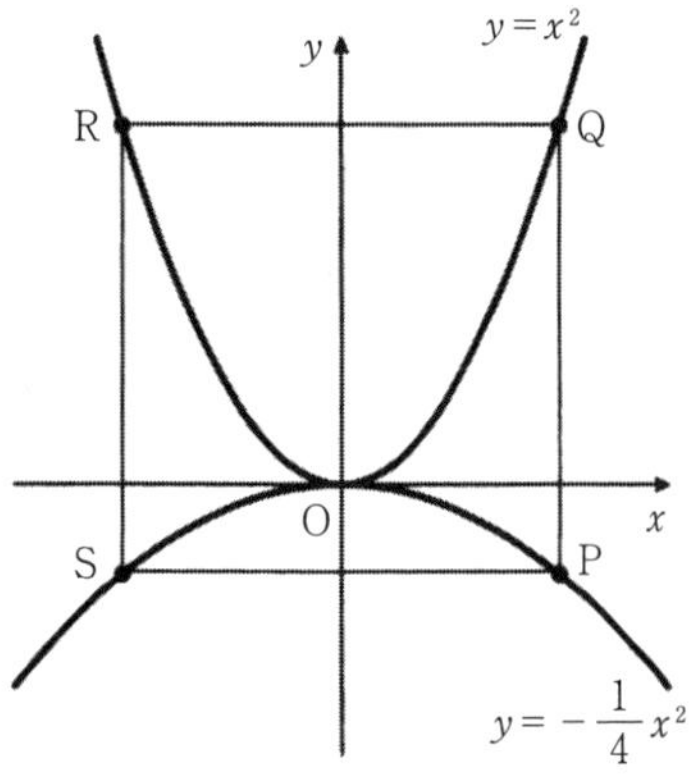

7　連続する３つの自然数がある。最も大きい数の２乗は他の２つの数の２乗の和から12を引いた数である。この３つの自然数の真ん中の数は [ソ] である。

8

たけし　右図のように△ABC の内部に点Oがあって頂点A，B，Cと点Oを結ぶ直線が向かい合う辺とそれぞれP，Q，Rで交わるとき，

$$\frac{BP}{PC}\times\frac{CQ}{QA}\times\frac{AR}{RB}=1$$

が成り立つと先生が教えてくれたよ。

みなみ　AR : RB = 2 : 3，CQ : QA = 2 : 1 とわかっていれば，BP : PC を求めることができるね。

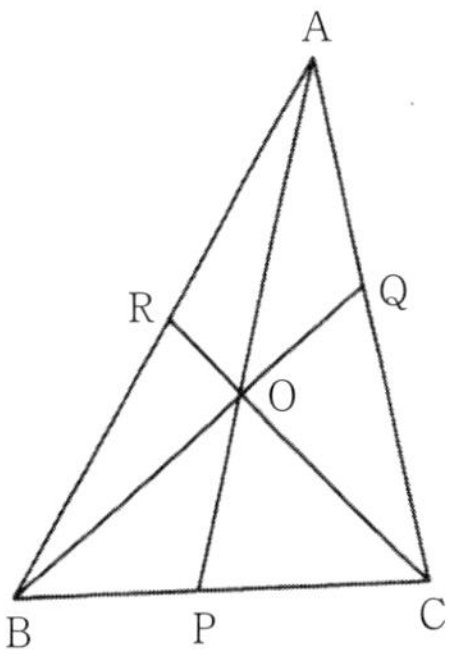

(1)　BP : PC = [タ] : [チ] である。

(2)　△ABP の面積が９のとき，△ABC の面積は [ツテ] である。

たけし　他にも先生は，上と同じ図で $\frac{AR}{RB}\times\frac{BC}{CP}\times\frac{PO}{OA}=1$ も成り立つと教えてくれたよ。

みなみ　そうしたら上の図で，PO : OA も求められるね。

(3)　(1)の結果から，PO : OA = [ト] : [ナ] である。

(4)　△OBC の面積が18のとき，△ABC の面積は [ニヌ] である。

[ネ]～[ホ] は使用しません。

② 私を放っておいて、誰が書こうとするのだろうか。
③ お前以外に誰が書くだろうか、いや、書く者はいない。
④ お前を放っておいて、書きたいと思う者がいるのだろうか。

問3　――部ウ「ほほゑませ給ひて」とあるが、なぜほほえんだのか。その理由として最も適当なものを、次より一つ選びなさい。（解答番号30）
① 帝が出した難題に対して、篁が難なく答えたことで疑いが晴れたから。
② 帝が分からなかった問題を、篁が簡単に解決したことで帝の悩みがなくなったから。
③ 帝の発言を、篁が面白おかしく返したことでその場が和んだから。
④ 帝の真意を、篁が完璧に予想したことで帝が感心したから。

問4　――部エ「やみ」のここでの意味として最も適当なものを、次より一つ選びなさい。（解答番号31）
① 病気になって　② 死んで
③ 治って　④ 終わって

問5　＝＝部「かた假名のねもじ」とあるが、「ね」に用いられる漢字として最も適当なものを、次より一つ選びなさい。（解答番号32）
① 寝　② 狐　③ 子　④ 虎

問6　本文と同じジャンルの作品として適当なものを、次より一つ選びなさい。（解答番号33）
① 『竹取物語』　② 『今昔物語集』
③ 『伊勢物語』　④ 『平家物語』

四　次の問いに答えなさい。

問1　次の各文を単語に区切ったとき、**3番目**と**5番目**に当たる単語の品詞を、後の①～⑩よりそれぞれ一つずつ選びなさい。
・雪がたくさん降ったので、交通機関に大きな影響が出た。
3番目（解答番号34）　5番目（解答番号35）
・子供たちは、さようならと手を振って帰っていった。
3番目（解答番号36）　5番目（解答番号37）
① 動詞　② 形容詞　③ 形容動詞
④ 名詞　⑤ 連体詞　⑥ 副詞
⑦ 接続詞　⑧ 感動詞　⑨ 助動詞
⑩ 助詞

問2　次の語の意味を、後の①～⑤よりそれぞれ一つずつ選びなさい。
・歪曲《わいきょく》（解答番号38）
・モラトリアム（解答番号39）
① あれこれと迷って決心がつかないこと。
② 事実などを意図的にゆがめること。
③ 社会的義務や責任を課せられない、猶予の期間。
④ 自己の利益を最優先する思考・行動様式。利己主義。
⑤ 道理に合わないことを正しいと思い込ませる、巧みな弁論。

問3　次の人物の作品を、後の①～⑤より一つ選びなさい。
・夏目漱石（解答番号40）
① 『吾輩は猫である』　② 『みだれ髪』
③ 『たけくらべ』　④ 『高瀬舟』
⑤ 『悲しき玩具』

かもしれないと伝えたら、春を傷つけてしまうかもしれないと心配になったから。

問9 ——部キ「早弥は、逃げるようにその場を後にした」とあるが、それはなぜか。その理由として最も適当なものを、次より一つ選びなさい。（解答番号26）

① 春と実良の絆は揺るがないものだと思い知らされ、自分の言動が恥ずかしくなり、これ以上春と一緒にはいられないと思ったから。

② このまま春と一緒にいたら、「軽蔑した」と直接言われるのではないかと怖くなり、とにかくこの場から消えたいと思ったから。

③ 春に本心を見抜かれたようで、一緒にいるのがいたたまれなくなり、一刻も早くこの場からいなくなりたいと思ったから。

④ 春から完全に嫌われたと感じ、この場にいることがつらくなり、とりあえず現実から目をそむけたいと思ったから。

問10 本文における表現や構成に関する説明として最も適当なものを、次より一つ選びなさい。（解答番号27）

① 会話文を多用することで、早弥や実良の性格をより浮き彫りにし、リアリティが生まれるため読者は感情移入しやすくなる。

② 短い文章を連ねることで、文章の意味や情景描写が理解しやすくなり、リズムが生まれるためテンポよく話を進行させている。

③ スランプに陥る実良と調子の良い早弥を対比的に描くことで、二人の仲がこれからさらに険悪になることを暗に示している。

④ 「やったーっ」「中ったあ！　直ったあ！」のように語尾を「っ」や「たあ！」とすることによって女子中学生らしさを強調し、親近感をもたらしている。

三　次の文章を読み、後の問いに答えなさい。

今は昔、小野篁《おののたかむら》といふ人おはしけり。嵯峨の帝の御時に、*内裏にふだをたてたりけるに、無悪善と書きたりけり。帝、篁に「よめ」とおほせられたりければ、「よみはよみさぶらひなん。されど恐にてさぶらへば、ア え申しさぶらはじ」と奏しければ、「ただ申せ」と、たびたびおほせられければ、「さがなくてよからんと申してさぶらふぞ。されば、君をのろひ参らせてさぶらふなり」と申しければ、「イ おのれはなちては、たれか書かん」と仰せられければ、「さればこそ、申しさぶらはじと申してさぶらひつれ」と申すに、*御門「さて、なにも書きたらん物は、よみてんや」と、おほせられければ、「何にても、よみさぶらひなん」と申しければ、かた仮名のねもじを十二書かせて、「よめ」とおほせられければ、「ねこのここねこ、ししのここじし」とよみたりければ、御門ウ ほほゑませ給ひて、ことなくてエ やみにけり。

（『宇治拾遺物語』より）

《注》
* 内裏…帝の住む皇居のこと。
* 御門…帝のこと。

問1 ——部ア「え申しさぶらはじ」とあるが、なぜ申すことができなかったのか。その理由として最も適当なものを、次より一つ選びなさい。（解答番号28）

① 読むことはできるが、間違えてしまうのが恐かったから。

② 読むこと自体が罪に問われてしまうものだったから。

③ ふだに書かれたのろいが効果を発揮してしまうから。

④ ふだに書かれている内容が帝のことを悪く言うものであったから。

問2 ——部イ「おのれはなちては、たれか書かん」の現代語訳として最も適当なものを、次より一つ選びなさい。（解答番号29）

① 私以外に誰が書こうと思うのだろうか、いや、そんな者はいない。

① 何日も練習に来ていなかったのに、矢が当たった実良のことを一緒になって喜んでいる甘い考えの早弥に対し、何も分かっていないとあきれかえっているから。

② 真面目に練習に取り組んでいなかったのに、一度矢が的を射たくらいでスランプから抜け出したと喜ぶ甘い考えの実良に対し、弓道の本質を理解していないと怒りを感じているから。

③ ずっとスランプが続いていたのに、黄色い髪にしたことで生まれ変われたと勘違いしている甘い考えの実良に対し、現実を突きつけてやろうと意気込んでいるから。

④ 練習を怠り続けていたうえに、学校の規則を破り髪を染めてきた甘い考えの実良に対し、何も注意できなかった早弥にこれまで溜め込んでいた不満が爆発したから。

問5 ――部エ「それきり言葉が出ない」とあるが、この時の実良の心情として最も適当なものを、次より一つ選びなさい。（解答番号[19]）

① 矢を射る感覚を取り戻したと舞い上がっていたのに、すぐにまた的を射ることができなくなり調子に乗っていた自分を情けなく感じている。

② 先生に対して絶対に当ててみせると威勢良く言ったのに、的に当たらなかったので何と言えばいいかわからず気まずく思っている。

③ もう的を外すことはないと意気込んでいたのに、的を射ることができず取り戻した感覚もまた失ってしまった自分を受け入れられずにいる。

④ 矢が的に当たらないはずはないと自信満々で臨んだのに、的を外してしまったことが信じられず状況が飲み込めずにいる。

問6 [i]～[iv]に入る文として適当なものを、本文の流れに合うようにそれぞれ後より選びなさい。

[i]（解答番号[20]）　[ii]（解答番号[21]）

[iii]（解答番号[22]）　[iv]（解答番号[23]）

① そのくせ、ちょっとやってできなければ、すぐにあきらめる

② 髪を染める

③ とても真剣にやっているようには見えないのだ

④ 本人はそれをやる気だと言い張る

問7 ――部オ「捕まえたと思ったら、するりと逃げていく」とは、どういうことか。最も適当なものを、次より一つ選びなさい。（解答番号[24]）

① 弓道のコツがつかめて調子が上がってきたと思ったらまた新たな課題が見つかり、なかなか上達できたと言い切れないということ。

② 弓道をやっと少しずつ理解してきたと思ったら急に予測不能な事態が起こり、いつまでも本質がつかめないということ。

③ 弓道の技術が上がり手応えを感じ始めたと思ったらすぐにまたできなくなることが増え、不安がつのっていくということ。

④ 弓道に慣れて少しずつ上達してきたと思ったら別の問題が生じてしまい、弓道に集中し続けることができないということ。

問8 ――部カ「言いかけて、とたんに怖くなる」とあるが、それはなぜか。その理由として最も適当なものを、次より一つ選びなさい。（解答番号[25]）

① 実良を大切に想う春に、花壇を荒らした犯人が実良かもしれないと伝えることで、春との関係が悪化するのではないかと感じたから。

② 実良の調子を純粋に心配する春に対して、花壇を荒らした犯人が実良かもしれないと考えている自分は、なんて冷たいのだろうと恐ろしくなったから。

③ 実良のことを気にかける春に、花壇を荒らした犯人が実良かもしれないと考えていることを知られたら、人格を疑われるのではないかと不安に思ったから。

④ 実良に好意を寄せる春に対して、花壇を荒らした犯人が実良

「夏休みの中ごろからかな。最初はポーチュラカやったんよ。一本ちぎられとったん。それから先月はコスモスが二回。で、昨日は、これから咲く苗が踏まれとった」

「えーっと、ボールが当たったんやないんか。野球部とか、サッカー部とかの」

「いや、そんな感じやないんよ。もっと悪意がある感じ。イラついただれかが抜いたり、ふんづけたりしとるような」

そこまで言って、早弥は黙った。春の目がこちらを見ていた。鼓《こ》動《どう》が速くなる。心の中を見《み》透《す》かされているような気分になる。左手に持ったたまごをぎゅっと握る。

「だれかっちだれか」ときかれたら、どうしよう。早弥は目を伏《ふ》せた。

でも春はそうは言わなかった。

「また植えたらいいやん」

早弥は顔を上げた。春は笑っていた。

「なくなったら、また植えたらいいんよ。家でちょっときいてみる」

「そう、だね。ありがとう」

消えてしまいたい気分だった。きっと春にはわかっているのだ。自分の言っただれかがだれなのかが。自分がだれかを疑っていることを、春は察していたのだ。

軽蔑《けいべつ》された。完全に。

「じゃ、また」

キ早弥は、逃げるようにその場を後にした。

（まはら三桃『たまごを持つように』より）

《注》

＊ 巻きわら…弓の練習の的に使う、わらを巻き束ねたもの。

＊ ゆがけ…弓を射るとき、弦で指を傷つけないために用いる革の手袋。

＊ 握卵…弓を持ったときの、左手の握り方における教えの一つ。卵を握るように軽く握るということ。

問1 ――部ア「本当に実良は生まれ変わったのかな」とあるが、この時の早弥の心情として最も適当なものを、次より一つ選びなさい。（解答番号15）

① 見た目を変えて気合いを入れている様子を見て、以前の練習時には感じられなかったやる気を感じ、実良が心を入れ替えてくれるのではと期待している。

② 見た目も変わり気合いが入っているようにも見えるが、今までの練習の様子からはあまりやる気を感じられなかったので、実良を信じきれず疑問に感じている。

③ 見た目も変わり気合いが入っているようにも見えるが、今まで練習をさぼり続けていた実良の態度がそんなにすぐ変わるはずがないと諦めている。

④ 見た目を変えて気合いを入れている様子を見て、以前の練習ではスランプに陥っていたが今までの実良が戻ってきたかもしれないと嬉しく感じている。

問2 ――部イ「あっけにとられる」のここでの意味として最も適当なものを、次より一つ選びなさい。（解答番号16）

① 身動きがとれなくなる

② ばかにして笑う

③ 驚いてぽかんとする

④ 怒りがこみあげてくる

問3 A～D に入ることばの組み合わせとして最も適当なものを、次より一つ選びなさい。（解答番号17）

① A ゆったりと B じっと C そっと D がっちりと

② A ゆったりと B はっと C じっと D しっかりと

③ A しっかりと B じっと C そっと D ゆったりと

④ A しっかりと B はっと C じっと D たっぷりと

問4 ――部ウ「見たことがないような、険しい表情だった」とあるが、それはなぜか。その理由として最も適当なものを、次より一つ選びなさい。（解答番号18）

偏《かたよ》った力を加えると、たまごは割れるが、加わる力が均等であるならば、割れることはない。これがきっと弓の力を殺さないということなのだ。＊握卵《あくらん》というのは、単なる比喩《ひゆ》ではなく、実態が伴《ともな》っている。

おかげで、四つ矢を続けて三回練習しても、疲れを感じることはない。不必要な力が入ってないからだろう。

弦を引くとき、右腕が意識しなくても水平に保てるようにもなっている。所作もスムーズだ。確認する必要がない。

射場に立つ。すべてが滑らかだった。力を入れる。耳元で、弦の伸びる音がした。

力が止まった瞬間、矢が離れた。

きゃっ、ぱちっ。

「ぎゃっ」

早弥は叫んだ。矢が離れた直後のことだった。ほおに衝撃《しょうげき》が走った。

一瞬、なにが起こったのか、わからなかった。

「ほおを打ちましたね」

坂口先生が言った。右のほおが熱かった。手をやると、指先がしめった。

血が出ているようだ。ひりひりと痛い。

控《ひか》えに置いてある救急箱から、消毒液を取り出して、坂口先生が傷の手当てをしてくれた。

「これから、弦を離すのが少し怖くなるかもしれません。一度ほおを打つとどうしても弦を避《さ》けるくせがついてしまいますから」

先生の言葉に不安になる。もしかして自分もスランプに陥ってしまうのだろうか。

早弥の不安を見越したように、先生は微笑《ほほえ》んだ。

「大丈夫です。ちょっと勇気を出せば、すぐに戻りますよ」

安心したが、同時にがっかりもする。せっかく、少し自信が持てたところなのに。

これだから弓道はわからない。オ捕まえたと思ったら、するりと逃げていく。

テスト期間中は、部活動は休みになる。早い時間に下校していると、ちょうど春といっしょになった。

「部活ができんと、つまらんね」

春はさも退屈そうに言った。

「いいね。春は楽勝で」

成績のいい春は、試験前だといってあせりもしないし、重たい気持ちにもならないのだろう。二つのことがいっぺんにできない早弥は、試験勉強なんて、まだまっさらだ。思いやられる。

ふと、甘いよい香りがした。キンモクセイだ。見上げると、すぐそばの家の庭で黄色い花が枝を揺らすように咲いていた。それを見たら、思い出した。

「ちょっと気になることがあるんやけど」

「実良の調子のこと？」

すぐさま春が答えた。

胸がきゅっとなった。春は実良のことをいつも気にかけているんだろうか。

「それもあるけど、そうじゃなくて」

カ言いかけて、とたんに怖くなる。

「まあ、いいや」

「なんか。言えっちゃ」

「いや。いい」

「言いかけて言わんのは、悪趣味《あくしゅみ》やろ。気になるやん」

その意見には反省し、早弥は思い切ってきいてみることにした。

「あのね。弓道場の花壇《かだん》の花」

「うん」

「ときどきいたずらされとるよね」

早弥が言うと、春はふと何か考えているような目をした。

実良は鋭《するど》い視線を先生に返し、挑《いど》むように言った。

「じゃあもう一度やってみせます。それで中ったら直ったっていうことだから。こんなに気合が入っているのに、できんことなんかあるわけないやん」

実良は再び的に向かった。先生はその姿を［C］見つめている。おこっているのか、困っているのか、表情からは読み取れない。

実良は的を確かめると、足場を決めた。背中がすっと伸びている。実良は本当に姿勢がいい。滑らかな動きに合わせて、弓が少しずつ上昇を始める。位置が決まった。力がこもる実良の左手。＊ゆがけの右手が弦を伸ばし始めた。はりつめた背中。きっと肩甲骨《けんこうこつ》の間の筋肉を［D］使っているにちがいない。正しい力を入れているからこそ、こんなに美しいのだ。

あと少し。弓が完全に引きしぼられたら、訪れる、静止のとき。周りの気を集めて封じこめたような静かな時間。

ぎゃん。

！

訪れたばかりの静寂《せいじゃく》を、にごった音が破った。だれかの悲鳴のような音だった。

「あ」

実良は小さく叫んだ。的を確かめるまでもない。矢は的を射ていない。

「なんで」

実良は自分の右手を呆然《ぼうぜん》と見た。エそれきり言葉が出ない。

「松原さん」

坂口先生は静かに歩み寄った。

「あなたがやる気になったのは、大変よいことだと思いますよ。髪の色を変えて、気分を一新したかったのもわかります。だからその自分を変えたいという気持ちを大事になさい。そのうち、いろんなことがわかってくるはずです」

実良は歯を食いしばるようにして、先生を見た。目がゆがんでいる。今にも涙がこぼれそうだ。それを必死でこらえている。

「疲れた。帰る」

やがて実良は、ぽつんとそう言うと制服に着替えて帰っていった。

実良がスランプに陥《おちい》ってから、すでに三か月がたっている。悔しいだろうなとは思う。十分な実力を持ちながら、その力がコントロールできないのだ。でもその苦しみは、早弥にはうまく想像ができなかった。

実際に目に映る実良は、練習を怠けぎみ。［i］。［ii］。［iii］。飽きっぽい。［iv］。

一方の早弥は九州大会以降、ずいぶんと調子が安定してきていた。まだまだ中り連発というわけにはいかないが、手ごたえを感じていた。

「伊吹《いぶき》さんは、試合を経験してずいぶん成長しましたね」

坂口先生もほめてくれた。

できなかったことが、ある日とつぜんできるようになることが確かにある。小学校のころのスイミングスクールで、二十五メートルを泳げるようになったときもそうだった。ある日とつぜん、体が楽に動いた。前日まで上手にできなかった息継ぎが、急にスムーズにできた。そして、いったん泳げるようになってしまうと、後退することはなかった。

もしかしたら、自分は一段進んだのかもしれない。

こみ上げるうれしさをおさえて、早弥は射場に立った。

左手が弓を自然に握った。違和感がない。日常的な左手の使用と、たまごのおかげだ。

夏の試合で負けて以来、早弥はうずらのたまごを持ち歩いている。もちろん、普段は割れないように頑丈なケースに入れて。それを手の空いたときには握っているのだ。不器用な自分は頭で考えただけではイメージがわかないからと始めたのだが、実際に持ってみると、確かにわかったことがある。

れにしても響いている。今日の実良には、格別に力がみなぎっているような気がした。

実良は続けざまに、八本の矢を射た。そのどれもが、巻きわらのほぼ同じところに刺《さ》さっている。集中度の高さを証明していた。

ア本当に実良は生まれ変わったのかな。

早弥がしばらくうかがっていると、実良は坂口先生にこう申し出た。

「的前《まとまえ》練習をさせてください」

坂口先生はやや時間を置いてから、うなずいた。

「あなたがやりたいと思うなら、おやりなさい」

「やります」

実良は四本の矢を握った。

「久しぶりにそれは、きついんやない？」

このところの実良は、練習に来てもストレッチやゴム弓を適当にやるばかりで、的に向かうことはなかった。「暑い、暑い」と、だれてばかりいた。

「大丈夫。あたしは生まれ変わったんやけん」

「変わりすぎやろ」

イあっけにとられる春を尻目《しりめ》に、実良は射場に入っていった。

とまどう三人の視線を背負って、実良は射法を始めた。所作はところどころ怪しいところがあったが、確かにやる気はみなぎっている。

見た目の印象はずいぶんちがうけれど、しなやかな手足の伸びは実良のものだ。

久しぶりに実良が射場に立っている。

それを見ると、胸が高鳴った。やっぱり実良には、弓を引いていてほしい。

弓には十分な力がこめられているようだった。弦も滑《なめ》らかに引きしぼられ、実良は微動《びどう》だにしない。

大丈夫。

早弥は息を潜《ひそ》める。

やがて、[A]構えた弓から、矢が飛び出した。会から離れまで、十分な間があったと思えた。

「飛んだ」

「中《あた》った」

矢が的を射た。

実良がしゃがみこんだ。

「実良？」

「やったーっ」

しゃがみこんでいた実良が、バネ仕掛けのようにはじけとんだ。

「中ったあ！　直ったあ！」

その場で叫んでジャンプし始めた。

「直った？　よかったあ」

早弥もつられて控えから射場に飛びこんだ。実良の手を握って、喜び合った。そのとき、

「おやめなさい」

ガラスまで震えるくらいの大声がした。

[B]坂口先生を見る。ウ見たことがないような、険しい表情だった。

「直ってなどいません」

「えー、でも前みたいにできました。ちゃんと中ったし」

実良の抗議を先生は受け入れなかった。

「今のは、正射ではありません。まぐれです」

「ひどっ」

「それから、前みたいにできたと言いましたね」

「はい。言いました」

ぶすっとしたまま、実良は返事をした。

「それはあなたが覚えていないのです。あまりに練習を怠《おこた》ってきたから、以前の感覚を忘れてしまっているだけなのです」

「ひっどーい！」

問7　――部エ「忘れる努力が求められるようになる」とあるが、それはなぜか。その理由として最も適当なものを、次より一つ選びなさい。（解答番号11）
① 情報過多の世の中では、睡眠で得られる忘却作用だけでは価値観にもとづいた忘れる行為にならないから。
② 情報過多の世の中では、知識を習得するだけでは何が正しい情報なのかわからなくなってしまうから。
③ 情報過多の世の中では、自然と忘れるだけでは不必要なものが頭の中にあふれかえってしまうから。
④ 情報過多の世の中では、人間の持つ処理能力だけでは不要なものを整理することができないから。

問8　――部オ「たいへんうまいことをしているのが、学校の時間割」とあるが、どのような点がうまいのか。最も適当なものを、次より一つ選びなさい。（解答番号12）
① 科目ごとに組織化しないようにしたり、適度な休憩を入れたりすることで、徹底して忘れられるように工夫されている点。
② 全く別の科目を次々と教わったり、適度なスポーツを行ったりすることで、頭の整理が自然とできるようになっている点。
③ 同じ科目が連続することがないようにしたり、校庭に出て遊ぶ時間をつくったりすることで、勉強に飽きがこないようにしている点。
④ 違う科目を組み合わせたり、各授業の合間に休み時間を設けたりすることで、リフレッシュしながら能率よく学習ができる点。

問9　――部カ「忘れるとは、この価値の区別、判断である」とは、どういうことか。最も適当なものを、次より一つ選びなさい。（解答番号13）
① 忘れる行為を通して、自分にとって大切なものであるかどうかを分けているのだということ。
② 忘れる行為を通して、社会的に価値のあるものとないものを選択しているのだということ。
③ 忘れる行為を通して、本当に興味あるものが自然と表れるようになるのだということ。
④ 忘れる行為を通して、自分の関心のあるものに本来の価値を与えるのだということ。

問10　生徒A～Dが本文の内容について話している。次の①～④の発言のうち、本文の内容と**合致していないもの**を一つ選びなさい。（解答番号14）
① 生徒A―ただ知識を得ることよりも、むしろ忘れることが大切だという筆者の論は私にとってすごく新鮮な意見だったわ。
② 生徒B―いろいろなものがデジタル化していく今の社会では、コンピューターにはできない創造的なことができるようになるべきだもんね。
③ 生徒C―ほんとだね。倉庫としての頭は全く必要なくなったから、どんどん忘れて色々なことを考えられるスペースをつくらないとね。
④ 生徒D―それに、何が自分にとって必要なのか、必要ではないのかも整理できるから、忘れることって大切なんだよね。

二

次の文章を読み、後の問いに答えなさい。

伊吹早弥《いぶきさや》は弓道部の中学二年生。同学年の松原実良《まつばらみら》と石田春《いしだはる》フィリップアンダーソンと大会を目指すが、レギュラーである二人と違い、早弥は補欠だった。しかし、実良の矢が的に当たらなくなってしまい、早弥が大会に出ることになる。そんな中、練習をさぼり気味だった実良が、突然髪を黄色に染めて射場《しゃじょう》へ現れた。

黄色い髪を一つにたばねて、実良は＊巻きわらに向かっている。びゅん、びゅんと、弦《つる》の音がする。至近距離からねらう巻きわらの矢は、通常のものよりも太いため、大きな音が出るものだが、そ人間は、文字による記録を覚えて、忘れることがうまくなった。それだけ頭もよくなったはずである。

（外山滋比古『思考の整理学』より）

問1 ‖部a～eのカタカナ部分の漢字と同じ漢字を使った熟語を、それぞれ後より一つずつ選びなさい。

a 紛シツ （解答番号1）

① 質疑　② 失敗　③ 叱責　④ 執務

b ヘン見 （解答番号2）

① 変更　② 編集　③ 遍在　④ 偏屈

c 直カン （解答番号3）

① 観察　② 勧告　③ 歓迎　④ 緩急

d キン勉 （解答番号4）

① 緊張　② 謹慎　③ 僅差　④ 勤務

e 思サク （解答番号5）

① 探索　② 創作　③ 策略　④ 錯綜

問2 A～D に入ることばの組み合わせとして最も適当なものを、次より一つ選びなさい。（解答番号6）

① A また　B しかも　C しかし　D 例えば

② A そして　B つまり　C なぜなら　D また

③ A つまり　B そして　C ところが　D しかも

④ A しかも　B ところが　C そして　D だから

問3 ――部ア「それなりの理由がある」とあるが、それは何か。最も適当なものを、次より一つ選びなさい。（解答番号7）

① 学校は、こどもたちにたくさんの知識をもたせることを目的とした場所だということ。

② 学校は、こどもたちがもつ知識をさらに発展させることを目的としているということ。

③ 学校は、こどもたちがどの程度の知識をもっているのかを確認する場所だということ。

④ 学校は、こどもたちに与えた知識を忘れさせないことを目的としているということ。

問4 ――部イ「忘却は敵である」とあるが、それはなぜか。その理由として最も適当なものを、次より一つ選びなさい。（解答番号8）

① 人間の頭脳を倉庫とみなしたとき、知識という在庫が勝手に失われていってしまっては困るから。

② 人間の頭脳を倉庫とみなしたとき、より保管機能の優れたコンピューターの出現によってその価値を失ってしまうから。

③ 倉庫としての人間の頭脳は、よりたくさんの知識を保管するために大きなものでなければならないから。

④ 倉庫としての人間の頭脳は、知識という在庫をいつでも簡単に引き出せることを求められているから。

問5 ――部ウ「コンピューターの出現」によって人間の頭脳はどのような役割を求められるようになったか。最も適当なものを、次より一つ選びなさい。（解答番号9）

① 得た知識をなくさないようにする役割から、能率よく物事をとらえるためにどんどん知識を忘れることを求められるものになった。

② 今までの知識を蓄える役割から、積極的に忘れることで頭を整理しながら新しいものを作り上げることを求められるものになった。

③ 倉庫のように知識を保管する役割から、忘れることで工場のようにできる限り能率よく作業することを求められるものになった。

④ 知識をただ保存するだけの役割から、創造的な知識を得るスペースを作るために忘却することを求められるものになった。

問6 I に入る四字熟語として最も適当なものを、次より一つ選びなさい。（解答番号10）

① 因果応報　② 泰然自若

③ 本末転倒　④ 茫然自失

はどうしたらよいのか、と言っても、急に名案が浮ぶわけがない。しかし、忘れられない頭、いつも忙しい頭では、ろくなことは生れない、となると、どうしたらよいのか、見当もつかない、などと言ってはいられない。そのうち、学校でも、忘れ方の学習をするようにならないとも限らない。（中略）

勉強家は朝から晩まで、同じ問題を考えている。いかにもdキン勉なようだが、さほど効率はよくない。田舎の勉強、京の昼寝、というが、時間のありあまるほどある人が、没頭して時の移るのを忘れる勉強をしても、それほど、うまく行かない。むしろ、休み休みの方が進むものは進む、ということを教えたことばであろう。

この点、だれが考えたのか知らないが、オたいへんうまいことをしているのが、学校の時間割。国語をやったら、数学、そのあとは社会をして、理科、体育をしたら図工。こういうように、一見、脈絡のないことを次々やる。詰め込みだと見る人も出てくる。もうすこし、組織的にしてはどうかというので、二時間続きの授業を試みたりする高校があるけれども、すこし考えが違っているように思われる。倉庫型の頭をつくるのならともかく、ものを考える頭を育てようとするならば、忘れることも勉強のうちだ。忘れるには、異質なことを接近してするのが有効である。学校の時間割はそれをやっている。

D、授業と授業との間に、休み時間をもうけている。これは、忘却準備の休みである。存分に校庭を飛びまわって、空気によるリフレッシメンツをとり入れるのが望ましい。

それから、汗を流すのが忘却法として効果があるようだ。気分爽快になるのは、頭がきれいに掃除されている、忘却が行なわれている証拠である。適度のスポーツは頭の働きをよくするのに必須の条件でなくてはならない。血のめぐりというが、頭は体の一部である。体の血のめぐりをよくしないで、頭の血のめぐりだけよくしようというのは無理な註文《ちゅうもん》であろう。もっとも、首から上が切れている人は別である。

汗を流すまでには至らないが、散歩も体を使うことで、忘却を促進する効果がある。これは古くから人々に注意されてきているようで、西欧の哲学者は好んで、逍遙《しょうよう》し、散策のうちに思eサクをまとめ、発見に導かれた。

気にかかることがあって、本を読んでも、とかく心が行間へ脱線しがち、というようなときには、思い切って、散歩に出る。歩くのも、ブラリブラリというのはよろしくない。足早に歩く。しばらくすると、気分が変化し始める。頭をおおっていたもやのようなものがすこしずつはれて行く。

三十分もそういう歩き方をすると、いちばん近い記憶の大部分が退散してしまう。さっぱりする。そして、忘れていた、たのしいこと、大切なことがよみがえってくる。頭の整理が終了したのである。帰って、本に向えば、どんどん頭に入ってくる。

さきにものべたが、忘れられるのは、さほど価値のないことがらである。すくなくとも、本人が心の奥深いところでそう考えているものは忘れるともなく忘れる。いかに些細なことでも、興味、関心のあることは決して忘れたりはしない。カ忘れるとは、この価値の区別、判断である。

講義や講演をきいて、せっせとメモをとる人がすくなくない。忘れてはこまるから書いておくのだ、というが、ノートに記録したという安心感があると、忘れてもいいと思うのかどうか、案外、きれいさっぱり忘れてしまう。本来なら、忘れるはずのないことまで忘れる。

めったにメモをとらないことだ。ただ、ぼんやり聴いていると、大部分は忘れるが、ほんとに興味のあることは忘れない。こまかく筆記すると、おもしろいことまで忘れてしまう。

つまらないことはいくらメモしてもいい。そうすれば、安心して早く忘れられる。大切なことは書かないでおく。そして、忘れてはいけない、忘れたら、とり返しがつかないと思っているようにするのである。

B 、そのつもりになってみると、忘れるのは案外、難しい。例えば、何か突発の事件が起ったとする。その渦中の人は、あまりのことに、あれもこれもいろいろなことが一時に殺到する。頭の中へどんどんいろいろなことが入ってきて、混乱状態におちいる。 I 、どうしていいかわからなくなる。これが「忙しい」のである。「忙」の字は、心(りっしんべん)を亡くしていると書く。忙しいと頭が働かなくなってしまう。頭を忙しくしてはいけない。がらくたのいっぱいの倉庫は困る。

平常の生活で、頭が忙しくてはいけない。人間は、自然に、頭の中を整理して、忙しくならないようになっている。

睡眠である。

眠ってからしばらくすると、レム(REM)睡眠というものが始まる。マブタがピクピクする。このレムの間に、頭はその日のうちにあったことを整理している。記憶しておくべきこと、すなわち、倉庫に入れるべきものと、処分してしまってよいもの、忘れるものとの区分けが行なわれる。自然忘却である。

朝目をさまして、気分爽快であるのは、夜の間に、頭の中がきれいに整理されて、広々としているからである。何かの事情で、それが妨げられると、寝ざめが悪く、頭が重い。

朝の時間が、思考にとって黄金の時間であるのも、頭の工場の中がよく整頓されて、動きやすくなっているからにほかならない。

昔の人は、自然に従った生活をしていたから、神の与え給うた忘却作用である睡眠だけで、充分、頭の掃除ができた。 C 、いまの人間は、情報過多といわれる社会に生きている。どうしても不必要なものが、頭にたまりやすい。夜のレム睡眠くらいでは、処理できないものが残る。これをそのままにしておけば、だんだん頭の中が混乱し、常時、「忙しい」状態になる。ノイローゼなども、そういう原因から起る。

かつては、忘れてはいけない、忘れてはいけない、と言っていられた。倉庫として頭を使った。中が広々していたからである。このごろは入れるものが多くなったのに、スペースには限りがある。その上、倉庫だけではなく工場としてものを創り出さなくてはいけない。場ふさぎがごろごろしているのは不都合である。

エ忘れる努力が求められるようになる。

これまで、多くの人はこんなことは考えたこともないから、さあ、忘れてみよ、と言われても、さっさと忘れられるわけがない。しかし、入るものがあれば、出るものがなくてはならない。入れるだけで、出さなくては、爆発してしまう。

食べものを食べる。消化して吸収すべきものを吸収したら、そののこりは体外へ排泄《はいせつ》する。食べるだけで、排泄しなければ、糞《ふん》づまりである。これまでの、倉庫式教育は、うっかりしていると、この糞づまりをつくりかねなかった。どんどん摂取したら、どんどん排泄しないといけない。忘却はこの不可欠な排泄に当る。目のかたきにするのは大きな誤りである。

勉強し、知識を習得する一方で、不要になったものを、処分し、整理する必要がある。何が大切で、何がそうでないか。これがわからないと、古新聞一枚だって、整理できないが、いちいちそれを考えているひまはない。自然のうちに、直cカン的に、あとあと必要そうなものと、不要らしいものを区分けして、新陳代謝をしている。

頭をよく働かせるには、この〝忘れる〟ことが、きわめて大切である。頭を高能率の工場にするためにも、どうしてもたえず忘れて行く必要がある。

忘れるのは価値観にもとづいて忘れる。おもしろいと思っていることは、些細《ささい》なことでもめったに忘れない。価値観がしっかりしていないと、大切なものを忘れ、つまらないものを覚えていることになる。これについては、さらに考えなくてはならない。

忘れてはいけないと思うと、意地悪く、すっかり忘れてしまうくせに、早く忘れてしまいたいことが、いつまでも、頭にこびりついて離れないこともある。意のままにならないものである。

これまでは、忘れることを目のかたきにしてきたから、忘れるに

二〇二四年度 武南高等学校（併願1）

【国　語】〈五〇分〉〈満点：一〇〇点〉

一　次の文章を読み、後の問いに答えなさい。

こどものときから、忘れてはいけない、忘れてはいけない、と教えられ、忘れたと言っては叱られてきた。そのせいもあって、忘れることに恐怖心をいだき続けている。悪いときめてしまう。

学校が忘れるな、よく覚えろ、と命じるのは、アそれなりの理由がある。教室は知識を与える。知識をふやすのを目標にする。せっかく与えたものを片端から、捨ててしまっては困る。よく覚えておけ。覚えているかどうか、ときどき試験をして調べる。覚えていなければ減点して警告する。点はいい方がいいにきまっているから、みんな知らず知らずのうちに、忘れるのをこわがるようになる。

教育程度が高くなればなるほど、そして、頭がいいと言われれば、言われるほど、知識をたくさんもっている。[A]、忘れないでいるものが多い。頭の優秀さは、記憶力の優秀さとしばしば同じ意味をもっている。それで、生き字引というような人間ができる。

ここで、われわれの頭を、どう考えるかが、問題である。

これまでの教育では、人間の頭脳を、倉庫のようなものだと見てきた。知識をどんどん蓄積する。倉庫は大きければ大きいほどよろしい。中にたくさんのものが詰っていればいるほど結構だとなる。

せっかく蓄積しようとしている一方から、どんどんものがなくなって行ったりしてはことだから、忘れるな、が合言葉になる。ときどき在庫検査をして、なくなっていないかどうかをチェックする。それがテストである。

倉庫としての頭にとっては、イ忘却は敵である。博識は学問のある証拠であった。ところが、こういう人間頭脳にとっておそるべき敵があらわれた。コンピューターである。これが倉庫としてはすばらしい機能をもっている。いったん入れたものは決して失わない。必要なときには、さっと、引き出すことができる。整理も完全である。

ウコンピューターの出現、普及にともなって、人間の頭を倉庫として使うことに、疑問がわいてきた。コンピューター人間をこしらえていたのでは、本もののコンピューターにかなうわけがない。

そこでようやく創造的人間ということが問題になってきた。コンピューターのできないことをしなくては、というのである。

人間の頭はこれからも、一部は倉庫の役をはたし続けなくてはならないだろうが、それだけではいけない。新しいことを考え出す工場でなくてはならない。倉庫なら、入れたものを紛aシツしないようにしておけばいいが、ものを作り出すには、そういう保存保管の能力だけではしかたがない。

だいいち、工場にやたらなものが入っていては作業能率が悪い。よけいなものは処分して広々としたスペースをとる必要がある。それかと言って、すべてのものをすててしまっては仕事にならない。整理が大事になる。

倉庫にだって整理は欠かせないが、それはあるものを順序よく並べる整理である。それに対して、工場内の整理は、作業のじゃまになるものをとり除く整理である。

この工場の整理に当ることをするのが、忘却である。人間の頭を倉庫として見れば、危険視される忘却だが、工場として能率をよくしようと思えば、どんどん忘れてやらなくてはいけない。

そのことが、いまの人間にはよくわかっていない。それで工場の中を倉庫のようにして喜んでいる人があらわれる。工場としても、倉庫としてもうまく機能しない頭を育ててしまいかねない。コンピューターには、こういう忘却ができないのである。コンピューターには倉庫に専念させ、人間の頭は、知的工場に重点をおくようにするのが、これからの方向でなくてはならない。

それには、忘れることに対するbヘン見を改めなくてはならない。

英語解答

Ⅰ (1) ② (2) ① (3) ③ (4) ②
(5) ③

Ⅱ (6) ③ (7) ④ (8) ① (9) ③
(10) ② (11) ③ (12) ④ (13) ②
(14) ④ (15) ④

Ⅲ (16) ④ (17) ① (18) ① (19) ②
(20) ③

Ⅳ (21) ③ (22) ④ (23) ① (24) ②
(25) ③

Ⅴ (26) ③ (27) ③ (28) ② (29) ①
(30) ①

Ⅵ (31)…① (32)…② (33)…⑦ (34)…①
(35)…⑦ (36)…④ (37)…① (38)…②
(39)…② (40)…①

Ⅰ〔放送問題〕解説省略

Ⅱ〔長文読解総合―物語〕

≪全訳≫❶２年間という長い間，私は奴隷の生活を送っていた。家と庭で働き，毎日逃げようと計画したが，それは全く不可能だった。私は昼も夜もそれを考えていた。私の主人は小さな船で釣りに行くのが好きで，いつも私を連れていった。モーリーという男と１人の少年もまた，私たちと一緒に行った。❷ある日，主人が「明日釣りに行きたいという友人がいる。船の準備をしなさい」と言った。❸そこで私たちは船にたくさんの食べ物と飲み物を積み込み，翌朝主人とその友人を待った。しかし，主人がやってきたとき，彼は１人だった。❹「友人は今日は釣りに行きたくないんだ」と彼は私に言った。「だが，お前はモーリーと少年と一緒に行って，私たちの今夜の夕食のために魚を捕まえてこい」❺「はい，ご主人様」　私は静かに答えたが，内心は興奮していた。「ひょっとしたら今，逃げ出せるかもしれない」と私は心の中で思った。❻主人は友人のところに戻り，私たちは船で海に出た。しばらく私たちは静かに釣りをしていたが，その後，私はモーリーの後ろに慎重に移動し，彼を水中に突き落とした。「泳げ！」　私は叫んだ。「岸まで泳げ！」❼私の主人は海鳥を撃つのが好きだったので，船には銃が積まれていた。急いで私はこれらの銃の１つを手に取った。モーリーは船の後について泳いでいたので，私は彼に叫んだ。❽「岸に戻れ！　そんなに遠くないからそこまで泳げるだろう。私はあなたを傷つけるつもりはないが，もし船に近づいたら，お頭を撃ち抜くぞ！」　それでモーリーは向きを変え，できるかぎり速く岸に泳いで戻っていった。❾それから私は少年に言った，「ジューリ，もし私を手伝うなら，私はお前のよい友人になれるだろう。手伝わないなら，お前も海に突き落とす」❿しかし，ジューリは私を手伝うことを望んだ。「僕はあなたと一緒に世界中に行きましょう」と彼は叫んだ。⓫私はカナリア諸島へ航海したかったのだが，海岸から離れすぎてしまうのが怖かった。それはほんの小さな船だった。それで私たちは数日間，南へ航海した。水はほとんどなくなり，ここは危険な国で野生動物がたくさんいた。私たちは怖かったが，水を手に入れるためにしばしば岸に上がらなければならなかった。一度，私は野生動物を撃つために銃を使った。何の動物かわからないが，それはおいしい食事になった。⓬約10日か12日間，私たちはアフリカ沿岸を南下して航海した。そしてある日，海岸に人が何人か見えた――友好的には見えない，未知の未開の人々を。そのときには，私たちには食べ物がほとんどなく，本当に助けが必要だった。私たちは怖かったが，岸に上がる必要があった。⓭最初，彼らも私たちを怖がっていた。おそらく白人はこの海岸を訪れたことがなかったのだろう。もちろん彼らの言語は話せないので，私たちは手と顔を使っておなかがすいていることを示した。彼らは私たちに食べ物を持ってきてくれたが，すぐに離れた。私たちは食べ物を船に運び，彼らは私たちをじっと見ていた。私は彼らに感謝を伝えようとしたが，何も与えるものがなかった。⓮ちょうどそのとき，２頭の大きな野生のネコが山から岸辺に降りてきた。それらはヒョウだったと思う。人々はこれらの野生のネコを怖がり，女性たちは叫び声をあげた。私はすばやく銃を取り，動物の１頭を撃った。２頭目の野生のネコは山に駆け上がって戻っていった。⓯そのアフリカの人々にとって銃は初めてで，彼らは大きな騒音と煙を怖がった。しかし，彼らは野生のネコが死んで喜んでいた。私は彼らにその死んだ動物の肉を与え，彼らは私たちにもっと食料と水をくれた。⓰私たちは今やたくさんの食料と水を手に入れて，航海を続けた。11日後，私たちはカーボベルデ諸島の近くに来た。島々が見えたが，風がなかったので近づけなかった。私たちは待った。

⑹＜指示語＞この it は，直前の it was never possible「それは全く不可能だった」の it と同じく，直前の文前半にある to escape「逃げること」を指す。奴隷としての生活から逃げ出すことを昼夜考えていたということ。

⑺＜英問英答＞「下線部(い)について，正しい文はどれか」―④「彼の名前はジューリで，ロビンソンの友人になった」　第９，10段落参照。

⑻＜適語選択＞直前の「主人とその友人を待った」という記述に対し，空所を含む文が But で始まっていることや，直後に続く主人のセリフから，主人は友人を連れずに「１人で」来たとわかる。

⑼＜文脈把握＞直後に続くロビンソンの心の声の内容が，ロビンソンが興奮した理由である。　say to ～self「心の中で考える」

⑽＜英問英答＞「船を海に出したとき，何人の人がいたか」―②「３人」　「私」(ロビンソン)とモーリーと少年(ジューリ)の３人。

⑾＜適文選択＞海に突き落とされたモーリーに向かって，銃を持った「私」が岸に泳いで戻るように命令している場面。傷つけるつもりはない，と前置きしながらも，船に近づいたら撃つ，と脅したのである。

⑿＜適語選択＞直後の，「水を手に入れるためにしばしば岸に上がらなければならなかった」という内容から，船に積んだ水は少なかったのである。little は‘数えられない名詞’について「(量が)ほとんどない」という意味を表す。なお，few は‘数えられる名詞’について，「(数が)ほとんどない」という意味。

⒀＜英問英答＞「ロビンソンが最初に銃を使ったのはなぜか」―②「何か食べる物が欲しかったから」　第11段落終わりの２文に，一度銃で野生動物を撃ち，それが食事になったとある。

⒁＜指示語＞下線を含む文は「最初，彼らも私たちを怖がっていた」という意味。「私たち」とはロビンソンとジューリのこと。この前で，ロビンソンとジューリが怖がっているのは some people on the shore「海岸にいる人々」であるので，they はこの人々を指す。ロビンソンたちがアフリカ沿岸を南下して航海していたという状況(第12段落第１文)をふまえると，彼らは「アフリカの人々」だといえる。

⒂＜内容真偽＞「この文章について正しい文はどれか」　①「ロビンソンは奴隷生活に満足していた」…×　第１段落参照。常に逃亡を考えていた。　②「ある日，ロビンソンは主人の友人モーリー

と釣りに行った」…×　モーリーが主人の友人であるという記述はない。　③「ロビンソンは逃げるために船に銃を持っていった」…×　第7段落参照。もともと積まれていた。　④「ロビンソンと彼の友人ジューリは，船で南に行った」…○　第11段落第3文参照。sail on は「航海し続ける」という意味。

Ⅲ〔長文読解―適語選択・語形変化―説明文〕

≪全訳≫❶大豆は最も優れた非動物性タンパク源なので，人間にとって世界で最も重要な食用作物の1つである。枝豆として知られる若い大豆は，栄養価が高く，カロリーが低い。乾燥大豆は豆乳，豆腐，しょうゆなどの食品の製造に使用される。❷大豆は油や大豆かすにも加工される。大豆油は何千もの有用なものに使用されている。揚げ物や焼き物に大豆油を選択する人や食品会社もある。大豆油は，煙を出したり焦げたりせずに高温に加熱できるため，調理用に適している。❸大豆は大豆かすにも変えられる。ほとんどが動物のエサとして使用される。大豆かすは他の植物ベースのエサよりもタンパク質と食物繊維の含有量が多いため，動物にとって完璧な食べ物だ。動物用に生産された全大豆かすのうち半分以上は鶏に，4分の1は豚に，残りは牛やその他の動物に与えられる。❹大豆の最大の生産国はブラジル，中国，アメリカである。1990年から2018年にかけて，ブラジルとアメリカは大豆の生産を着々と増やした。2019年までに，ブラジルはアメリカを抜いて，世界最大の生産国になった。両国とも将来的に大豆の生産を増やし続けると予測されている。現在，中国の生産量はこれら2か国よりもはるかに少ない。生産量は1990年以来ほぼ変わっておらず，今後も同様の状況が続くと予測されている。

＜解説＞(16)空所の後ろが前の内容の理由になっているので，because が適切。　(17)because 以下の内容から大豆油は料理に「適している」といえる。be good for で「～に適している」。　(18)More から空所の直前の animals までが「動物用に生産された全大豆かすのうちの半分以上」という長い主語。これが鶏や豚などに「与えられる」という受け身(‘be動詞＋過去分詞’)の文である。主語の中心の soymeal は‘数えられない名詞’で単数扱いなので，‘be動詞’は is を選ぶ。　(19)「全大豆かすのうち半分以上は～，4分の1は…」ときているので，「残りは」とする。なお，to pigs と to cows の前にそれぞれ is given が省略されている。　(20)直前に「ブラジルがアメリカを抜いて」とあるので，その結果として世界「最大の」生産国になったのである。　large－larger－largest

Ⅳ〔適語(句)選択〕

(21)適切な関係代名詞を選ぶ。先行詞 a friend と空所直後の father の間には「友達の父親」という関係が成り立つので，所有格の関係代名詞 whose が適切。　「私には，父親がプロのサッカー選手である友達がいる」

(22)a pen の代わりなので one が適切。代名詞 one は‘a/an＋前出の単数名詞’を表す。それに対し，it は前出の単数名詞そのもの(本問では「なくした自分のペン」)を指す。　「私はペンをなくしました。1本貸していただけますか」

(23)文の骨組みは Who is the girl? で，空所から後ろは「あそこで泣いている」の意味で girl を修飾する語句である。「～している」の意味で名詞を修飾するのは現在分詞(～ing)。　「あそこで泣いている女の子は誰ですか」

(24)2つのもののうち「より～な方」を表すときは‘the＋比較級’を用いる。なお，3つ以上のもののうち「最も～なもの」は‘the＋最上級’で表せる。　「その2つのかばんのうち小さい方が私のだ」

(25)look forward to ～で「～を楽しみに待つ」という意味。to は前置詞なので，後ろに動詞がくるときは動名詞(～ing)になる。　「私はあなたにまた会えるのを楽しみにしている」

Ⅴ〔対話文完成―適文選択〕

(26)Ａ：うちに新しい子犬がいるの。見たい？／Ｂ：ぜひそうしたいな，エミリー。午後に行くよ。／Ａ：じゃあそのときにね。//I'd love to. は相手の発言を受けて「ぜひそうしたい」という意味。ここでは，I'd love to see it. ということ。

(27)Ａ：フレッド，テレビの音が大きすぎるわ。小さくしてくれる？／Ｂ：わかった，お母さん。//「(テレビなど)の音量を下げる」は turn ～ down〔turn down ～〕で表せる。反対は turn ～ up〔turn up ～〕。

(28)Ａ：タケダさんはいらっしゃいますか？／Ｂ：私です。//電話での対話。相手を指定されて「私です」と答える場合は，Speaking. や This is he〔she〕. を用いる。

(29)Ａ：顔色が悪いね，マイク。どうかした？／Ｂ：ひどい頭痛がするんだ。／Ａ：気の毒に。病院に行った方がいいよ。//What's the matter?「どうしたの？」は具合の悪そうな相手に体調などを尋ねるときに使う表現(≒What's wrong with you?)。Ａはこの後 That's too bad.「気の毒に」と同情しているので，Ｂは不調を具体的に伝えたのである。have a headache で「頭痛がする」。

(30)Ａ：あなたのお母さんは普通，土曜日の午後は何をしますか？／Ｂ：そうですね，たいてい買い物に行きます。//土曜日の午後に行っていることを答える。go shopping で「買い物に行く」。なお，What does your mother do? なら，「お母さんのお仕事は何か」と職業を尋ねる質問になる。

Ⅵ〔整序結合〕

(31)・(32)「～があった」は There was/were ～。「～の前に」は in front of ～で表せる。　There was a big tree in front of the house.

(33)・(34)「もし～なら，…なのだけど」と‘現在の事実に反する仮定’を表す文は，‘If＋主語＋動詞の過去形～，主語＋助動詞の過去形＋動詞の原形…’という形になる。if 節の動詞が be動詞の場合は，原則として主語にかかわらず were を用いる。　If it were not raining, we would walk to the station.

(35)・(36)文の骨組みは「(その)飛行機はシンガポールからのものだ」→The plane is from Singapore。「飛行機」を修飾する「たった今到着した」は，which を主格の関係代名詞として使って which has just arrived とし，先行詞 plane の直後に置く。　The plane which has just arrived is from Singapore.

(37)・(38)「…ほど～な人は(誰も)いない」は‘No one＋動詞…＋as ～ as …’で表せる。　No one can play soccer as well as David.

(39)・(40)「～されている(ところだ)」は受け身を進行形にした形(‘be動詞＋being＋過去分詞’)で表せる。　This problem is being studied by many scientists.

数学解答

1 (1) ア…－　イ…1　ウ…2　エ…5
オ…0
(2) カ…1　キ…3
(3) ク…－　ケ…1　コ…7　サ…－
シ…9　ス…9　セ…1　ソ…7
(4) タ…4　チ…8

2 ア…1　イ…2　ウ…6

3 エ…8　オ…8　カ…2　キ…2
ク…2　ケ…2　コ…1　サ…2
シ…2　ス…3　セ…2　ソ…2

4 (1) タ…3　チ…4
(2) ツ…5　テ…1　ト…2
(3) ナ…5　ニ…1　ヌ…2

5 (1) 2　(2) イ…2　ウ…3
(3) エ…2　オ…1

6 (1) カ…－　キ…2　ク…4
(2) ケ…8　コ…5　サ…6　シ…4
ス…2　セ…5

7 6

8 (1) タ…3　チ…4
(2) ツ…2　テ…1
(3) ト…6　ナ…7
(4) ニ…3　ヌ…9

1〔独立小問集合題〕

(1)＜数の計算＞与式$=\dfrac{1}{11}\times\left\{\dfrac{3}{2}\times\dfrac{1}{125}+7\div(-125)\right\}=\dfrac{1}{11}\times\left\{\dfrac{3}{250}+7\times\left(-\dfrac{1}{125}\right)\right\}=\dfrac{1}{11}\times\left(\dfrac{3}{250}-\dfrac{7}{125}\right)$
$=\dfrac{1}{11}\times\left(\dfrac{3}{250}-\dfrac{14}{250}\right)=\dfrac{1}{11}\times\left(-\dfrac{11}{250}\right)=-\dfrac{1}{250}$$\left(\dfrac{-1}{250}\right.$と解答する$\left.\right)$

(2)＜二次方程式＞解の公式より，$x=\dfrac{-(-2)\pm\sqrt{(-2)^2-4\times1\times(-2)}}{2\times1}=\dfrac{2\pm\sqrt{12}}{2}=\dfrac{2\pm2\sqrt{3}}{2}=1\pm\sqrt{3}$ となる。

(3)＜二次方程式の応用＞2つの数は，差が8なので，小さい方をxとすると，大きい方は$x+8$と表せる。よって，積が153であることから，$x(x+8)=153$が成り立つ。これを解くと，$x^2+8x-153=0$，$(x+17)(x-9)=0$　$\therefore x=-17,\ 9$　$x=-17$のとき$x+8=-17+8=-9$，$x=9$のとき$x+8=9+8=17$となるから，-17と-9，9と17である。

(4)＜数量の計算＞往復の平均の速さは，往復の道のりを，往復にかかった時間でわって求められる。片道が11kmなので，往復の道のりは$11\times2=22$(km)である。また，行きは時速40kmで走ったので，行きにかかった時間は$\dfrac{11}{40}$時間であり，帰りは時速60kmで走ったので，帰りにかかった時間は$\dfrac{11}{60}$時間である。これより，往復にかかった時間は，$\dfrac{11}{40}+\dfrac{11}{60}=\dfrac{11}{24}$(時間)となる。よって，$22\div\dfrac{11}{24}=48$より，往復の平均の速さは時速48kmである。

2〔平面図形―平行線と正五角形〕

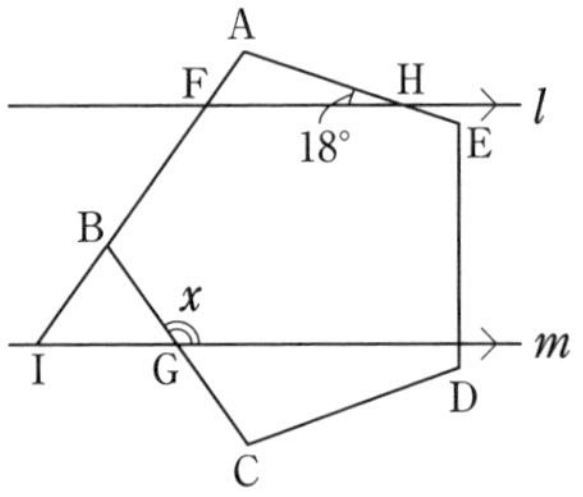

右図のように，8点A～Hを定め，辺ABの延長と直線mの交点をIとする。五角形ABCDEは正五角形だから，内角の和が$180°\times(5-2)=540°$より，$\angle FAH=\angle ABC=540°\div5=108°$となる。$\triangle AFH$で，$\angle AFH=180°-\angle FAH-\angle AHF=180°-108°-18°=54°$となるので，$l /\!/ m$より，$\angle BIG=\angle AFH=54°$である。$\angle IBG=180°-\angle ABC=180°-108°=72°$となるから，$\triangle BIG$で内角と外角の関係より，$\angle x=\angle BIG+\angle IBG=54°+72°=126°$である。

3〔平面図形―正八角形，正方形，円〕

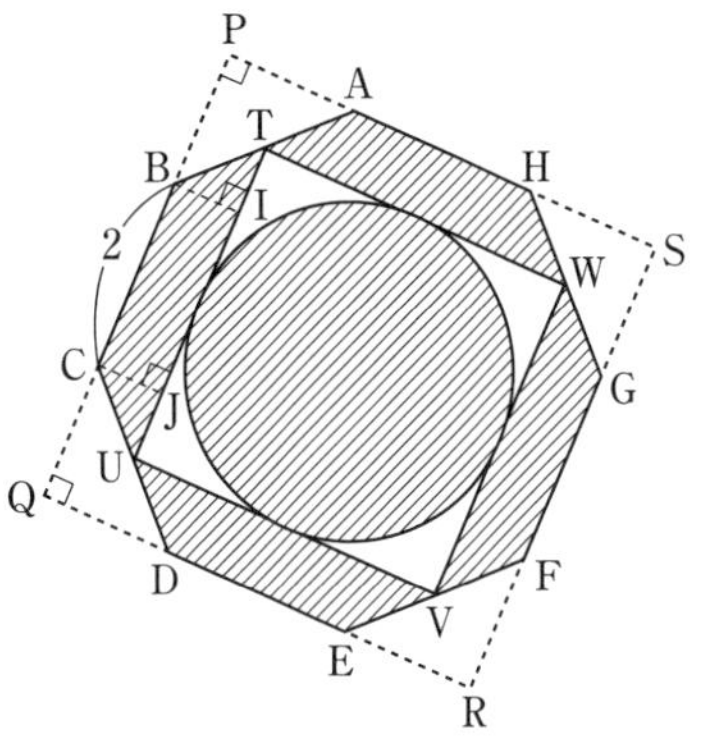

右図のように，正八角形の8個の頂点をA～Hとし，辺BC，辺DE，辺FG，辺HAを延長して，交点をそれぞれP，Q，R，Sとする。正八角形の1つの外角の大きさは$360°\div8=45°$だから，$\angle ABP=\angle BAP=45°$であり，$\triangle ABP$は直角二等辺三角形となる。よって，$AP=BP=\frac{1}{\sqrt{2}}AB=\frac{1}{\sqrt{2}}\times2=\sqrt{2}$となる。$\triangle ABP$，$\triangle CDQ$，$\triangle EFR$，$\triangle GHS$は合同な直角二等辺三角形となるので，四角形PQRSは，内角が全て90°であり，辺の長さも全て等しくなるから，正方形となる。$CQ=BP=\sqrt{2}$より，$PQ=BP+BC+CQ=\sqrt{2}+2+\sqrt{2}=2+2\sqrt{2}$だから，〔正方形PQRS〕$=(2+2\sqrt{2})^2=4+8\sqrt{2}+8=12+8\sqrt{2}$となる。また，$\triangle ABP=\frac{1}{2}\times AP\times BP=\frac{1}{2}\times\sqrt{2}\times\sqrt{2}=1$だから，正八角形ABCDEFGHの面積は，〔正方形PQRS〕$-4\triangle ABP=12+8\sqrt{2}-4\times1=8+8\sqrt{2}$となる。次に，辺AB，辺CD，辺EF，辺GHの中点をそれぞれT，U，V，Wとし，2点B，Cから辺TUに垂線BI，CJを引く。$TU/\!/PQ$より，$\angle BTI=\angle ABP=45°$，$\angle CUJ=\angle DCQ=45°$となるから，$\triangle BTI$と$\triangle CUJ$は直角二等辺三角形となる。さらに，四角形BCJIは長方形となる。$BT=\frac{1}{2}AB=\frac{1}{2}\times2=1$より，$BI=TI=\frac{1}{\sqrt{2}}BT=\frac{1}{\sqrt{2}}\times1=\frac{\sqrt{2}}{2}$となり，同様に，$UJ=\frac{\sqrt{2}}{2}$となる。$IJ=BC=2$なので，正方形TUVWの1辺の長さは$TU=TI+IJ+UJ=\frac{\sqrt{2}}{2}+2+\frac{\sqrt{2}}{2}=2+\sqrt{2}$となる。斜線部分は，正八角形ABCDEFGHから正方形TUVWを除いた部分と，円を合わせたものである。正方形TUVWの面積は$(2+\sqrt{2})^2=4+4\sqrt{2}+2=6+4\sqrt{2}$である。また，円の半径は$\frac{1}{2}TU=\frac{1}{2}\times(2+\sqrt{2})=\frac{2+\sqrt{2}}{2}$だから，円の面積は$\pi\times\left(\frac{2+\sqrt{2}}{2}\right)^2=\frac{6+4\sqrt{2}}{4}\pi=\frac{3+2\sqrt{2}}{2}\pi$となる。以上より，斜線部分の面積は，〔正八角形ABCDEFGH〕－〔正方形TUVW〕＋〔円〕$=(8+8\sqrt{2})-(6+4\sqrt{2})+\frac{3+2\sqrt{2}}{2}\pi=2+4\sqrt{2}+\frac{3+2\sqrt{2}}{2}\pi=2(1+2\sqrt{2})+\frac{3+2\sqrt{2}}{2}\pi$である。

4〔データの活用―確率―さいころ〕

⑴＜確率＞大小2つのさいころを同時に投げるとき，それぞれ6通りの目の出方があるから，目の出方は全部で$6\times6=36$(通り)ある。このうち，出た目の積が偶数にならない場合を考えると，これは積が奇数になる場合で，(大，小)＝(1，1)，(1，3)，(1，5)，(3，1)，(3，3)，(3，5)，(5，1)，(5，3)，(5，5)の9通りある。よって，積が偶数になる場合は$36-9=27$(通り)だから，求める確率は$\frac{27}{36}=\frac{3}{4}$である。

⑵＜確率＞大小2個のさいころの出た目の和は，最小で$1+1=2$，最大で$6+6=12$だから，出た目の和が素数になるとき，その和は，2，3，5，7，11である。和が2になるのは(大，小)＝(1，1)の1通り，和が3になるのは(1，2)，(2，1)の2通り，和が5になるのは(1，4)，(2，3)，(3，2)，(4，1)の4通り，和が7になるのは(1，6)，(2，5)，(3，4)，(4，3)，(5，2)，(6，1)の6通り，和が11になるのは(5，6)，(6，5)の2通りだから，和が素数になる場合は$1+2+4+6+2=15$(通り)ある。よって，求める確率は$\frac{15}{36}=\frac{5}{12}$である。

⑶＜確率＞大きいさいころの目が小さいさいころの目より大きくなるとき，大きいさいころの目は2以上である。大きいさいころの目が2のとき小さいさいころの目は1の1通り，大きいさいころの目が3のとき小さいさいころの目は1，2の2通り，大きいさいころの目が4のとき小さいさいころの目は1，2，3の3通りあり，以下同様にして，大きいさいころの目が5のとき4通り，大きい

さいころの目が6のとき5通りとなる。よって，大きいさいころの目が小さいさいころの目より大きくなる場合は$1+2+3+4+5=15$(通り)あるので，求める確率は$\frac{15}{36}=\frac{5}{12}$となる。

5〔空間図形—正四面体〕

《基本方針の決定》(1)　中点連結定理を用いる。　(2)　特別な直角三角形の辺の比を用いる。
(3)　高さが等しい三角錐と見る。

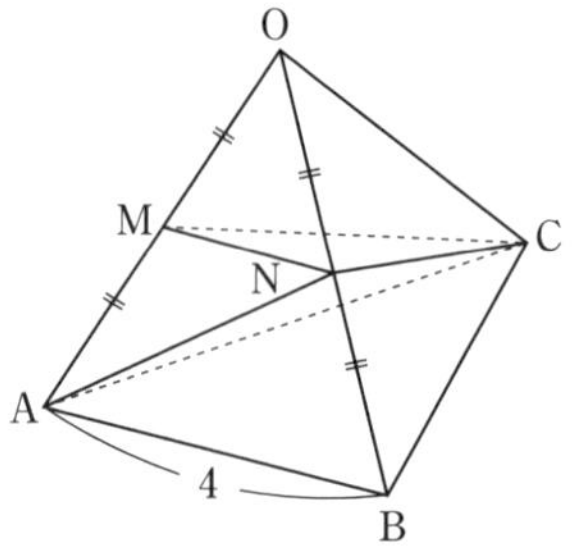

(1)＜長さ—中点連結定理＞右図で，2点M，Nは辺OA，辺OBの中点だから，△OABで中点連結定理より，$\mathrm{MN}=\frac{1}{2}\mathrm{AB}=\frac{1}{2}\times4=2$となる。

(2)＜長さ—特別な直角三角形＞右図で，立体OABCが正四面体より，△OABは正三角形だから，△ABNは3辺の比が$1:2:\sqrt{3}$の直角三角形となる。よって，$\mathrm{AN}=\frac{\sqrt{3}}{2}\mathrm{AB}=\frac{\sqrt{3}}{2}\times4=2\sqrt{3}$である。

(3)＜体積比＞右図で，四面体NABC，四面体OMNCを，それぞれ，底面を△ABN，△OMNとする三角錐と見る。このとき，この2つの三角錐の高さは等しいので，体積の比は底面積の比と等しくなり，$V_1:V_2$=〔四面体NABC〕:〔四面体OMNC〕=△ABN：△OMNとなる。ON=BNより，△AON=△ABNであり，OM=AMより，△OMN=△AMNだから，△OMN$=\frac{1}{2}$△AON$=\frac{1}{2}$△ABNとなる。よって，△ABN：△OMN=△ABN：$\frac{1}{2}$△ABN$=2:1$となり，$V_1:V_2=2:1$である。

6〔関数—関数$y=ax^2$と一次関数のグラフ〕

《基本方針の決定》(2)　QP=RQである。

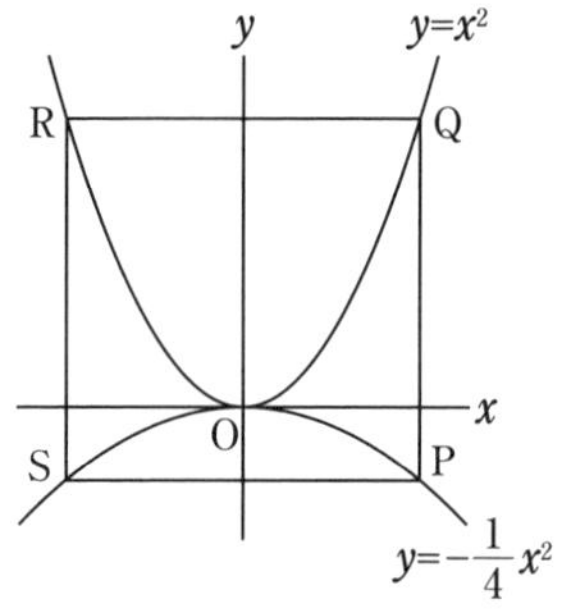

(1)＜座標＞右図で，QPはy軸に平行だから，点Pのx座標が2のとき，点Qのx座標は2である。点Qは放物線$y=x^2$上にあるので，$y=2^2=4$より，Q(2，4)である。2点R，Qはともに放物線$y=x^2$上にあり，RQはx軸に平行だから，2点R，Qはy軸について対称な点となる。よって，R(-2，4)である。

(2)＜座標＞右図で，四角形PQRSが正方形となるとき，QP=RQである。点Qのx座標をtとすると，$y=t^2$となるので，Q(t，t^2)となる。点Pのx座標はtなので，$y=-\frac{1}{4}t^2$となり，$\mathrm{P}\left(t,\ -\frac{1}{4}t^2\right)$となる。これより，$\mathrm{QP}=t^2-\left(-\frac{1}{4}t^2\right)=\frac{5}{4}t^2$と表せる。また，2点R，Qは$y$軸について対称だから，R($-t$，$t^2$)となり，$\mathrm{RQ}=t-(-t)=2t$と表せる。よって，$\frac{5}{4}t^2=2t$が成り立ち，$5t^2-8t=0$，$t(5t-8)=0$　$\therefore t=0,\ \frac{8}{5}$　$t>0$より，$t=\frac{8}{5}$だから，$t^2=\left(\frac{8}{5}\right)^2=\frac{64}{25}$となり，$\mathrm{Q}\left(\frac{8}{5},\ \frac{64}{25}\right)$となる。

7〔数と式—二次方程式の応用〕

真ん中の数をxとすると，連続する3つの自然数は$x-1$，x，$x+1$と表せる。最も大きい数の2乗が，他の2つの数の2乗の和から12をひいた数となるから，$(x+1)^2=\{(x-1)^2+x^2\}-12$が成り立つ。これを解くと，$x^2+2x+1=(x^2-2x+1+x^2)-12$，$-x^2+4x+12=0$，$x^2-4x-12=0$，$(x+2)(x-6)=0$　$\therefore x=-2,\ 6$　xは自然数なので，$x=6$となり，真ん中の数は6である。

8〔平面図形—三角形〕

(1)＜長さの比＞次ページの図で，AR：RB=2：3より，$\frac{\mathrm{AR}}{\mathrm{RB}}=\frac{2}{3}$であり，CQ：QA=2：1より，$\frac{\mathrm{CQ}}{\mathrm{QA}}$

$=\dfrac{2}{1}$である。$\dfrac{BP}{PC}\times\dfrac{CQ}{QA}\times\dfrac{AR}{RB}=1$だから，$\dfrac{BP}{PC}\times\dfrac{2}{1}\times\dfrac{2}{3}=1$となり，$\dfrac{BP}{PC}=\dfrac{3}{4}$となる。よって，BP：PC＝3：4である。

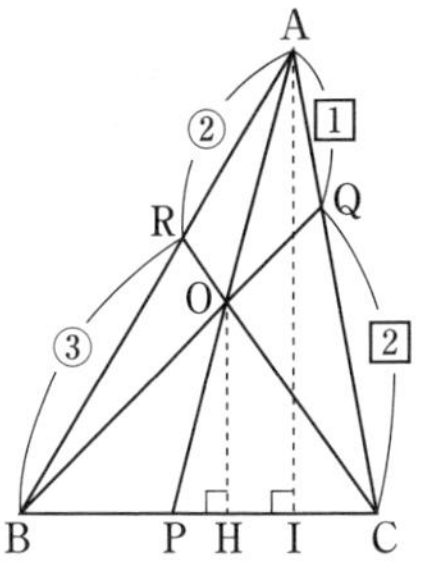

(2)＜面積＞右図で，△ABP：△ABC＝BP：BCであり，(1)より，BP：BC＝3：(3＋4)＝3：7だから，△ABP：△ABC＝3：7となる。よって，$△ABC=\dfrac{7}{3}△ABP=\dfrac{7}{3}\times9=21$である。

(3)＜長さの比＞右図で，(1)より，$\dfrac{AR}{RB}=\dfrac{2}{3}$であり，BC：CP＝(3＋4)：4＝7：4だから，$\dfrac{BC}{CP}=\dfrac{7}{4}$となる。$\dfrac{AR}{RB}\times\dfrac{BC}{CP}\times\dfrac{PO}{OA}=1$だから，$\dfrac{2}{3}\times\dfrac{7}{4}\times\dfrac{PO}{OA}=1$となり，$\dfrac{PO}{OA}=\dfrac{6}{7}$となる。よって，PO：OA＝6：7である。

(4)＜面積＞右上図で，2点O，Aから辺BCに垂線OH，AIを引くと，$△OBC：△ABC=\dfrac{1}{2}\times BC\times OH：\dfrac{1}{2}\times BC\times AI=OH：AI$である。△OPH∽△APIとなるので，OH：AI＝PO：PA＝6：(6＋7)＝6：13となり，△OBC：△ABC＝6：13である。よって，$△ABC=\dfrac{13}{6}△OBC=\dfrac{13}{6}\times18=39$である。

＝読者へのメッセージ＝

8に出てきた2つの式は，それぞれ「チェバの定理」「メネラウスの定理」といいます。詳しくは高校で学習します。

2024年度／武南高等学校（併願１）

国語解答

一 問１　a…②　b…④　c…①　d…④
e…①
問２　③　問３　①　問４　①
問５　②　問６　④　問７　③
問８　④　問９　①　問10　③
問６　ⅰ…②　ⅱ…④　ⅲ…①　ⅳ…③
問７　①　問８　③　問９　③
問10　②

二 問１　②　問２　③　問３　②
問４　②　問５　④

三 問１　④　問２　③　問３　①
問４　④　問５　③　問６　②

四 問１　34…⑥　35…⑨　36…⑧　37…④
問２　38…②　39…③　問３　①

一〔論説文の読解―哲学的分野―人間〕出典：外山滋比古『思考の整理学』「整理」。

≪本文の概要≫これまでの教育では，人間の頭脳を，知識を蓄積する倉庫のようなものだと見てきたため，忘却はよくないことだとされてきたが，コンピューターの出現によって，人間の頭は，新しいことを考え出す工場としての役割が求められるようになった。そこで，能率を上げるために，忘却が必要となった。情報過多の社会では，不必要なものが頭にたまってしまうため，忘れる努力が求められるようになったのである。忘れるためには，異質なことを接近して行うことが有効なので，いろいろな科目を学ぶ学校の時間割はよくできているといえるし，授業と授業の間に休み時間を設けるのも，忘却準備のための休みとして有効である。さらに，運動や散歩など，体を動かすことも忘却には効果があるとされている。また，忘れられるのは，それほど価値のない事柄であり，興味や関心のあることを忘れることはない。つまり，忘れるとは，価値の区別や判断となるのである。

問１＜漢字＞a．「紛失」は，物が紛れてなくなること。　b．「偏見」は，偏った見方や考え方のこと。　c．「直観」は，推論を用いずに直接的に物事の本質を見てとること。　d．「勤勉」は，仕事や勉強に一生懸命に励むこと。　e．「思索」は，筋道を立てて考えること。

問２＜接続語＞A．「教育程度」が高いほど，「頭がいい」ほど，「知識をたくさんもっている」ということは，言い換えれば「忘れないでいるものが多い」ということになる。　B．「忘れること」は必要なので，「忘れること」に対する偏った見方は「改めなくてはならない」し，さらにいえば，忘れようとしても「忘れるのは案外，難しい」ものである。　C．「昔の人」は，「睡眠だけで，充分，頭の掃除ができた」ものだが，「いまの人間は，情報過多といわれる社会に生きている」ので，どうしても「不必要なもの」が頭にたまりやすくなっている。　D．「学校の時間割」は，「異質なことを接近してする」ようにできているために「忘れること」が有効に行われており，それに加えて，「忘却準備」のための「休み時間」が「授業と授業の間」に設けられている。

問３＜文章内容＞学校は，「知識を与え」て，「知識をふやすのを目標」にしているので，子どもたちには「忘れるな，よく覚えろ」と命じる。

問４＜文章内容＞人間の頭脳を，知識を「蓄積する」ための倉庫と考えると，「忘却」によって知識がどんどん失われていくことは，好ましくない事態といえる。

問５＜文章内容＞知識を蓄える「倉庫」としての機能という点においては，人間の頭脳は「コンピューターにかなうわけがない」ので，人間は「新しいことを考え出す工場」としての役割を求められるようになった。そして，「工場として能率」をよくするために，「忘却」が必要となった。

問６＜四字熟語＞「茫然自失」は，驚いて我を忘れてしまうこと。

問７＜文章内容＞「情報過多」の社会に生きている「いまの人間」は，「不必要なもの」が頭にたまりやすくなっているため，「レム睡眠くらいでは，処理できないもの」が残ってしまう。

問８＜文章内容＞いろいろな科目が組み合わさっている学校の時間割は，「異質なことを接近して」行っているので，忘れることに役立っている。また，「休み時間」を授業と授業の間に設けていることも，「忘却準備」のための休みとして有効だといえる。

問９＜文章内容＞「さほど価値のない」ものは自然に忘れ，「興味，関心のあること」は決して忘れないので，その人が忘れなかったことは，価値のあるものだと判断できる。

問10＜要旨＞コンピューターの出現によって，人間の頭脳は「倉庫」としての役割から「新しいことを考え出す」ための「工場」としての役割を担うようになった(②…○)。「人間の頭はこれからも，一部は倉庫の役をはたし続けなくてはならない」が(③…×)，「工場」としての頭脳の能率を高めるために，「忘れる」ことが求められるようになった(①…○)。また，人間の脳は「さほど価値のない」ものは忘れ，興味や関心のあることは忘れないものなので，「忘れる」ということを通して，その人にとっての価値の有無が「区別，判断」できることになる(④…○)。

二　〔小説の読解〕出典：まはら三桃『たまごを持つように』。

問１＜心情＞外見も変わり，矢を射る様子からも「集中度の高さ」は感じられたが，最近の実良は，「練習に来てもストレッチやゴム弓を適当にやるばかり」だったし，「暑い，暑い」と「だれて」ばかりいるように見えたので，早弥は，実良が「生まれ変わった」とは信じきれずにいた。

問２＜語句＞「あっけにとられる」は，思いがけないことに出くわしてぽかんとする，という意味。

問３＜表現＞Ａ．「しなやかな手足の伸び」の感じられる射法から，実良は間を取って弓を大きく構えた。　Ｂ．坂口先生の声は「ガラスまで震えるくらい」に大きかったので，早弥は驚いて坂口先生を見た。　Ｃ．再び的に向かう実良を，坂口先生は動かずに見つめていた。　Ｄ．実良の「はりつめた背中」からは，実良が「肩甲骨の間の筋肉」をきちんと使っていることがわかった。

問４＜文章内容＞坂口先生は，矢が的を射たことで大喜びしている実良に対し，「あまりに練習を怠ってきた」ために「以前の感覚を忘れ」て，「前みたいにできた」と言っているが，的に当たったのは「まぐれ」にすぎないと厳しく指摘した。

問５＜心情＞実良は，坂口先生の「まぐれ」だという指摘に対し，「できんことなんかあるわけない」と，自信を持って矢を放っただけに，的を外したことが信じられず，言葉が出なくなった。

問６＜文脈＞早弥から見た実良は，練習は怠け気味だし，髪を黄色に染めたことが(ⅰ…②)やる気を出した証だと言い張ってはいるものの(ⅱ…④)，結果が出ないとすぐに諦めてしまう(ⅲ…①)，といった様子だった。つまり，早弥には，実良が飽きっぽい性格で，とても真剣にやっているようには見えなかったのである(ⅳ…③)。

問７＜文章内容＞坂口先生にも努力を認められ，早弥は自分が「一段進んだのかもしれない」と思えるようになったが，頬を傷つけてしまったことで「弦を避けるくせ」がつき，「スランプに陥ってしまう」かもしれないと不安になった。自信が持てたと思ったら，またすぐに新たな問題に直面してしまったので，早弥は，改めて弓道の難しさを感じた。

問８＜心情＞早弥は，弓道場の花壇の花が「悪意」を持って「いたずら」されていることを気にしていた。早弥は，そのことを春に言おうとしたものの，「実良のことをいつも気にかけている」らしい春に，実良が犯人だと疑っていることまで伝わってしまうのを，不安に思った。

問９＜文章内容＞早弥は，自分が実良を疑っていることを，春がすでに「察していた」と感じ取ったので，完全に「軽蔑された」と思って怖くなり，春の近くにいられなくなった。

問10＜表現＞「『飛んだ』／『中った』／矢が的を射た。／実良がしゃがみこんだ。」などのように，会話文を中心に短い文が多用されていることで，テンポよく文章が読めるようになっており，その場の情景や登場人物の心情が読者に伝わりやすくなっている。

三〔古文の読解―説話〕出典：『宇治拾遺物語』巻第三ノ十七。

≪現代語訳≫今ではもう昔の話だが，小野篁という人がいらっしゃった。嵯峨天皇の時代に，(誰かが)内裏に札を立てたのだが，(そこには)無悪善と書いてあった。帝が，篁に「(立て札の文字を)読め」とおっしゃったので，(篁は)「読むことには読みましょう。しかし恐れ多いことでございますので，申し上げることはできません」と申し上げたところ，(帝は)「とにかく申せ」と，何度もおっしゃったので，(篁が)「さがなくてよいだろうと申しています。それゆえに，帝を呪い申し上げているのです」と申し上げたので，(帝が)「(書いてあることがわかるくらいだから)お前以外に，誰が書くだろうか(，いや，書く者はいない)」とおっしゃったので，(篁は)「それ(＝犯人と疑われてしまう)だからこそ，申し上げませんと申したのでございます」と申し上げると，帝が「それでは，書いてあるものならば何でも，確かに読めるのか」と，おっしゃったので，(篁は)「どんなものでも，読み申し上げましょう」と申し上げたところ，(帝は)片仮名の子《ね》の文字を十二文字お書かせになって，お渡しになり，「読め」とおっしゃったので(それを見た篁が)，「猫の子の子猫，獅子《しし》の子の子獅子」と読んだところ，帝は微笑されて，特におとがめもなく終わったのであった。

問１＜古文の内容理解＞「さが」は，人間の性格・性質のことで，よい意味でも悪い意味でも用いる。このことから篁は，「悪」を「さが」と読むと判断して，「無悪善」を嵯峨天皇がいなくて善《よ》いだろう，という意味だと解釈したので，帝に面と向かっては言えないと拒んだのである。

問２＜現代語訳＞「おのれ」には，一人称と二人称の意味があるが，ここでは，帝が篁に対して用いているので，お前，などと訳す。「はなつ」には，除外する，という意味がある。「か」は，反語の意味を表す助詞。

問３＜古文の内容理解＞帝は，篁が「無悪善」を読めたのは，札を立てた本人だからだろうと疑っていた。しかし，帝は，十二文字の「子」を連ねただけの文を読め，という自分の出した難題を，篁が見事な答えで返したので，その才能に感心し，札を立てたのは篁ではないと思った。

問４＜古語＞「やみ」は，収まる，止まる，という意味の動詞「やむ」の連用形。

問５＜古文の内容理解＞「子」には，「こ」「ね」「し」という読みがあるので，篁は，連ねられた十二文字の「子」を，適宜「の」を入れながら，ねこのここねこ，ししのここじし，つまり，猫の子の子猫，獅子の子の子獅子というように，意味が通じるように読んだのである。

問６＜文学史＞『宇治拾遺物語』は，鎌倉時代に成立した説話集。『今昔物語集』は，平安時代に成立した説話集。『竹取物語』は，平安時代に成立した物語。『伊勢物語』は，平安時代に成立した歌物語。『平家物語』は，鎌倉時代に成立した軍記物語。これらの作品の編者・作者は，いずれも未詳。

四〔国語の知識〕

問１＜ことばの単位＞品詞に分解すると，「雪(名詞)／が(助詞)／たくさん(副詞)／降っ(動詞)／た(助動詞)／ので(助詞)／交通機関(名詞)／に(助詞)／大きな(連体詞)／影響(名詞)／が(助詞)／出(動詞)／た(助動詞)」，「子供たち(名詞)／は(助詞)／さようなら(感動詞)／と(助詞)／手(名詞)／を(助詞)／振っ(動詞)／て(助詞)／帰っ(動詞)／て(助詞)／いっ(動詞)／た(助動詞)」となる。

問２＜語句＞「歪曲」は，物や真実をゆがめて曲げること。「モラトリアム」は，金銭の支払い期限などを一定の期間猶予すること。また，責任を課せられるまでの期限を一定の期間延長すること。

問３＜文学史＞『吾輩は猫である』は，明治38～39(1905～06)年にかけて発表された，夏目漱石の小説。『みだれ髪』は，明治34(1901)年に発表された，与謝野晶子の歌集。『たけくらべ』は，明治28～29(1895～96)年にかけて発表された，樋口一葉の小説。『高瀬舟』は，大正５(1916)年に発表された，森鷗外の小説。『悲しき玩具』は，明治45(1912)年に発表された，石川啄木の歌集。

2024年度 武南高等学校（併願２）

【英　語】（50分）〈満点：100点〉

Ⅰ　試験開始からおよそ３分後に放送が始まります。放送される英文をよく聴いて，あとの(1)～(5)の質問に対する答えとして最も適切なものを，それぞれ下の①～④の中から１つずつ選び，番号をマークしなさい。なお，英文とそれに対する質問文はそれぞれ２回ずつ読まれます。

(1) ① There are about 14 kinds only in the sea.
② There are about 40 kinds only in the sea.
③ There are about 14 kinds in the sea and the river.
④ There are about 40 kinds in the sea and the river.

(2) ① They can move from the sea to the river.
② They need to breathe from time to time.
③ They get air from weeds in the sea.
④ Not all of them lay eggs under water.

(3) ① They have much larger brains than most animals.
② They can solve problems and show their feelings.
③ They can learn a variety of tricks from people.
④ They use a kind of language and talk with each other.

(4) ① They can find which way to go.
② They can kill fish to eat.
③ They can break things in front of them.
④ They can find where they are swimming.

(5) ① Everyone knows dolphins are the most intelligent animal.
② Scientists can understand what dolphins are saying.
③ Some dolphins sometimes attack people and other animals.
④ Dolphins can help people with a lot of things.

※＜**リスニングテスト放送原稿**＞は英語の問題の終わりに付けてあります。

Ⅱ　次の英文を読んで，あとの問いに答えなさい。

A Frenchman named Louis Braille worked to make the sense of touch a more helpful tool for the blind. He made (あ)it possible for them to read with their fingertips almost as fast as sighted people read print.

Louis Braille was blind. He lost his sight in an accident at the age of three. Because there were no schools for blind children in the early 1800s, Louis stayed at home all day. His parents loved and cared for him. But Louis began to feel more and more (い)useless as he grew older.

When he was ten years old, Louis heard of a special school in Paris. The school was especially for children like him. Blind children were being taught there to read books.

The school's master was a great person who gave his life and his *fortune to teaching the blind to read. (　う　) he taught them using huge *letters made from small wood. Later, the master made three special storybooks. In the books, each letter was raised, so students could feel each letter and then read each of the sentences by touching.

Louis was excited to learn to read. After repeating the same stories again and again, he was *anxious to read other things, too. But books with raised letters cost a lot, and (え)the schoolmaster wasn't able to afford more than a few. Louis started looking for something else to learn.

Fortunately, a wonderful opportunity came to him to study the organ. Since Louis wasn't able to see the notes, he learned to play the organ by ear. (お)He proved to be extremely talented. By the time he was fourteen years old, he could do as well as his teacher. Later, Louis Braille was considered as one of the greatest organists in Europe.

After mastering the organ, (か)Louis once again became discouraged. He wanted to learn other things as well. He wanted to read about different things in the world. But how could he learn without using books ?

One day in 1826, a captain of the army named Charles Barbier visited the school for the blind. He left some samples of a *curious *writing. The writing was in (き)a special kind of code that could be read by touch.

"The captain has invented this code so that soldiers can read messages in the dark," the schoolmaster told his pupils. "Captain Barbier thinks blind people might also use this code. It's a system based on sounds."

Louis reached out his hand for a sample of the writing and passed his fingertips over it. He got excited as he realized the code was in raised dots and dashes. He told himself excitedly, "This is the very way to read without using letters !"

But as he tried to learn the new code, Louis began to realize that it was too hard. Some of the sounds needed as many as a dozen dots. That made reading (く). Moreover, many words that sound alike have different meanings. That made the code confusing.

Louis decided that a simple alphabet in raised dots was needed. Each letter needed to be written by just a few dots. It took Louis Braille three years to make up a code. He worked hard to complete it. Unfortunately, he died before it was officially accepted. But his name is known today as the alphabet he invented all over the earth.

*fortune…財産　*letter(s)…文字　*anxious…望んでいる

*curious…奇妙な　*writing…書き方

(6) 下線部(あ)が指す内容として最も適当なものを下の選択肢から１つ選び，番号をマークしなさい。

① 目が見えない人が目が見える人と同じくらい早く文字を読むこと

② 目が見えない人が目が見える人よりも早く文字を読むこと

③ 目が見えない人が目が見える人のために指先で文字を書くこと

④ 目が見える人が目が見えない人のために指先で文字を伝えること

(7) Which is the meaning of the underlined part (い) ?

① having a feeling that a person is loved and cared a lot

② having a feeling that a person do things with passion

③ having a feeling that a person cannot do anything without any help

④ having a feeling that a person is expected to do better than others

(8) Which is the best to fill the blank (う) ?

① For the first time　② At a time

③ At that time　④ At first

(9) 下線部(え)が指す内容として最も適当なものを下の選択肢から1つ選び，番号をマークしなさい。

① 学校長はその本を数冊しか所有できなかった。
② 学校長は数人の生徒しか指導することができなかった。
③ 学校長は数文字しか書くことができなかった。
④ 学校長は数回しか本を読むことができなかった。

(10) 下線部(お)が指す内容として最も適当なものを下の選択肢から1つ選び，番号をマークしなさい。

① 彼は目が見えなくとも楽譜を読むことができるということを証明した。
② 彼はオルガンを弾く極めて優れた才能があるということを証明した。
③ 彼は練習すれば誰もが指導者を超えることができることを証明した。
④ 彼は人の話を聞くだけで物事を学ぶことができるということを証明した。

(11) Which was the reason for underlined part (か)?

① Because there was no one who could play organ better than him.
② Because he didn't have anything he wanted to learn.
③ Because people in Europe didn't think of him as a great organist.
④ Because he still had a hope to learn things other than music.

(12) Which is **NOT** true about underlined part (き)?

① The code was designed for people to read without using light.
② The code was told to the captain by the schoolmaster.
③ The code needed only raised dots and dashes.
④ The code was based on sounds to express messages.

(13) Which is the best to fill the blank（く）?

① slow but easy　② fast but difficult
③ slow and difficult　④ fast and easy

(14) Which is the name of the alphabet Louis invented?

① barbier　② braille　③ dash and dot　④ organ

(15) Which is true about this story?

① Louis's parents didn't know how to take care of Louis.
② When he was fourteen years old, he became a teacher of organ.
③ In 1826, Charles Barbier taught Louis how to read codes.
④ Louis couldn't see his alphabet used all over the world.

Ⅲ 次の英文の(16)～(20)の空所に最もよく当てはまるものを，それぞれ下の①～④の中から1つずつ選び，番号にマークしなさい。

In today's quickly changing world, it's very important for young people to understand how they can help society and make people's lives better. By ((16)) in volunteer activities, young people can make a positive difference and help with various problems which society faces. They can assist communities in need, support during disasters, and care for the environment. Also, young people should involve themselves in the issues in their society. This means staying updated about what's happening, understanding the challenges, and ((17)) these problems with friends and mentors. While some may say young people should only think about themselves, it's important to know that when everyone works together, society ((18)). By expanding their knowledge and skills, young people can bring innovative ideas and solutions to old problems.

In today's world where everyone is connected online, knowing how to use digital technology is important. It doesn't matter how old you are; being able to understand the digital technology is essential for ((19)) in many areas of life. Whether it's finding information, talking to others, or completing tasks, digital skills are vital.

In summary, young people being involved in solving society's problems and learning how to use digital technology isn't just beneficial, it's ((20)). By recognizing their social responsibility, they can create a world that's fairer, kinder, and long-lasting for future generations. When young people volunteer and assist others, it not only benefits them but also brings people together and strengthens communities. So, young people should participate in activities that correspond with their beliefs and contribute to improving society.

(16) ① participating ② participated ③ participate ④ participates
(17) ① discuss ② discussing ③ discussed ④ discusses
(18) ① improves ② improving ③ improved ④ improvement
(19) ① succeed ② successful ③ succeeds ④ success
(20) ① necessary ② necessarily ③ necessity ④ unnecessary

Ⅳ 次の英文(21)～(25)の空所に最もよく当てはまるものを，それぞれ下の①～④の中から１つずつ選び，番号をマークしなさい。

(21) Tomorrow I have a math test, so I am busy (　　).
① study ② to study ③ studying ④ being studied

(22) Before Mike (　　) for France, he will come to our office to meet us.
① left ② will leave ③ leave ④ leaves

(23) You need to change (　　) at Minami Urawa station.
① a train ② the train ③ trains ④ train

(24) The weather report (　　) it will be fine tomorrow.
① says ② gives ③ tells ④ writes

(25) If I (　　) a computer, I could watch the movie online.
① have ② had ③ would have ④ having

Ⅴ 次のＡさんとＢさんの対話文を読んで，(26)～(30)の空所に最もよく当てはまるものを，それぞれ下の①～④の中から１つずつ選び，番号をマークしなさい。

(26) A : What brought you here to Japan?
B : (　　　　)
① On my business. ② By airplane from the U.S.
③ Two bags and a suitcase. ④ A dog named Pochi.

(27) A : Would you mind giving me a hand?
B : (　　　　)
① I have two hands. ② Of course, not.
③ I'm thinking about it. ④ Yes, please.

(28) A : Do you want to come to Emily's birthday party next Sunday?
B : (　　　　)
① You, too. ② Sure, go ahead.

③ Sorry, she can't.　　④ I'd love to.

(29) A : May I help you ?
　B : (　　　　) Thank you.
① Here you are.　　② I met you before.
③ I'm just looking.　　④ Don't mention it.

(30) A : Is that Tom over there ?
　B : (　　　　) He has gone to London.
① No way.　　② Why not ?
③ Go ahead.　　④ Certainly.

Ⅵ 次の日本文に合うように，下の①～⑦の語(句)を用いて文を完成させる場合に空所(31)～(40)に最もよく当てはまるものを，それぞれ下の①～⑦の中から１つずつ選び，番号をマークしなさい。ただし，文頭に来るべき語も小文字で始めてあります。

(31)・(32) 彼はあまりに不注意だったので，その問題を間違えた。
He was (　　)(　　)((31))(　　)(　　)((32))(　　) on the question.
① that　② made　③ careless　④ he
⑤ mistake　⑥ so　⑦ a

(33)・(34) 私はトムが他人の悪口を言うのを聞いたことがない。
I (　　)(　　)((33))(　　)(　　)((34))(　　) about others.
① bad　② have　③ Tom　④ never
⑤ something　⑥ say　⑦ heard

(35)・(36) メアリーほどたくさんの本を持っている生徒は他にいない。
(　　)(　　)((35))(　　)(　　)((36))(　　) as Mary.
① other　② books　③ student　④ many
⑤ no　⑥ has　⑦ as

(37)・(38) 妹が夕飯を作るのをあなたが手伝うことが重要だ。
(　　)(　　)((37))(　　)(　　)((38))(　　) your sister cook dinner.
① for　② important　③ help　④ is
⑤ you　⑥ it　⑦ to

(39)・(40) 父は私がいつ家に帰るか尋ねた。
My father (　　)(　　)((39))(　　)(　　)((40))(　　).
① asked　② home　③ I　④ come
⑤ when　⑥ me　⑦ would

＜リスニングテスト放送原稿＞

Do you know anything about dolphins ? They say that there are more than 40 kinds of dolphins all over the world. Some dolphins live in the river, and others live under the sea, but every dolphin likes to eat fish.

Dolphins live in the sea, but they are quite different from fish. They can't stay under water all the time. They need air, so they must come to the surface of the water and get air.

Scientists have studied dolphins for many years and have learned that they are very intelligent animals. Some people believe that dolphins are more intelligent than any other animal on the earth.

Actually, they have much larger brains than most animals. They can solve problems and show their feelings.

Dolphins live in groups and catch fish together. They also use a kind of language. Scientists do not understand the language of dolphins, but they know these animals can talk to each other.

Dolphins use something like "sonar" to find their way without using their eyes. They send out a high pitched sound. If the sound hits something, it comes back to them. In this way, they can look for food and find their way.

Dolphins are very friendly to people. Scientists and other people have made many kinds of tests on them. They can play games and help people with many things. Perhaps they will soon be able to help us more and more.

(1) How many kinds of dolphins are there in the world ?

(2) In what way are dolphins different from fish ?

(3) Which example is NOT mentioned as a sign of dolphins' intelligence ?

(4) What can dolphins do by sending out a high pitched sound ?

(5) Which is true about this story ?

【数　学】（50分）〈満点：100点〉

〔注意〕・コンパス，定規，分度器，電卓等の計算器は使用しないこと。

・分数や無理数は，下の例のように簡単にして答えること。

$\frac{\boxed{1}}{\boxed{2}}$…正解，　$\frac{\boxed{2}}{\boxed{4}}$…不正解とみなす

$\boxed{2}\sqrt{\boxed{2}}$…正解，　$\boxed{1}\sqrt{\boxed{8}}$…不正解とみなす

※**1**～**4**は解答用紙の解答欄 1 を，**5**～**7**は解答欄 2 を，**8**は解答欄 3 を使用します。

1　次の問いに答えよ。

(1)　$\left\{-\left(-\frac{3}{2}\right)^3+\left(\frac{1}{2}\right)^2-1\right\}\div\left(\frac{7}{2}\right)^3\times(-7)^2=$ [ア]

(2)　2次方程式 $x^2-16x+16=0$ を解くと $x=$ [イ] $\pm$ [ウ] $\sqrt{\text{[エ]}}$

(3)　2次方程式 $(x-2)^2=16$ の2つの解が2次方程式 $x^2+ax+b=0$ を満たすとき，$a=$ [オカ]，$b=$ [キクケ] である。

(4)　家から学校までの道のりは3300mである。家から学校に行くのに初めは分速130mで走り，途中から分速80mで歩くことにする。家を出発してからちょうど30分で学校に着くためには [コサシス] m走らなければならない。

2　次の図で，$l /\!/ m$ のとき，$\angle x$ の大きさは [セソ]°である。

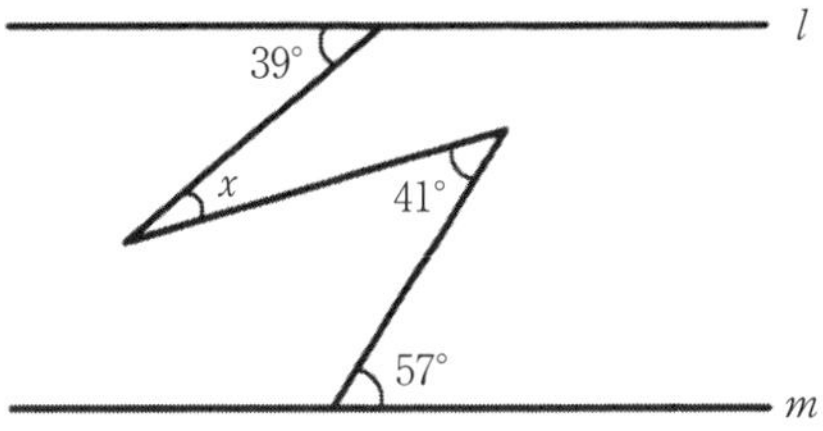

3　四角形ABCDは一辺の長さが4の正方形，△GBCは正三角形である。また，直線DGと辺ABの交点をE，直線AGと辺CDの交点をFとする。このとき，DF＝ [タ] － [チ] $\sqrt{\text{[ツ]}}$ であり，図の斜線部分の面積の総和は [テト] － [ナ] $\sqrt{\text{[ニ]}}$ である。

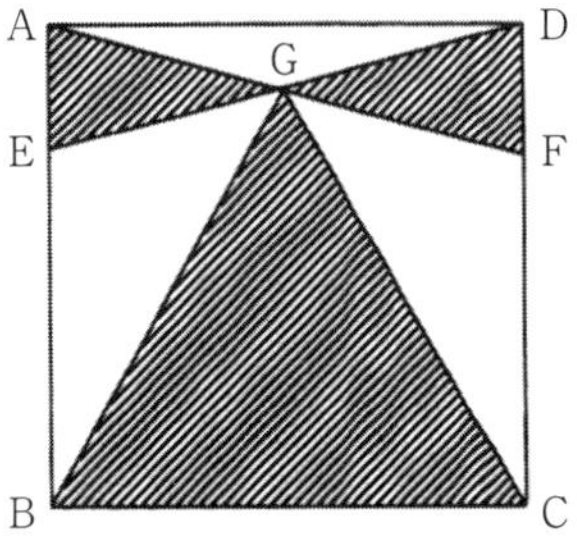

4　大小2つのサイコロを1回振り，大きいサイコロの目を a，小さいサイコロの目を b とする。

(1)　$a-b=0$ になる確率は $\frac{\text{[ヌ]}}{\text{[ネ]}}$ である。

(2)　$\frac{b}{a}$ が自然数にならない確率は $\frac{\text{[ノハ]}}{\text{[ヒフ]}}$ である。

(3)　a と b の最小公倍数が奇数になる確率は $\dfrac{\boxed{\text{ヘ}}}{\boxed{\text{ホ}}}$ である。

5　下図のように各面の正方形の対角線の長さが10である立方体がある。

正方形EFGHに内接する円を底面とし，正方形ABCDの対角線の交点Pを頂点とする直円すいの底面積は $\dfrac{\boxed{\text{アイ}}}{\boxed{\text{ウ}}}\pi$，体積は $\dfrac{\boxed{\text{エオカ}}\sqrt{\boxed{\text{キ}}}}{\boxed{\text{ク}}}\pi$ である。ただし，π は円周率とする。

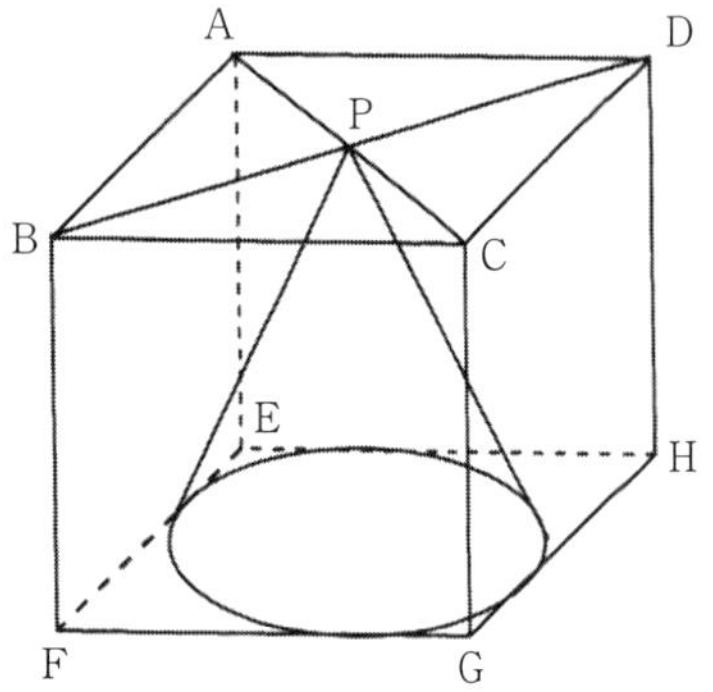

6　下図のように，放物線 $y=\dfrac{1}{2}x^2$ のグラフ上に点P，Q，Rがある。点Sの座標は(0，4)であり，点P，Qの x 座標がそれぞれ -1，3である。また，四角形PQRSは平行四辺形である。このとき，点R($\boxed{\text{ケ}}$ ，$\boxed{\text{コ}}$)であり，平行四辺形PQRSの面積は $\boxed{\text{サシ}}$ である。

また，直線 $y=\dfrac{\boxed{\text{スセ}}}{\boxed{\text{ソ}}}x$ は平行四辺形PQRSの面積を２等分する。

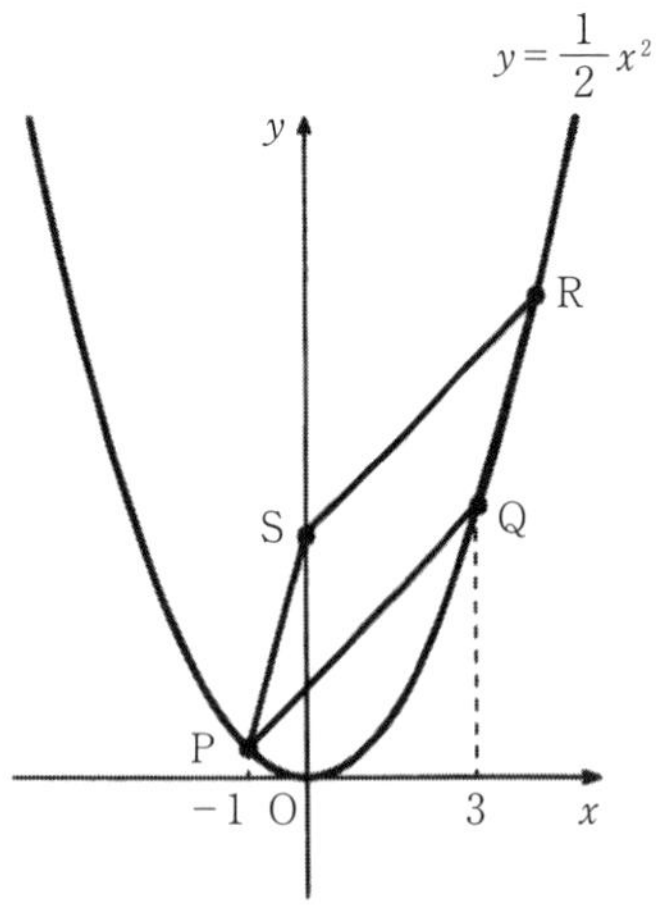

7　母親の年齢が子どもの４倍，父親の年齢が子どもの５倍である３人家族がいる。また，７年後には父親の年齢は子どもの３倍になるという。現在の母親の年齢は $\boxed{\text{タチ}}$ 歳である。

$\boxed{\text{ツ}}$～$\boxed{\text{ホ}}$ は使用しません。

8　たけしさんとみなみさんは，次の問題を考えている。

> n^2-11n の値が 2 つの素数の積で表されるときの自然数 n の値をすべて求めよ。

たけし　n^2-11n の値が 2 つの素数の積で表されるから $n^2-11n>0$ を満たすね。

みなみ　そうしたら，n は［アイ］以上の自然数になるね。

たけし　n^2-11n は $n(n-11)$ と表せるから，n に［アイ］以上の自然数を順に代入して調べればいいね。

みなみ　そうやっていくと，$n=$［ウエ］で n と $n-11$ は素数になるから正解だね。
　　このとき，$n^2-11n=$［オカ］になるね。

たけし　これ以外にもあるのかな？　でもすべての自然数を代入して調べるのは不可能だよ。

みなみ　とりあえず［ウエ］より大きい自然数について順に考えよう。

たけし　まず $n \geqq$［キク］のとき，$n-11 \geqq$［ケ］になるから，n が素数のとき，$n-11$ は［コ］になるよ。

みなみ　そうしたら，n^2-11n も［コ］になるから，n の値は［ウエ］だけだね。

［コ］の解答群

⓪ 素数	① 奇数	② 偶数	③ 整数

［サ］～［ホ］は使用しません。

・フィードバック　（解答番号37）

・ジレンマ　（解答番号38）

① 動作や行為の結果を原因に照らし合わせて、不適切な点を修正すること。

② 相反する二つの事柄の板ばさみになって、どちらとも決められない状態。

③ ともに優れていて、優劣をつけられない二つのもの。

④ 二つの事柄が類似して存在していること。

⑤ 多くのものが入り混じって区別がつかない状態。

問3　次の人物の作品を、後の①～⑤より一つずつ選びなさい。

・芥川龍之介　（解答番号39）

・井伏鱒二　（解答番号40）

① 『黒い雨』　② 『金閣寺』

③ 『ノルウェイの森』　④ 『鼻』

⑤ 『蟹工船』

＊なごう…なごやかに。おだやかに。

＊目のうちつけに…ふと見たところ。ちょっと見たところ。

問1　——部ア「かしがましくなきののしれども」とあるが、それに至る経緯の説明として最も適当なものを、次より一つ選びなさい。（解答番号26）

① 姉の悩みがつのってしまったので、猫と一緒に北面の部屋で落ち着かせた。

② 姉が病気になり慌ただしかったので、猫を北面の部屋にいさせたまま構わなかった。

③ 姉と猫をめぐってけんかになってしまったので、猫を一時的に北面の部屋に閉じ込めた。

④ 姉の機嫌が悪くなり騒ぎ出してしまったので、猫を北面の部屋に避難させた。

問2　——部イ「おどろきて」の現代語訳として最も適当なものを、次より一つ選びなさい。（解答番号27）

① 目を覚まして　② 動揺して

③ 悲しんで　④ 出歩いて

問3　——部ウ「大納言殿に知らせ奉らばや」の解釈として最も適当なものを、次より一つ選びなさい。（解答番号28）

① 猫の鳴き声が侍従大納言の姫君と同じだったことを、大納言にお伝えしよう。

② 現れた猫の飼い主が侍従大納言の姫君だったことを、大納言はご存じなのだろうか。

③ 侍従大納言の姫君が猫となって現れたことを、大納言にお知らせ申し上げたい。

④ 猫が侍従大納言の姫君に化けていたことを、大納言に知らせてはいけない。

問4　——部エ「れいの猫にはあらず」とあるが、どのような点が普通ではないのか。最も適当なものを、次より一つ選びなさい。（解答番号29）

① 人間の言葉を聞いて理解しているような点。

② 人間のように感情豊かな点。

③ 人間になついて離れようとしない点。

④ 人間の感情に寄り添うような点。

問5　本文の内容と合致しているものを、次より一つ選びなさい。（解答番号30）

① 猫は侍従大納言の娘の生まれ変わりであり、姉妹に会うことで父である大納言に会えるのではないかと期待していた。

② 姉は夢で猫の正体は侍従大納言の娘であると聞いたが、その後猫の鳴き声を聞いても信用しきれず戸惑っていた。

③ 作者は姉から、猫は侍従大納言の娘であると聞き、ぜひ大納言に会わせようと意気込んで大納言に連絡をした。

④ 姉は夢の中で、猫として現れた侍従大納言の娘が下々の者と一緒にいるのを嘆いていると知り、自分の元へ呼んだ。

四　次の問いに答えなさい。

問1　次の各文を単語に区切ったとき、**3番目と5番目**に当たる単語の品詞を、後の①～⑩よりそれぞれ一つずつ選びなさい。

・鳥のように空を飛べたら、きっと気持ちが良いだろう。

3番目　（解答番号31）　5番目　（解答番号32）

・あそこに見える、とても大きな建物は何ですか。

3番目　（解答番号33）　5番目　（解答番号34）

① 動詞　② 形容詞　③ 形容動詞

④ 名詞　⑤ 連体詞　⑥ 副詞

⑦ 接続詞　⑧ 感動詞　⑨ 助動詞

⑩ 助詞

問2　次の語の意味を、後の①～⑤よりそれぞれ一つずつ選びなさい。

・混沌《こんとん》　（解答番号35）

・双璧《そうへき》　（解答番号36）

う」とあるが、ここからどういう心情が読み取れるか。最も適当なものを、次より一つ選びなさい。（解答番号24）

① 母が諦めることなく何度も同じ曲を弾いている様子を見て、いい加減同じことだけでなく違うこともすべきだと思っている。

② 母が繰り返しピアノを弾いているのを見て、いつまでも同じ生活から抜け出すことができないのではないかとおびえている。

③ 母がいつまでも亡くなってしまった父の代わりを求め続けている姿を見て、心から心配している。

④ 母が何度も同じように恋人ばかりをつくる姿を見て、いっそ早く結婚してしまえばいいのにとうんざりしている。

問10 生徒A～Dが本文の内容について話している。次の①～④の発言のうち、本文の内容と**合致していないもの**を一つ選びなさい。（解答番号25）

① 生徒A―この文章は主人公である広一の主観的な視点を中心に描かれているから、彼の内面が伝わりやすくなっているね。

② 生徒B―そうだね。広一から見るお母さんは亡くなってしまった父のことを想っていることが強調されているけど、実は広一自身の父への想いが強いことも読み取れるね。

③ 生徒C―基本的にお母さんの気持ちは尊重したいと思いつつも、新しい恋人の種田さんに対してはどこか認めがたい葛藤のようなものを感じるね。

④ 生徒D―聞き分けの良い子だと自分では評価しているけど、やっぱりまだ高校生ぐらいだと反抗的な一面もあるんだろうね。

三

次の文章を読み、後の問いに答えなさい。

作者が亡くなった侍従大納言の姫君を思い、悲しみにふけっていた五月ごろ、夜がふけるまで物語を読んでいるとどこからともなくかわいらしい猫がやってきた。不思議に思っていると、姉が「飼いましょう」と言うので、人に隠して飼い始めた。猫は下々の者のそばには全く寄らず、姉妹といつも一緒にいた。

姉おととの中につと＊まとはれて、をかしがりらうたがる程に、姉のなやむ事あるに、ものさわがしくて、この猫を＊北面にのみあらせてよばねば、アかしがましくなき＊ののしれども、なほ、さるにてこそはと思ひてあるに、わづらふ姉イおどろきて、「いづら、猫は。こちゐてこ」とあるを、「など」と問へば、「夢に、この猫のかたはらに来て、『おのれは侍従の大納言殿の御むすめの、かくなりたるなり。さるべき縁のいささかありて、この＊中の君のすずろにあはれと思ひいで給へば、ただしばしここにあるを、この頃＊下すのなかにありて、いみじうわびしきこと』といひていみじう泣くさまは、あてにをかしげなる人と見えて、うちおどろきたれば、この猫の声にてありつるが、いみじくあはれなるなり」と語り給ふを聞くに、いみじくあはれなり。その後は、この猫を北面にもいださず、思ひかしづく。ただ一人ゐたる所に、この猫がむかひゐたれば、かいなでつつ、「侍従大納言の姫君のおはするな。ウ大納言殿に知らせ奉らばや」といひかくれば、顔をうちまもりつつ＊なごうなくも、心のなし、＊目のうちつけに、エれいの猫にはあらず、聞き知りがほにあはれなり。

（『更級日記』より）

《注》
＊まとはれて…まつわって。つきまとって。
＊北面…北向きの部屋。使用人や、家族の中でも低い地位の人がいる所。
＊ののしれども…騒ぐけれども。
＊中の君…二人以上娘がいる場合、その次女を敬していう語。ここでは作者を指す。
＊下す…身分の低い者。

③　本当はどうしても言いたいことなのに、無理にでも抑えこまなければいけないということ。

④　不快な気持ちでいっぱいなのに、その気持ちを我慢しなければならないということ。

問4　――部ウ「太くて真っ黒の恐ろしい直線のようだ」とあるが、この表現から何がわかるか。最も適当なものを、次より一つ選びなさい。(解答番号19)

①　事故が以前の生活すら苦しいものであったと錯覚させるほど、全てを塗り替えてしまうようなものであったということ。

②　事故が以前の幸せな生活を思い出すことも難しくなるほど、自分たちにとって絶望的な出来事であったということ。

③　事故がこれからも続くはずであった幸せな生活を想像させないほど、自分たちにこれ以上ない苦しみを与えたものだったということ。

④　事故がいまだに母と自分の関係にわだかまりを生むほど、今までの人生の中で衝撃的な出来事であったということ。

問5　――部エ「大袈裟かな」とあるが、何が大袈裟なのか。最も適当なものを、次より一つ選びなさい。(解答番号20)

①　たった十六という年齢ではあるけれども、人一倍苦労してきたと思っていること。

②　それほど長く生きてはいないけれど、人の倍の経験をしてきたと思っていること。

③　人生はまだこれからだとわかりつつも、人生の全てを一通り経験し終えたように思っていること。

④　まだ成人にも達していない年齢だとわかりつつも、もう十分に大人として成長したと思っていること。

問6　――部オ「写真立ての中に閉じ込められた父さんの姿を見たくなかった」とあるが、それはなぜか。その理由として最も適当なものを、次より一つ選びなさい。(解答番号21)

①　写真に写っている父を覚えておらず、実際に生きていた父を感じられなかったから。

②　写真を通してしか自由な父を感じることができないことに、息苦しさを感じていたから。

③　写真の父を見ると母のことを守れていない後ろめたさを感じてしまい、悔しさを感じてしまうから。

④　写真の中の父にはいきいきとしたものを感じられず、生前の姿とは全くの別人のように感じてしまったから。

問7　――部カ「俺はむろん平気じゃなかった」とあるが、それはなぜか。その理由として最も適当なものを、次より一つ選びなさい。(解答番号22)

①　〝時効〟は存在しないものだと思ってはいても、やはり母が気持ちを切り替えていることを理解しきれなかったから。

②　新しい父ができることを快く思ってはおらず、さらに母も失ってしまうのではないかという漠然とした不安があったから。

③　気の早い母の姿を見ていると、自分はいつか捨てられてしまうのではないかと感じざるを得なかったから。

④　早々に新しい恋人をつくった母を許しきれず、また自分が一人置いていかれるのではないかという緊張を感じているから。

問8　――部キ「うっとうしい雨ふりにあてつけている」とは、どういうことか。最も適当なものを、次より一つ選びなさい。(解答番号23)

①　物事が思うように進んでいない母は雨にすらイライラしてしまい、雨ふりに反抗するように行動しているということ。

②　ずっとイライラしている母が降りやまない雨のように、ひたすらにピアノを弾いてやろうと意気込んでいるということ。

③　落ち込んでいる母は雨によってより一層落ち込んでしまい、自分の感情をコントロールできなくなっているということ。

④　悩みを抱えている母がうっとうしい雨にあえて合わせて、自分自身の感情をあらわにしているということ。

問9　――部ク「いったい、いつまで弾き続けるつもりなんだろもう、このキうっとうしい雨ふりにあてつけているとしか思えないね。イライラする。同じ曲を何日も繰り返し聞かされるからじゃなくて(そんなのは、しょっちゅうだもの)弾き手がイライラしているのがわかるから、こっちもイライラするんだ。伝染病だ。イライラの押し売りだ。なんたって、俺は顔を見るよりも、ピアノの音を聴くほうが、母さんの機嫌が良くわかるんだから。特に、今みたいにきままに弾いている時。レコーディングやライヴの曲の練習なんかじゃなく、暇つぶしや気分転換や指ならしにピアノと戯れている時だ。

母さんは悩んでいる。じれている。何か、感情をもてあまして、くさっている。窓の外の天気のように、ずんぶりと落ち込んでいる。ああ、よく降るな。俺の部屋――マンションの三階の北のはしの窓を水滴があわただしく転げ落ちる。向かいの雑居ビルの濃紺のタイルの壁に、無数の透明な短い直線が斜めに突き刺さる。

机の横の窓からの眺めは、三分の二が向かいのビルの壁だ。カーテンを開けておくと、よく医者の待合室なんかに飾ってある、下手くそな油絵の海のようなブルーが、いつも、部屋いっぱいに広がってしまう。息苦しいほど小さな空はねずみ色。見下ろすと、二つの建物の間の狭い道を、傘を持たない男が一人スッスッスッと走っていく。Tシャツ姿。全力疾走。雑居ビルの裏口に吸い込まれる。

ピアノの音がテーマを奏でる。いや、メロディーをイライラと叩く。雨の音。表通りから車のクラクション。

『九月の雨』は、古い映画の主題歌。センチメンタルな回想の歌。盲目のピアニスト、ジョージ・シアリングのテーマ曲。彼の五重奏団のミリオン・セラーのタイトル・ナンバー。とても、きれいな曲だよ。何も、こんな降りやまない雨のように、うっとうしく弾き続けなくてもいいと思うよ。

俺は父さんの写真をしまった。目を閉じると、まぶたの裏に、ほんの一瞬、いきいきとした映像が浮かび上がった。テナーを吹く父さん。でも、サックスの音色は聞こえてこない。目を開くと映像はあっけなくこわれた。そして、俺は代わりに、種田一郎の顔をいやというほど思い出したのだ。なんとも冴えない、どこといって取り柄のない、灰色の貧乏神のように不景気な小男。ハンサムでも音楽家でもない、母さんの新しい恋人。

ピアノが再び、曲を繰り返す。クいったい、いつまで弾き続けるつもりなんだろう。

(佐藤多佳子『サマータイム』より)

問1 A、B に入ることばとして適当なものを、後よりそれぞれ一つずつ選びなさい。

A (解答番号15)

① のんびりと　② ぼんやりと
③ うっとりと　④ こっそりと

B (解答番号16)

① ぐずぐず　② ぺこぺこ
③ こそこそ　④ むかむか

問2 ――部ア「とても物分かりの良い子供なのだ」とあるが、広一は自分の性格をどう認識しているか。最も適当なものを、次より一つ選びなさい。(解答番号17)

① 大人っぽい振る舞いを心がけているどこか冷めた性格。
② 自分の意志に反したことでも人のためなら我慢できる性格。
③ 相手の言いたいことを勝手に予想して嫌味っぽく返す皮肉めいた性格。
④ 誰にも嫌われないように常に周囲を気にしてしまう性格。

問3 ――部イ「水もなしで、巨大な錠剤を一気に飲むようなもんさ」とは、どういうことか。最も適当なものを、次より一つ選びなさい。(解答番号18)

① 相手にとっては薬になるようないいことなのに、自分が代わりに請け負わなければならないということ。
② 言わなければならないことなのに、苦しい思いをしながら自分の中に留めておかなければならないこと。

「わかったよ」

「うん、ゴメン。よろしくね」

　結局、母さんは思い通りにする。いつだってそうだ。一度、パターンが定着すると、それをぶちこわすには、すごいパワーが必要だ。今、俺はダルくて、パワー不足、ガス欠だ。

　俺は[A]、パターンのことを考えた。昔はどうだったんだろう。ガキの頃。まだ、父さんが生きていて、三人家族だった頃、いったい、誰の言葉が家の中で一番、力があったっけな。――だめだ。うまく思い出せない。イメージが弱いんだ。そんなに昔々のことじゃないのにな。

　父さんが自動車事故で死んでからまだ七年しかたっていない。運転席の父さんは即死、助手席の俺は左腕をつぶされ、以来、義手をつけた生活。〝大惨事〟だ。母さんにとっても俺にとっても、あの事故は、ウ太くて真っ黒の恐ろしい直線のようだ。人生が真っぷたつに分けられる。それ以前とそれ以後。

　母さんも俺も、〝それ以後〟が、相当にキツかったもんだから、あんまり〝それ以前〟の思い出に涙する暇がなかった。母さんはプロのピアニストとして家の大黒柱をめざし、俺は片手の生活に自分を慣らす。俺は、わずか十六年の〝駆け出し〟だが、すでに二つの人生を生きてきた気がする。エ大袈裟《おおげさ》かな。でも、そう思わないと、今がツライ。あれはあれ、これはこれ、たぶん、俺は年にしては、いやらしくクールに育っているんだ。

　俺は自分の部屋に行き、机の引き出しから父さんの写真を引っ張り出した。三人で住んでいた家を引っ越して以来、母さんは一度も死んだ夫の写真を飾っていなかった。俺もそれにならった。暗黙の了解というわけ。

　薄情者の母子なのではない。たぶん、俺たちは、オ写真立ての中に閉じ込められた父さんの姿を見たくなかったのだと思う。写真はどれも父さんによく似た別人だった。ちがう、と思う。それでも、その違いは説明のしようもなく、生身の父さんを頭の中に呼び返してみては、もどかしさ、悔しさに息がつまった。

　手元の写真の父。バンドの仲間に囲まれてなんとも気持ち良さそうに笑っている。片手にテナー・サックス。くちひげとほおひげをはやし、細めた目がとても若い。年齢不詳のダンディー。でも、この時は確か、もう四十を越えていたっけ。

　俺は今、父の写真などを見ると、申し訳なく、気恥ずかしく、妙に後ろめたい心持ちになる。母さんを守ってやれなかった、と、どうしても思ってしまうのだ。

　母さんは、夫の死後、二年目にして、新しい恋人をつくった。それが、早過ぎるかどうかはどうでもいいんだ。だって、〝時効〟なんて、誰にもつくれやしないだろ。カ俺はむろん平気じゃなかった。小学生だったし、腹もたったが、なにしろ本音はびくびくしていた。これ以上、どんな不幸がやってくるのかと思った。父ばかりか母までが、俺の手の届かないどこかへ行ってしまう気がした。

　でも、母さんは堂々としていた。明るくてちっとも[B]していなかったし、バンドのドラマーの彼氏は、すごく素敵な人だった。母さんより二つ年下だったけど、やはりヒゲをはやしていて、父さんの仲間で、父さんを尊敬していた。母さんは、結婚したい、と言った。俺は、いいね、と答えた。でも、二人の仲はわりとあっけなくこわれた。

　それからも、母さんは、何人かの恋人をつくり、いつも家に連れてきては、嬉しそうに俺に紹介した。二度、婚約した。そして、決まって、喧嘩《けんか》別れ。

　母さんはわがままで、〝ええかっこしい〟だ。でも、俺は気づいてしまった。母さんの恋人には必ず二つの共通点があることに。一つ、音楽家。一つ、渋いハンサム。

　母さんは、父さんを探している。

　賃貸マンションの薄い壁を突き抜けて、母さんのピアノが聞こえてきた。ああ、また、同じ曲。セプテンバー・イン・ザ・レイン。

を、次より一つ選びなさい。（解答番号13）

① 科学的客観的分析における偶然がどのようなものかを解明するものとなりうる。

② 脳内の物質的変化を促し、「内面的必然性」を作り出すものとなりうる。

③ 人間のもつ「心の動き」を明らかにし、脳内との関係を明確にするものとなりうる。

④ 結果として人間の自由や主体性についての問題を明らかにするものとなりうる。

問10 生徒A～Dが本文の内容について話している。次の①～④の発言のうち、本文の内容と**合致していないもの**を、一つ選びなさい。（解答番号14）

① 生徒A—「人間機械論」を唱えた十八世紀の唯物論者は、人間の心の独自性や自由を否定していたんだね。

② 生徒B—そうだね。筆者もその論を認めながらも、人間が自由を得る可能性について言及していた点が印象的だったな。

③ 生徒C—人間の自由や主体性について、自然科学のように実験やデータを用いて明らかにするのは現時点では難しそうだね。

④ 生徒D—うん。人間の心を研究したフロイトやユングの心理学も、れっきとした科学とは言えないと筆者は述べているよね。

二

次の文章を読み、後の問いに答えなさい。

「広一」

ピアノの音がとぎれ、居間のガラス戸ごしに雨を見ていた俺の脇に、いつのまにか、母さんがふらりと立っていた。

「あたし、この週末は、家にいるんだけど、あんた、何か予定ってある？」

「ナイよ」

「ああ、そう」

母さんは、口をすぼめ、眉をひそめ、お定《き》まりの表情を作り出した。何か言いにくいことをしゃべる時の前触れだ。

「誰か来るの？」

俺は先手を打った。なにしろ勘の鋭い子供なもので。

「うん。種田さんがね。来たいって」

「いいよ。じゃ、俺、友達ンとこ、行くからさ」

ア とても物分かりの良い子供なのだ。

「だめよ。あんたがいなくっちゃ」

俺は一瞬、ドキリとした。

「えっ？ 何？ もう、そんな話、出るの？」

俺たちは、真顔で見つめあった。長身で独身で癖っぽい美人で、ちょいとマイナーなジャズ・ピアニストの母親は、心底、憂鬱そうにため息をついた。

「違うわよ。バカだね。あの人は、いつだって、あんたに会いたがるじゃないの」

口調がいつになくトゲトゲしていた。

「ただのゴキゲン取りさ。将を射んと欲すればって奴じゃないの。二人で会いなよ。俺、恋人の息子役ってキライ」

「かわいげないね」

「だって、もう、バイクの免許が取れる年だよ」

俺はさりげなく会話の雰囲気を変えようとしたが、母親は乗ってこなかった。それどころか、いつになく哀願《あいがん》するように声を湿らせる。

「ねえ、広一。お願いだから」

オネガイダカラ——男は女のこの台詞にめっぽう弱い（そうだ）。でも、俺は男だけど、彼氏じゃなくて息子なんだ。何も泣き落としにかけなくてもいいじゃないか。その辺のケジメはつけてほしい。

「二人きりになるのはイヤなのよ」

じゃ、なんで、家になんか呼ぶんだよ！ 俺はその言葉を飲み込んだ。まったく！ イ 水もなしで、巨大な錠剤を一気に飲むようなもんさ。

問2　[A]〜[D]に入ることばの組み合わせとして最も適当なものを、次より一つ選びなさい。（解答番号[6]）

①　A　では　B　だから　C　また　D　そして
②　A　もし　B　しかし　C　むしろ　D　だから
③　A　しかし　B　もし　C　もちろん　D　また
④　A　だから　B　また　C　そして　D　もちろん

問3　――部ア「突拍子もない」のここでの意味として最も適当なものを、次より一つ選びなさい。（解答番号[7]）

①　感心できない　②　対応しづらい
③　あきれた　④　並はずれた

問4　――部イ「『心』をもった人間も自然科学の対象と原理的な違いはない」とあるが、なぜそういえるのか。その理由として最も適当なものを、次より一つ選びなさい。（解答番号[8]）

①　観測データをもとに行動の予測を行うやり方は、自然科学の研究で用いられる方法と同じであるといえるから。
②　観測データによって行動が左右されることは、一定のパターンを導き出す自然科学の対象といえるから。
③　観測データがそろい行動の法則が成立するならば、それは自然科学の研究のように信憑性《しんぴょうせい》の高いものといえるから。
④　観測データから行動が推測できるならば、それは実験に基づき法則を求める自然科学の対象といえるから。

問5　――部ウ「それ」とは何を指すか。最も適当なものを、次より一つ選びなさい。（解答番号[9]）

①　自分そのものや心について、法則を導き出し理解すること。
②　自然科学的必然に照らし合わせて、自分の心を決めること。
③　共産主義者が、自らの意思を社会に押し付けること。
④　操り人形のように、外からの支配によって行動すること。

問6　――部エ「心の予測できない部分」とは、どういうものか。最も適当なものを、次より一つ選びなさい。（解答番号[10]）

①　外部から予測することのできない、思いがけず偶然生じるもの。
②　科学的に証明することのできない、人それぞれの内面に存在するもの。
③　深層心理学では解明することのできない、形をもたないもの。
④　他人には見せることのできない、自分の中に秘めておきたいもの。

問7　――部オ「『自由』」とあるが、本文全体を通して筆者は「自由」とはどのようなものだと考えているか。最も適当なものを、次より一つ選びなさい。（解答番号[11]）

①　他人からするとデタラメな行動に見えるようなことでも、自分にとっては自然の法則に従ったうえで成り立つと明言できるもの。
②　説明や予測ができず根拠のないものであり、無意識によって生まれるため自分では操ることのできないもの。
③　一見外から見ると偶然だと思えるようなことでも、それを行う本人にとっては自身の判断による行動の結果だといえるもの。
④　周りからは不注意だと思われるような人間の心の動きを指すものであり、自分でも気づかないうちに起きてしまうもの。

問8　――部カ「脳科学の進歩」とあるが、これに対して筆者はどのように考えているか。最も適当なものを、次より一つ選びなさい。（解答番号[12]）

①　人間の意識や心についてだいぶ把握されてきたが、まだまだ研究が足らないためすべて解明するには時間がかかる。
②　脳内部の観測や実験技術は大きく進歩してきたけれども、目に見えない心まで研究する技術を開発することは不可能である。
③　いくら人間の意識に対応する脳内部の電流などが把握されるようになっても、人間の心のすべてを解明することはできない。
④　たとえ脳科学が進歩して人間の心について解明されたとしても、それによって完全に他人の心を支配することは無理だ。

問9　――部キ「心の科学」についての説明として最も適当なもの

ては、それは熟慮の結果の決断であるかもしれない。しかし、そのような内面的必然性はその人ｂコ有のものであって、行動主義的心理学や脳科学からは導きだすことができないものであると思う。

あるいはこの「内面的必然性」も深層心理学の研究対象となりうるものであり、本人の意識しない「無意識」や「深層心理」の産物であって、科学的必然性に従っていると主張されるかもしれない。しかし、私は＊フロイトや＊ユングの心理学は、厳密な意味の科学ではないと思う。それは「無意識」や「深層心理」を科学的に客観的な対象としてｃケン証することができないからである。したがって人間の行動をそれらの概念を使って説明したとしても、それによって行動の必然性が示されたことにはならないと思う。科学的な分析の対象として捉えるかぎり、人間の行動には説明や予測できない部分が残り、それは外からは偶然としか捉えられないが、本人にとっては内面的必然性に従うものであり、［　Ｄ　］それが本人の「主体性」あるいはォ「自由」を表わすものであると思う。

このような内面的必然性は芸術、とくに文学の対象となる。芸術はときに人間が「不合理」な行動をするか、しなければならないということを示す。しかし、それは科学的説明とは別個のものである。

最近脳科学の中で、脳内部の観測、実験技術が大きく進歩して、人間の意識や心の動きに対応する脳内部の電流や化学変化のｄヨウ相がかなり詳しく把握されるようになった。このようなヵ脳科学の進歩が続けば、人間の意識や心が完全に解明されるようになるだろうか。

私は、それは疑問だと思う。かりに人間の意識の動きと、脳内部の物理的、化学的変化の間に完全な対応がつけられたとしても、そのような変化と「心の動き」とは別個のものなので、物質的な変化を決定する法則性によって「心の動き」を完全に予測することはできないであろう。つまり科学的法則性の観点からは、「心の動き」については偶然としかいえない部分が残るであろう。あるいは科学的観点からは偶然としかいえないような脳内の物質的変化がきっかけとなって「心の動き」が起こり、それが偶然性の累ｅセキ的変化を引き起こして、その人の「内面的必然性」を作り出すかもしれない。

このようなことについて想像をめぐらすことは有意義でないかもしれないが、私は「キ心の科学」が発達すれば、そこに人間の心理に関わる本質的な偶然性が発見され、それが人間の自由や主体性の問題と深く結びつくのではないかと思っている。現在では、少なくとも人間行動の中には各人の主体的な判断と決意に基づいて行動する自由があり、それは科学的客観的分析においては偶然としてしか現れないというにとどめよう。

（竹内　啓『偶然とは何か―その積極的意味』より）

《注》

＊マルクス主義者…ドイツのカール・マルクスとフリードリヒ・エンゲルスが体系化した、財産の私有を否定しすべての財産を共有することによって貧富の差のない社会を実現しようとする思想・運動を支持する者。

＊共産主義者…マルクス主義者のこと。

＊フロイト…オーストリアの心理学者、精神科医（一八五六―一九三九）。

＊ユング…スイスの心理学者、精神科医（一八七五―一九六一）。

問１　＝＝部ａ～ｅのカタカナ部分の漢字と同じ漢字を使った熟語を、それぞれ後より一つずつ選びなさい。

ａ　前テイ（解答番号［1］）
①　提出　②　体裁　③　底面　④　訂正

ｂ　コ有（解答番号［2］）
①　太鼓　②　凝固　③　個人　④　古文

ｃ　ケン証（解答番号［3］）
①　実験　②　倹約　③　保険　④　検査

ｄ　ヨウ相（解答番号［4］）
①　様子　②　容姿　③　重要　④　培養

ｅ　累セキ（解答番号［5］）
①　分析　②　責任　③　体積　④　紡績

二〇二四年度 武南高等学校（併願2）

【国　語】（五〇分）〈満点：一〇〇点〉

一　次の文章を読み、後の問いに答えなさい。

人間の心に関して、必然が存在するかということは昔からの問題であった。心と身体を分けた二元論を唱えたデカルトは、身体は物質として科学的法則に従うが、心は神に通ずるものとして、別の必然性をもつと考えた。

神の存在と身心二元論を否定した十八世紀の唯物論者は、人間の心の独自性を否定して「人間機械論」を唱えた。

［A］人間が物理的な法則に従う機械とまったく同じであるとするならば、人間の意志の自由は存在しないことになる。人間の主体性とは単なる幻影だということになる。

もちろん人間の行動に、外からみて明らかなような規則性があることは当然であり、そのこと自体は自由意志の存在を否定するものではない。人間が一定の条件の下で、自由な意志の下で合理的な決定をするとすれば、その行動は多くの場合、外からみて一定のパターンに従うはずで、ある程度予測も可能なはずである。自由とは、何かア突拍子もない行動に出たり、デタラメに振る舞ったりすることではない。だから人間の行動について大数の法則が成立することは、人間の自由を否定するものではない。

それでは人間の行動は心理学と社会学、あるいは最近の流行でいえば脳科学が十分に発達すれば完全に理解可能、かつ予測可能となるであろうか。裏からいえば、人間の行動が十分に予測可能でないのは、心理学、社会学、脳科学の発達が不十分であるか、あるいは対象となる人間についての観測データが不十分であるからにすぎない、といえるだろうか。その点で、イ「心」をもった人間も自然科学の対象と原理的な違いはないということになるが、それでよいのだろうか。

［B］そうであれば、人間はやはり「無意識」や「本能」その他もろもろや、あるいは脳内の電流や化学物質の操り人形にすぎないのであって、人間が自分の自由意志で行動していると思っている場合でも、それはかつて「もし石に意識があったら、投げられた石は自分の意志で飛んでいるのだと思うだろう」といわれたのと同じように、単なる幻想にすぎないということになるであろう。あるいはその場合でも、かつて*マルクス主義者がいったように「客観的必然性を認識し、それに従うことが自由である」とするならば、人は自分の「心」を支配する法則を理解し、それに従うことが「自由」というものである、ということになるのであろうか。

「自由とは必然の認識である」ということは、自分自身の身体もふくめて、自分の外にあるものに関しては成り立つことであり、自然科学的必然を理解することは、自由な行動の前aテイであるが、「自分」そのものについて、なぜ自分がそのような心をもつかを理解することが「自由」であることであるといわれても、それは自己矛盾としか感じられないであろう。そもそもこの言葉が*共産主義者によって強調されたとき、それは「歴史の必然性」を認識していると自認する共産主義者たちが、自らの意思を社会に押しつける口実として用いられたのであった。

私は、ウそれはやはり「自由」というものではないと思う。私は、人間は「心理法則」や「脳の科学」の操り人形ではないと思う。人の「心」あるいは外に現れる行動には、外部からは完全に予測できない部分が残るであろう。それは外からは「偶然」と捉えられるかもしれない。しかし、それはけっして、単なる「デタラメな衝動」などによるものではない。

エ心の予測できない部分とは、「不注意」や「勘違い」による行動のぶれ、いわば誤差のようなものでもないと思う。［C］そういう要素も人間行動の中に含まれているが、しかしそれだけではない。ある人の行動の「平均」からの乖離《かいり》は、むしろその人にとっ

2024年度／武南高等学校（併願2）

英語解答

Ⅰ (1) ④　(2) ②　(3) ③　(4) ①
(5) ④

Ⅱ (6) ①　(7) ③　(8) ④　(9) ①
(10) ②　(11) ④　(12) ②　(13) ③
(14) ②　(15) ④

Ⅲ (16) ①　(17) ②　(18) ①　(19) ④
(20) ①

Ⅳ (21) ③　(22) ④　(23) ③　(24) ①
(25) ②

Ⅴ (26) ①　(27) ②　(28) ④　(29) ③
(30) ①

Ⅵ (31)…①　(32)…⑦　(33)…⑦　(34)…⑤
(35)…③　(36)…④　(37)…②　(38)…⑦
(39)…⑤　(40)…④

数学解答

1 (1) 3　(2) イ…8　ウ…4　エ…3
(3) オ…－　カ…4　キ…－　ク…1
ケ…2
(4) コ…2　サ…3　シ…4　ス…0

2 セ…2　ソ…3

3 タ…8　チ…4　ツ…3　テ…1
ト…6　ナ…4　ニ…3

4 (1) ヌ…1　ネ…6
(2) ノ…1　ハ…1　ヒ…1　フ…8
(3) ヘ…1　ホ…4

5 ア…2　イ…5　ウ…2　エ…1
オ…2　カ…5　キ…2　ク…6

6 ケ…4　コ…8　サ…1　シ…0
ス…1　セ…7　ソ…6

7 タ…2　チ…8

8 ア…1　イ…2　ウ…1　エ…3
オ…2　カ…6　キ…1　ク…4
ケ…3　コ…②

国語解答

一 問1　a…①　b…②　c…④　d…①
e…③
問2　③　問3　④　問4　④
問5　①　問6　②　問7　③
問8　③　問9　④　問10　②

二 問1　A…②　B…③　問2　①
問3　③　問4　②　問5　①
問6　④　問7　②　問8　④
問9　③　問10　④

三 問1　②　問2　①　問3　③
問4　①　問5　④

四 問1　31…⑨　32…⑩　33…①　34…⑤
問2　35…⑤　36…③　37…①　38…②
問3　39…④　40…①

2023年度　武南高等学校（併願１）

【英　語】（50分）〈満点：100点〉

Ⅰ　試験開始からおよそ３分後に放送が始まります。放送される英文をよく聴いて，あとの(1)～(5)の質問に対する答えとして最も適切なものを，それぞれ下の①～④の中から１つずつ選び，番号をマークしなさい。なお，英文とそれに対する質問文はそれぞれ２回ずつ読まれます。

(1)　①　Himself alone.　　②　With his son.
　　③　With his daughter.　　④　With his wife, sons and daughter.

(2)　①　He is very rich.　　②　He is always angry.
　　③　He loves his son.　　④　He cannot forget his wife.

(3)　①　10 dollars　　②　20 dollars　　③　30 dollars　　④　50 dollars

(4)　①　Because he was very tired from his job.
　　②　Because Dave was not old enough to make money.
　　③　Because he didn't want to give his son the ten dollars.
　　④　Because he was too drunk.

(5)　①　Because he thought he had to save money for a living.
　　②　Because he wanted another treasure box.
　　③　Because he knew Ted wouldn't play with him without money.
　　④　Because he wanted his father to play with him even for an hour.

※<リスニングテスト放送原稿>は英語の問題の終わりに付けてあります。

Ⅱ　次の英文を読んで，あとの問いに答えなさい。

After Mozart's death, Beethoven studied under Haydn, but Haydn did not like him. Beethoven came from a poor home. His father drank until the end of his life and was now dead. His mother was dead too. (あ)He had little money of his own. But Vienna was a rich place, and its people were not like Beethoven. (い)When they spoke gently, he did not. When they took off their hats to great men in the streets, Beethoven kept his hat on his head.

He was never afraid of showing his feelings. Once when he was playing at a rich man's house, one of the listeners, a man of good family, was talking to the girl. He likes girls more than music, and he did not stop when Beethoven started to play the piano. (う)The voice was not a quiet one, and Beethoven could hear well in those days.

The music stopped in the middle and Beethoven stood up, (え)"I do not play for animals of this kind!" he cried. "No! Not for animals!" Then he walked out.

To make money, he had to teach, and in the great houses he taught numbers of young ladies who wished to play the piano; but of course they were often careless because music was not important to them. When they played badly, their teacher did not hide (お)the truth. He told them openly that they were playing badly, that they must never hope to play well, and that he was wasting his time. Sometimes he took the music from the hand of the poor girls, pulled it to pieces, threw the pieces on the floor, and jumped on them. Then he walked out of the house, and came back only when he wanted to come. (か)Their wishes were nothing to him.

Even in those days the world knew that he was a great man, but he was also a strange man. Once he paid for a dinner which he did not order and did not eat. It was (き) to tell him not to pay: he paid. Sometimes, when he went out to dinner, he thought that his place at the table was too low. Then he grew very angry and said that he did not want to be thought a servant. Why was he not a gentler and quieter man?

He was sick. In early life he did not always have enough to eat and he was not as strong as other men. Often at his father's house he needed a doctor; (く)but a visit to a doctor in those days cost money, and he did not go. He had other troubles.

He began to lose his hearing. In 1796 he began to notice it. (け) he could not hear much. When he was fifty, he could hear nothing at all. But he never gave up music. (こ)His whole life was given to music: there was nothing else in it.

(6) 下線部(あ)が表す内容として最も適当なものを下の選択肢から１つ選び，番号をマークしなさい。

① 彼が持っていた少しのお金は自分のものだった。
② 彼は自分のお金をほとんど持っていなかった。
③ 彼にはお金が少しあった。
④ 彼は自分のお金を全てなくしてしまった。

(7) 下線部(い)についてBeethovenがこのような態度をとった理由としてふさわしいものを下の選択肢から１つ選び，番号をマークしなさい。

① Beethovenにとってウィーンの人々が彼に親切すぎたから。
② Beethovenはウィーンの人々とは生きる環境が違うと感じたから。
③ Beethovenは家族がおらず，貧しいから。
④ Beethovenはウィーンの人々に興味がなかったから。

(8) 下線部(う)が指す内容として最も適当なものを下の選択肢から１つ選び，番号をマークしなさい。

① Beethovenの演奏に感動する人の声
② Beethovenの怒鳴り声
③ 裕福な家柄の男性と若い女性のしゃべり声
④ 女性好きの裕福な男性が若い女性に話しかける声

(9) 下線部(え)のanimalsが指す内容として最も適当なものを下の選択肢から１つ選び，番号をマークしなさい。

① a rich man　② the listeners
③ a man of good family and a girl　④ a man of good family

(10) 下線部(お)が指す内容として本文の内容に合っていないものを下の選択肢から１つ選び，番号をマークしなさい。

① 若い女性達は自分達にとって音楽が重要だと考えていること
② 若い女性達は注意散漫で，演奏が下手だということ
③ 若い女性達は熱心に練習しないので，上達の見込みがないこと
④ 若い女性達に音楽を教えることは時間の無駄なこと

(11) 下線部(か)が指す内容として最も適当なものを下の選択肢から１つ選び，番号をマークしなさい。

① that number of young ladies wanted to play the piano
② that number of young ladies wanted to know the truth
③ that number of young ladies wanted Beethoven to teach
④ that number of young ladies wanted Beethoven to come back to the great house

⑿　空所(き)に当てはまる最も適当なものを下の選択肢から1つ選び，番号をマークしなさい。

①　necessary　②　useful　③　strange　④　impossible

⒀　下線部(く)が指す内容として最も適当なものを下の選択肢から1つ選び，番号をマークしなさい。

①　Doctors needed a lot of money in those days.

②　Doctors wanted to make more money in those days.

③　It was too expensive to see a doctor in those days.

④　Beethoven had to borrow money to see a doctor in those days.

⒁　空所(け)に入る語句として不適当なものを下の選択肢から1つ選び，番号をマークしなさい。

①　When he was forty,

②　When he was forty years old,

③　At the year of forty

④　At the age of forty

⒂　下線部(こ)が指す内容として最も適当なものを下の選択肢から1つ選び，番号をマークしなさい。

①　Beethoven の生活全体が音楽に結びついていた。

②　Beethoven の生活全体が音楽で表現された。

③　Beethoven は聴力を回復させるために命を捧げた。

④　Beethoven は生活全てを音楽に捧げた。

Ⅲ　次の英文を読んで，空所(16)～(20)に最もよく当てはまるものを，それぞれ下の①～④の中から1つずつ選び，番号をマークしなさい。

Do you like English ?　Many students will say yes.　But some students may say that it is difficult to learn English words.　Have you ever asked (16) how some English words were born ?　Let's look at the history of two English words.

It is interesting to see how the word "kangaroo" came into English.　A kangaroo is an animal living in Australia.　When Captain Cook and his friends came to Australia in 1770, they found kangaroos.　They asked the natives in Australia, "What do you call this animal ?"　The natives answered, "Kangaroo."　When they saw other natives in Australia later, they (17) what "kangaroo" really meant in their language.　It meant "I don't know."　But the word "kangaroo" is still used as the name for that animal.

You may not think that "school" first meant "free time."　But it (18).　Many years ago some young men in Greece used their free time for studying.　Soon the place for learning was called "school" in Greece.　It still is.　That is the history of the English word "school."

Every word has its own history.　Some words are (19), and other words are new.　If you study more about the history of English words, you'll learn a lot of new and interesting things about them and may find that learning English words is (20) than before.

(16)　①　myself　②　yourself　③　himself　④　itself

(17)　①　put off　②　heard from　③　looked for　④　found out

(18)　①　was　②　did　③　had　④　thought

(19)　①　simple　②　difficult　③　old　④　clear

(20)　①　easier　②　harder　③　longer　④　shorter

Ⅳ　次の英文の空所(21)～(25)に最もよく当てはまるものを，それぞれ下の①～④の中から１つずつ選び，番号をマークしなさい。

(21) Tom bought (21) for his new home yesterday.

① furniture　② furnitures　③ a furniture　④ some furnitures

(22) Do you think the rain will stop soon ? — No, I'm afraid (22).

① none　② so　③ not　④ it

(23) Koji is a singer (23) songs are loved by young people.

① who　② that　③ whom　④ whose

(24) I'll send the document to you by email as soon as (24).

① can　② early　③ possible　④ fast

(25) My mother is worried (25) my health.

① about　② in　③ with　④ by

Ⅴ　次のＡさんとＢさんの対話文を読んで，空所(26)～(30)に最もよく当てはまるものを，それぞれ下の①～④の中から１つずつ選び，番号をマークしなさい。

(26) A : Is it true that you recently got a dog ?

B : Yes, that's right. It's so cute.

A : (26)

B : I'm fine with that. Anything with a dog is fun.

① How much does your dog bite ?

② What kind of dog do you have ?

③ Do you think it's fun to take care of a dog ?

④ It is hard to walk your dog, isn't it ?

(27) A : Hey Mike, how are you doing ?

B : (27)

A : Why are you in such a happy mood ?

B : Because Shohei Otani won the MVP ! You know what I mean ?

① Couldn't be better !　② He won that game !

③ I don't think so.　④ Not bad.

(28) A : Hey Tom, how about going bowling next month ?

B : (28)

A : Jerry wants to go with us.

B : Really ? I'll manage to shift the schedule.

① Let me think about that.

② It's too bad she couldn't come.

③ I'm not available next Monday.

④ I can make it. I don't have any plans.

(29) A : Welcome to the site.

B : (29)

A : Yes, Just as you like.

B : This blue bag is lovely.

① Do you accept credit cards ?

② How much is this bag ?
③ Can I pick it up ?
④ Could you show me a different size ?

(30) A : What a big bag !
B : (30)
A : It's fine. You're taking out the trash ?
B : No, I'm moving out tomorrow.
① It weighs about 10 kg.
② Would you mind giving me a hand ?
③ Could you take it to the post office ?
④ It's my moving package.

Ⅵ 次の日本文に合うように，下の①～⑦の語(句)を用いて文を完成させる場合に空所(31)～(40)に最もよく当てはまるものを，それぞれ下の①～⑦の中から１つずつ選び，番号をマークしなさい。ただし，文頭に来るべき語も小文字で始めてあります。

(31)・(32) 彼女は私の気持ちを理解できるたった１人の女の子でした。
She ( ) ( ) (31) ( ) ( ) (32) ( ).
① my feelings ② could ③ was ④ understand
⑤ the only ⑥ that ⑦ girl

(33)・(34) 彼女は冬の間，食堂を暖かくしておいた。
( ) ( ) (33) ( ) ( ) (34) ( ).
① the ② she ③ warm ④ dining
⑤ kept ⑥ room ⑦ in winter

(35)・(36) 日本人が英語の間違いをするのは当然ですよ。
( ) ( ) (35) ( ) ( ) (36) ( ) in English.
① Japanese people ② is ③ make mistakes ④ it
⑤ to ⑥ for ⑦ natural

(37)・(38) これはおじにもらったギターです。
This ( ) ( ) (37) ( ) ( ) (38) ( ).
① given ② by ③ to ④ me
⑤ is ⑥ the guitar ⑦ my uncle

(39)・(40) 試合は７時までには終わっているはずです。
( ) ( ) (39) ( ) ( ) (40) ( ).
① be ② seven o'clock ③ game ④ over
⑤ ought to ⑥ the ⑦ by

＜リスニングテスト放送原稿＞

Ted had a son, but his son had no mother. Ted and his seven-year-old son, Dave, lived alone. Ted was not very rich, so he had to work hard every day.

One evening, Ted was driving home after a hard day at work. He was very tired, but he loved his son.

"Dave must be feeling lonely now. I have to get home as soon as possible." He hurried home, but he didn't get back home until nine o'clock. Dave was still awake when he saw his father, and said, "Dad, how much do you make an hour ?"

Ted got angry at his son. He felt like he was not making enough money for them to live on, and he was too tired to stay calm.

"Why do you ask such a silly question when I come home from a hard day at work ? I make twenty dollars an hour. Is that good enough for you ?"

"I'm sorry, Dad, but . . . will you give me ten dollars ?"

"Another silly question ! Just go to bed and sleep ! Right now !"

After Dave went to his room, Ted sat down on his sofa and had a drink. He came to himself again, and thought he was wrong to be angry at his son. He went into Dave's room.

"I'm sorry, son. I didn't want to get angry with you. Here's your ten dollars."

"Thank you, Dad !"

Dave got up and opened his treasure box. He had another ten dollars in it. When Ted saw this, he got angry again.

"Why do you want another ten dollars ? You already have ten dollars !"

But Dave asked, watching his Dad's eyes, "Dad, can I buy one hour of your time with these twenty dollars ?"

(1) Who does Ted live with ?

(2) What kind of a man is Ted ?

(3) How much does Dave's father make an hour ?

(4) Why did Ted get angry with Dave ?

(5) Why did Dave want the ten dollars ?

【数　学】（50分）〈満点：100点〉

〔注意〕・コンパス，定規，分度器，電卓等の計算器は使用しないこと。

・分数や無理数は，下の例のように簡単にして答えること。

$\frac{\boxed{1}}{\boxed{2}}$…正解，　$\frac{\boxed{2}}{\boxed{4}}$…不正解とみなす

$\boxed{2}\sqrt{\boxed{2}}$…正解，　$\boxed{1}\sqrt{\boxed{8}}$…不正解とみなす

※**1**～**4** は解答用紙の解答欄 1 を，**5**～**7** は解答欄 2 を，**8** は解答欄 3 を使用します。

1　次の問いに答えよ。

(1)　$12a^4b^3 \div 3a^2b \times 2a = \boxed{ア}\,a^{\boxed{イ}}\,b^{\boxed{ウ}}$

(2)　$x=3+\sqrt{5}$，$y=3-\sqrt{5}$ のとき，$xy=\boxed{エ}$ であり，$x^2+2xy+y^2=\boxed{オカ}$ である。

(3)　$\sqrt{216n}$ が3桁の自然数となるような最小の整数 n の値を求めると $n=\boxed{キク}$ である。

(4)　$3x^2y-18xy-21y=\boxed{ケ}\,y(x^2-\boxed{コ}\,x-\boxed{サ})$

$=\boxed{ケ}\,y(x+\boxed{シ})(x-\boxed{ス})$

2　旅行のお土産で1個500円の品物Aと1個700円の品物Bを合わせて50個買うことにした。送料は，品物50個をまとめて1600円かかる。品物代と送料の合計金額をちょうど30000円にするとき，品物Bを $\boxed{セソ}$ 個買えばよい。

3　下図のように点Oを中心とする円に AD // BC である台形 ABCD が内接している。また，直線 AO と直線 BD の交点をEとする。∠AED＝120° とするとき，以下の問いに答えよ。

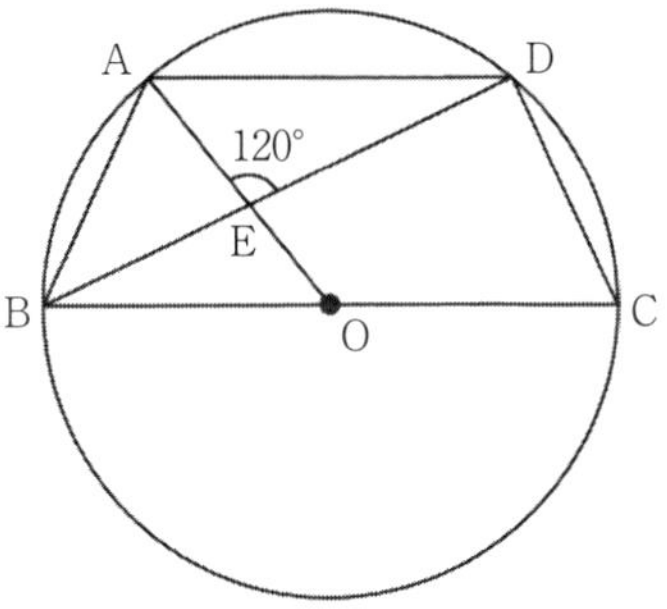

(1)　∠ADB＝$\boxed{タチ}$°である。

(2)　∠ABC＝$\boxed{ツテ}$°である。

4　大小2つのさいころを同時に投げるとき，次の問いに答えよ。また，さいころはどの目が出ることも同様に確からしいものとする。

(1)　同じ目が出る確率は $\frac{\boxed{ト}}{\boxed{ナ}}$ である。

(2)　出る目の和が6になる確率は $\frac{\boxed{ニ}}{\boxed{ヌネ}}$ である。

(3)　出る目の和が12の約数になる確率は $\frac{\boxed{ノ}}{\boxed{ハ}}$ である。

$\boxed{ヒ}$～$\boxed{ホ}$ は使用しません。

5 1辺の長さが2の正六角形の各辺を1辺とする正五角形がある。図の円弧は，正六角形の各頂点を中心とする半径2の扇形の弧である。

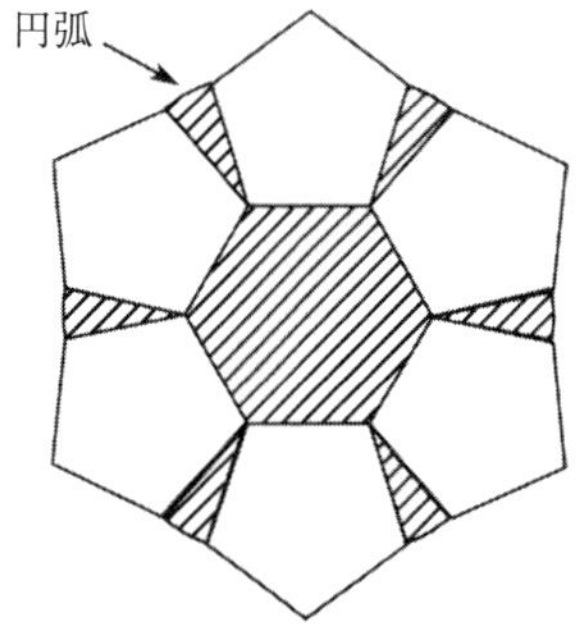

斜線部分の面積は，[ア]$\sqrt{[イ]}+\dfrac{[ウ]}{[エ]}\pi$ である。

また，いちばん外側の周の長さは，[オカ]$+\dfrac{[キ]}{[ク]}\pi$ である。

ただし，π は円周率とする。

6 下図の四角形ABCDを辺CDを軸に1回転させてできる立体の体積は [ケコ]π であり，表面積は [サシ]π である。ただし，π は円周率とする。

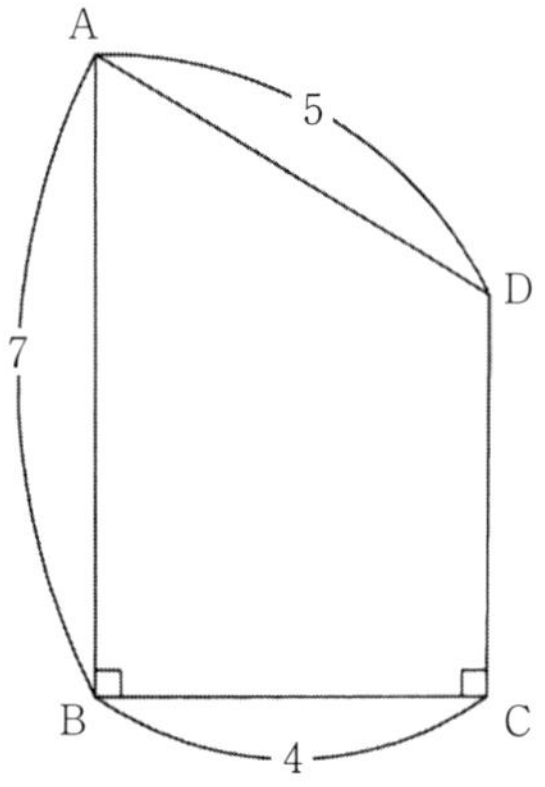

7 右図のように，関数 $y=\dfrac{1}{2}x^2$ のグラフに2直線 l：$y=x+4$，m：$y=x+\dfrac{3}{2}$ が4点A，B，C，Dで交わっている。P，Qは l，m のそれぞれの y 切片である。

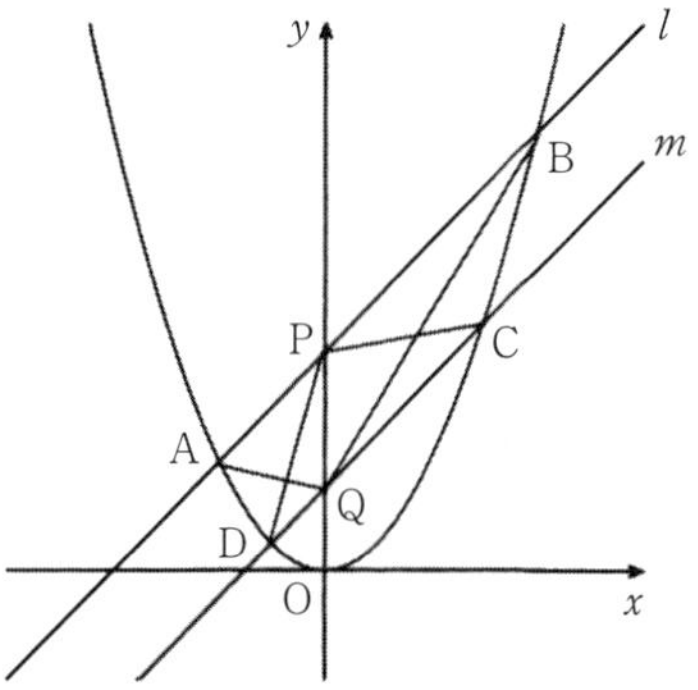

2点A，Bの座標はそれぞれA([スセ]，[ソ])，B([タ]，[チ])であり，線分AB，CDの長さは，それぞれ [ツ]$\sqrt{[テ]}$，[ト]$\sqrt{[ナ]}$ である。

よって，△PCDの面積を S とすると，△QABの面積は $\dfrac{[ニ]}{[ヌ]}S$ である。また，点Pから直線 m に下した垂線の長さは $\dfrac{[ネ]\sqrt{[ノ]}}{[ハ]}$ であるから，四角形ABCDの面積は $\dfrac{[ヒフ]}{[ヘ]}$ となる。

[ホ] は使用しません。

8 みなみさんとたけしさんが，先生から出された問題について教室で話し合っている。[　] の中に適当な数を入れよ。

みなみ：先生から2，5，8，11，14，17，…という数列(注 数を一列に並べたもの)の始めから100番目までたすといくつになるか考えてみたらと言われたよ。

たけし：とりあえず2から17までたすと [アイ] だけど，100番目までは大変だよ。

みなみ：この数列，前に先生から習った数列の規則性と同じだよ。
たけし：そうか，2から順に [ウ] ずつ増える数列だ。
みなみ：そうだね。このように規則的に並んだ数列なら，きっといい方法があるよ。
たけし：なかなか思いつかないなぁ。先生にヒントを聞いてみよう。
先　生：この数列，2から17までを逆に並べて考えてみて。
たけし：2，5，8，11，14，17を17，14，11，8，5，2と並べてみると…
みなみ：あっ，1番目どうし，2番目どうし，…6番目どうしをそれぞれたすと，みんな [エオ] になるよ。
たけし：ということは，それを6個たせば [カキク] になるね。
みなみ：この値は同じ数字を2回ずつたしているから，2で割って [ケコ] になる。始めにたし算した値と等しくなったね。
たけし：いま逆に並べてたしたらみんな等しくなったということは，その値は，数列の最初と最後の数をたした値と等しいことになるね。
みなみ：だから，このような規則性の数列は，最初の数と最後の数をたして，並んでいる数字の数をかけて2で割ればいいんだよ。
たけし：じゃあ，この数列の100番目までの和を出してみよう。以前，先生から習ったことを使うとこの数列のn番目は$3n-1$となるから，100番目は [サシス] になるね。
みなみ：ということは，(2+[サシス])×100÷2で和は [セソタチツ] になるね。
たけし：このやり方で1から100までの自然数の和も，きっと簡単に出せるよ。
みなみ：計算してみると… [テトナニ] だね。じゃあ，考えたことをいっしょに先生へ報告に行こう！

[ヌ]～[ホ] は使用しません。

問2　次の（Ⅰ）～（Ⅲ）に入ることばとして適当なものを、後の①～⑦よりそれぞれ一つずつ選びなさい。

・多数派の意見に（　Ⅰ　）せずに、自分でよく考えなさい。（解答番号36）

・昨日、夜更かしをしてしまったので、寝坊したのは（　Ⅱ　）だ。（解答番号37）

・現在の科学技術の発展は、（　Ⅲ　）に成し得たことではない。（解答番号38）

①　一朝一夕　②　油断大敵　③　付和雷同
④　意気投合　⑤　支離滅裂　⑥　一期一会
⑦　自業自得

問3　次の作品の作者を、それぞれ後の①～④より一人ずつ選びなさい。

・『一握の砂』（解答番号39）

①　斎藤茂吉　②　北原白秋
③　石川啄木　④　高村光太郎

・『伊豆の踊子』（解答番号40）

①　井伏鱒二　②　夏目漱石
③　伊藤左千夫　④　川端康成

を語る。この男言ふやう、「おのれは、さいつ頃狩《かり》をして、馬より落ちて、右の腕をうち折りたれば、*それゆでむとて、まうで来たる也《なり》。」と言ひて、と行きかく行きすれば、人々しりに立ちて拝みののしる。

男しわびて、「わが身は、さは観音にこそありけれ。*ことは法師になりなん」と思ひて、弓、*胡籙《やなぐい》、太刀《たち》、刀を折りて、法師になりぬ。かくなるを見て、エよろづの人泣きあはれがる。

（『古本《こほん》説話集』より）

《注》

*額をつく…額を地につけて心をこめ敬って拝む。

*よこなまりたる声…なまりのある声。ことばや発音が標準的でない、地方特有の言い方。

*それゆでむ…「ゆづ」は、患部を湯につけたり、湯気で蒸したりして治す。また入浴して体をあたためて病気を治す。

*ことは…同じことなら。どうせなら。

*胡籙…矢を入れて背負う道具。

問1　――部ア「未」は何時頃を指すか。最も適当なものを、次より一つ選びなさい。（解答番号26）

①　正午頃　②　午後二時頃
③　午後四時頃　④　午後六時頃

問2　――部イ「つゆ違はず見ゆる男来ぬ」の解釈として最も適当なものを、次より一つ選びなさい。（解答番号27）

①　どこか似ている姿の男が来た。
②　少しも合っていない男がやって来た。
③　全く同じ様子の男が現れた。
④　同じような男が遠くに見えた。

問3　――部ウ「こと」のここでの意味として最も適当なものを、次より一つ選びなさい。（解答番号28）

①　理由　②　役割　③　方法　④　結論

問4　――部エ「よろづの人泣きあはれがる」とあるが、それはなぜか。その理由として最も適当なものを、次より一つ選びなさい。（解答番号29）

①　男が本当の法師ではないことを知って絶望したから。
②　観音様と男に会えたことを恐れ多く感じたから。
③　観音様のような心の広さを持つ男に感謝したから。
④　法師の姿になった男を見て感動したから。

問5　本文の内容と合致しているものを、次より一つ選びなさい。（解答番号30）

①　人々は男がいくら嫌だと言っても、拝むのをやめなかった。
②　男は夢の内容を聞き、人々を悲しませないように観音のふりをした。
③　男は自分を観音だと思い、それならいっそ法師になろうと思った。
④　人々はご利益があると思って、男を最後までもてなした。

問6　『古本説話集』と同じジャンルの作品を、次より一つ選びなさい。（解答番号31）

①　『宇治拾遺物語』　②　『枕草子』
③　『竹取物語』　④　『徒然草』

四　次の問いに答えなさい。

問1　次の各文を単語に区切ったとき、**3番目と6番目**に当たる単語の品詞を、後の①～⑩よりそれぞれ一つずつ選びなさい。

・子猫の小さな体を柔らかい毛布でくるんでやった。
　3番目　（解答番号32）　6番目　（解答番号33）

・学校にある桜の木の下で写真を撮った。
　3番目　（解答番号34）　6番目　（解答番号35）

①　動詞　②　形容詞　③　形容動詞
④　名詞　⑤　連体詞　⑥　副詞
⑦　接続詞　⑧　感動詞　⑨　助動詞
⑩　助詞

もしてこなかったことを反省しつつこれからはきちんと向き合おうとしており、雄介はその気持ちを理解して自分が二人を支えたいと考えている。

問8　――部ク「横顔が、ふっとゆるんだ」とあるが、ここから読み取れる加奈子の心情として最も適当なものを、次より一つ選びなさい。（解答番号23）

① 両親が自分のために何かを用意しているとは思ってもみなかったため、雄介からの贈り物や優しい言葉で自分が愛されていることに気づき、いじめられても味方になってくれる人はいるのだと安心する気持ち。

② 両親にいじめられていることを気づかれないように過ごしてきたつもりだったが、雄介が人形の話をしてきたことで知られていることに気づき、今までの苦労は無駄だったとみじめに思う気持ち。

③ 両親に心配をかけないように嘘をついてまでいじめられていることを隠してきたが、雄介の心遣いから既に知られていることに気づき、緊張が解けて素直に打ち明けようとする気持ち。

④ 両親が自分の辛い状況を知っているとは思ってもみなかったため、雄介から急に身代わり人形の話をされて驚いている自分に気づき、嘘ばかりついていた過去を振り返り恥ずかしく思う気持ち。

問9　――部ケ「途中で和美の手をとった。強く握った」とあるが、ここから読み取れる雄介の心情として最も適当なものを、次より一つ選びなさい。（解答番号24）

① 加奈子にとって辛い日々が続いてしまうかもしれないが、これからは和美とともに支えていきたいと決心する気持ち。

② 加奈子だけでなく自分たちにとっても苦しい状況だったが、家族三人でいればどんな困難も乗り越えられると思う気持ち。

③ 加奈子が今までいじめられていたということを認めたため、自分も和美とともに現実を受け入れなければならないと覚悟する気持ち。

④ 加奈子の現実を受け入れようとする成長した姿を見たため、これから自分と和美は遠くから見守ろうという気持ち。

問10　生徒A～Dが本文の内容について話している。次の①～④の発言のうち、本文の内容と**合致していないもの**を、一つ選びなさい。（解答番号25）

① 生徒A―雄介はこれ以上加奈子に辛い思いをさせないために、あえてセッちゃんに会いたいって言いだしたんだね。

② 生徒B―和美はそのことに気づきつつも、加奈子に辛い思いをさせたと雄介を非難していたね。

③ 生徒C―そのあと川に向かった三人は、身代わり人形の話をきっかけに辛い現実に向き合おうとしたんだね。

④ 生徒D―うん、二人のおかげで加奈子の今まで一人で我慢してきた思いがあふれてきた様子が上手に描かれていたね。

三

次の文章を読み、後の問いに答えなさい。

ある人が、「明日の午《うま》の時に、観音様が湯に入る」というお告げの夢を見た。観音様の特徴まで細かく夢に見たのち目を覚まし、驚き、人々に知らせ回って話したところ、大勢がその温泉に集まった。

やうやうア未《ひつじ》になるほどに、ただこの夢に言ひつるにイつゆ違《たが》はず見ゆる男来ぬ。顔よりはじめて、夢に言ひつるに違はず。よろづの人、にはかに立ちて＊額《ぬか》をつく。この男大きに驚きて、心も得ざりければ、よろづの人に問へども、ただ拝《おが》みに拝みて、そのウことと言ふ人なし。まめなる僧の、手をすりて、額《ひたい》にあてて、拝みゐたるがもとに寄りて、

「こはいかなることぞ。おのれを見て、よく拝み給ふは。」

と、＊よこなまりたる声して言ふ。この僧、人の夢に見えけるやう

① じっと　② すっと　③ ぼうっと
④ きょとんと　⑤ のんびりと

問2　――部ア「受け答えには少し不自然な長い間が空いていた」とあるが、それはなぜか。その理由として最も適当なものを、次より一つ選びなさい。（解答番号17）

① 加奈子の考えていることが全く理解できなかったから。
② 加奈子の嘘に対してどのような反応をすべきなのか戸惑っていたから。
③ 加奈子が自分の思ってもみなかったことを口にしたことに驚いたから。
④ 加奈子が嘘をついたこと自体に大きなショックを受けたから。

問3　――部イ「ひらべったい声」とあるが、どのような声か。最も適当なものを、次より一つ選びなさい。（解答番号18）

① 相手に対する思いやりのない無機質な声。
② 怒りを隠して無関心をよそおっているような声。
③ 動揺を隠して普段と変わらないようにした声。
④ その場の雰囲気に合わせて機嫌をうかがう声。

問4　――部ウ「雄介は自分の膝を鷲摑みにした」とあるが、それはなぜか。その理由として最も適当なものを、次より一つ選びなさい。（解答番号19）

① 加奈子が友だちに対してかたくなに態度を変えずに、激しい口調で責めたてている様子に悲しさを感じたから。
② 加奈子がついた嘘を本当のことのようにするために、懸命に演技をし続けている様子に怒りを覚えたから。
③ 加奈子が普段は言わないような厳しい言葉を発していることに、相手が架空の友だちとはいえ許せないと思ったから。
④ 加奈子が自分たちについた嘘をごまかすために、辛い嘘を重ねている姿に耐え切れなくなりそうだったから。

問5　――部エ「……もう、だめだよ」とあるが、何が「だめ」なのか。最も適当なものを、次より一つ選びなさい。（解答番号20）

① 加奈子をこのまま自分の作った妄想の世界に閉じ込めたままにすること。
② 加奈子をこれ以上放っておいたまま何もなかったかのように接すること。
③ 加奈子をこれまでのように自由に過ごさせて好き勝手にやらせること。
④ 加奈子をここまで優先してきて生活全体がおろそかになってしまったこと。

問6　――部オ「踵を返し」とあるが、「踵を返す」のここでの意味として最も適当なものを、次より一つ選びなさい。（解答番号21）

① 後戻りする。　② 反抗する。
③ そっぽを向く。　④ 無視する。

問7　――部カ「自分に言い聞かせるように」、キ「レジに持って行きかけて、やめた」とあるが、これらから読み取れる和美と雄介のそれぞれの心情として最も適当なものを、次より一つ選びなさい。（解答番号22）

① 加奈子がいじめを受けていることに対して、和美は嫌々ながら長引いてしまうことを覚悟しているが現実から目をそむけたくなっており、雄介はその気持ちを理解したうえで現実に引き戻そうと考えている。
② 加奈子がいじめを受けていることに対して、和美は簡単に解決するものではなく根気強さが必要だと分かりつつも何かにすがりたいという思いがあり、雄介はいつまでも何かに頼っていてはだめだと考えている。
③ 加奈子がいじめを受けていることに対して、和美は解決することができるのなら迷信めいたものでも利用したいという思いがあり、雄介はそんなものでは解決するわけがないと考えている。
④ 加奈子がいじめを受けていることに対して、和美は今まで何

「流されても、持ち主の子が元気になってくれれば、人形は嬉しいんだよ」

鳥がまた一羽、身震いするように翼を動かして浅瀬に舞い降りた。

和美はコンクリートブロックの上にしゃがみこんだ。

加奈子は首をかしげながら、掌《てのひら》に載せたお雛さまを［B］見つめる。ク横顔が、ふっとゆるんだ。

「あのね、カナ……」

和美が後ろから声をかけたが、言葉はつづかなかった。

「言ってなかったっけ?」——加奈子の、軽い声。

「セッちゃんってさあ、また転校していっちゃったんだよね」と同じ口調でつづけ、さらに軽く、ゴム風船を宙に放すように「べつにいいけど」と笑う。

雄介は息をゆっくりと吸い込み、吐き出して、また吸って、言った。

「カナ、流そう」

加奈子は黙っていた。雄介も、もうなにも言わない。下流に掛かった鉄橋をオレンジ色の電車が渡り、その音に驚いたのか、浅瀬の鳥はあらかた飛び立ってしまった。電車が見えなくなると河原はまた静かになったが、鳥は淡い雲の散った空の、どこに消えてしまったのだろう。

「おとうさん」

加奈子はお雛さまの帯のあたりを指で撫《な》でながら言った。

「なんだ?」

「傷、つけなくてもいいよね? かわいそうだもん、こんなにきれいなのに」

「ああ……かまわない」

「流しても、いじめ、止まんないよ? そんなに現実、甘くないもん」

ゲンジツを、やわらかい響きで言えるようになった。それでいい。

「現実は厳しいんだよ、おとなもこどもも」と雄介は笑いながら加奈子から離れ、しゃがんだままの和美に目配せして、二人でスロープを上った。

ケ途中で和美の手をとった。強く握った。芝生の河川敷に戻ってからも、手を離さなかった。グラウンドから歓声が聞こえる。鳥が二羽、翼の先を触れ合わせるようにして浅瀬に戻ってきた。

加奈子はコンクリートブロックを伝い歩いて、川の流れのすぐそばまで行った。

舟を、浮かべた。

流れていく。

赤い着物のお雛さまと黒い着物のお内裏さまが、寄り添ったまま、ときどき左右に揺れながら、流れていく。

加奈子は舟のあとを追って歩きかけて、立ち止まった。

「カナ!」

和美が涙声で呼んだ。

加奈子は河川敷を振り仰ぎ、まぶしそうに目を細めて、また川に向き直った。遠ざかる舟に、バイバイと両手を振り、その手をゆっくりと戻して、顔を覆った。

（重松　清『ビタミンF』所収「セッちゃん」より）

《注》

＊『身代わり雛』…「流し雛」をわかりやすくするために、店のあるじがつけた名前。

＊由来…あるじは雄介に、山陰地方では、娘が一年間幸せに暮らせるよう、和紙で作った雛人形に娘の不幸を持って行ってもらうという「流し雛」という風習があると話した。また、自分の体に悪いところがあれば、雛人形の同じところに傷をつけて流すと身代わりになってくれるという風習にも触れた。

問1　［A］、［B］に入ることばとして適当なものを、後よりそれぞれ一つずつ選びなさい。

［A］（解答番号15）

［B］（解答番号16）

雄介の発案だった。

「そんな話、聞いてないじゃん、眠いよお」とぐずる加奈子をなだめすかして車に乗せた。和美は朝早く起きて、運動会の日にいっしょに食べられなかったぶんも張り切って、弁当をつくった。オカズは加奈子の好物しか入れなかった。

遠出ではない。車で三十分ほどの距離にある川に向かった。雄介が車を運転し、和美は助手席、加奈子は後ろの席で黙って外を見ていた。セッちゃんの話は、このところ出ていない。雄介も和美も学校に呼び出されたことは話していないし、まさか原先生がおせっかいをしたとも思えないのだが、とにかくセッちゃんは消えた。まるで、鈍感な両親がようやく一人娘の危機を思い知らされた、その瞬間を見届けて、あとはよろしく、と立ち去ってしまったように。（中略）

芝生を敷き詰めた河川敷のグラウンドでは、少年野球のチームが試合をしていた。スコアボードを確かめると、三回の裏を終わった時点で十二対九。いま、ショートが平凡なゴロをトンネルし、本塁を狙《ねら》ったランナーは三塁をまわったところで蹴つまずいて転んだ。

「こんなところでお弁当食べるの？」

不服そうな加奈子に、和美が「まだ時間早いから、お昼はもっと景色のいいところで食べようよ」と言った。

「じゃあ、ここでなにするの？」

「ちょっとな、こないだおもしろいもの買ったんだ」と雄介が言う。

「はあ？」
[A] する加奈子に、上着のポケットから出した＊『身代わり雛《びな》』を見せた。
岸辺に向かって歩きながら、民芸品店のあるじから聞いたとおりに＊由来を伝えた。途中で加奈子が立ち止まったり、オ踵《きびす》を返したりすることもあるかもしれない。覚悟していたが、加奈子は黙って雄介の話を聞き、差し出した人形も受け取った。

「いまから流そう」

「だって、雛祭りの日に流すんじゃないの？」

「いいんだ」

土曜日の午後、駅前商店街を一人で散歩して、あの民芸品店の前をまた通りかかった。陳列棚に『身代わり雛』はあと一組しかなかった。あるじの言っていたとおり、売れゆきは悪くないのだろう。真夜中の暗い川を流れていく傷のついたお雛さまを思い浮かべ、お内裏さまの胸に傷をつけた小舟もあるのだろうとも思って、そりゃあそうだよなあ、とため息交じりに笑った。

ほんとうは、和美に頼まれていた。もう一組買っといてよ、と。これから何度も流さなきゃいけなくなりそうだし——カ自分に言い聞かせるように。

残り一組の『身代わり雛』を手にとって、キレジに持って行きかけて、やめた。棚に戻し、店の奥であいかわらず無愛想な顔でテレビを観ていたあるじに、気づいてはもらえないだろうと思ったが小さく会釈をして店を出た。制服姿の女子高生のグループとすれ違った。顔を黒くして、髪の色を抜いて、耳ざわりに語尾を伸ばしておしゃべりをする彼女たちを、たぶん初めてだ、かなしいと思い、いとおしいとも思ったのだった。

格子模様のスロープを下りた岸辺には、コンクリートブロックが並んでいた。水の流れはゆるく、ブロックの隙間《すきま》の水面にはゴミや油も浮いていたが、かまわない、流れていけばいつかは海に着く。

「でも、なんか、もったいなくない？　けっこうかわいいじゃん、この人形」

加奈子はお雛さまを舟からつまみ上げて、「マジもったいないよ」と言った。

「だから身代わりになってくれるんだよ。捨てたいような人形に身代わりになってもらうのって、なんか悔しいもんな」

「……ふうん」

小さくうなずく加奈子から目をそらし、中洲《なかす》のそばの浅瀬に群れる鳥を眺めて、雄介は言った。

たらどうだ?」

　返事はない。

　和美が息を呑《の》むのがわかった。

　加奈子は紅茶を一口飲んで、「あー、苦しかった、パン、喉《のど》につっかえちゃって」と笑い、雄介に向き直って「そうだね」と言った。

「なんだったら、今日でもいいぞ」

　イひらべったい声――代わりに、新聞を持つ手がかすかに震えた。

　加奈子はさっきと同じように軽く「じゃあ、都合、訊いてみる」と言った。「どうせ待ち合わせの時間も決めなきゃいけないから、ちょっと電話してみるね」

　コードレスの受話器を持って、小走りに自分の部屋に向かう。

　雄介は黙って新聞をめくる。「やめてよ、あなた……」と和美が言ったが、聞こえないふりをした。

「カナを追い詰めないでよ、ねえ、あなた親なんでしょ?　残酷なことしないでよ」

　追い詰めるんじゃない、引き戻すだけだ、と心の中で返した。親だから、それをやらなければいけないんだ、とも。

「誰と電話してるんだろう、あの子」

「受話器を持ってって、それで終わりじゃないのか?」

「だって、ランプ点《つ》いてるわよ」

　電話機のパイロットランプが、通話中を示す赤になっていた。

　怪訝《けげん》な顔を見合わせていると、やがて廊下から加奈子の声が聞こえてきた。部屋を出てこっちに向かっているのだろう、声はしだいに大きくなる。

「冗談やめてよ！　あんたって、ちょー身勝手、信じらんないよ」

　片手に受話器を持ち、片手でドアを開けて、リビングに戻ってきた。電話の相手の言葉に「うん、うん」と返す声は不機嫌そのものだった。

「わかった、セッちゃん、あんた、だから嫌われるんだよ」

　雄介と和美の前を素通りして、ベランダに面した窓の前に立ち、外を眺めながら話をつづける。「だって、あんたってエラソーじゃん、いばってんじゃん」

　ウ雄介は自分の膝を鷲摑《わしづか》みにした。加奈子の手から受話器をむしり取りたい衝動を、懸命にこらえた。いや、その前に、耳を両手でふさいでしまいたくなるのを。

「はっきり言うけど、セッちゃん、サイテー。マジ、死んだほうがいいんじゃない?　じゃあね」

　加奈子は受話器を耳から離し、いまいましそうなしぐさで通話ボタンを切った。

「おとうさん、ごめーん、セッちゃんとケンカしちゃった。今日、図書館は一人で行くから。絶交しちゃったし、もう家に呼べなくなっちゃった」

　新聞から目を動かせないでいる雄介に代わって、和美が言った。

「だいじょうぶよ、すぐに仲直りできるって」

　加奈子は受話器を電話機に戻して、「まあね」と笑った。


　加奈子がまた自分の部屋にひきあげたあと、雄介は受話器のリダイアルボタンを押した。

　時報が聞こえた。

　和美にも聞かせようと受話器を差し出したが、漏れてくる音だけでわかったのだろう、和美はいやいやをするようにあとずさった。

「エ……もう、だめだよ」

　つぶやいて受話器を置く雄介の背中に、和美はすがりついた。

「なんであんなこと言ったのよ、追い詰めないでよ、カナを追い詰めないで、知らん顔してあげてよ、ねえ……」

　押し殺した声で言って、背中を何度も叩《たた》く。

　雄介は目をつぶり、和美の小さな拳で叩かれるまま、その場にじっと立ちつくしていた。


（中略）

　次の日曜日に、家族でドライブに出かけた。

あるが、これに対する筆者の考えとして最も適当なものを、次より一つ選びなさい。（解答番号13）

① スマホを手放すことはできないので、社会問題や歴史の情報を得ることに関しては今まで通りスマホを使い、他者理解においては以前のような時間や手間をかけて深めていくことが大切である。

② スマホを今すぐに捨て去ることはできないが、個人を超えた社会問題を理解するために必要な情報を得られるようになれば、だんだんと活用の仕方が変わってくるはずである。

③ スマホの便利な機能を最大限活かした上で、それに頼りきるのではなく他者理解に努めるとともに、個人間だけでなく社会や歴史とつながるツールとしての活用法を考えるべきである。

④ スマホの利便性を理解した上で、そればかりを信用するのではなく他のツールも使えるように工夫するとともに、情報処理の速さを活かした新たな使い道を開拓していく必要がある。

問10 本文を読んだ生徒A～Dが、「スマホの機能」について話し合った。□に入ることばとして最も適当なものを、後より一つ選びなさい。（解答番号14）

生徒A―本文にもあるように、スマホが普及したことによって、様々な情報を瞬時に手に入れることができるようになったのはとても便利だよね。

生徒B―だけど、何でも速さを求めるようになってコミュニケーションにまで変化をもたらしたというのは、スマホに日常生活が浸食されているようだよ。

生徒C―スマホにも問題があるかもしれないけれども、□も大切だよ。

生徒D―そうだね。あまり依存せず、スマホというツールに対する考えを改めたほうがいいね。

① 相手と直接コミュニケーションを取るように努めること

② スマホをなるべく使わないように心掛けること

③ 昔を懐かしんでスマホのなかった当時のやり方に戻ること

④ 他者理解の速さには当てはまらないと考えること

二

次の文章を読み、後の問いに答えなさい。

中学二年生の加奈子は学校でいじめを受けていた。日頃から両親（雄介、和美）とよく話をしていた加奈子は、架空の友だち「セッちゃん」がいじめにあっていることにして自分の学校生活について伝えていた。ある日、学校の運動会で仲間はずれにされている加奈子をこっそりとのぞき見て事実を知った両親は、どうしたらよいのか途方に暮れていた。

十一月半ばの日曜日、加奈子は昼前に起きてきた。週明けにおこなわれる実力テストに備えて、ゆうべは遅くまで勉強していた。朝昼兼用の食事をとりながら、「今日、友だちと勉強してくるね」と言う。

「友だちって、誰だ？」と雄介が訊《き》き、「セッちゃん？」と和美が訊いた。

「そう」

加奈子は間をおかずに答えた。「図書館で勉強する約束したの」と、軽く、ごくあたりまえの口調で。

和美は「あ、そうなの」と返した。ア受け答えには少し不自然な長い間が空いていたが、加奈子は気に留める様子もなく、トーストを頬張って「セッちゃん数学が得意だから、教えてもらおうと思って」と言う。

「なあ、カナ」

雄介はとっくに読み終えていた朝刊を開き、不動産広告に出ている家族の写真を見るともなく見て、言った。

「なに？」と加奈子の声が返り、まなざしは和美がよこした。

「あのさ……セッちゃんっていう子、今度ウチに遊びに来てもらっまったから。

③　スマホのもつ利便性としての速度がコミュニケーションにも影響し、やりとりにおいても速度を大切にすべきだと日常的にすり込まれているから。

④　スマホにより常に相手とつながることができるようになり、コミュニケーションにおける速度が何より相手への親密度を測るものさしになっているから。

問5　――部ウ「こうした営み」とは、どのようなものか。最も適当なものを、次より一つ選びなさい。（解答番号9）

①　相手の気持ちを理解することが難しかった時代の中で、多くの障壁を乗り越えることで相手との愛を更に深めようとするもの。

②　簡単にコミュニケーションが取れなかった状況の中で、様々な工夫をしながら時間や労力をかけて相手とつながろうとするもの。

③　家族の目が常に気になる状況の中で、いかにばれないように相手とコミュニケーションを取るか考えようとするもの。

④　さくさくとやりとりを進めることができなかった時代の中で、どうにか相手を理解したいと多少の無理をしてでも会おうとするもの。

問6　――部エ「言葉を介して他者と出会い、他者を理解していたとき」とあるが、そのときの言葉のはたらきとして最も適当なものを、次より一つ選びなさい。（解答番号10）

①　時間をかけて言葉を紡ぐことで自分の思いや考えを整理し、相手へどう伝わるかを考えたり実際に伝えたりするもの。

②　エネルギーを投入しながら言葉を用いて自分の考えを表現し、それが長い文章であればあるほど相手に思いの強さを伝えたり距離を縮めたりするもの。

③　言葉でまとめることで自分の考えを明確にしたり、他者理解の難しさや奥深さを考えさせられたりするもの。

④　言葉に表すことで自分の考えを改めて確認することができ、今一度自分や相手を見つめ直すきっかけを与えてくれるもの。

問7　――部オ「〝生きられた時間〟、大切な〝無駄〟」とあるが、手紙においてそれらに**当てはまらないもの**を、次より一つ選びなさい。（解答番号11）

①　自分の気持ちを伝えようと、試行錯誤しながら文章を考える時間。

②　相手がすぐに返事を出せるよう、読みやすい文章作成をしたり言い回しをしたりする工夫。

③　手紙を書いているときに、相手への思いを書き尽くせているかどうか不安になる感覚。

④　言葉を尽くして思いを伝えるために、相手のことを極力知ろうとする労力。

問8　――部カ「スマホが提供する情報や日常的現実に容赦なく流入してくる意味」について、筆者はどのように考えているか。最も適当なものを、次より一つ選びなさい。（解答番号12）

①　スマホは世界中の情報を流通させ、社会問題や歴史とのつながりを生み出したが、今後は個人を超えた他者とのつながりをどのように深めていくかが問題である。

②　スマホを通して何でもすぐに答えが分かる時代になったが、それにより相手の気持ちや考えを推し量ることができない人々が増えていることが心配である。

③　スマホがあれば時代や場所に関係なく情報を得ることができるが、現実における人々の情緒を細かく知るためには日常生活の中に情報サービスをいっそう浸透させていくことが必要である。

④　スマホによりあらゆる出来事に関する情報を即座に手に入れることができるが、その出来事における様々な感情や思いまで人々が実感することができるかどうかは疑問である。

問9　――部キ「私たちはスマホに飼いならされていると思う」と

〝他者との適切な距離〟などの〝あいまいさ〟を、スマホを駆使することですべて乗りこえることができたかのように思いこんでしまう危険性に、しっかり気づく必要がある。

同時に、スマホというツールが、情報の圧倒的な処理感という手触りのよさを通して個人をつなげるだけではなく、個人を超えた社会問題や歴史的事象を理解することへの橋渡しとして——いわば、個人を社会や共同性、歴史につなげるツールとして、いかに活用できるのかを考える必要があるのではないか。

こうした作業を通して初めて、私たちはスマホを飼いならすことができ、その結果、「いま、ここ」における充実した意味に満ちた他者理解の意義や難しさも、改めて実感できるのではないだろうか。

（好井裕明『違和感から始まる社会学 日常性のフィールドワークへの招待』より）

《注》

＊鈴木…鈴木謙介。社会学者。本文より前の段落で、彼の著書である『ウェブ社会のゆくえ——〈多孔化〉した現実のなかで』を取り上げている。

＊ノスタルジー…遠い懐かしさを感じさせる、得がたいもの、失われたものなどに対して、心ひかれ、思いをはせ、憧れや恋しさを抱くこと。

＊多孔化…多くの穴があいている状態。

問1 ══部a〜eのカタカナ部分の漢字と同じ漢字を使った熟語を、それぞれ後より一つずつ選びなさい。

a 秩ジョ （解答番号1）
① 欠如 ② 排除 ③ 徐行 ④ 序列

b カン連 （解答番号2）
① 簡単 ② 相関 ③ 感性 ④ 速乾

c 平イ （解答番号3）
① 相違 ② 変異 ③ 謝意 ④ 容易

d 継ショウ （解答番号4）
① 承諾 ② 証明 ③ 保障 ④ 干渉

e 拡チョウ （解答番号5）
① 議長 ② 貴重 ③ 膨張 ④ 変調

問2 A〜D に入ることばの組み合わせとして最も適当なものを、次より一つ選びなさい。（解答番号6）

① A つまり B そして C だから D しかし
② A では B だから C しかし D つまり
③ A だから B しかし C つまり D そして
④ A しかし B つまり C そして D では

問3 ——部ア「コミュニケーションのあり方の変化」とは、どのような変化か。最も適当なものを、次より一つ選びなさい。（解答番号7）

① 他者とつながるためには、長い時間をかけることが大切だと考えられていた時代から、できるだけ早く相手とつながることを重視するようになったという変化。
② 他者とつながることが容易ではなく、時間やエネルギーを要していた時代から、いつでも簡単に時間をかけずに相手とつながることができるようになったという変化。
③ 他者とつながることはリスクがあり、家族に見つからないように工夫していた時代から、誰の目も気にすることなく堂々と相手とつながるようになったという変化。
④ 他者とつながることに対して、あまり重きを置いていなかった時代から、どんな時も仲間や友人とつながっていたいと思うようになったという変化。

問4 ——部イ「メールが届いたら、即座に返事をしないと落ち着かない」とあるが、それはなぜか。その理由として最も適当なものを、次より一つ選びなさい。（解答番号8）

① スマホが普及した現代では円滑さこそコミュニケーションにおいて大切であり、同じ間や速度で相手に返信をしないと関係が悪くなる恐れがあるから。
② スマホにより何でもすぐに手に入るようになってしまったことで、コミュニケーションにおいても速度を重視する風潮が広

相手のことが好きだとして、自分はどのように好きなのか。それをどのように言葉を駆使して表わせば、一番印象深く相手に伝えることができるのだろうか。

　手紙を書いているとき、私たちはこうした自分の思いや言葉と格闘しているだろう。ただ、そのとき実感するのは、自分の思いを、いかに言葉で言いつくすことが難しいのかということであり、同時に、相手がどのような人間であるのかを想像しつくすことの難しさでもある。いわば、自分と他者の間に横たわる〝距離〟や、他者理解の困難さや奥深さを思い知らされるのである。だからこそ、なんとか言葉を駆使し、自分の思いを相手に伝えようと、さらに奮起し、書くことにエネルギーを投入していくのだ。

　アプリでもともと用意されたスタンプや顔文字で、自分の言いたいことや気持ちが伝わるのだろうか。伝わるとしても、そのやりとりによって、他者理解のどのような部分を達成できているのだろうか。

　スマホに飼いならされることで、従来であれば多様な言葉をつくして相手に何かを伝えようとしたときに私たちがつぎこんでいたオ〝生きられた時間〟、大切な〝無駄〟を失ってしまったような気がするのである。

　[A]、スマホというツールに対する発想や認識を変えてみてはどうだろうか。

「＊多孔化した現実のなかで、他者や多様な現実と平ｃイにつながることができるツールとしてのスマホ」ではなく、「ミステリアスでよくわからない存在としての他者と、それだけでは簡単につながることなどできはしないツールとしてのスマホ」というふうに。

　もう一つ、私が気になっている点。それは、カスマホが提供する情報や日常的現実に容赦なく流入してくる意味とは、いったいどのようなものなのか、考え直す必要があるのではないか、ということだ。

　私たちはスマホというツールを通して、世界中の情報を瞬時のうちに入手することができるだろう。[B]、それはあくまで情報であり、自分の知らないところで生きている多くの他者が、どのようにその情報や意味とつきあい、生きているのかまで、瞬時にわかるわけではない。

　それだけではない。ある事件や歴史的出来事をめぐる情報にしても、その情報はかつて事件や出来事を体験した人びとの語りや思い、情緒にまみれていた。[C]「〝すぐには了解しづらいさまざまな意味にまみれた〟、その意味で〝生きられた〟もの」だったはずだ。

　たとえば、ヒロシマの被爆の記憶をいかに継ｄショウするのかという問題にしても、先述の鈴木によれば、個人の空間を被爆問題という共同性へと接続するために、平和記念公園や周辺地域におけるモバイル情報サービスなど、さまざまに拡ｅチョウ現実を利用する試みが始まっているという。

　確かにこうしたサービスは、ただ広島という場所をめぐるだけでなく、被爆という出来事を、その場その場でスマホを利用する個人に浸透させていく可能性をもつだろう。[D]、スマホというツールが、個人の世界の間で情報を流通させるだけのものではなく、スマホを介して、個人がいかに社会問題や歴史的現実といった〝個人を超えた現実〟とつながれるかの可能性を試す意義ある試みだとも思う。

　ただ、こうした試みが、先に述べた「〝すぐには了解しづらいさまざまな意味にまみれた〟、その意味で〝生きられた〟もの」を、いかに私たちに実感させてくれるのかは、その成果を今後検討する必要があるだろう。

　いまは、キ私たちはスマホに飼いならされていると思う。だからといってスマホを捨て去ることなどできはしないだろう。

　とすれば、このツールが瞬時のうちに多様な情報を入手できる利便性を認め、それを最大限活用する方向で生かすしかない。そのうえで、私たちが他者とつきあい、他者理解をするために必須である

二〇二三年度　武南高等学校（併願１）

【国　語】（五〇分）〈満点：一〇〇点〉

一　次の文章を読み、後の問いに答えなさい。

若者文化論の文脈ではなく、スマホがある日常を考えようとするとき、私たちはスマホをどのように了解していけばいいのだろうか。

私は次にあげる二点が気になっている。

一つは、従来、私たちが他者を理解するため、そして自分を他者に理解してもらおうとするためにとらざるを得なかった手続きや作法、時間や距離、それらを行使するときに私たちが使ったエネルギーをどう考えるかという点である。

ケータイやスマホを通して、私たちはつねに親密な仲間や友人とつながることができる。

＊鈴木の分析にもあるように、こうしたアコミュニケーションのあり方の変化が、逆に私たちの側にも変化をもたらし、つねに親密な仲間とつながっていたい、さらには親密な仲間が自分のことをどのように考え、見ているのかが気になり、つねにそのことを確かめたいという欲望をかきたてられる。

イメールが届いたら、即座に返事をしないと落ち着かない。なぜなら返事をしないと、相手が下すであろう自分への評価――「自分のことを無視したり軽く見たりしているのではないか」――を先どりして不安にかられ、即レスを繰り返していく。

私たちのこうした行動や反応は、病理か何かのように論じられることもあるが、私はそうは思わない。独自の自己論や相互行為自体がもつ秩ａジョを論じたE・ゴフマンをあげるまでもなく、他者に対する自己提示や自己の印象操作は、スマホやケータイを介したコミュニケーションに限らず、私たちが普段から自然に行っている営みだからだ。

では何が問題なのだろうか。

それは至便さ、利便性の象徴でもある〝速度〟ではないか。

情報機器がもつ機能としての至便性である〝速度〟が、私たちの日常的なコミュニケーションや他者理解、他者への意思や感情の表明をめぐる〝速度〟にまで介入し、〝この速度こそ最適だよ〟といわんばかりに、私たちに強いてしまっているのだ。

「さくさくとつながる」ことは、便利なことだ。しかし「さくさくと相手を理解し、さくさくと自分を相手に提示すること」は、はたして素晴らしいことなのだろうか。

かつてケータイやスマホなど想像もできなかった時代、私たちは家にある固定電話で友達と遅くまで電話をしたはずだ。電話は、リビングや廊下など、家の者が誰でも使える場所にあった。だからこそ、私たちは友たちと秘密の談話をしたり、長電話をしたりするときは、家族にわからないように工夫しただろう。

どうしたら家族にばれないように、あの子と電話できるのかを考えた時間。なんとか電話でき、深夜にこっそり二人で親密な会話を楽しめたときの楽しさや達成感。ウこうした営みは、けっして「さくさく」進められるものではなく、つねになんらかの困難や障壁をともなうし、時間やエネルギーがかかるものだ。

これはけっして昔を懐かしんだり、昔はよかったと＊ノスタルジーを語ったりしているわけではない。他者とつながり、他者を理解し、翻って自分を他者に提示する営みは、けっして「さくさく」達成されるものではなく、さまざまな困難や障壁、長い時間や多様なエネルギーがかかるものであり、私たちはスマホの〝速度〟に見合うように他者とはつながれないという事実を確認したいのだ。

スマホがもつ〝速度〟にｂカン連して、さらに考えられること。

それは私たちがエ言葉を介して他者と出会い、他者を理解していたときの〝時間〟や〝あいまいさ〟〝余裕〟とでもいえる何かが、その〝速度〟によって奪われたり、変質したりしているのではないか、ということだ。（中略）

2023年度／武南高等学校（併願１）

英語解答

Ⅰ　(1)　②　(2)　③　(3)　②　(4)　①
　(5)　④

Ⅱ　(6)　②　(7)　②　(8)　④　(9)　③
　(10)　①　(11)　①　(12)　④　(13)　③
　(14)　③　(15)　④

Ⅲ　(16)　②　(17)　④　(18)　②　(19)　③
　(20)　①

Ⅳ　(21)　①　(22)　③　(23)　④　(24)　③
　(25)　①

Ⅴ　(26)　④　(27)　①　(28)　①　(29)　③
　(30)　②

Ⅵ　(31)…⑦　(32)…④
　(33)…①　(34)…③
　(35)…⑦　(36)…⑤
　(37)…①　(38)…②
　(39)…⑤　(40)…⑦

Ⅰ〔放送問題〕解説省略

Ⅱ〔長文読解総合─伝記〕

≪全訳≫1モーツァルトの死後，ベートーベンはハイドンのもとで学んだが，ハイドンは彼が好きではなかった。ベートーベンは貧しい家庭の出だった。彼の父は生涯の最後まで酒を飲み続け，もうなくなっていた。母もなくなっていた。彼は自分のお金をほとんど持っていなかった。しかし，ウィーンは裕福な所で，住民はベートーベンのようではなかった。彼らが穏やかに話すとき，彼はそうしなかった。彼らが道で偉い人に会って帽子を取るとき，ベートーベンは帽子を頭に乗せたままだった。2彼は感情を表に出すことを決して恐れなかった。あるとき，彼が金持ちの家で演奏しているとき，聴衆の１人である上流階級の男性が若い女性に話しかけた。彼は音楽よりも女性が好きで，ベートーベンがピアノを弾き始めてからもやめなかった。その声は静かなものではなく，ベートーベンは当時は耳がよく聞こえていた。3音楽が途中で止まり，ベートーベンは立ち上がって，「こんな動物どものために私は演奏しない！」と叫んだ。　「嫌だね！　動物のためには演奏しない！」　そして彼は出ていった。4お金を稼ぐためにはピアノを教えなければならず，彼は上流階級の家々で，ピアノを弾きたがる多くの若い婦人を教えた。しかしもちろん，彼女たちにとって音楽は重要ではなかったので彼女たちは注意散漫なことが多かった。彼女たちが下手に弾くと，教師はその真実を隠さなかった。彼はあからさまに，あなたの演奏は下手だ，うまく弾こうなんて決して望んではいけない，私は自分の時間を無駄にしている，と言った。気の毒な女性たちの手から楽譜を取り上げ，引き裂いて，きれぎれになったものを床に投げつけ，その上で飛び跳ねた。それから彼は家を出ていき，戻りたくなったときだけ戻ってきた。彼女たちの望みなど彼にとっては何でもなかった。5当時でも，世間は彼が偉大な人間だと知っていたが，彼は変人でもあった。あるとき，彼は注文することも食べることもしていない夕食の代金を払った。彼に支払わないように言うのは不可能だった。彼は支払った。外で夕食をとるとき，彼はテーブルでの自分の席が下座すぎると思うことがあった。すると彼は非常に腹を立て，自分は召使いだと思われたくないと言った。どうして彼はもっと穏やかで静かな男でいられなかったのだろうか。6彼は病気だった。子どもの頃はいつも食べるものが足りず，他の男たちほど強くなかった。父の家にいたとき，彼はしばしば医者を必要とした。しかし，当時医者に行くのはお金がかかり，彼は行かなかった。彼には他の病気もあった。7彼の聴力は衰え始めた。1796年，彼はそれに気づくようになった。40歳のとき，彼はよく聞こえなくなった。50歳のとき，彼は全く聞こえなくなった。しかし，彼は音楽を決して諦めなかった。彼の生涯の全ては音楽に捧げられた。すなわち，彼の人生には音楽以外のものは何もなかったのだ。

⑹**＜英文解釈＞**little が‘数えられない名詞’を修飾する場合，a little なら「少しの」，little なら「ほとんどない」を表す。～ of his own は「彼自身の～」という意味。

⑺**＜文脈把握＞**下線部の they はウィーンの住民を，he はベートーベンを指す。自分の恵まれない境遇とは対照的に，ウィーンの人々は裕福に暮らしており，その隔たりをベートーベンは感じていたと考えられる。

⑻**＜語句解釈＞**下線部の前の２文に「聴衆の１人である上流階級の男性が若い女性に話しかけた。彼は音楽よりも女性が好きで，ベートーベンがピアノを弾き始めてからもやめなかった」とある。下線部の「その声」とはその男性の話し声のこと。

⑼**＜語句解釈＞**ベートーベンは，演奏中におしゃべりをやめない男性とその相手の女性に腹を立て，彼らを指して「こんな動物ども」と罵っていると考えられる。

⑽**＜語句解釈＞**直後の文で，ベートーベンが生徒に言った内容が told の目的語に当たる３つの that節で表されている。これらの that節の内容が②，③，④にそれぞれ対応している一方，①は下線部の前の文の内容に反している。

⑾**＜語句解釈＞**下線部の their はピアノの生徒たちを指す。同じ段落の第１文で，その生徒たちについて ... young ladies who wished to play the piano と述べられており，下線部の Their wishes はこの「ピアノを弾きたい」という望みのことを受けている。

⑿**＜適語選択＞**空所を含む文は‘It is ～ to …’「…することは～だ」の形。‘to …’に当たる to tell him not to pay は「彼に支払わないように言う(こと)」という意味。前の文で，ベートーベンが変人であることを表す一例として，食べていない夕食の代金を支払ったことが述べられている。したがって，彼に支払わないように言うのは「不可能だった」と考えられる。

⒀**＜英文解釈＞**下線部の主語は，a visit to a doctor in those days「当時，医師にかかること」で，cost money は「お金がかかった」(cost は現在形と過去形が同形で，ここでは過去形)の意味。したがって，③「当時，医者にかかるのは高価すぎた」とほぼ同じ意味と言える。

⒁**＜正誤問題＞**「40歳のとき」を表すのに適切ではない語句を選ぶ。①と②は接続詞 when の節で表し，④は at the age of ～「～歳のとき」の形で表しているので，①，②，④は適切である。

⒂**＜英文解釈＞**下線部は He gave his whole life to music. を受け身形にした文である。

Ⅲ〔長文読解―適語(句)選択―説明文〕

≪全訳≫❶あなたは英語が好きだろうか。多くの生徒は「はい」と言うだろう。しかし，英単語を覚えるのが難しいという生徒もいるかもしれない。英単語がどのようにして生まれたのか，自問してみたことはあるだろうか。２つの英単語の歴史を見てみよう。❷kangarooという語がどうやって英語に入ってきたかを見るのは興味深い。カンガルーはオーストラリアに生息する動物である。1770年にキャプテン・クックと彼の友人たちがオーストラリアに来たとき，彼らはカンガルーを発見した。彼らはオーストラリアの先住民に「この動物を何と呼ぶのだ」ときいた。先住民は「kangaroo」と答えた。後に，別の先住民に会ったとき，彼らはkangarooが先住民の言語で本当は何を意味しているのかを知った。それは「私は知らない」という意味だった。しかし，kangarooという単語は今でもその動物の名前として使われている。❸あなたはschoolが，最初は「自由時間」を意味していたとは思わないだろう。しかし，そうだったのだ。ずっと昔，ギリシャの若者たちが自由時間を勉学に使った。まもなく，学びのための場所はギリシャ語でschoolと呼ばれるようになった。それは今でもそうだ。これがschoolという英単語の歴史である。❹どの単語も固有の歴史を持っている。古い単語もあれば新しい単語もある。英単語の歴史をもっと勉強すれば，あなたはそれらについて新しく興味深い多くのことを知り，英単語を覚えることを以前より簡単だと思うかもしれない。

＜**解説**＞(16)主語が you なので yourself「あなた自身」が適切。ask ～self で「自分自身に問う，自問する」。　(17)find out ～「～を発見する〔わかる〕」　put off ～「～を延期する」　hear from ～「～から便り〔連絡〕がある」　look for ～「～を探す」　(18)do には，一般動詞(＋語句)の繰り返しを避けるためにその代わりとして使われる用法がある(代動詞)。ここでは，meant “free time” の代わりとして過去形 did が使われている。　(19)‘Some＋名詞 ～, and other＋名詞 …’で「～な〈名詞〉もあれば，…な〈名詞〉もある」という意味を表す。「古い単語もあれば新しい単語もある」という文意を読み取る。　(20)空所を含む that節は「英単語を覚えることは前より(　)である」という意味。文脈より，適切なのは easier。

Ⅳ〔**適語(句)選択**〕

(21)furniture「家具」は‘数えられない名詞’なので，複数形にはならず，冠詞の a もつかない。
「トムは昨日，新しい家のために家具を買った」

(22)I'm afraid not. は「(残念ながら)～ではないと思う」という否定の意見を表す定型的表現。ここは I'm afraid (that the rain will) not (stop soon)のカッコ内の部分が省略されていると考えられる。　「雨はすぐやむと思いますか？」―「いいえ，すぐにはやまないと思います」

(23)Koji is a singer. と The singer's songs are loved by young people. を関係代名詞でつないだ文。the singer's の代わりになる関係代名詞は所有格の whose。　「コウジは，自身の歌が若者に愛されている歌手だ」

(24)as ～ as possible で「できるだけ～」(≒‘as ～ as＋主語＋can’「…ができるだけ～」)を表す。
「その書類をできるだけ早くEメールであなたに送ります」

(25)be worried about ～ で「～について心配している」。　「母は私の健康について心配している」

Ⅴ〔**対話文完成―適文選択**〕

(26)**A**：最近，犬を手に入れたって本当？／**B**：うん，そのとおり。すごくかわいいよ。／**A**：犬を散歩させるのは大変でしょう？／**B**：それは大丈夫。犬のことなら何でも楽しいよ。//I'm fine with that. は「私はそれでかまわない，それで大丈夫だ」という意味。ここでは，犬の散歩の大変さは気にならないと言っている。

(27)**A**：やあ，マイク，元気にしてる？／**B**：絶好調だよ！／**A**：どうしてそんなにうれしそうなの？／**B**：大谷翔平がMVPをとったからだよ！　僕の言ってることがわかるよね？//Couldn't be better. で「(これ以上良くならない→)最高だ」という意味になる。

(28)**A**：やあ，トム，来月ボウリングに行かない？／**B**：ちょっと考えさせて。／**A**：ジェリーも一緒に来たいって。／**B**：本当？　なんとかスケジュールを変更するよ。//直後のAの発言を受けて，Bはスケジュールを変更すると言っていることから，最初は返事を保留したと考えられる。

(29) A：いらっしゃいませ。／B：それを持ってみてもいいですか？／A：はい，ご自由に。／B：この青いバッグはすてきね。〃店員と客の対話。直後のAの応答から考える。pick ～ up〔pick up ～〕は「～を(車で)迎えに行く」という意味を表すこともあるが，ここでは文字どおり「～を持ち上げる，～を手に取る」という意味を表す。

(30) A：なんて大きな袋！／B：手伝っていただけませんか？／A：かまいませんよ。ゴミ出しですか？／B：いいえ，明日引っ越すんです。〃直後にAが It's fine.「かまいませんよ」と答えていることから，BはAに何かを頼んだとわかる。Would you mind ～ing？で「～していただけますか」，'give＋人＋a hand' で「〈人〉に手を貸す」。③「郵便局に持っていってくれますか」は，明日引っ越すという状況に合わないので不適切。

Ⅵ〔整序結合〕

(31)・(32)「彼女はたった1人の女の子でした」→She was the only girl を文の骨組みとし，「女の子」を修飾する「私の気持ちを理解できる」は，主格の関係代名詞 that に導かれる節を girl の後ろに置いて表す。　She was the only girl that could understand my feelings.

(33)・(34)'keep＋目的語＋形容詞'「～を…(の状態)に保つ」の形を用いる。　She kept the dining room warm in winter.

(35)・(36)'It is ～ for … to —'「…が—するのは～だ」の形にする。「当然の」は natural，「間違いをする」は make mistakes。　It is natural for Japanese people to make mistakes in English.

(37)・(38)「これは(その)ギターです」→This is the guitar を文の骨組みとし，「ギター」を修飾する「おじにもらった」は「おじによって私に与えられた」と読み換えて，given to me by my uncle とまとめて guitar の後ろに置く。この given は形容詞的用法の過去分詞。　This is the guitar given to me by my uncle.

(39)・(40)「～はずだ」は ought to ～ で表せる。「終わっている」は be over。　The game ought to be over by seven o'clock.

2023年度／武南高等学校（併願１）

数学解答

1 ⑴ ア…8　イ…3　ウ…2
⑵ エ…4　オ…3　カ…6
⑶ キ…5　ク…4
⑷ ケ…3　コ…6　サ…7　シ…1
ス…7

2 セ…1　ソ…7

3 ⑴ タ…2　チ…0
⑵ ツ…7　テ…0

4 ⑴ ト…1　ナ…6
⑵ ニ…5　ヌ…3　ネ…6
⑶ ノ…1　ハ…3

5 ア…6　イ…3　ウ…8　エ…5
オ…2　カ…4　キ…8　ク…5

6 ケ…9　コ…6　サ…9　シ…2

7 ス…－　セ…2　ソ…2　タ…4
チ…8　ツ…6　テ…2　ト…4
ナ…2　ニ…3　ヌ…2　ネ…5
ノ…2　ハ…4　ヒ…2　フ…5
ヘ…2

8 ア…5　イ…7　ウ…3　エ…1
オ…9　カ…1　キ…1　ク…4
ケ…5　コ…7　サ…2　シ…9
ス…9　セ…1　ソ…5　タ…0
チ…5　ツ…0　テ…5　ト…0
ナ…5　ニ…0

1〔独立小問集合題〕

⑴＜式の計算＞与式 $=\dfrac{12a^4b^3\times 2a}{3a^2b}=8a^3b^2$

⑵＜数の計算＞$x=3+\sqrt{5}$, $y=3-\sqrt{5}$ より，$xy=(3+\sqrt{5})(3-\sqrt{5})=3^2-(\sqrt{5})^2=9-5=4$ となる。また，$x^2+2xy+y^2=(x+y)^2=\{(3+\sqrt{5})+(3-\sqrt{5})\}^2=6^2=36$ である。

⑶＜数の性質＞$\sqrt{216n}=\sqrt{2^3\times3^3\times n}=\sqrt{(2\times3)^2\times2\times3\times n}=6\sqrt{6n}$ となるので，$\sqrt{216n}$ が自然数となる整数 n は，p を自然数として，$n=6p^2$ と表せる数である。このとき，$\sqrt{216n}=6\sqrt{6n}=6\sqrt{6\times6p^2}=6\times6p=36p$ となる。$p=2$ のとき $36p=36\times2=72$，$p=3$ のとき $36p=36\times3=108$ より，$\sqrt{216n}$ が3けたの自然数となる最小の整数 n は，$p=3$ のときだから，$n=6\times3^2=54$ である。

⑷＜式の計算―因数分解＞与式 $=3y(x^2-6x-7)=3y(x+1)(x-7)$

2〔数と式―一次方程式の応用〕

品物Ｂの個数を x 個とすると，合わせて50個買うので，品物Ａの個数は $50-x$ 個と表せる。品物Ａは１個500円，品物Ｂは１個700円，品物50個の送料は1600円で，品物代と送料の合計金額を30000円にすることから，$500(50-x)+700x+1600=30000$ が成り立つ。これを解くと，$25000-500x+700x+1600=30000$，$200x=3400$，$x=17$ となるので，品物Ｂは17個買えばよい。

3〔平面図形―円，台形〕

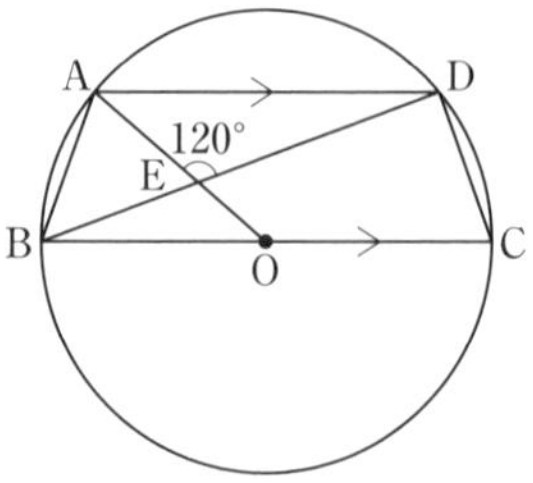

⑴＜角度＞右図で，$\angle ADB=x$ とすると，$\overset{\frown}{AB}$ に対する円周角と中心角の関係より，$\angle AOB=2\angle ADB=2x$ となる。AD∥BC より，平行線の錯角は等しいので，$\angle OAD=\angle AOB=2x$ となる。△ADE の内角の和について，$\angle AED+\angle ADB+\angle OAD=180°$ より，$120°+x+2x=180°$ が成り立ち，$3x=60°$，$x=20°$ となるので，$\angle ADB=20°$ である。

⑵＜角度＞右図で，⑴より，$\angle AOB=2\angle ADB=2\times20°=40°$ となる。また，△OAB は OA＝OB の二等辺三角形なので，$\angle ABO=\angle BAO=(180°-\angle AOB)\div2=(180°-40°)\div2=70°$ となり，$\angle ABC=\angle ABO=70°$ である。

4〔データの活用―確率―さいころ〕

(1)<**確率**>大小2つのさいころを同時に投げるとき，目の出方は全部で$6\times6=36$(通り)ある。このうち，同じ目が出る場合は，(大，小)=(1，1)，(2，2)，(3，3)，(4，4)，(5，5)，(6，6)の6通りある。よって，求める確率は$\frac{6}{36}=\frac{1}{6}$となる。

(2)<**確率**>大小2つのさいころの出る目の和が6になるのは，(大，小)=(1，5)，(2，4)，(3，3)，(4，2)，(5，1)の5通りなので，求める確率は$\frac{5}{36}$となる。

(3)<**確率**>大小2つのさいころの出る目の和は，最小が$1+1=2$，最大が$6+6=12$だから，出る目の和が12の約数になるとき，その和は，2，3，4，6，12である。和が2になるのは(大，小)=(1，1)の1通り，和が3になるのは(大，小)=(1，2)，(2，1)の2通り，和が4になるのは(大，小)=(1，3)，(2，2)，(3，1)の3通りあり，(2)より，和が6になるのは5通り，和が12になるのは(大，小)=(6，6)の1通りある。よって，和が12の約数になるのは$1+2+3+5+1=12$(通り)なので，求める確率は$\frac{12}{36}=\frac{1}{3}$となる。

5〔**平面図形—正六角形，正五角形—面積，長さ**〕

図1

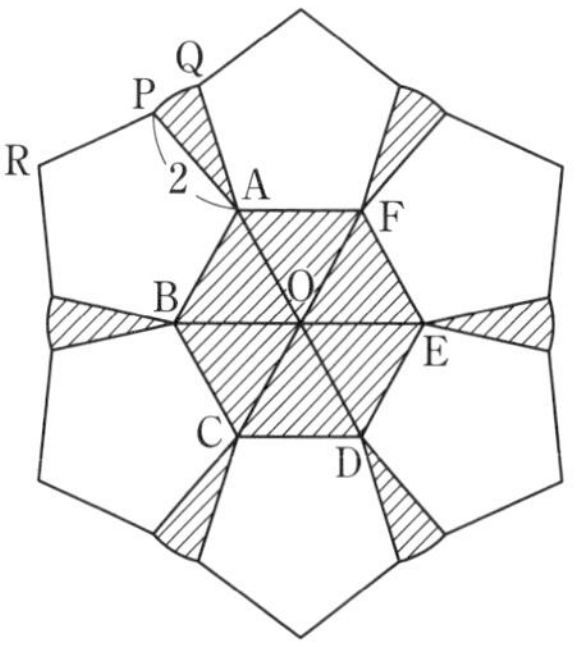

右図1のように，正六角形の各頂点をA～Fとし，対角線AD，BE，CFの交点をOとすると，正六角形ABCDEFは6個の合同な正三角形に分けられる。AB=2だから，6個の正三角形の1辺の長さは2である。右下図2で，△OCDは正三角形だから，点Oから辺CDに垂線OMを引くと，△OCMは3辺の比が$1:2:\sqrt{3}$の直角三角形となる。$\mathrm{OM}=\frac{\sqrt{3}}{2}\mathrm{OC}=\frac{\sqrt{3}}{2}\times2=\sqrt{3}$となり，$\triangle\mathrm{OCD}=\frac{1}{2}\times\mathrm{CD}\times\mathrm{OM}=\frac{1}{2}\times2\times\sqrt{3}=\sqrt{3}$となるので，図1で，〔正六角形ABCDEF〕$=6\times\triangle\mathrm{OCD}=6\sqrt{3}$となる。次に，正五角形の内角の和は$180°\times(5-2)=540°$より，1つの内角の大きさは$540°\div5=108°$となる。図1のように，2点P，Qを定めると，おうぎ形APQの中心角は$\angle\mathrm{PAQ}=360°-\angle\mathrm{PAB}-\angle\mathrm{QAF}-\angle\mathrm{BAF}=360°-108°-108°-60°\times2=24°$となるので，〔おうぎ形APQ〕$=\pi\times2^2\times\frac{24°}{360°}=\frac{4}{15}\pi$となる。

図2

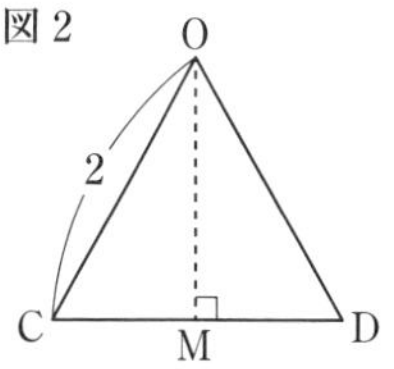

したがって，斜線部分の面積は，〔正六角形ABCDEF〕+6×〔おうぎ形APQ〕=$6\sqrt{3}+6\times\frac{4}{15}\pi=6\sqrt{3}+\frac{8}{5}\pi$である。また，図1のように，点Rを定めると，一番外側の周の長さは，$12\mathrm{PR}+6\overset{\frown}{\mathrm{PQ}}$となる。PR=AB=2，$\overset{\frown}{\mathrm{PQ}}=2\pi\times2\times\frac{24°}{360°}=\frac{4}{15}\pi$だから，一番外側の周の長さは，$12\times2+6\times\frac{4}{15}\pi=24+\frac{8}{5}\pi$である。

6〔**空間図形—回転体—体積，表面積**〕

図1

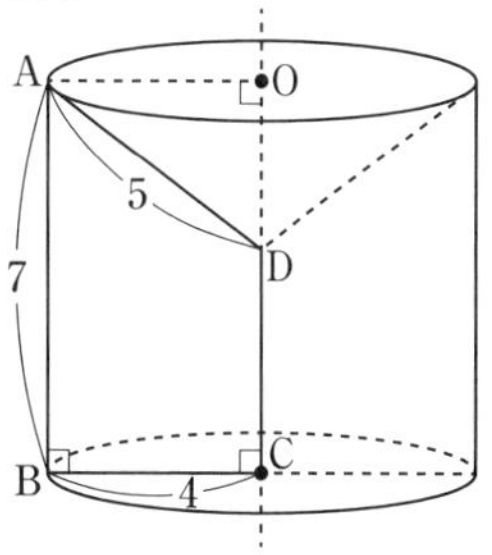

右図1のように，点Aから辺CDの延長に垂線AOを引くと，四角形ABCDを辺CDを軸として1回転させた立体は，長方形ABCOを回転させた円柱から△ADOを回転させた円錐を除いたものになる。円柱は，底面の半径がBC=4，高さがAB=7だから，円柱の体積は，$\pi\times4^2\times7=112\pi$となる。また，AO=BC=4より，△ADOで三平方の定理を用いると，$\mathrm{OD}=\sqrt{\mathrm{AD}^2-\mathrm{AO}^2}=\sqrt{5^2-4^2}=\sqrt{9}=3$となる。円錐は，底面の半径がAO=4，高さがOD=3だから，円錐の体積は，$\frac{1}{3}\times\pi\times4^2\times3=16\pi$となる。よって，

立体の体積は，$112\pi-16\pi=96\pi$ である。次に，立体の表面積は，半径がBCの円の面積と，長方形ABCOを回転させた円柱の側面積と，△ADOを回転させた円錐の側面積を合わせたものになる。半径がBCの円の面積は，$\pi\times4^2=16\pi$ である。円柱の側面は展開すると長方形となり，横の長さは，半径がBCの円の周の長さと等しいから，$2\pi\times4=8\pi$ である。縦の長さは7なので，円柱の側面積は，$7\times8\pi=56\pi$ となる。円錐の側面を右図2のように展開し，おうぎ形DAA′の中心角を x とすると，おうぎ形DAA′の $\overset{\frown}{AA'}$ の長さと円Oの周の長さは等しいので，$2\pi\times5\times\dfrac{x}{360^\circ}=2\pi\times4$ が成り立つ。これより，$\dfrac{x}{360^\circ}=\dfrac{4}{5}$ となるので，円錐の側面積は，〔おうぎ形DAA′〕$=\pi\times5^2\times\dfrac{x}{360^\circ}=\pi\times5^2\times\dfrac{4}{5}=20\pi$ である。以上より，立体の表面積は，$16\pi+56\pi+20\pi=92\pi$ である。

図2

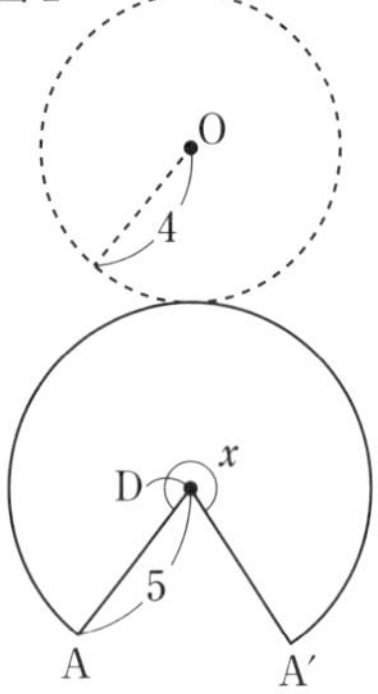

7〔関数―関数 $y=ax^2$ と一次関数のグラフ―座標，長さ，面積〕

右図1で，2点A，Bは放物線 $y=\dfrac{1}{2}x^2$ と直線 $y=x+4$ の交点だから，$\dfrac{1}{2}x^2=x+4$ より，$x^2-2x-8=0$，$(x+2)(x-4)=0$ となり，$x=-2$，4である。これより，点Aの x 座標は -2，点Bの x 座標は4となる。y 座標は，$y=-2+4=2$，$y=4+4=8$ より，$\mathrm{A}(-2,\ 2)$，$\mathrm{B}(4,\ 8)$ である。図1のように，線分ABを斜辺とし，他の2辺が x 軸，y 軸と平行な直角三角形ABEをつくると，2点A，Bの座標より，$\mathrm{AE}=4-(-2)=6$，$\mathrm{BE}=8-2=6$ となるので，△ABEは AE＝BE の直角二等辺三角形となる。3辺の比は $1:1:\sqrt{2}$ だから，$\mathrm{AB}=\sqrt{2}\mathrm{AE}=\sqrt{2}\times6=6\sqrt{2}$ となる。また，2点C，Dは放物線 $y=\dfrac{1}{2}x^2$ と直線 $y=x+\dfrac{3}{2}$ の交点だから，$\dfrac{1}{2}x^2=x+\dfrac{3}{2}$ より，$x^2-2x-3=0$，$(x-3)(x+1)=0$ となり，$x=3$，-1 となる。図1のように，CDを斜辺とする直角三角形DCFをつくると，2点C，Dの x 座標がそれぞれ3，-1 より，$\mathrm{DF}=3-(-1)=4$ となる。直線 $y=x+4$ と直線 $y=x+\dfrac{3}{2}$ は傾きが等しいので，平行である。よって，△ABE∽△DCFとなり，△DCFも直角二等辺三角形だから，$\mathrm{CD}=\sqrt{2}\mathrm{DF}=\sqrt{2}\times4=4\sqrt{2}$ となる。

図1

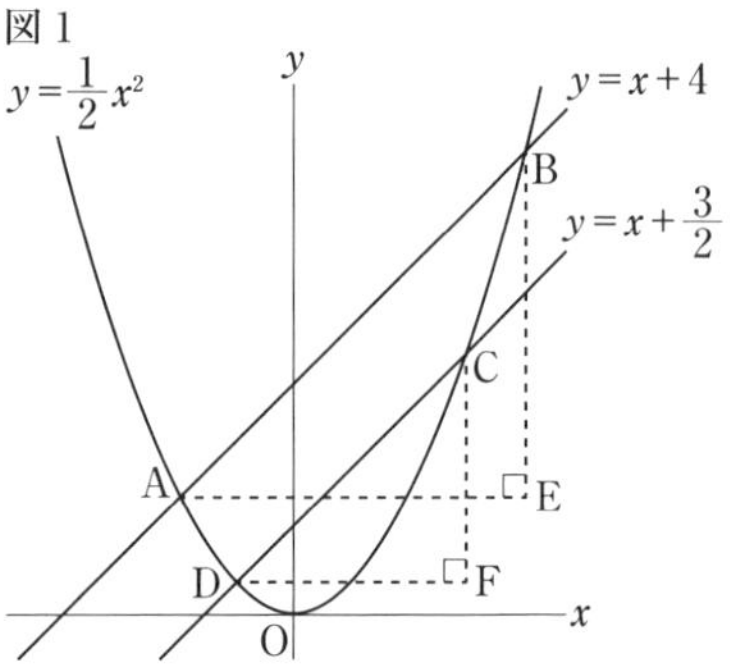

次に，右図2で，AB∥DCより，△PCDと△QABは底辺をそれぞれCD，ABと見たときの高さが等しいので，△PCD：△QAB＝CD：AB＝$4\sqrt{2}:6\sqrt{2}=2:3$ となる。これより，△PCD＝S とすると，△QAB＝$\dfrac{3}{2}$△PCD＝$\dfrac{3}{2}S$ となる。2直線 $y=x+4$，$y=x+\dfrac{3}{2}$ の切片より，$\mathrm{P}(0,\ 4)$，$\mathrm{Q}\left(0,\ \dfrac{3}{2}\right)$ であり，$\mathrm{PQ}=4-\dfrac{3}{2}=\dfrac{5}{2}$ となる。PQを底辺と見ると，2点C，Dの x 座標より，△PCQの高さは3，△PDQの高さは1だから，△PCD＝△PCQ＋△PDQ＝$\dfrac{1}{2}\times\dfrac{5}{2}\times3+\dfrac{1}{2}\times\dfrac{5}{2}\times1=5$ となる。よって，点Pから直線 $y=x+\dfrac{3}{2}$ に引いた垂線をPRとすると，△PCDの面積について，$\dfrac{1}{2}\times\mathrm{CD}\times\mathrm{PR}=5$ だから，$\dfrac{1}{2}\times4\sqrt{2}\times\mathrm{PR}=5$ が成

図2

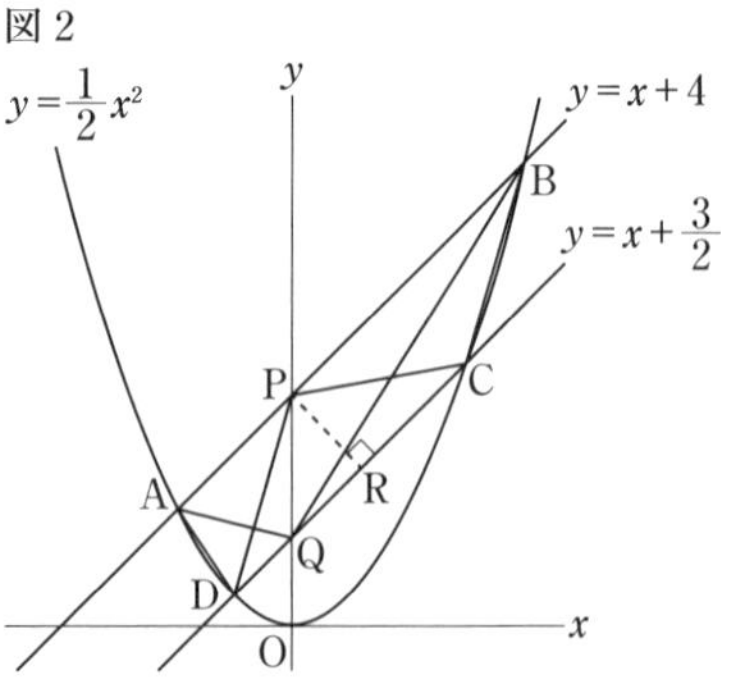

り立ち，$PR=\frac{5\sqrt{2}}{4}$ となる。四角形 ABCD は台形なので，〔四角形 ABCD〕$=\frac{1}{2}\times(AB+CD)\times PR=$ $\frac{1}{2}\times(6\sqrt{2}+4\sqrt{2})\times\frac{5\sqrt{2}}{4}=\frac{25}{2}$ である。

8 〔特殊・新傾向問題―規則性〕

数列の2から17までの和は，$2+5+8+11+14+17=57$ である。$5-2=3$，$8-5=3$，$11-8=3$，……より，数列は，2から始まり，3ずつ増えている。2，5，8，11，14，17と17，14，11，8，5，2の1番目どうしをたすと $2+17=19$，2番目どうしをたすと $5+14=19$，3番目どうしをたすと $8+11=19$，……，6番目どうしをたすと $17+2=19$ となり，全て19となる。19を6個たすと，$19\times6=114$ となる。これを2でわって，$114\div2=57$ となる。数列の n 番目の数は $3n-1$ なので，100番目の数は，$3n-1$ に $n=100$ を代入して，$3\times100-1=299$ となる。よって，数列の100番目までの和は，$(2+299)\times100\div2=15050$ となる。次に，1から100までの自然数は，1番目の数が1，100番目の数が100なので，1から100までの自然数の和を同様にして求めると，$(1+100)\times100\div2=5050$ となる。

＝読者へのメッセージ＝

8のように，一定の数ずつ増える数列を等差数列といいます。ドイツの数学者カール・フリードリヒ・ガウスは，7歳のとき，1から100までの和を $(1+100)\times100\div2$ として求め，出題した学校の先生を驚かせたという逸話があります。

国語解答

一 問１ a…④ b…② c…④ d…①
e…③
問２ ③ 問３ ② 問４ ③
問５ ② 問６ ① 問７ ②
問８ ④ 問９ ③ 問10 ④

二 問１ A…④ B…① 問２ ②
問３ ③ 問４ ④ 問５ ②
問６ ① 問７ ② 問８ ③
問９ ① 問10 ②

三 問１ ② 問２ ③ 問３ ①
問４ ④ 問５ ③ 問６ ①

四 問１ ・３番目 ⑤ ６番目 ②
・３番目 ① ６番目 ④
問２ Ⅰ…③ Ⅱ…⑦ Ⅲ…①
問３ 『一握の砂』 ③
『伊豆の踊子』 ④

一〔**論説文の読解─社会学的分野─コミュニケーション**〕出典；好井裕明『違和感から始まる社会学 日常性のフィールドワークへの招待』。

≪本文の概要≫スマホのある日常について気になるのは，従来私たちが他者との相互理解のために使っていたエネルギーをどう考えるかである。情報機器の“速度”は，本来多様なエネルギーがかかる他者理解の“速度”にも介入している。また，言葉を介しての他者理解に必須の“時間”や“あいまいさ”“余裕”も，スマホの“速度”によって奪われ，変質している。もう一つ気になるのは，スマホが提供する情報や日常的現実に流入する意味についてである。私たちはスマホを通して，世界中の事件や歴史的出来事を巡る情報をすぐに入手できる。だが，その情報は，体験者の語りや思い，情緒など，すぐには了解しづらい意味にまみれたものだったはずであり，スマホがその意味を実感させてくれるか検討するべきだろう。私たちはスマホの利便性を最大限活用したうえで，他者理解に必須な“あいまいさ”を，スマホで乗りこえられたと思い込む危険性に気づくべきであり，また，個人を社会や共同性，歴史につなげるツールとしてのスマホの活用方法を考える必要がある。

問１＜漢字＞a．「秩序」は，物事が行われるときの正しい筋道のこと。 b．「関連」は，物事につながりがあること。 c．「平易」は，単純で理解しやすいこと。 d．「継承」は，他者の地位，財産などを受け継ぐこと。 e．「拡張」は，範囲や規模などを大きく広げること。

問２＜接続語＞A．スマホに飼いならされた私たちは「“生きられた時間”，大切な“無駄”を失ってしまったような気がする」ので，スマホに対する「発想や認識」を変えてはどうか。 B．私たちはスマホを通して「世界中の情報を瞬時のうちに入手することができる」が，その反面，「多くの他者が，どのようにその情報や意味とつきあい，生きているのか」まではわからない。 C．「ある事件や歴史的出来事をめぐる情報」が，「人びとの語りや思い，情緒にまみれていた」とは，言い換えれば，その情報は「“すぐには了解しづらいさまざまな意味にまみれた”，その意味で“生きられた”もの」ということである。 D．「平和記念公園や周辺地域におけるモバイル情報サービス」は，「被爆という出来事を～個人に浸透させていく可能性」を持ち，加えて「スマホを介して，個人がいかに社会問題や歴史的現実といった“個人を超えた現実”とつながれるか」を試すものである。

問３＜文章内容＞「私たちが他者を理解」し，「自分を他者に理解して」もらうことで他者とつながろうとすることは，本来「時間やエネルギーがかかるもの」だった。だが，今は「ケータイやスマホ」によって，いつでも「さくさく」と「親密な仲間や友人とつながること」ができる。

問４＜文章内容＞スマホの速度が「日常的なコミュニケーション」の速度にも介入し，速度の重視を「強いてしまっている」ため，利用者は，メールに即座に返事をすべきだと思い込むのである。

問５＜指示語＞固定電話を使っていた頃は，気軽に相手とつながれず，「どうしたら家族にばれないように，あの子と電話できるのか」などと考える必要があった。「工夫」して相手とつながろうとする営みは，「さくさく」進められず，「時間やエネルギーがかかるもの」だったのである。

問６＜文章内容＞他者との相互理解を試みるとき，私たちは，「長い時間や多様なエネルギー」をかけて自分の思いと「格闘」し，その思いを「どのように言葉を駆使して表わせば，一番印象深く」伝えられるかを考えながら，「多様な言葉」を尽くそうとするものである。

問７＜文章内容＞①思いを伝えようと試行錯誤しながら，「長い時間や多様なエネルギー」をかけて文章を考えることは，「“生きられた時間”，大切な“無駄”」といえる(…○)。　②自分の思いを伝えるためではなく，相手にすぐに返事を出させることを狙って手紙を書くことは，「“生きられた時間”，大切な“無駄”」とはいえない(…×)。　③「相手に何かを伝えようと」して，「言葉で言いつくすこと」の難しさを感じて不安になることは，「“生きられた時間”，大切な“無駄”」といえる(…○)。　④「相手がどのような人間であるのかを想像しつくすことの難しさ」を感じながら，言葉によって「他者とつながり，他者を理解し，翻って自分を他者に提示する」ために「エネルギーを投入」する営みは，「“生きられた時間”，大切な“無駄”」といえる(…○)。

問８＜文章内容＞私たちはスマホを通して「世界中の情報を瞬時のうちに入手」できるが，「事件や出来事を体験した人びと」の思いや，「事件や出来事」の持つ意味も「実感」できるとは限らない。

問９＜文章内容＞私たちは，スマホの「利便性」を「最大限活用」したうえで，「他者理解をするため」の「あいまいさ」はスマホで解決できないと知り，「他者理解」に努めるべきである。また，スマホを「個人を社会や共同性，歴史につなげるツール」として活用する方法を考える必要がある。

問10＜文章内容＞スマホの「速度」は「利便性の象徴」だが，「他者理解」は「さくさく」とすばやく行われるものではなく，「スマホの“速度”に見合うように他者とはつながれない」のである。

二〔小説の読解〕出典；重松清『セッちゃん』(『ビタミンＦ』所収)。

問１＜表現＞Ａ．加奈子は「こないだおもしろいもの買ったんだ」という父の言葉の意図を理解しきれず，「はあ？」と困惑した。　Ｂ．加奈子は「お雛さま」をしっかり目を離さずに見つめた。

問２＜心情＞セッちゃんと「図書館で勉強する」という加奈子の言葉がうそであることを，和美はすぐにわかったものの，どのような反応をすればよいか迷って，すぐには返事できなかったのである。

問３＜表現＞雄介が加奈子のうそに気づいていることを，加奈子に悟られないようにするため，雄介は動揺が表れていない，ふだんどおりの何気ない声で，セッちゃんを家に招くように勧めた。

問４＜心情＞雄介は，加奈子が「あんたってエラソーじゃん」とセッちゃんと電話でけんかをするふりをしていると気づき，うそを重ねる加奈子のつらさを思って，感情を抑えられなくなった。

問５＜文章内容＞雄介は，加奈子がいじめに耐えるため，セッちゃんという架空の友だちをつくってうそを重ねていることに気づいた以上，加奈子をつらい状況のままにできないと感じたのである。

問６＜慣用句＞「踵を返す」は，もと来た方向へ引き返す，という意味。

問７＜心情＞和美は，『身代わり雛』を「何度も流さなきゃいけなく」なるほど，問題の解決に時間がかかると感じ，ささいなものにもすがりたい思いでいた。雄介はそれを理解しつつも，『身代わり雛』などに頼らず，問題に向き合うべきだと感じて，もう一組の雛を買うのをやめたのである。

問８＜心情＞「持ち主の子が元気になってくれれば，人形は嬉しいんだよ」という雄介の気遣いの込もった言葉から，加奈子は，いじめられている現状を父に気づかれていると悟り，張りつめていた心が緩んで，素直に事実を話そうという気になったのである。

問９＜心情＞加奈子が「ゲンジツを，やわらかい響きで言えるようになった」ことから，雄介は加奈子が現実と向き合おうとしていることを感じ，「現実は厳しいんだよ，おとなもこどもも」と答えた。自分も和美と手を取り合い，その厳しい現実を共有して加奈子を支える決意をしたのである。

問10＜要旨＞雄介は，加奈子がこれ以上うそを重ねずに済むように，わざとセッちゃんに「ウチに遊びに来て」もらうように言った(①…○)。和美は雄介の意図がわからず，「なんであんなこと言ったのよ，追い詰めないでよ」と責めた(②…×)。加奈子は「そんなに現実，甘くないもん」と言いながらいじめられていることを認め，雄介も「現実は厳しいんだよ，おとなもこどもも」と答えて，和美の手を取り，家族全員で現実と向き合おうとした(③…○)。両親の気遣いを感じた加奈子は，耐えてきたつらさを表に出し，流した雛を見送りながら顔を覆って泣いた(④…○)。

三〔古文の読解―説話〕出典；『古本説話集』。

≪現代語訳≫しだいに(時間がたって)午後二時頃になったところで，ちょうどこの夢で告げられたのと，全く同じ様子の男が現れた。顔をはじめとして，夢で言っていた様子と違わなかった。多くの人々が，急に立っては額を地につけて心をこめ敬って拝んだ。この男はおおいに驚いて，わけがわからなかったので，いろいろな人々に尋ねたけれども，(全員が)ひたすら拝むだけで，その理由を言う人はいなかった。まじめな僧で，手をすり合わせ，額に当てて，拝んでいる者のそばに(男は)近寄って，／「これはどういうことだ。私を見て，熱心に拝みなさるのは」／と，なまりのある声で言った。この僧は，ある人の夢に見えたお告げについて語った。この男の言うには，／「私は，最近狩りをして，馬から落ちて，右腕を折ってしまったので，湯治をしようと思って，(この温泉に)うかがったのだ」／と言って，行ったり来たりすると，人々はその後に続いて拝み騒いだ。／男は途方に暮れて，「我が身は，それでは観音であったのだ。同じことなら法師になろう」と思って，弓，胡籙，太刀，短刀を折って，法師になった。こうした様子を見て，多くの人々が泣いて感動した。

問１＜古典の知識＞「未」は，現代の午後二時と，その前後の二時間を指す。

問２＜現代語訳＞「つゆ」は，打ち消しの語と対応して，全く～ない，という意味になる。

問３＜古文の内容理解＞人々は，男を拝むばかりで，拝む理由については誰も話そうとしなかったのである。

問４＜古文の内容理解＞男は，人々が自分を拝む理由を知って，「わが身は，さは観音にこそありけれ」と考え，いっそ法師になろうと決心して出家した。その尊い様子に人々は感動したのである。

問５＜古文の内容理解＞人々は，夢に現れたのと同じ様子の男を見て観音だと思い，熱心に拝んだ。驚いた男は，僧に事情を聞いて夢のお告げについて知り，自分は観音だったのだと考えて，いっそ法師になろうと決心した(①・②…×，③…○)。その様子を見た人々は，感激して泣いた(④…×)。

問６＜文学史＞『古本説話集』は，平安時代末期頃に成立した説話集。『宇治拾遺物語』は，鎌倉時代前期に成立した説話集。『枕草子』は，平安時代中期に清少納言が著した随筆。『竹取物語』は，平安時代前期に成立した物語。『徒然草』は，鎌倉時代末期に兼好法師が著した随筆。

四〔国語の知識〕

問１＜品詞＞単語に区切ると，「子猫(名詞)／の(助詞)／小さな(連体詞)／体(名詞)／を(助詞)／柔らかい(形容詞)／毛布(名詞)／で(助詞)／くるん(動詞)／で(助詞)／やっ(動詞)／た(助動詞)」，「学校(名詞)／に(助詞)／ある(動詞)／桜(名詞)／の(助詞)／木(名詞)／の(助詞)／下(名詞)／で(助詞)／写真(名詞)／を(助詞)／撮っ(動詞)／た(助動詞)」となる。

問２＜四字熟語＞「付和雷同」は，明確な自分の考えもなく，ただ他人の考えに同調すること。「自業自得」は，自分の行いに対する報いを自分が受けること。「一朝一夕」は，短い時間や月日のこと。

問３＜文学史＞『一握の砂』は，明治43(1910)年に発表された石川啄木の歌集。『伊豆の踊子』は，大正15(1926)年に発表された川端康成の小説。

2023年度 武南高等学校（併願２）

【英　語】（50分）〈満点：100点〉

Ⅰ　試験開始からおよそ３分後に放送が始まります。放送される英文をよく聴いて，あとの(1)～(5)の質問に対する答えとして最も適切なものを，それぞれ下の①～④の中から１つずつ選び，番号をマークしなさい。なお，英文とそれに対する質問文はそれぞれ２回ずつ読まれます。

(1)　① They were good at sports.
　　② They were good at making games.
　　③ They were both good at studying.
　　④ They were good at computer programming.

(2)　① They didn't like computers.　　② They didn't like sports.
　　③ They didn't like girls.　　④ They didn't like war movies.

(3)　① Because Kevin started to work.
　　② Because Kevin didn't like Nicolas anymore.
　　③ Because Kevin's interest changed.
　　④ Because Kevin moved to Dubai.

(4)　① Charlie liked Nicolas because he was similar to his parents.
　　② Charlie liked Nicolas because Nicolas was honest and can be trusted.
　　③ Charlie liked Nicolas because Charlie was so sociable.
　　④ Charlie liked Nicolas because Charlie wanted to take Nicolas to rock concerts.

(5)　① Charlie and Nicolas both finished relationships.
　　② Charlie and Nicolas quit their job.
　　③ Charlie and Nicolas moved to different cities.
　　④ Charlie and Nicolas started to live together.

※<**リスニングテスト放送原稿**>は英語の問題の終わりに付けてあります。

Ⅱ　次の英文を読んで，あとの問いに答えなさい。

People all around the world have always been afraid of sharks. This is because of the reports in the media and the frightening attack scenes in many movies. Of course, there are some sharks that are dangerous to humans, but (あ)there are not many. The numbers of many common sharks, such as *the Gray Nurse, are decreasing quickly and humans are to blame. Gray Nurse sharks are not very dangerous at all. In fact, they are very (い)gentle.

People used to think the Gray Nurse shark was a man-eater, so they were hunted and many were killed. (う)This is no longer the case. Gray Nurse sharks are now protected, (え)so people rarely kill them intentionally anymore. However, there's a whole new problem associated with fishermen. Although fishermen are not trying to catch sharks, they sometimes get *hooked by accident. Fish Rock, a popular fishing spot on the coast is one place where (お)this happens.

Ray Glenn, a local fisherman says, "I've probably caught a dozen to fifteen Gray Nurse sharks in the last seven years. Most of the time I just bring them to the side of the boat, cut the line off as close as I can to the hook and let them (か) away."

Quite a few Gray Nurse sharks live in this area. (き)Scuba divers love it here too. They pay a lot of money to get a close look at these friendly fish. But divers are saying that there aren't as many these days, and they believe fishing is to blame.

Noel Hitchins, a local dive boat operator says, "We've noticed that more and more of the sharks are getting hooked. We've had some reports that up to 70 percent of (く)the sharks have got hooks in them."

Fewer than 300 Gray Nurse sharks are now swimming around on Australia's east coast. A low birth rate isn't helping. They don't have many babies and they also take a long time to *mature. New South Wales has made it *illegal to do certain types of fishing where Gray Nurse sharks live. (け)People who catch fish for a living are not happy with this situation and they say the new anti-fishing laws will hurt their business. On the other hand, some fighting to protect the sharks say the laws should be even tougher if we want to make sure the Gray Nurse survives.

＊the Gray Nurse　グレーナース（シロワニ）サメの一種　　＊hook　～を引っかける，釣り針

＊mature　成熟する　　＊illegal　違法の

(6) The underlined part (あ) shows that ～

① the sharks reported in the media has never been found.
② there is no shark that does attack humans.
③ there are not many sharks that are dangerous to humans.
④ there are no sharks people are afraid of at all.

(7) Choose the word which is the closest in meaning to the underlined word (い).

① terrible　② strong　③ lively　④ mild

(8) The underlined part (う) shows that ～

① Gray Nurse sharks were thought to be dangerous and were hunted and killed.
② Gray Nurse sharks were believed to be tasty to eat and was hunted.
③ Gray Nurse sharks were easy for humans to catch because they were really calm.
④ Gray Nurse sharks were fish eaten mainly by men all over the world.

(9) 下線部(え)を本文に合うように日本語にしたとき，最も適切なものを選択肢から１つ選び，番号をマークしなさい。

① つまり，人々はそのサメを必要以上に殺すことはない。
② つまり，人々はこのサメが狂暴なので必要以上に殺してしまう。
③ なので，人々は意図的にそのサメを殺すことはめったにない。
④ なので，人々は意図的にこの貴重なサメを殺してしまうのだ。

(10) The underlined part (お) shows that ～

① rarely seen sharks can be caught.
② the sharks are caught by chance.
③ the sharks can be gotten better than anywhere else.
④ very large number of sharks die each year.

(11) Choose the best answer to fill the blank（か）.

① swam　② swimming　③ to swim　④ swim

(12) Which of the following sentences is **not true** about the sentence on the underlined part (き)?

① They wanted to see the Gray Nurse sharks.
② They are good friends with the Gray Nurse sharks.

③ They spent money watching the Gray Nurse sharks.
④ They think the fishing is at fault for the Gray Nurse sharks.

(13) What does the underlined part (く) show ?
① That there are hooks inside shark's bodies.
② That the sharks prefer hooks to other feed.
③ That the sharks are not caught by fishing net.
④ That hooks could be made from shark's bones.

(14) What does the underlined part (け) show ?
① Professional fishermen believed sharks to have a lot of babies.
② Professional fishermen want to catch Gray Nurses.
③ Professional fishermen are surprised that the number of sharks has fallen.
④ Professional fishermen are not satisfied with the new law.

(15) Which is the best title for this article ?
① The History of the Way of Fishing the Gray Nurse
② The Sharks that are Calm and Being Protected
③ The Natural Environment Surrounding the Gray Nurse
④ Why Can't We Catch the Shark ?

Ⅲ　次の英文を読んで，空所(16)～(20)に最もよく当てはまるものを，それぞれ下の①～④の中から１つずつ選び，番号をマークしなさい。

Did you know that every year 8 million tonnes of plastic end up in our planet's beautiful blue oceans ? Over 700 species of marine animals have been reported to have eaten plastic — and scientists think that the amount of plastic in the ocean may triple (16) 2050 !

Plastic is an amazing man-made material used to make all kinds of important things. Bike helmets, car airbags and many medical supplies made with plastic save lives, and plastic water bottles can bring clean drinking water to people who don't have it.

The problem is that most of us use more plastic than we need to, and half of the plastic we produce is designed to be used just (17) and thrown away. This so-called 'single-use plastic' is used to make all kinds of items, such as shopping bags, straws, food wrappers and various packaging. And because plastic takes over 400 years to break down, it stays in the natural world, causing damage, for a very (18) time.

Why is plastic waste dangerous ? Animals and birds can get trapped, tangled and even strangled by all kinds of plastic waste. They also mistake small bits of plastic, (19) bottle tops and wrappers, for food and eat them up — leaving no room in their swollen tummies for real food. And the problem doesn't end there . . . When plastic breaks down in the ocean, it doesn't break down completely — it just gets smaller and ends up being eaten by fish and other (20) animals and birds. The tiny particles of plastic absorb toxic industrial chemicals which, when eaten by fish, are absorbed into their tissues and are eventually eaten by humans.

(16)	① on	② by	③ until	④ in
(17)	① a few	② one	③ so many	④ once
(18)	① long	② large	③ short	④ lots
(19)	① so	② such as	③ kind of	④ as if

(20)　① marine　② land　③ river　④ wild

Ⅳ　次の英文の空所(21)～(25)に最もよく当てはまるものを，それぞれ下の①～④の中から１つずつ選び，番号をマークしなさい。

(21) A friend of (21) came to see me.
① I　② my　③ me　④ mine

(22) I'm not used to (22) so much at lunch time.
① eat　② eating　③ ate　④ eaten

(23) Can't you concentrate (23) on your work ?
① many　② well　③ more　④ better

(24) It is worth (24) Nara once.
① to visit　② visiting　③ visit　④ visited

(25) This is the most wonderful apple I have (25) tasted.
① already　② never　③ not　④ ever

Ⅴ　次のＡさんとＢさんの対話文を読んで，空所(26)～(30)に最もよく当てはまるものを，それぞれ下の①～④の中から１つずつ選び，番号をマークしなさい。

(26) A : Are you ready to order, or do you need a few minutes ?
B : (26) I'll have the tomato soup to start, and the roast beef with mashed potatoes and peas.
① Well done, please.　② I'll have iced tea, please.
③ I think we're ready.　④ I'll take it.

(27) A : Listen ! Somebody's playing the piano.
B : Yeah, (27) I wish I could play a musical instrument.
① Actually, she's pretty good at it.
② It sounds nice, doesn't it ?
③ Don't you play the violin ?
④ I can't even do that !

(28) A : Would you like some cookies ? I just made them.
B : (28) Yes, I would.
① Thank you.　② Here you are.
③ No problem.　④ All right.

(29) (Wind noises)
A : It must be the wind that makes it so cold. I'm freezing !
B : Me, too. (29)
① Let's go inside.　② How about you ?
③ OK.　④ It's for you.

(30) A : What do you do in your spare time ?
B : Oh, (30) I read . . . watch TV . . . go to the movies.
① it's a lot of fun.　② nothing special.
③ I'd love to.　④ I'm just worried.

Ⅵ　次の日本文に合うように，下の①～⑦の語(句)を用いて文を完成させる場合に空所(31)～(40)に最もよく当てはまるものを，それぞれ下の①～⑦の中から１つずつ選び，番号をマークしなさい。ただし，文頭に来るべき語も小文字で始めてあります。

(31)・(32)　昨日，先生は私たちに不思議な話をしてくれました。

The (　　) (　　) (31) (　　) (　　) (32) (　　).

① story　② mysterious　③ yesterday　④ a
⑤ teacher　⑥ told　⑦ us

(33)・(34)　私の息子が興味を持っている教科は英語です。

(　　) (　　) (33) (　　) (　　) (34) (　　) is English.

① is　② in　③ my　④ subject
⑤ son　⑥ interested　⑦ the

(35)・(36)　私たちはもっと生活費が必要だ。

(　　) (　　) (35) (　　) (　　) (36) (　　).

① to　② on　③ need　④ we
⑤ money　⑥ live　⑦ more

(37)・(38)　ロンドン滞在中，私はこれらのコインを集めました。

During (　　) (　　) (37) (　　), (　　) (38) (　　) coins.

① in　② collected　③ my　④ these
⑤ I　⑥ stay　⑦ London

(39)・(40)　もしあなたは胃が強くないなら，水道水は飲まないほうがいいですよ。

If you don't have (　　) (　　) (39), you (　　) (　　) (40) (　　) tap water in.

① a　② not　③ drink　④ had
⑤ strong　⑥ better　⑦ stomach

＜リスニングテスト放送原稿＞

I'm Nicolas. I will talk about my best friend. My first best friend was Kevin. We've known each other since we were babies. Our mothers always spent time together when we were babies, and so we did too.

At elementary school, we were always together. We were both smart and did well in school so we could always sit together in class.

In our free time, we used to play computer games and watch war movies. We both hated sports.

At junior high school, though we grew apart. He got interested in girls and chose to spend time with them, not me. He started going to the gym too, which never interested me. I joined a board game club and met new friends there, but we were never as close as Kevin and I had been. I've only seen him a couple of times since high school. He moved to Dubai and got married.

At university, I made friends with a housemate called Charlie. He's completely different from me. I'm quite quiet, but he is really noisy, chatty, friendly and crazy.

He opened up my world, introducing me to night clubs, rock concerts, and beach holidays. I used to wonder why he liked me ― he was so sociable and I was so serious, but I later found out that his family life had been very difficult as a kid. I was honest and reliable, and his parents were not.

After university, Charlie and I got jobs in different cities and saw less of each other. We both had serious relationships, but we both broke up at about the same time. To get over it, the two of us went on holiday together. We had a really good time, and after that, Charlie quit his job and moved to my city.

Now we hang out at least once a week. We usually play computer games or go to a bar. He wants me to play racquetball with him, but I'm not interested in that.

(1) What were Nicolas and Kevin good at when they were elementary school students ?

(2) What did both Nicolas and Kevin not like ?

(3) Why did Kevin not spend time with Nicolas ?

(4) Why did Charlie like Nicolas ?

(5) What happened to both Charlie and Nicolas at about the same time ?

【数　学】（50分）〈満点：100点〉

〔注意〕・コンパス，定規，分度器，電卓等の計算器は使用しないこと。

・分数や無理数は，下の例のように簡単にして答えること。

$\dfrac{\boxed{1}}{\boxed{2}}$…正解，　　$\dfrac{\boxed{2}}{\boxed{4}}$…不正解とみなす

$\boxed{2}\sqrt{\boxed{2}}$…正解，　　$\boxed{1}\sqrt{\boxed{8}}$…不正解とみなす

※**1**～**4**は解答用紙の解答欄$\boxed{1}$を，**5**～**7**は解答欄$\boxed{2}$を，**8**は解答欄$\boxed{3}$を使用します。

1　次の問いに答えよ。

(1)　$16a^5b^4 \div 4a^3b \times 2b = \boxed{\text{ア}}\,a^{\boxed{\text{イ}}}\,b^{\boxed{\text{ウ}}}$

(2)　$x=\sqrt{2}+1$，$y=\sqrt{2}-1$ のとき，$xy=\boxed{\text{エ}}$であり，$x^2+3xy+y^2=\boxed{\text{オ}}$である。

(3)　$\sqrt{108n}$ が2桁の自然数となるような最大の整数 n の値を求めると $n=\boxed{\text{カキ}}$である。

(4)　$3a^2b-39ab+120b=\boxed{\text{ク}}\,b(a^2-\boxed{\text{ケコ}}\,a+\boxed{\text{サシ}})$

$=\boxed{\text{ク}}\,b(a-\boxed{\text{ス}})(a-\boxed{\text{セ}})$　ただし，$\boxed{\text{ス}}<\boxed{\text{セ}}$とする。

2　1個230円の菓子Aと1個120円の菓子Bを合わせて15個買うことにした。ただし，菓子を詰める箱を1個買う必要があり，その代金は100円である。菓子代と箱代の合計金額をちょうど3000円にするとき，菓子Aは$\boxed{\text{ソタ}}$個買えばよい。

3　下図のように点Oを中心とする円に内接する四角形ABCDにおいて，直線ACと直線BDの交点をEとする。以下の問いに答えよ。

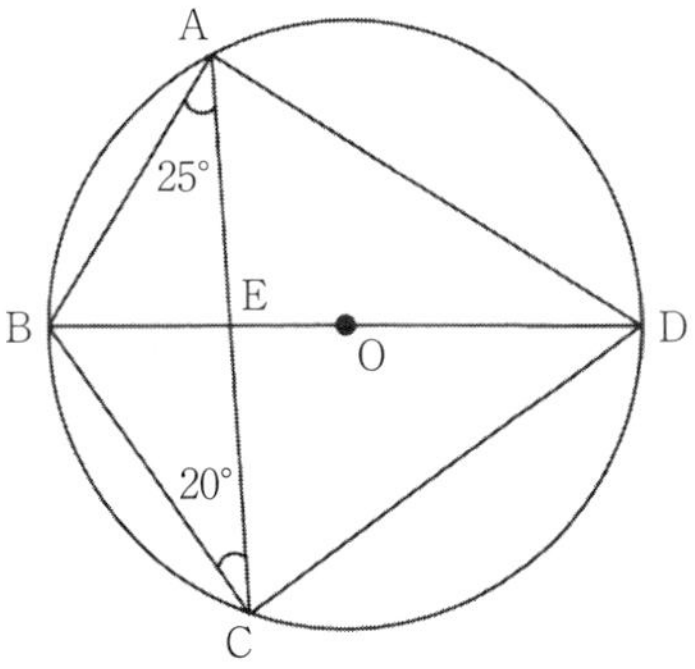

(1)　$\angle\text{ADC}=\boxed{\text{チツ}}\,°$である。

(2)　$\angle\text{AED}=\boxed{\text{テト}}\,°$である。

4　2つのさいころA，Bを同時に投げ，出た目の数をそれぞれ a，b とする。さいころはどの目が出ることも同様に確からしいものとする。以下の問いに答えよ。

(1)　$\sqrt{ab}$ の値が整数になる確率は $\dfrac{\boxed{\text{ナ}}}{\boxed{\text{ニ}}}$ である。

(2)　$\sqrt{ab}$ の値が偶数になる確率は $\dfrac{\boxed{\text{ヌ}}}{\boxed{\text{ネノ}}}$ である。

(3)　$\sqrt{ab}>3$ となる確率は $\dfrac{\boxed{\text{ハヒ}}}{\boxed{\text{フヘ}}}$ である。

$\boxed{\text{ホ}}$は使用しません。

5　右図は半円が4つ描かれている。点Cは線分ABの中点，点Dは線分BCの中点，点Eは線分CDの中点である。AB＝16のとき，円周率をπとすると斜線部分の面積は$\dfrac{\boxed{アイ}}{\boxed{ウ}}\pi$であり，弧AB，弧BC，弧CD，弧DEの長さの合計は$\boxed{エオ}\,\pi$である。

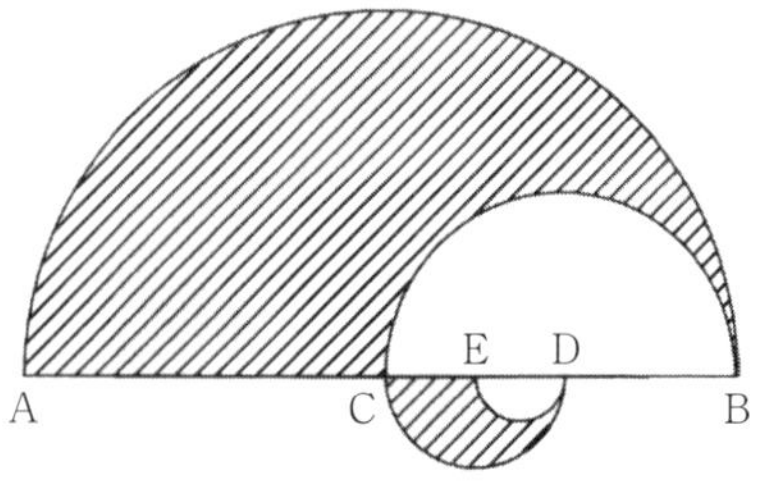

6　AB＝13，BC＝5，AC＝12，CD＝5のとき，直線lを軸として，一回転させてできる回転体の体積は$\boxed{カキク}\,\pi$である。ただし，円周率をπとする。

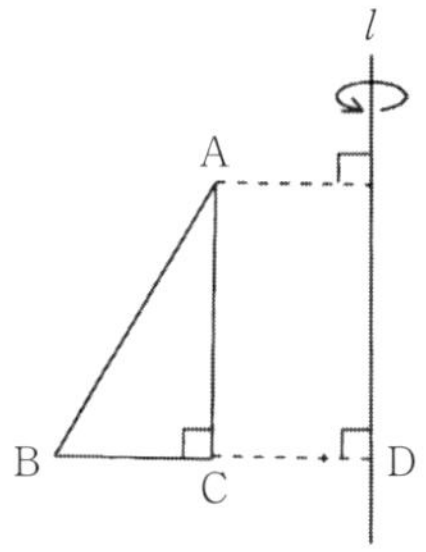

7　関数$y=-\dfrac{1}{2}x^2$のグラフと直線lが下の図のように交わっている。点A，Bのx座標はそれぞれ-2，4である。

(1)　直線lの方程式は$y=-x-\boxed{ケ}$である。

(2)　ABを一辺とする正方形ABCDをつくる。ただし，点Dのx座標は負とする。このとき，正方形の一辺の長さは$\boxed{コ}\sqrt{\boxed{サ}}$であるから，その面積は$\boxed{シス}$である。

(3)　正方形ABCDに外接する円の面積をS_1，内接する円の面積をS_2とするとき，$S_1:S_2$をもっとも簡単な整数の比で表すと$\boxed{セ}:\boxed{ソ}$である。

(4)　点C，Dの座標は，それぞれ$(-\boxed{タ},\ -\boxed{チツ})$，$(-\boxed{テ},\ -\boxed{ト})$であるから，直線CDの方程式は，$y=-x-\boxed{ナニ}$である。

　辺CDと関数$y=-\dfrac{1}{2}x^2$のグラフの交点Eのx座標は$\boxed{ヌ}-\sqrt{\boxed{ネノ}}$である。

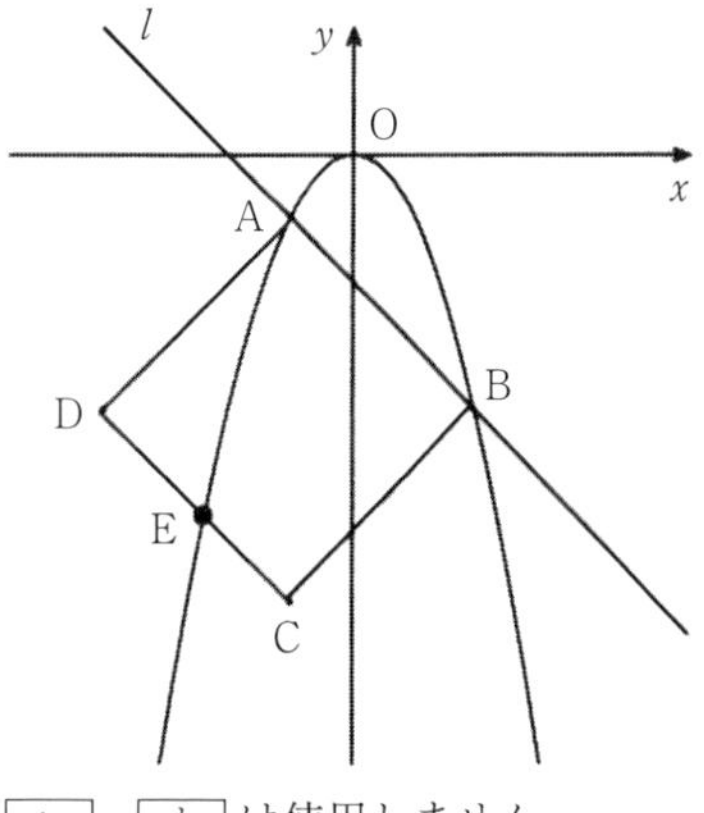

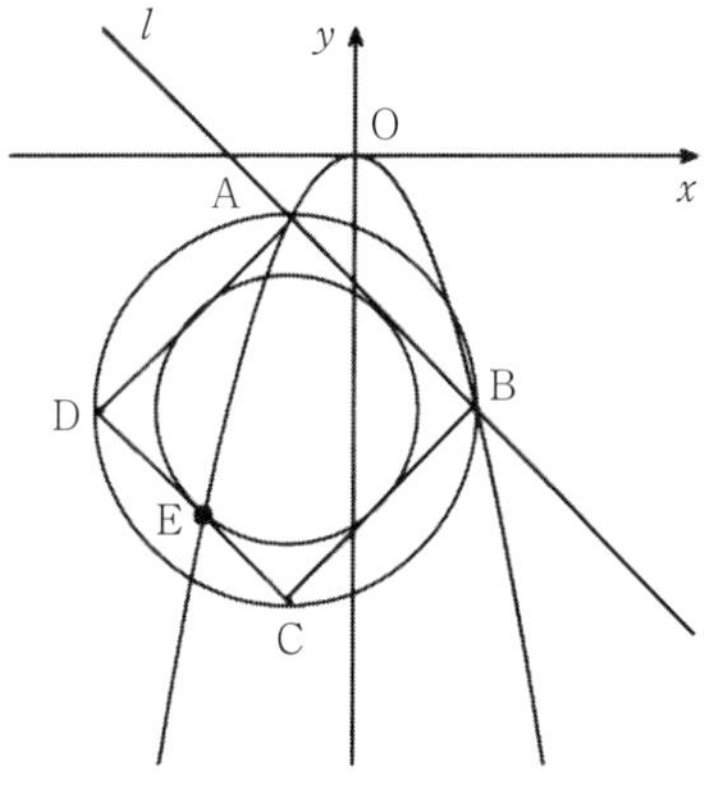

$\boxed{ハ}$～$\boxed{ホ}$は使用しません。

8　たけしさんとみなみさんの２人は放課後に数学の授業で宿題として出された $\dfrac{1}{30}+\dfrac{1}{42}+\dfrac{1}{56}+\dfrac{1}{72}$ の計算について考えている。次の $\boxed{}$ に適する数を入れよ。

たけし：これは分数の足し算だから通分すれば解けそうだね。

みなみ：確かにそうだね。でも分母の値がとても大きくなりそうだね。

たけし：うん，計算が大変そうなんだよね。何か他に良い方法はないかなぁ。

みなみ：さっきの授業で先生がヒントとして $\dfrac{1}{a}-\dfrac{1}{a+1}=\dfrac{1}{a(a+1)}$ というのを教えてくれたけど，これが何か役に立つんじゃないかな。

たけし：これを使って考えると，例えば $\dfrac{1}{30}$ というのはヒントの $a=\boxed{\text{ア}}$ のときだから $\dfrac{1}{30}=\dfrac{1}{\boxed{\text{イ}}}-\dfrac{1}{\boxed{\text{ウ}}}$ となるね。

みなみ：あっ！　なるほど！　気づいたぞ！　この宿題は次のように計算できるんじゃないかな⁉

$$\frac{1}{30}+\frac{1}{42}+\frac{1}{56}+\frac{1}{72}$$
$$=\left(\frac{1}{\boxed{\text{イ}}}-\frac{1}{\boxed{\text{ウ}}}\right)+\left(\frac{1}{\boxed{\text{エ}}}-\frac{1}{\boxed{\text{オ}}}\right)+\left(\frac{1}{\boxed{\text{カ}}}-\frac{1}{\boxed{\text{キ}}}\right)$$
$$+\left(\frac{1}{\boxed{\text{ク}}}-\frac{1}{\boxed{\text{ケ}}}\right)$$
$$=\frac{1}{\boxed{\text{コ}}}-\frac{1}{\boxed{\text{サ}}}=\frac{\boxed{\text{シ}}}{\boxed{\text{スセ}}}$$

たけし：すごい！　これなら宿題の計算問題を簡単に解くことができるね！

$\boxed{\text{ソ}}$～$\boxed{\text{ホ}}$ は使用しません。

四

次の問いに答えなさい。

問1 次の各文を単語に区切ったとき、**3番目と6番目**に当たる単語の品詞を、後の①～⑩よりそれぞれ一つずつ選びなさい。

・全員で、よいしょ、とかけ声をかけて神輿《みこし》を担いだ。

3番目（解答番号32）　6番目（解答番号33）

・彼女は明るく、おはよう、と言って席に座った。

3番目（解答番号34）　6番目（解答番号35）

① 動詞　② 形容詞　③ 形容動詞
④ 名詞　⑤ 連体詞　⑥ 副詞
⑦ 接続詞　⑧ 感動詞　⑨ 助動詞
⑩ 助詞

問2 次の（Ⅰ）～（Ⅲ）に入ることばとして適当なものを、後の①～⑦よりそれぞれ一つずつ選びなさい。

・あの人の意見はあまりに（ Ⅰ ）なので、あきれてしまう。（解答番号36）

・せっかくの機会なので、（ Ⅱ ）にお尋ねします。（解答番号37）

・自分の非を認めない、（ Ⅲ ）な人間にはなりたくない。（解答番号38）

① 単刀直入　② 不言実行　③ 疑心暗鬼
④ 我田引水　⑤ 厚顔無恥　⑥ 前代未聞
⑦ 千差万別

問3 次の作品の作者を、それぞれ後の①～④より一人ずつ選びなさい。

・『にごりえ』（解答番号39）

① 樋口一葉　② 中原中也
③ 井伏鱒二　④ 与謝野晶子

・『高瀬舟』（解答番号40）

① 菊池寛　② 夏目漱石
③ 志賀直哉　④ 森鷗外

「*己《おれ》はいみじき盗人かな。さはありとも、エ歌はよみてむや。」

と言ふに、

「はかばかしうはあらずとも、つかまつりてむ。」

と答ふ。

「いで、さはよめ。」

と言へば、程もなく、わななかしてうち出《い》だす。

　年を経て頭に[オ]はつもれども*しもと見るにぞ身は冷えにける
と詠《よ》みたりければ、守カいみじう感じ、あはれがりて、許してやりてけり。

（『古本《こほん》説話集』より）

《注》

*大隅の守…大隅の国（現在の鹿児島県の一部）の国守。

*郡の司…郡の統括者。「郡」は国の下に属する行政区画。

*しどけなきこと…「しどけなし」は、だらしがない。職務怠慢のこと。

*打たせむ…苔《しもと》を打たせる。「苔」とは、木の若枝でつくったむち、または杖で、罪人を打つのに用いるもの。

*事をつけて…口実にして。

*高家にて…よりどころとして。頼りどころとして。

*己…お前。相手をののしっていう。

*しもと…「霜」と「苔」をかけている。

問1　——部ア「召す」とあるが、そうしたのはなぜか。その理由として最も適当なものを、次より一つ選びなさい。（解答番号[26]）
①　郡の司が仕事をおろそかにすることが何度もあったため、こらしめようと思ったから。
②　郡の司が仕事を全くしないため、なんとかして更生させようと思ったから。
③　郡の司に、だらしがない人への刑罰の執行をお願いしようと思ったから。
④　郡の司から、盗みを働いてしまった理由について直接聞き出そうと思ったから。

問2　——部イ「いとほしう」、カ「いみじう」のここでの意味として最も適当なものを、それぞれ後より一つずつ選びなさい。
イ「いとほしう」（解答番号[27]）
①　いとおしく　②　かわいそうに
③　恥ずかしく　④　苦しそうに
カ「いみじう」（解答番号[28]）
①　誇らしく　②　ひどく
③　情けなく　④　すばらしく

問3　——部ウ「いかにしてこれ許してむ」の解釈として最も適当なものを、次より一つ選びなさい。（解答番号[29]）
①　なんとかして郡の司を許そう。
②　どうしても郡の司を許すことができない。
③　どうにかして郡の司の許しを得たい。
④　なぜ郡の司を許さないのか。

問4　——部エ「歌はよみてむや」とあるが、このように言ったのはなぜか。その理由として最も適当なものを、次より一つ選びなさい。（解答番号[30]）
①　和歌を詠むことができたら許してやろうと、郡の司が機転を利かせたから。
②　和歌を詠むことは、郡の司にとって得意なことだと分かっていたから。
③　和歌を詠ませることで、それにかこつけて郡の司を許そうと思ったから。
④　和歌を詠めなければ、郡の司を躊躇《ちゅうちょ》なく罰してやろうと考えたから。

問5　[オ]に入ることばとして最も適当なものを、次より一つ選びなさい。（解答番号[31]）
①　花　②　塵《ちり》　③　雪　④　氷

問8 ——部ク「爆弾でも落とされたみたいにフルスロットルで動き出す」とあるが、それはなぜか。その理由として最も適当なものを、次より一つ選びなさい。(解答番号22)

① 急に好きな女の子である三木ちゃんの名前を出されて、胸の高鳴りが抑えきれなくなってしまったから。

② 秘密にしていた三木ちゃんへの恋心が、「私」にばれてしまったと思い恥ずかしくなってしまったから。

③ 密かに好意を寄せている三木ちゃんが、ヅカのことを好きかもしれないと聞いて動揺してしまったから。

④ 大切な三木ちゃんがヅカに取られてしまうのではないかと、焦ってその場から立ち去りたくなってしまったから。

問9 ——部ケ「少なくとも想いのかけらくらいはここで渡しておかなければ」とは、どういうことか。最も適当なものを、次より一つ選びなさい。(解答番号23)

① おおっぴらにとは言わないまでも、少しぐらいは思わせぶりなことをすべきだということ。

② 相手が受け入れてくれないかもしれないが、少しぐらいは自分の想いを押しつけるべきだということ。

③ 素直になるのは難しいかもしれないが、少しぐらいは自分の持つ熱い想いを伝えるべきだということ。

④ 全てとは言わないまでも、少しぐらいは好意があることを伝えるべきだということ。

問10 ——部コ「人には冷静でない方がいい時というものがあるのだ」とあるが、なぜ「私」はそう思っているのか。その理由として最も適当なものを、次より一つ選びなさい。(解答番号24)

① 冷静に物事を判断してから動くよりも、熱い想いをもって行動した方が相手に伝わることもあるから。

② 考えたうえで慎重に行動するよりも、感情的になって何も考えないでいた方が楽になるから。

③ 考えてばかりで行動を起こさないよりも、実際に行動に移した方が良い場面もあるから。

④ 自分と同じ冷めた人間のようにふるまうよりも、勢いにまかせて感情をあらわにした方が好ましく感じるから。

問11 本文の表現に関する説明として最も適当なものを、次より一つ選びなさい。(解答番号25)

① ＝部A「わん、とぅ、すりぃ、ふぉ」は、数字ではなくあえてひらがなで表現することで、「私」が他人を見るときの優しさを表している。

② ＝部B「秘密？ 秘密だと？ 後ろ？」は、記号を何度も繰り返し用いて、特別に強い感情がこもっていることを表している。

③ ＝部C「パラっぽい言葉と共に合流した」は、「私」があえて演じたくもないキャラクターを演じていることを表している。

④ 本文全体を通して、「私」の視点から描かれ、登場人物との関係やものの捉え方がわかりやすく表現されている。

三 次の文章を読み、後の問いに答えなさい。

今は昔、＊大隅《おおすみ》の守《かみ》の、国の政《まつりごと》したため行《おこな》ふあひだに、＊郡《こおり》の司《つかさ》の＊しどけなきことどもありければ、「召しにやりて、いましめむ。」と言ひて、人やりつ。先々かくしどけなき事ある折は、罪にまかせて重く軽《かろ》くいましむることあり。それ、一度《ひとたび》にあらず、たびたびかさなりたることなれば、これもいましめむとて、ア召すなりけり。

さて、(中略)人二人して引き張りて率《い》て来たるを見れば、頭《かしら》は黒き髪もまじらず、いみじう白う見るに、＊打たせむ事のイいとほしうおぼえければ、「何事に＊事をつけて、これを許さむ」と思ふに、ことつくべき事もなし。あやまちどもを片端《かたはし》より問ふに、ただ老いをのみ＊高家《こうけ》にて答《いら》へをり。「ウいかにしてこれ許してむ」と思ひて、れる偽善的な人間だから。

③　皆の前では明るく振舞ったり、人に気を遣ったりすることがあっても、自分と同じように常に自分が人気者であろうとするだけの計算高い人間だから。

④　表面上では楽しそうにしたり、喜んだりすることはあっても、自分と同じように本当はほとんど心を動かすことのない冷たい人間だから。

問3　――部ウ「彼の胸元から聞こえてきた音に、揺らされた」とあるが、それはなぜか。その理由として最も適当なものを、次より一つ選びなさい。（解答番号17）

①　ヅカが鈴を持っていると知り、自分の知らないところで誰かに先を越されたと思ったから。

②　ヅカの持つ鈴の音を聞き、三木ちゃんに何か関係があるかもしれないと感じたから。

③　ヅカのリズムを速めた心臓が、彼の持つ鈴の重要性を明らかにしていたから。

④　ヅカが三木ちゃんを見て、心臓の音を速めたあとに鈴を持っていることをはぐらかしたから。

問4　――部エ「私の疑問はすべて空中に投げ捨てられた」とは、どういうことか。最も適当なものを、次より一つ選びなさい。（解答番号18）

①　ヅカに後ろから三木ちゃんが来ているとはぐらかされ、話したかったことがうやむやになってしまったということ。

②　三木ちゃんに抱き付かれた衝撃で、話したい内容が飛んでしまったということ。

③　ヅカが三木ちゃんの前で話すわけがないと察し、聞くタイミングを逃してしまったということ。

④　三木ちゃんの突然の行動によって、聞きたかった話がそっちのけにされてしまったということ。

問5　――部オ「私とは違う」とあるが、どのような点が違うのか。最も適当なものを、次より一つ選びなさい。（解答番号19）

①　どんなことでもすぐに心を動かすことのできる三木ちゃんに対して、「私」は簡単には気持ちを動かしたくないと思っている頑固で卑屈な人間であるという点。

②　単純なことでも喜んだり悲しんだりできる感情豊かな三木ちゃんに対して、「私」は余計なことを考えてしまうどこか冷めた状態の人間だという点。

③　視野は狭いが、一つずつ何事にも全力を尽くせる三木ちゃんに対して、「私」は面倒くさがって本気を出すことのできないずるい人間だという点。

④　何も考えていなくてもいつも楽しそうにしながら周りを笑顔にできる三木ちゃんに対して、「私」は計算した行動ばかりしてしまう温かみのない人間だという点。

問6　――部カ「私は、愛する三木ちゃんにはそうなってほしくない」とあるが、「私」は三木ちゃんにどうなってほしいのか。最も適当なものを、次より一つ選びなさい。（解答番号20）

①　容姿や立場ばかり気にして人との関係性を決めるのではなく、一途な想いなども大事にしながら判断してほしいと思っている。

②　神様が決めた二人の相性なんかにまどわされずに、相手の感情を尊重して判断してほしいと思っている。

③　見た目や環境によって人の好き嫌いを決めるのではなく、何よりも想いの強さを大切にして判断してほしいと思っている。

④　友だちの有無や一緒にいた期間に左右されずに、相手との関係を見極めながら判断してほしいと思っている。

問7　――部キ「なし崩し的に」のここでの意味として最も適当なものを、次より一つ選びなさい。（解答番号21）

①　物事をあいまいなままにするように

②　物事を少しずつすましていくように

③　うやむやなまま物事を決めるように

④　雰囲気に合わせて物事を決めるように

私は彼のギターの師匠でもあるのだが、なんとなく面白いので普段から師匠と呼ばせている。

「京こそ、ちゃんと鈴持ってきた？」

「い、いや」

「師匠命令。今すぐ買って修学旅行中に絶対に三木ちゃんに渡せ」

また更に、京の鼓動が速く強くなる。きっと想像でもしたのだろう。それだけで全力疾走状態なのだから、本番が来たら倒れるんじゃないか？

もし倒れても、渡すべきだと思うけれど。

三木ちゃんのことだ、三年生になれば勉強に本当に集中し始めるだろう。視野の狭さという彼女の弱点は、ここぞという時に余計な情報をシャットアウトする強さでもある。ケ少なくとも想いのかけらくらいはここで渡しておかなければ。

「大丈夫、三木ちゃん思いっきり押したらいけるから」

実際、そうだと思う。彼女が私とは違って熱い心を持った人間だからこそ、熱い想いに呼応するはずだ。もし三木ちゃんの気持ちも無視して押し切るような馬鹿なら私が今すぐコバルトブルーの海に沈めてやるが、京は自分から下がって土俵から出てしまうような男なので多少は後ろから無理やり押してやらなければならない。こんな風に。

「三木ちゃん！　京が！」

私の大声に三木ちゃんが向こうの方から「どしたのー」と駆け寄ってくる。手前には京の何とも言えない顔が見えた。

「京くんが？」

「うん、京がすき……ずきしって何だっけって言ってるから教えてやって」

京に脅しの意味を含めたウインクを見せつけて二人から離れた。私は目的に応じて、人の心を故意に驚かすことにしている。鼓動が速まり強くなれば人は冷静さを失う。コ人には冷静でない方がいい時というものがあるのだ。特に京の場合、勢いで行動を起こしてしまった方がいいように思う。

私は二人を残し、三木ちゃんの抜けた女子グループにCパラっぽい言葉と共に合流した。

（住野よる『か「」く「」し「」ご「」と「」』より）

《注》

＊パラ…本名は黒田。親友の三木が「パッパラパーだからパラ」とあだ名をつけた。

＊ヅカ…本名は高崎博文。中学からの幼馴染である三木が「美形で男だけど宝塚に出ていそうだからヅカ」とあだ名をつけた。

＊鈴…「私」の学校には、修学旅行中に鈴を渡すと恋がかなうという都市伝説がある。

問1　――部ア「不本意ながらこちらから声をかける」とあるが、なぜ「不本意」なのか。その理由として最も適当なものを、次より一つ選びなさい。（解答番号15）

① 全く好意を抱いていない相手なのに、あたかも好意を抱いているように見せかけなければならないから。

② 自分に嫌気がさしていて人と話す気分ではないのに、仲の良い関係を演じなければならないから。

③ 本来であれば相手から話しかけてくるべきなのに、自分から話しかけなければいけなくなったから。

④ 正直話したくないほど苦手な相手なのに、それがバレないように周りを気にして行動しなければならないから。

問2　――部イ「そういうところが気に入らない」とあるが、それはなぜか。その理由として最も適当なものを、次より一つ選びなさい。（解答番号16）

① 顔や口では高揚を表したり、気持ちを伝えたりすることがあっても、自分と同じように実は他人に対して興味のない冷たく濁った人間だから。

② 本心では嫌がっていたり、気に入らなかったりすることがあっても、自分と同じようにいつも顔には出さずに何でも受け入

「なんだ突然！　でも、ははっ、ありがと。あ、おっはよー！」

三木ちゃんはまた一人友人を見つけると、五十メートルほど離れた彼女の元へと走って行ってしまった。とぼとぼと歩く宮里ちゃんが遠くからの大きな呼び声にぎくりと肩を震わせ、そして優しい笑顔になるのが見えた。

私はこの隙《すき》にと宙に投げられた疑問を頭の中に戻し、王子様を問い詰めようとする。しかし友達の多い彼は既にクラスメイトと話しこんでいて、私はいつも以上に彼への苛立《いらだ》ちを抱えたまま飛行機に乗ることとなってしまった。


この世界のどこかにいる神様とかいう奴が決めていやがるのさ、出会った二人の相性ってやつを。

それは例えば見た目とか立場とか出会いとかもっと大きなものだったりして、それに無意識に、そして致命的なまでに甘んじてしまうやつがほとんどなのだ。

背が高いから、低いから。スクールカーストが高いから、低いから。長く一緒にいたから、いないから。友達がいるから、いないから。

そんなもので、人は、人との関係を安易に判断したりする。

カ私は、愛する三木ちゃんにはそうなってほしくない。

だって私は、面倒くさい思考の中に生きる自分が嫌いな私は、信じたいのだ。

想いこそが、人と人との関係性を決める最も強いものであり、全ての事情を飛び越えるはずだと。

そんな風に考えている私は、これまでの数ヶ月間、一人の男の子の一途《いちず》な恋を成就させる為《ため》の時を過ごしてきた。そう、何を隠そうその恋の行き先こそが、まさに私の愛する友人、三木ちゃんなのである。彼の片想いが一過性のものでないことは私が保証しよう。

最初は見守ることから始めた。第三者として二人に悪い虫がつかないように見守る。時々三木ちゃんの言ってたことを、人づてに聞かせる程度のことしかやらなかった。そこからあまりに進展がないので支援に回った。二人きりにしてやったりと我ながらべたなことをやったものだ。しかしそれでも驚くほど進展がない。仕方なく、やれることはなんでもやっとこう派の私は、このままではキなし崩し的に幼馴《おさなな》染《じみ》だからなどというくだらない理由で三木ちゃんとくっついてしまうかもしれない王子様を、排除することにした。

どうやって排除するか。最も簡単な方法は私が彼を捕まえておくことであると考えた。つまり、私に好意をもたせてしまえばいいと。

色々なことをやった。王子様のかつての恋人がしていた髪型を調べてそれに近づけてみたり、何度も胸を押し付けてみたり、食事するときは一緒のものを食べてみたり、と。まあ今のところ、そのどれも効果がないようだが。（中略）

あんな冷たい心を持つ人間が、三木ちゃんの熱い心を奪うなんて許さない。

「私の王子様、誰かから鈴貰《もら》ったって？」

平和祈念公園を見学中、王子様が同じ部活の男子に絡《から》まれてる隙を見て、京の肩に予告なく後ろから腕を回した。彼は素直に心と体を震わせる。

「びっくりしたぁ。ああ、ヅカのこと？　いや聞いてないけど、貰ってておかしくない、とは思う」

「三木ちゃんが渡してた」

私のその一言で、京の心臓が、ク爆弾でも落とされたみたいにフルスロットルで動き出す。

「嘘だよ。でも、いずれそうなるかもよ」

「や、うん、あ、そう、うん」

実は、本人の口から三木ちゃんへの想いを語ってくれたことは一度もない。けれど、そんなの私の能力がなくたって丸分かりだ。

好きな誰かの為にこれだけ心を動かせる彼を、私は気に入っている。

「し、師匠は誰かに渡すの？」

内面は、冷たく濁っている。そんな人間を好きになることは、出来ない。

　恐らく効果はないだろうと思いながら、しかしやっておいて損はないので、私は彼のピーコートの前を開けて中に入り込んだ。

　時間をかけた私の行動を途中で止めもせず、王子様は付き合ってくれる。

「んなにしてんだよ、パラ」

「寒いから」

　案の定、私と痛いカップルのような体勢になっても彼の心のリズムに乱れはない。ダメ押しで体勢を変えて彼に抱き付いてみることにする。

　どうせ効果はないだろうけれど、と、そう思ってやった行動だったのに、意外にも心のリズムが大きく揺れた。

　ただし、彼のではない。

　私の心のリズムが、ウ彼の胸元から聞こえてきた音に、揺らされた。

　ちりん。

　ささやかな、その音に気が付き、咄嗟《とっさ》に私は、彼の体から離れる。

　彼が小首をかしげるのを見て、心臓が波打つのを感じた。しかしすぐにそれをいつものリズムに戻し、かつ表情では出来る限りの驚きを表現して、まずは彼からの反応を誘うことにした。

「＊鈴の音」

　私の声が彼の耳に届いた瞬間だったろう、私の心が揺れるのと似て珍しいことが起こった。

　笑顔の素敵な王子様の心臓も、そのリズムを速めたのだ。つまりその胸の鈴は、重要な意味を持つものだということだ。

　私は、彼の口から事実を引きずり出す。

「鈴、どうしたの？」

「え……いや」

　何か口を滑らせやしないかと期待したが、ガードは固く、彼は続きを言わなかった。

「まさか、三木ちゃんとか……」

　さらに追い打ちをかける。特定の人物の名前を出せばその名前に対する反応で何か分かるかと思ったのだ。

　しかし彼はそれ以上心を動かすでもなく、私の背後に一度目をやり、ふざけたことを言った。

「いや、うん、秘密だ、それより後ろ」

　B秘密？　秘密だと？　後ろ？

「おっはよー！　パラ！　あれどうした？　元気ない？　南の島に行くんだよ！」

　元気な挨拶と共に後ろから抱き付かれて、エ私の疑問はすべて空中に投げ捨てられた。力強い彼女の腕から解放され、やっと振り返ると、愛すべき友人は二月の極寒の中、皆がニット帽やマフラーを身に着けている中で、一人だけつば広の麦わら帽子をかぶっていた。

「おはよ、三木ちゃん。真冬の麦わら帽子って最先端だね、だっさ」

「なにおう、マフラーとかニット帽、絶対邪魔だってー。南国だよ南国！」

　本当に嬉しそうに私の肩を揺さぶる三木ちゃんの心のリズムは、今ここにいる誰よりも速く強くなっていた。

　それを見るだけで私の口元に笑みがこぼれる。

　気に入らない人間がいれば、愛すべき人間もいる。

　愛すべき友人、三木ちゃん。

　彼女は言うなれば、馬鹿で、思慮に浅く、視界の狭い、いや、こんなことを言えば彼女は当然怒り出すだろうが。

　とにかく彼女は、オ私とは違う、何にでもすぐ心を動かすことの出来る、いい人間なのだ。

　私は彼女のような人間に憧れている。もちろん、なれやしないのは知っているけれど。

「そんな三木ちゃんが大好きだよ」

答番号13）

そもそも動物たちが小人の家に入るのは白雪姫と一緒にいるときだけである。

問10　生徒A～Dが本文の内容について話している。次の①～④の発言のうち、本文の内容と**合致していないもの**を、一つ選びなさい。（解答番号14）

①　生徒A―まさか白雪姫が女性の解放運動や家事の電化など近代化する社会を象徴しているとは思ってもみなかったよ。

②　生徒B―ほんとだね。他にも人と動物や自然との関係を描くときに、人が常に優位な立場で描かれていると知って驚いたよ。

③　生徒C―そうだよね。当たり前なんだけど、動物もリアルに再現するのではなく、意識的に人が親しみをもてるように描き直しているんだね。

④　生徒D―うん。そういった点を踏まえながら、近代化していくなかで離れてしまった人と自然や動物との関係を取り戻そうとする試みがディズニーの白雪姫を生んだんだね。

二

次の文章を読み、後の問いに答えなさい。

空港内を歩いている、学校指定のコートを着た子達の鼓動を見てみると、いつもよりずっと速いリズムを刻んでいることに気が付いた。

なるほど、それなりに皆、この修学旅行というイベントに心が上ずっているわけだ。

Aわん、とぅ、すりぃ、ふぉ。わん、とぅ、すりぃ、ふぉ。

一方で、私の心に見える四つの数字は、いつもと変わらないリズムを刻んでいる。

楽しいことや嬉しいことがあっても、私の心はいつもこうだ。

人の鼓動を見ることの出来る能力を持った私は、自らの鼓動も観察可能であるが故《ゆえ》に、それを一定のリズムに保つ癖を持ってしまった。その癖により私は、冷静になる。

冷静さを長所だと言う人間もいるだろう。だが、違う。ただ、冷たい人間というだけだ。自虐的でありながら、同時に自分は他とは違う特別な人間であると信じ切っている己を再確認し、朝っぱらから嫌気がさした。

集合場所のロビーに到着するや、クラスメイトの姿を見つけた。ぼうっとしている彼に、ア不本意ながらこちらから声をかける。

「おはよう、ご機嫌はいかがかな、王子様」

「……おう、＊パラおはよう。王子じゃねえけど、ご機嫌麗《うるわ》しいよ」

「それはなにより」

言いながら、私は横に並んだ彼に半歩体を近づけ、腕をすり寄せた。

単純なボディータッチもさることながら、ここ数ヶ月、私は彼が好きだと公言しているシャンプーを使っているので、その匂いが彼の嗅覚を刺激することを狙った。更には、男というものは背の小さな女の子を好むという事実から、彼との身長差を意識させることも視野に入れた行動だった。

しかし、相変わらずそんなことにはなんの効果もないようだ。王子様はいつものように平常心を保ち続ける。私は彼の胸に浮かぶ、数字のリズムを見て、改めて、思った。

私はあんたの、イそういうところが気に入らない。

修学旅行に心臓が高鳴らない私にだって、愛する人間と気に入らない人間くらいいる。

皆に＊ヅカと呼ばれているクラスの人気者。

でも別に背が高いとか、顔が整っているとか、スポーツ万能であるとか、そういう理由で私は彼を気に入らないわけじゃない。

ただ、似ているからだ。彼の心のリズムが、私のものと。

私だけが彼の本性を知っている。

顔ではどんなに高揚を表し、口ではどんなに喜びを伝えようと、彼の心音は反射や運動以外では揺るがない。私と同じように、彼の識の変化を象徴しているから。

③ 白雪姫が掃除をする代わりに小人たちの小屋に泊めてもらう場面は、女性が無償で家事を行う存在であることや潔癖であるべきという漂白意識を連想させるから。

④ 白雪姫が動物たちを取り仕切って指導している場面は、家事の価値が下がったことや家電製品による自動化で自身が何もしなくてよくなったことを表現しているから。

問5 ――部ウ「動物と人間を隔てる境界が巧みに描き込まれている」とあるが、どのように描かれているのか。最も適当なものを、次より一つ選びなさい。（解答番号9）

① 動物と人間が上手に共存しているように見せつつも、実際は人間が動物たちよりも強い立場として描かれている。

② 動物と人間が実の親子のように親しい関係であるように見せつつも、実は人間が支配的な存在として描かれている。

③ 動物と人間がお互いに支えあって生活しているように見せつつも、本当は動物が人間に頼りきった存在として描かれている。

④ 動物と人間が同じような立場で親しげであるように見せつつも、本質的には両者が相容れることのないものとして描かれている。

問6 ――部エ「『一種の例外状態』を抱え込んでいる」とは、どういうことか。最も適当なものを、次より一つ選びなさい。（解答番号10）

① 人間を規定するものは、取り込むものと取り除くものの区別によって成り立っているということ。

② 人間を規定するものは、たえず変化するため、常に一定のものではないということ。

③ 人間を規定するものは、未知の領域が大きすぎるため基準を設けることは不可能であるということ。

④ 人間を規定するものは、一つとして同じものはなく、比べる対象によって異なるということ。

問7 ――部オ「森の動物たち」とあるが、これらはどのような特徴をもっているか。最も適当なものを、次より一つ選びなさい。（解答番号11）

① 実物と同じ要素を多く残しつつも、人間のような部分を強調しながら、野性味が取り除かれた可愛らしく愛されるような特徴。

② 実物の習性をわかりやすく再現しつつ、人間の規定を表しながら、危機感を覚えさせず優しく好まれやすい特徴。

③ 実物にできるかぎり似せた見た目を維持して、人間との差を埋めながら、野性性が削ぎ落とされた接しやすく人気の出るような特徴。

④ 実物を忠実に再現するのではなく、人間とは何かを明確にしながら、恐ろしさを感じさせず愛らしく親しみやすい特徴。

問8 ――部カ「逆説的」とあるが、なぜ「逆説」なのか。その理由として最も適当なものを、次より一つ選びなさい。（解答番号12）

① 近代において、人間は動物よりも優れている存在であるとされていたのに、白雪姫ではあたかも仲間のように親しい関係であるように描いているから。

② 近代において、人間は自然を「もの」として捉えて融和をのぞんでいるとされていたのに、白雪姫ではあくまでも人間が優位であることを描いているから。

③ 近代において、人間は自然や動物と切り離されたものであるとされていたのに、白雪姫ではあえて両者が親密であるように描いているから。

④ 近代において、人間は自然や動物と関わりあうことで癒されるとされていたのに、白雪姫ではむしろ人間が自然や動物を守るように描いているから。

問9 本文中からは次の一文が脱落している。この文が入るのに最も適当な箇所を、本文中の【①】～【④】より一つ選びなさい。（解をなす独自のひねりが隠されていると言えよう。

（清水知子『ディズニーと動物　王国の魔法をとく』より
一部省略した箇所がある）

《注》

＊ステレオタイプ…きまりきった。

＊ジェンダー…社会的・文化的に形成される性別。作られた男らしさ・女らしさ。

＊外在化…ある事物の外部にあること。ここでは業務の外部委託。

＊清教徒…一六世紀後半、ある立場・主義から信仰と生活の清純を保とうとした人々。

＊プロパガンダ…宣伝。特に、ある政治的意図のもとに主義や思想を強調する宣伝。

＊コモディティ・フェティシズム…「コモディティ」は経済学において、完全または実質的な代替可能性を持つ経済的価値またはサービスのこと。「フェティシズム」はある対象、あるいはその断片を偏愛する態度のこと。

＊馴化…次第になれて、その環境に適応した性質をもつようになること。

＊クロノトープ…時空間。時間と空間。

＊ワイルド・センチメント…デイヴィッド・ウィットリーが唱えたディズニー独自の自然と動物を飼い馴らす手法。前章で筆者が「おとぎ話の毒を抜きながら善悪の論理を提示する『ディズニーの呪文』のひとつとして機能している」と述べている。

問1　――部a～eのカタカナ部分の漢字と同じ漢字を使った熟語を、それぞれ後より一つずつ選びなさい。

a　体ゲン　（解答番号[1]）

①　言動　②　現実　③　原因　④　限界

b　対ショウ　（解答番号[2]）

①　照合　②　象徴　③　称号　④　症状

c　認シキ　（解答番号[3]）

①　職員　②　色彩　③　織物　④　識別

d　包セツ　（解答番号[4]）

①　接触　②　摂取　③　節分　④　設立

e　余ギ　（解答番号[5]）

①　義務　②　議会　③　儀式　④　偽証

問2　[A]～[D]に入ることばの組み合わせとして最も適当なものを、次より一つ選びなさい。（解答番号[6]）

①　A　なるほど　B　しかも　C　しかし　D　そして
②　A　そして　B　なるほど　C　しかも　D　しかし
③　A　そして　B　しかも　C　なるほど　D　しかし
④　A　なるほど　B　しかし　C　しかも　D　そして

問3　――部ア「フェミニズムの視点から批判されてきた」とあるが、白雪姫の姿が批判されてきたのはなぜか。その理由として最も適当なものを、次より一つ選びなさい。（解答番号[7]）

①　女性は、家庭において家事労働の指導的な役割を担うべきであるということを象徴しているから。

②　女性は、家事労働に取り組みながら、男性とともに働き、家庭を支えるべきだということを象徴しているから。

③　女性は、率先して家事労働に取り組むべきであるということを象徴しているから。

④　女性は、女性らしく「かわいい」を追求すべきであるということを象徴しているから。

問4　――部イ「一九世紀の画期的な家政学と二〇世紀初頭のきわめてモダンな光景を同時に想起させる少女だったと言える」とあるが、それはなぜか。その理由として最も適当なものを、次より一つ選びなさい。（解答番号[8]）

①　白雪姫が小人の部屋の散らかった様子に目を留める場面は、女性が家事労働の主たる役割を果たすことや清潔な空間を目指す意識が高まったことを思い起こさせるから。

②　白雪姫が指示を出して動物にも掃除や洗濯などをさせる場面は、家事を担うあり方や衛生的な環境づくりに対する人々の意

森の動物たちは、実物を参考にしつつも、愛らしくデフォルメされ、自立した存在というより、姫を慕《した》い、人間のニーズに快く応じる子どものような存在として描き出されている。同じことは小人たちにもあてはまる。彼らは少なくとも、史実としては小人であるがゆえに集落から追放されたものたちである。しかし小人たちは、それぞれの名前に象徴される個性をもち、「ハイホー」のリズムにのって炭鉱にダイヤモンド掘りに出かける。彼らは労働する男たちのようでありながら、しかし同時に白雪姫を母のように慕い、彼女に諭《さと》され、清潔さを説かれる子どものようでもある。【④】白雪姫が善良な印象をもたらしているとすれば、それは、彼女が理想的な母＝主婦像を軽々と演じるだけでなく、白雪姫が物語のなかで唯一動物たちと心を通わすことができ、［C］人間として動物や自然に対して優位性を保ったまま親和的な関係を築くことができるという、人間にとって理想的な異種協働の世界が描き出されているからではないだろうか。

イタリアの思想家ジョルジョ・アガンベンは、人間が自らを他の動物と区別して認cシキするメカニズムを「人類学機械」と呼んだ。この機械は、人間／動物、人間／非人間という対比によって人間を規定しようとするものだ。ただしそれは、つねに排除と包dセツによって作動する「未確定の領域」、いわばェ「一種の例外状態」を抱え込んでいるという。この領域はじっさいには空洞で、たえず新たに転位されると同時に、動物たちが「自己自身から分断され排除された剝《む》き出しの生」として「不気味なかたち」で現れてくる裂け目でもある。

ディズニー映画の場合、この「不気味なかたち」は「＊コモディティ・フェティシズム」という点から考えることができる。たとえば今日広く愛されているテディ・ベアを思い出そう。

（中略）

テディ・ベアは子ども部屋の装飾に決定的な変化をひきおこした。だが、このクマのぬいぐるみに求められるのは野生動物のリアルさではない。おもちゃとしてのぬいぐるみはその野性性を削《そ》ぎ落とし、鋭い爪や牙、性的器官など、所有者である中産階級の子どもたちを脅《おびや》かすことがないよう変身を余eギなくされているからだ。ぬいぐるみの動物たちに働くこの＊馴化《じゅんか》の論理は、擬人化という近代の叙述法の歴史――物理的に消滅していった動物を人間が文化的に記録していくプロセスの展開――と深く結びついている。ぬいぐるみとは、人間が自らを規定するために産出し、にもかかわらず、動物とのあいだに再び調和をつくりだそうと試みた現代社会の「部分的なトーテム装置」であり、人間の夢と欲望の詰め物《スタッフ》なのだ。

『白雪姫』に登場するォ森の動物たちは、それぞれの動物の習性を組み込みつつ、このおもちゃの論理を備えているように思われる。彼らは、メアリ・ダグラスが『汚穢《けがれ》と禁忌《きんき》』で言うように、既成の人間社会の秩序、政治的構造への脅威や汚れを象徴する存在ではなく、人間を脅かすどころか、城から逃亡した姫の生を刷新する役割を担っている。この意味で、動物たちの暮らす深い森は、「死」と「再生」の理念を象徴する異世界の舞台であると同時に、人間の優位性と動物との境界を保持しつつ、しかしその境界を取り消したいという人間の切な欲望を叶えるファンタジーの舞台として機能している。

ロマン主義以後、自然は資本主義的な価値を理論的に支え、［D］またそれを掘り崩すものとして使われてきた。哲学者ティモシー・モートンが言うように、わたしたちが自然と呼んでいる「もの」は、ロマン主義時代の発明であり、それ以後、世界から切り離され、疎外された主体としての人間は、つねに客体との融和をのぞみ、自然は近代社会が損傷させたものを治癒する方法になった。

言い換えれば、白雪姫と善良な森の動物たちとの親和的関係は、西欧社会の歴史的な野性との分離（とその隠蔽《いんぺい》）を背景にしてヵ逆説的に感情的に再発明されたものなのである。それゆえ、白雪姫が小人や動物たちと過ごす森のなかの＊クロノトープにこそ、グリムにはないディズニーならではの「＊ワイルド・センチメント」の核心

二〇二三年度

武南高等学校（併願２）

【国語】〈五〇分〉〈満点：一〇〇点〉

一 次の文章を読み、後の問いに答えなさい。

グリム童話では、小人たちの室内空間は食器もベッドもきちんと整っていた。では、なぜ小人の小屋にたどりついた白雪姫が最初に目を留めるのは窓の埃《ほこり》であり、汚れた食器であり、部屋のあちこちにめぐらされたクモの巣なのか。そう、ディズニーがあえて小人たちの部屋を散らかしたからである。【①】それはつまり、白雪姫が理想の家庭《ホーム》を実現し、動物たちとともに掃除にとりかかるためだ。

掃除、洗濯、料理――。［Ａ］、白雪姫は小人たちの小屋に泊めてもらうかわりに、動物たちとともに率先して家事労働に取り組む。白雪姫は「できる女」と「かわいい女」を兼ね備えた理想的な主婦の神話を体ａゲンしているように見え、この光景は、しばしばアフェミニズムの視点から批判されてきた。男女ともに喜んで働くこの場面は当時の共産党からも絶賛されたと言われるが、じっさいこの光景が、第二次世界大戦から帰国した男たちを家庭に迎え入れる主婦像のモデルと化し、王子の所有する「家」のなかで＊ステレオタイプ化された＊ジェンダーの役割を再生産することになった点は否定できない。

［Ｂ］、同時にここで注目したいのは、白雪姫が森の動物たちを取り仕切る指導的な役割を担っていること、それどころか主たる労働は動物が担っていることである。というのも、この場面は、家事労働の分業化、再組織化、そして＊外在化《アウトソーシング》を特徴とする新しい家政学が広がった一九世紀半ばのアメリカにおける社会改革の意識を想起させるからである。『家庭経済論』や『アメリカン・ウーマンズ・ホーム』を執筆し、新しい家政学を生み出したキャサリン・ビーチャーを思い出そう。彼女は、家事労働を通した女性の地位向上を目指し、奴隷を使わない家事を主張した。もちろん現代から見れば、私的領域において無償で家事労働を担うジェンダー化された女を象徴していると指摘できよう。しかしそれは当時、＊清教徒的な道徳観と科学的原理――家事労働のシステム化・合理化・能率化――に裏打ちされた、家庭という空間を支配する女性の解放を意味する、もうひとつのフェミニズムでもあった。

さらにこの場面からは、二〇世紀初頭から急速に欧米社会で高まった衛生化、殺菌をめぐる漂白意識――病原菌ゼロを目指す潔癖ブームないし清潔空間志向――を読み取ることもできる。これについては、ディズニーに対して「すべてがクリーンに洗浄された世界」であると指摘したリチャード・シッケルとともに、第二次世界大戦期の公衆衛生＊プロパガンダとして『白雪姫』の小人たちが使われたことを想起すれば十分だろう。一九二〇年代、アメリカの家庭では電化製品が急速に広まり、一九三〇年代から六〇年代にかけて家事の電化＝ロボット化が進行する。いわゆる「アメリカ的生活様式」は、冷蔵庫、皿洗い機、洗濯機、自家用車、ラジオ、蓄音機が普及する「ポピュラーサイエンスの時代」において急速に「漂白意識」が高まっていく。

【②】このようにみてくると、白雪姫はたんに家事労働に勤《いそ》しむ少女ではなく、イ一九世紀の画期的な家政学と二〇世紀初頭のきわめてモダンな光景を同時に想起させる少女だったと言えるのではないか。

加えて、ここでもうひとつ注目すべき点は、この牧歌的かつ理想的なコミューンが動物と人間を隔てる境界を消失しているかのように描き出されていることだ。一見すると、動物たちは愉快なリズムにのって愉《たの》しげに皿を洗い、床を掃き、洗濯をこなしているように見える。しかし、陽気なコメディ形式で描き出されたこの場面には、じつはウ動物と人間を隔てる境界が巧みに描き込まれている。【③】またよく見ると、箒《ほうき》を使う白雪姫とは対ｂショウ的に、動物たちはじかにその身体を使って埃や汚れを体内に取り込んでいる。

英語解答

Ⅰ　(1)　③　(2)　②　(3)　③　(4)　②
(5)　①

Ⅱ　(6)　③　(7)　④　(8)　①　(9)　③
(10)　②　(11)　④　(12)　②　(13)　①
(14)　④　(15)　②

Ⅲ　(16)　②　(17)　④　(18)　①　(19)　②
(20)　①

Ⅳ　(21)　④　(22)　②　(23)　③　(24)　②
(25)　④

Ⅴ　(26)　③　(27)　②　(28)　①　(29)　①
(30)　②

Ⅵ　(31)…⑦　(32)…①　(33)…③　(34)…⑥
(35)…⑦　(36)…⑥　(37)…①　(38)…②
(39)…⑦　(40)…②

数学解答

1　(1)　ア…8　イ…2　ウ…4
(2)　エ…1　オ…9
(3)　カ…7　キ…5
(4)　ク…3　ケ…1　コ…3　サ…4
シ…0　ス…5　セ…8

2　ソ…1　タ…0

3　(1)　チ…4　ツ…5
(2)　テ…9　ト…5

4　(1)　ナ…2　ニ…9
(2)　ヌ…5　ネ…3　ノ…6
(3)　ハ…1　ヒ…9　フ…3　ヘ…6

5　ア…5　イ…1　ウ…2　エ…1
オ…5

6　カ…4　キ…0　ク…0

7　(1)　4
(2)　コ…6　サ…2　シ…7　ス…2
(3)　セ…2　ソ…1
(4)　タ…2　チ…1　ツ…4　テ…8
ト…8　ナ…1　ニ…6　ヌ…1
ネ…3　ノ…3

8　ア…5　イ…5　ウ…6　エ…6
オ…7　カ…7　キ…8　ク…8
ケ…9　コ…5　サ…9　シ…4
ス…4　セ…5

国語解答

一　問1　a…②　b…①　c…④　d…②
e…③
問2　④　問3　③　問4　②
問5　①　問6　②　問7　④
問8　③　問9　③　問10　①

二　問1　①　問2　④　問3　②
問4　④　問5　②　問6　③
問7　②　問8　③　問9　④
問10　③　問11　④

三　問1　①　問2　イ…②　カ…④
問3　①　問4　③　問5　③

四　問1　・3番目　⑧　6番目　⑩
・3番目　②　6番目　①
問2　Ⅰ…④　Ⅱ…①　Ⅲ…⑤
問3　『にごりえ』　①
『高瀬舟』　④

Memo

Memo

2022年度 武南高等学校（併願１）

【英　語】（50分）〈満点：100点〉

Ⅰ　試験開始からおよそ３分後に放送が始まります。放送される英文をよく聴いて，あとの(1)～(5)の質問に対する答えとして最も適切なものを，それぞれ下の１～４の中から１つずつ選び，番号をマークしなさい。なお，英文とそれに対する質問文はそれぞれ２回ずつ読まれます。

(1)　1．He was American.
　　2．He was a merchant and traveler.
　　3．He was the first European to reach America.
　　4．He was the first Japanese to reach America.

(2)　1．For seventeen years　　2．For seventy years
　　3．Since seventeen years ago　　4．Since seventy years ago

(3)　1．He talked about Japan with the king.
　　2．He wrote a book about America.
　　3．He was written about by Chinese.
　　4．He was caught in the war.

(4)　1．He wrote : “There was little gold in Japan.”
　　2．He wrote : “There were many traditional buildings in Japan.”
　　3．He wrote : “There were many buildings made of gold.”
　　4．He wrote : “The gold could be gotten in Europe.”

(5)　1．He was the first European to reach Japan.
　　2．He could get much gold from Japan.
　　3．He was the first European to reach America.
　　4．He couldn’t reach America.

※＜**リスニングテスト放送原稿**＞は英語の問題の終わりに付けてあります。

Ⅱ　次の文章はコンピュータプログラム “Linux（リナックス）” に関するものである。英文を読んで，あとの問いに答えなさい。

Computers don’t work without *operating systems. Many of you may know the name of Bill Gates, (あ) of the richest people in the world. Microsoft, his big company, is selling a world famous operating system “Windows.” Then do you know this name — Linus Torvalds? He wrote the first Linux program. This operating system is now as well-known as “Windows” and is used in many big companies. But he isn’t as rich as Bill Gates. He is not the boss of a computer company. He was born in Finland in 1969, and began to write computer programs (い) a hobby when he was ten years old. (い) a student he was working on some *projects, and *basically trying to find interesting things to do. Then he felt he needed a better system on his computer. (う)He succeeded in creating a new operating system, Linux. When he was at university, he decided to put it on the Internet and to make it useful for others. It is usual to keep such a system secret and to get a lot of money by selling it. At that time many other people tried to, (え)but he didn’t. They felt it wrong : he was losing his big chance to get money because he put it on the Internet

(　お　). Actually for him it was not a big decision. He was quite different (　か　) many ways. He felt very happy to show projects he finished after hard work. So, he just wanted to show his program on the Internet. He said, "I've done this. I think it's cool and useful. (き)I was *a selfish guy. Computer programming was really exciting and wonderful work. I was (　く　) of the projects I was doing. I've always felt that I can do them for my own fun. I was never worried about going hungry. It is a lot of fun and also a real job to keep working very hard to get my own goal."

Then, what happened? A lot of information technology *experts all over the world supported Linus' idea and made his program better. Linux is now loved because it works well. He still believes a lot of people's ideas helped him to create his operating system, so it is natural for him (け)to give back. "Don't make it secret," says Linus, "I have my golden rule: (こ)Do to others as you would want them to do to you, and have fun doing your work." If you follow that rule, you'll always know how to *behave in any situation.

*operating system：OS，コンピュータの基礎システム　*project：企画
*basically：基本的に　*a selfish guy：自己中心的な人物　*expert：専門家
*behave：振る舞う

(6) 空所(あ)に入る最も適当な語を選択肢から一つ選び，番号にマークしなさい。
1．all　2．one　3．some　4．any

(7) 空所(い)に共通して入る最も適当な語を選択肢から一つ選び，番号にマークしなさい。ただし文頭にくる語も小文字で表してある。
1．as　2．like　3．with　4．on

(8) 下線部(う)が表す意味として最も適当な語を選択肢から一つ選び，番号にマークしなさい。
1．彼は新しいOSのリナックスを製作することを継続した。
2．彼は新しいOSのリナックスを製作することを熱望した。
3．彼は新しいOSのリナックスを作成することを中断した。
4．彼は新しいOSのリナックスを作成することに成功した。

(9) What does the underlined part (え) show?
1．He didn't put the system on the Internet for everyone.
2．He didn't try to keep the system secret and sell it.
3．He didn't learn computer program at university.
4．He didn't feel about losing money by selling the system.

(10) 空所(お)に入る最も適当な語句を選択肢から一つ選び，番号にマークしなさい。
1．without thinking about other people
2．without taking money
3．to look for freedom
4．to get some money

(11) 空所(か)に入る最も適当な語を選択肢から一つ選び，番号にマークしなさい。
1．in　2．from　3．of　4．for

(12) 下線部(き)についての以下の質問に対する答えとして最も適当なものを選択肢から一つ選び，番号にマークしなさい。

Why did Linus think himself a selfish guy?

1．Because he did things for his own fun.

2．Because he wanted to be a boss of a big company.

3．Because he didn't want other people to use his idea.

4．Because he didn't listen to other people's words.

(13) 空所（く）に入る最も適当な語を選択肢から一つ選び，番号にマークしなさい。

1．careful　2．afraid　3．proud　4．famous

(14) 下線部(け)の説明として最も適当なものを選択肢から一つ選び，番号にマークしなさい。

1．リナックスを昔の状態に戻すために取り組むこと。

2．リナックスの利用料として使用料を受け取ること。

3．リナックスの改善にお金を支払うこと。

4．リナックスの作成に協力してくれている人たちにお返しをすること。

(15) 下線部(こ)の説明として最も適当なものを選択肢から一つ選び，番号にマークしなさい。

1．他人が望むことをやってあげなさい。

2．あなたのやりたいことを他人にもやらせなさい。

3．自分がしてもらいたいように他人にしてあげなさい。

4．他人のためにやりたいことをやりなさい。

Ⅲ　次の英文を読んで，空所（16）～（20）に最もよく当てはまるものを，それぞれ下の１～４の中から１つずつ選び，番号をマークしなさい。

Nowadays, almost all countries are making too much *garbage. Japan is a small country (16) a lot of people. So Japan burns 80% of its *waste. There are over 6,000 *incinerators in Japan. Two-thirds of the incinerators in the world are in Japan.

When *trash is burned, it makes heat. This heat can be (17) for energy. People and businesses can use it. Some incinerators in Japan are changing waste to energy. There are some problems with incinerators. To burn waste is expensive and it makes pollution, such (18) *dioxins. However, technology is changing. Companies in Japan are making better and more useful incinerators.

In Europe, most waste (about 53%) is *buried in the ground. Only 30% is burned. However, recycling is a part of daily life for Europeans. In Germany, *PET bottles are *reused again and again. (19), bottles are *refilled and *resold 15 to 20 times. Most products use the same bottle shape.

Europe is learning from Japan about incinerator technology. And for reusing and recycling waste, Japan can learn from Europe. Hopefully, countries around the world will think (20) new ideas. But most of all, people need to throw away less and reuse more!

*garbage：ゴミ　*waste：廃棄物　*incinerator：焼却炉　*trash：ごみ

*dioxin：ダイオキシン　*buried＜bury：～を埋める　*PET bottle：ペットボトル

*reuse：～を再利用する　*refill：～を詰め替える　*resold＜resell：再販売する

(16)	1．in	2．of	3．with	4．for
(17)	1．use	2．used	3．uses	4．using
(18)	1．in	2．of	3．to	4．as
(19)	1．Also	2．While	3．Neither	4．Now
(20)	1．of	2．as	3．to	4．so

Ⅳ　次の英文の空所(21)～(25)に最もよく当てはまるものを，それぞれ下の１～４の中から１つずつ選び，番号をマークしなさい。

(21) He is interested (21) the history of America.

1．to　2．in　3．with　4．at

(22) My mother asked my brother (22) go to the supermarket.

1．to　2．that　3．enough　4．of

(23) (23) you like another cups of coffee ?

1．How　2．What　3．Have　4．Would

(24) Hurry up, (24) you will catch the train.

1．and　2．because　3．or　4．but

(25) My father didn't let me (25) to my friend's party at night.

1．go　2．went　3．to go　4．going

Ⅴ　次のＡさんとＢさんの対話文を読んで，空所(26)～(30)に最もよく当てはまるものを，それぞれ下の１～４の中から１つずつ選び，番号をマークしなさい。

(26) A : This is Luke. May I talk to Mr. Smith ?

B : (26)

1．It's just five o'clock.

2．Sorry, I'm busy to talk to you.

3．Hold on a minute, please.

4．Oh, hang in there.

(27) A : Could you tell me how to get to the city hall ?

B : (27)

1．Sorry, I'm a stranger here.

2．Yes, this way is safe.

3．Oh, It's a nice map.

4．No, you mustn't run in the park.

(28) A : This beef steak looks very expensive.

B : Don't worry. (28)

1．It's very delicious.　2．It's on me.

3．It is not so hot.　4．It really is.

(29) A : How will you pick me up at the station ?

B : (29)

1．I always clean this place.

2．Twice a week.

3．By my car.

4．The bus won't arrive there.

(30) ― In front of an elevator.

A : (30)

B : Thanks.

1．After all.　2．After you.

3．Shame on you.　4．That's a shame.

Ⅵ　次の日本文に合うように，下の１～７の語(句)を用いて文を完成させる場合に空所(31)～(40)に最もよく当てはまるものを，それぞれ下の１～７の中から１つずつ選び，番号をマークしなさい。ただし，文頭に来るべき語も小文字で始めてあります。

(a)　彼女は他のどんな選手よりも速く走れる。

(　　)(　　)(　　)(31)(　　)(　　)(32) athlete.

1．other　2．she　3．than　4．can　5．any　6．faster　7．run

(b)　どこに行けばよいか教えていただけませんか。

(　　)(　　)(33)(　　)(　　)(34)(　　)?

1．go　2．me　3．to　4．would　5．where　6．you　7．tell

(c)　ここを昨日訪れた女性を知っていますか。

Do (　　)(　　)(35)(　　)(　　)(36)(　　)?

1．who　2．you　3．yesterday　4．visited

5．know　6．the lady　7．here

(d)　あの星には非常に多くの水があるかもしれない。

(　　)(　　)(37)(　　)(　　)(38)(　　).

1．much　2．so　3．that　4．water　5．planet　6．have　7．may

(e)　私は先月から毎朝散歩をしている。

I (　　)(　　)(39)(　　)(　　)(40)(　　).

1．every morning　2．walk　3．have　4．last month

5．a　6．since　7．taken

＜リスニングテスト放送原稿＞

Marco Polo was an Italian merchant and traveler. In 1271, at the age of seventeen, he traveled to China with his father and his uncle. He stayed there and served the king for seventeen years. Then, after he visited several cities in China, he returned to Italy in 1295. A war began in 1298 and he became a prisoner of war. While he was in prison, he wrote a book about his travels to the East. It was put into many languages, and even today you can buy it in a bookshop, or borrow it from your library, and read the story of his travels.

In the book, Marco Polo introduced Japan to Europe under the name of Zhipangu. He wrote : "It was an island of gold and, not only all the roofs of the houses, but also many other things were made of gold." The people who read the book wanted to go to such a wonderful country full of gold.

At the end of the fifteenth century Columbus believed that Marco Polo's story was true and decided to visit Japan. He sailed by ship for a long time, and at last he became the first European to reach America.

Later, the name of Zhipangu changed to Japan. The English word Japan comes from Jipangu. As you can see, the word "Japan" sounds very much like "Jipangu".

(1)　Which is true about Marco Polo ?

1．He was American.

2．He was a merchant and traveler.

3．He was the first European to reach America.

4．He was the first Japanese to reach America.

(2)　How long did Marco serve the king in China ?

1. For seventeen years
2. For seventy years
3. Since seventeen years ago
4. Since seventy years ago

(3) What did he do in 1298 ?

1. He talked about Japan with the king.
2. He wrote a book about America.
3. He was written about by Chinese.
4. He was caught in the war.

(4) What did Marco Polo write about Japan in his book ?

1. He wrote : "There was little gold in Japan."
2. He wrote : "There were many traditional buildings in Japan."
3. He wrote : "There were many buildings made of gold."
4. He wrote : "The gold could be gotten in Europe."

(5) Which is true about Columbus ?

1. He was the first European to reach Japan.
2. He could get much gold from Japan.
3. He was the first European to reach America.
4. He couldn't reach America.

【数　学】（50分）〈満点：100点〉

〔注意〕・コンパス，定規，分度器，電卓等の計算器は使用しないこと。
・分数や無理数は，下の例のように簡単にして答えること。

$\dfrac{\boxed{1}}{\boxed{2}}$…正解，　$\dfrac{\boxed{2}}{\boxed{4}}$…不正解とみなす

$\boxed{2}\sqrt{\boxed{2}}$…正解，　$\boxed{1}\sqrt{\boxed{8}}$…不正解とみなす

※**1**～**3**は解答用紙の解答欄$\boxed{1}$を，**4**～**6**は解答欄$\boxed{2}$を，**7**は解答欄$\boxed{3}$を使用します。

1　次の計算をせよ。

(1)　$(\sqrt{5}-\sqrt{3})(2-\sqrt{2})(\sqrt{3}+\sqrt{5})(-\sqrt{2}-2)=\boxed{\text{アイ}}$

(2)　$\dfrac{5x-1}{3}+\dfrac{4x+1}{7}-\dfrac{3x-1}{2}=\dfrac{\boxed{\text{ウエ}}x+\boxed{\text{オカ}}}{\boxed{\text{キク}}}$

(3)　$\sqrt{3}=1.73$とするとき，$\sqrt{675}=\boxed{\text{ケコ}}.\boxed{\text{サシ}}$である。

2　次の問いに答えよ。

2	3	5	7	11
13	17	19	23	29
31	37	41	43	47
53	59	61	67	71
73	79	83	89	97

(1)　右のように，100以下の素数は25個ある。対角線上の５つの数を使った計算の結果は$73^2+59^2-41^2-23^2-11^2=\boxed{\text{スセソタ}}$である。

(2)　ある高校の昨年の受験者数は男女合わせて2500名であった。今年は昨年と比較して男子が10％減，女子が５％増となり，全体では40名減となった。その結果，今年の男女の人数差は昨年の人数差の$\dfrac{\boxed{\text{チ}}}{\boxed{\text{ツ}}}$倍となった。

(3)　$\overset{\frown}{\mathrm{BC}}:\overset{\frown}{\mathrm{CD}}=3:2$であるとき，$\angle x=\boxed{\text{テト}}^\circ$である。ただし，点Oは円の中心である。

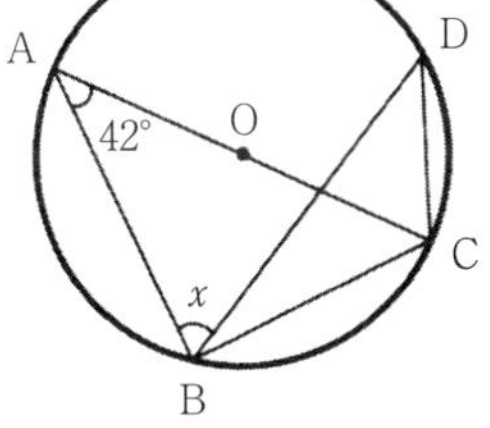

3　図のような正五角形がある。さいころを振り，奇数なら反時計回りに，偶数なら時計回りにAを出発点として出た目の数だけ進む。２回目にさいころを振るときは，１回目に移動した後の地点が出発点となる。このとき，次の問いに答えよ。

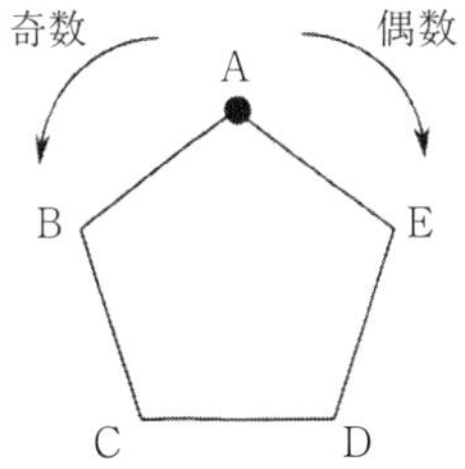

(1)　さいころを１回だけ振ったとき，Aにいる確率は$\dfrac{\boxed{\text{ナ}}}{\boxed{\text{ニ}}}$である。

(2)　さいころを１回だけ振ったとき，Bにいる確率は$\dfrac{\boxed{\text{ヌ}}}{\boxed{\text{ネ}}}$である。

(3)　さいころを２回振ったとき，Aにいる確率は$\dfrac{\boxed{\text{ノ}}}{\boxed{\text{ハヒ}}}$である。

$\boxed{\text{フ}}$～$\boxed{\text{ホ}}$は使用しません。

4　放課後，太郎さんと花子さんが，数学の授業について話し合っている。

花子：今日の授業は「関数」だったけれど，授業の最後に先生が $\{a\}+\{b\}=\{a\times b\}$ が成り立つような関数 $y=\{x\}$ があるって言ってたよ。

太郎：たとえば，$\{2\}+\{3\}=\{2\times3\}=\{6\}$ かな。

花子：そんな感じだと思う。授業では具体的な話をする時間がなかったみたい。

太郎：それじゃあ，いっしょに考えてみようよ。

$\{2\}+\{2\}+\{2\}=\{2\times2\times2\}=\{8\}$ だから $\{2\}\times10=\{\boxed{\text{アイウエ}}\}$ になるよね。

花子：おもしろい計算ねえ。$\{1\}$ はなんだろう。

$\{a\}+\{b\}=\{a\times b\}$ が成り立つから，$b=1$ とすると，$\{a\}+\{1\}=\{a\}$。ということは，$\{1\}=\boxed{\text{オ}}$ と考えるのが自然だよね。

太郎：$\left\{\dfrac{1}{2}\right\}$ はなんだろう。$\left\{\dfrac{1}{2}\right\}+\{\boxed{\text{カ}}\}=0$ だから，$\left\{\dfrac{1}{2}\right\}=-\{\boxed{\text{カ}}\}$ になるね。

花子：だったら，$\{3\}-\{\boxed{\text{カ}}\}$ も計算できるよね。

$\{3\}-\{\boxed{\text{カ}}\}=\{3\}+\left\{\dfrac{\boxed{\text{キ}}}{\boxed{\text{ク}}}\right\}=\left\{\dfrac{\boxed{\text{ケ}}}{\boxed{\text{コ}}}\right\}$

太郎：こんな問題を作ってみたよ。

$\{24\}-\{3\}$ は，$\{2\}$ の $\boxed{\text{サ}}$ 倍であるか。

花子：それじゃ私は

$\{\sqrt{2}\}\times4$ は，$\{2\}$ の $\boxed{\text{シ}}$ 倍であるか。

太郎：$\{a\}+\{b\}=\{a\times b\}$ だけでいろいろなことがわかったね。どうしたの，浮かない顔して。

花子：うーん。$\{0\}$ ってなんだろう。

5　正三角形ABCの各辺AB，BC，CAを直径とする半円がある。正三角形ABCの面積が $4\sqrt{3}$ であるとき，図の斜線部分の面積の合計は $\boxed{\text{ス}}\,\pi$ である。

また，その合計は，正三角形ABCの3辺に接する円の面積の $\dfrac{\boxed{\text{セ}}}{\boxed{\text{ソ}}}$ 倍である。ただし，π は円周率とする。

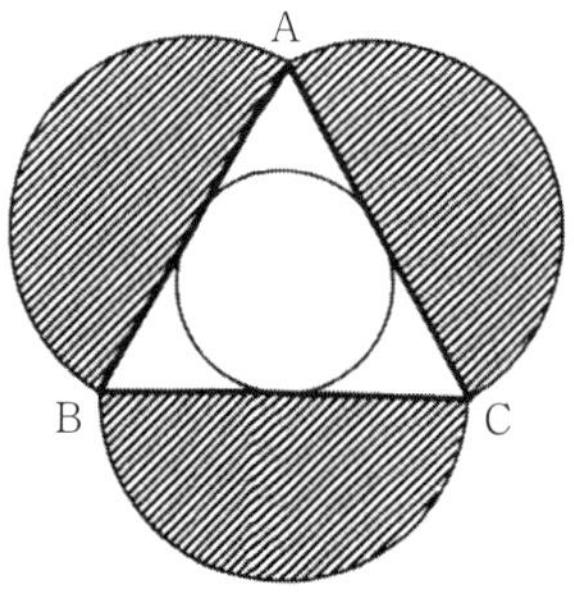

6　底面の円の直径ABが10，母線の長さOAが15の円すいがある。

体積は $\dfrac{\boxed{\text{タチツ}}\sqrt{\boxed{\text{テ}}}}{\boxed{\text{ト}}}\pi$，表面積は $\boxed{\text{ナニヌ}}\,\pi$ であり，この円すいの展開図において，側面にあたる部分の扇形の中心角は $\boxed{\text{ネノハ}}$°である。

また，点Aから点Aまで側面上にひもをかけるとき，最も短くなるときの長さは $\boxed{\text{ヒフ}}\sqrt{\boxed{\text{ヘ}}}$ である。ただし，π は円周率とする。

$\boxed{\text{ホ}}$ は使用しません。

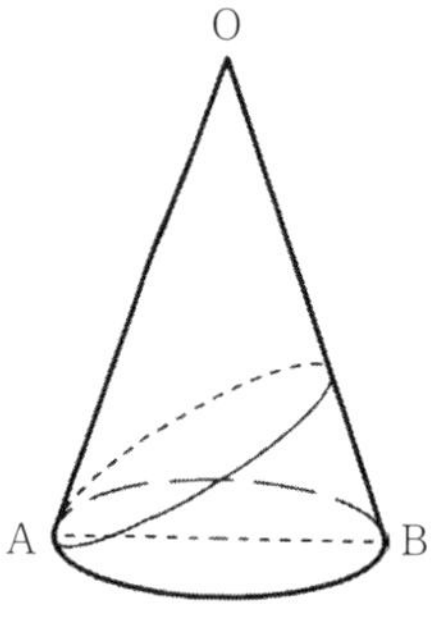

7 図において，直線 l ，m，n の方程式はそれぞれ $y=\dfrac{4}{3}x$，$y=-\dfrac{3}{4}x$，$y=-7x+50$ である。

2点A，Bの座標はそれぞれA([ア] , [イ])，B([ウ] , [エオ])であり，△OAB の各辺の長さは OA = [カキ] ，OB = [クケ] ，AB = [コサ] $\sqrt{\text{[シ]}}$ である。

また，△OAB の面積は [スセ] である。

図の小さい円は△OAB の各辺に接する円で，大きい円は△OAB の各頂点を通る円である。小さい円の半径は [ソタ] − [チ] $\sqrt{\text{[ツ]}}$ であるから，その面積は [テト] ([ナ] − [ニ] $\sqrt{\text{[ヌ]}}$)π，また，大きい円の半径は [ネ] $\sqrt{\text{[ノ]}}$ であるから，図の斜線部分の面積の合計は [ハヒ] (π − [フ])である。ただし，π は円周率とする。

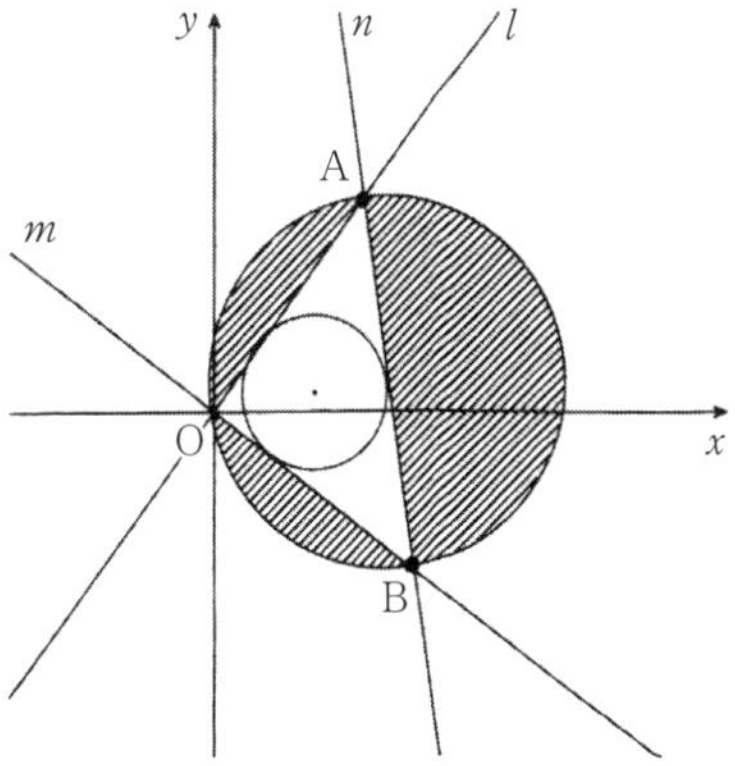

[ヘ] ～ [ホ] は使用しません。

問3 ――部ウ「無塩の時は、ほほらほ、今はさがりたれば、くくらくといふ」の解釈として最も適当なものを、次より選びなさい。（解答番号30）

① 津の国兵庫の浦ではこの大魚を「ほほらほ」という名で呼んでいるが、都では「くくらく」という別名で呼んでいるのだ。
② 引き上げられた頃は高値で取引されたため「ほほらほ」と珍重されたが、今は値が下がり「くくらく」として扱われている。
③ 大きいばかりで味の良くない魚である「ほほらほ」は、塩漬けにするとたいそう美味しい「くくらく」という料理になる。
④ 引き上げられたばかりの大魚は「ほほらほ」という名であったが、今は鮮度が落ちてしまったので「くくらく」という名に変化したのだ。

問4 ――部エ「とかくまことでなければ何も都合せぬことよ」の現代語訳として最も適当なものを、次より選びなさい。（解答番号31）

① あれもこれも全てでまかせなのだから、一致するはずがない。
② あれもこれも全て真実なのだから、多少の違いがあっても問題はない。
③ とにかく不思議な出来事であったのだから、よく分からないこともある。
④ とにかく遠い昔のことであるのだから、正しく伝わらないこともある。

問5 本文についての説明として**適当でないもの**を、次より一つ選びなさい。（解答番号32）

① 津の国兵庫の浦で引き上げられた大魚は、この世で誰も見たことがないような珍しいものであった。
② 津の国兵庫の浦で引き上げられた大魚は、物知りの大夫が公方に献上するために大切に都まで運んだものであった。
③ 津の国兵庫の浦で引き上げられた大魚について知っているのは自分だけであると、物知りの大夫は口にしていた。
④ 津の国兵庫の浦で引き上げられた珍しい大魚は即座に公方に献上され、その名を知る物知りの大夫も公方に呼び出された。

四

次の問いに答えなさい。

問1 次の語の類義語を、後の①～⑥よりそれぞれ一つずつ選びなさい。

・原因（解答番号33）
・簡単（解答番号34）

① 便利 ② 適当 ③ 素材
④ 容易 ⑤ 機会 ⑥ 動機

問2 次の語の意味を、後の①～⑥よりそれぞれ一つずつ選びなさい。

・プロセス（解答番号35）
・モラル（解答番号36）

① 道徳 ② 約束 ③ 過程
④ 規則 ⑤ 常識 ⑥ 結果

問3 次の（Ⅰ）、（Ⅱ）に入ることばとして適当なものを、後の①～⑥よりそれぞれ一つずつ選びなさい。

・彼に限って（ Ⅰ ）そんな心配はあるまい。（解答番号37）
・（ Ⅱ ）雨が降っても、予定通り実施します。（解答番号38）

① きっと ② まさか ③ 決して
④ まるで ⑤ たとえ ⑥ たぶん

問4 次のA、Bの人物の作品を、後の①～④よりそれぞれ一つずつ選びなさい。

A 芥川龍之介（解答番号39）
① 『銀河鉄道の夜』 ② 『人間失格』
③ 『小僧の神様』 ④ 『蜘蛛の糸』

B 小林多喜二（解答番号40）
① 『暗夜行路』 ② 『地獄変』
③ 『風の又三郎』 ④ 『蟹工船』

うこと。

③　変わっていく世の中を受け入れる薫ちゃんについていけないので、違う未来を歩んでいこうと決意したということ。

④　未来に希望を抱く薫ちゃんとは意見が合わないので、このまま薫ちゃんとの関係が崩れても仕方ないと諦めているということ。

問9　――部ク「その人とじゃないとできないって思うもの、かも」とあるが、「私」がこのように述べた意図として最も適当なものを、次より選びなさい。（解答番号 26）

①　「その人とじゃないとできない」ものなどないと考えている薫ちゃんに、あえて同じ言葉を使うことで、恋とは「その人」でなければいけないものなのだということを嫌味ったらしく言ってやろうという意図。

②　「その人とじゃないとできない」ものに対して意味があるのか疑問に感じていた薫ちゃんに、あえて同じ言葉を使うことで、恋とは「その人」とだからこそ意味があるということを伝えようとする意図。

③　「その人とじゃないとできない」ものを今一つ理解していない薫ちゃんに、あえて同じ言葉を使うことで、恋とはまさに「その人」だけとするものなんだと強調して教えてやろうという意図。

④　「その人とじゃないとできない」ものがあるとは思っていない薫ちゃんに、あえて同じ言葉を使うことで、恋とは「その人」とでしか成り立たないものの典型的な例だということを示そうとする意図。

問10　本文を読んだ生徒A～Dが登場人物について話し合った。次の①～④の発言のうち、本文の内容と合致しているものを、一つ選びなさい。（解答番号 27）

①　生徒A―「私」はなかなか自分の意見が言えず、すべて言葉を呑み込んで薫ちゃんに合わせるような性格だよね。

②　生徒B―それに対して薫ちゃんは、自分の意見をちゃんと「私」に伝えているような印象を受けるね。

③　生徒C―二人とも、小学校からの同級生だから何でも包み隠さずに話したいって心の中では思っているよね。

④　生徒D―そうかな。実は二人ともお互いの考えが理解できずに嫌な気持ちになっていると感じたよ。

三

次の文章を読み、後の問いに答えなさい。

津の国兵庫の浦へ、珍しき大魚を引き上げたるに、その名を知りたる者なし。この浦に物知りの＊大夫《たいふ》といふあり。かれに見せて問へば、「これはほほらほといふ魚なり。世に知る者なし」と。即ち「＊公方《くぼう》へ参らせん」と持たせのぼりけり。物知りの大夫を呼びて、名を問はせ給へば名をくくらくとア申し上ぐる。以前聞きたりける者ありて、「この先いうたると違うた」とイ咎《とが》むれば、「さればウ＊無塩《ぶえん》の時は、ほほらほ、今はさがりたれば、くくらくといふ」と申したり。エとかくまことでなければ何も都合せぬことよ。

（『醒睡笑《せいすいしょう》』より）

《注》
＊大夫…身分のある者へ呼びかける語。または人名の一部。一種の名誉的な称号。
＊公方…朝廷。天皇。
＊無塩…塩漬けにしないこと。転じて、生魚。

問1　――部ア「申し上ぐる」の主語として最も適当なものを、次より選びなさい。（解答番号 28）

①　物知りの大夫　②　公方
③　珍しき大魚を引き上げた者　④　公方の家来たち

問2　――部イ「咎むれば」のここでの意味として最も適当なものを、次より選びなさい。（解答番号 29）

①　怪しむと　②　からかうと
③　問いただすと　④　怒りだすと

響を強く受けてしまうということ。

問3 ——部ウ「たどたどしく」とあるが、「たどたどしい」の類義語として最も適当なものを、次より選びなさい。（解答番号 20）

① 弱々しい　② 何気ない
③ ぎこちない　④ しらじらしい

問4 ——部エ「そうかもね」とあるが、このときの「私」の考えとして最も適当なものを、次より選びなさい。（解答番号 21）

① 自分の考えを薫ちゃんに理解してもらえないと思い、諦めて反論することなく話を終わらせようとしている。
② 薫ちゃんには何を言っても通じないと思い、このまま口論になる前に自分が折れて薫ちゃんの意見を尊重しようとしている。
③ 今までの友情が壊れてしまうと思い、薫ちゃんに言いたいことはあるが我慢して自分の意見を呑《の》み込もうとしている。
④ 自分と薫ちゃんは価値観が違うのだと思い、話を合わせるのが面倒臭くなったので適当にあしらおうとしている。

問5 ——部オ「私は足元を見つめる」とあるが、このときの「私」の心情として最も適当なものを、次より選びなさい。（解答番号 22）

① 薫ちゃんの言葉を否定できないことが悲しくて、前を向けずにいる。
② 薫ちゃんの言葉が胸に刺さったことを認めたくない、と意地を張っている。
③ 薫ちゃんの言葉があまりに的外れなので、何も言えずあきれ返っている。
④ 薫ちゃんの言葉に納得できないが、どう答えていいか分からずに戸惑っている。

問6 【　】の箇所から、どのようなことが読み取れるか。最も適当なものを、次より選びなさい。（解答番号 23）

① それまでの「私」と薫ちゃんの会話を断ち、不穏な空気を変えようとしている。
② 時間の無駄を省き、便利さを求める薫ちゃんの姿勢を暗に示している。
③ 行列ができてもその場で買うことが大切だという「私」の考えを表している。
④ 以前から話題にしていたという、「私」と薫ちゃんの仲の良さを強調している。

問7 ——部カ「違うと思う」とあるが、「私」と薫ちゃんの考えの違いを説明したものとして最も適当なものを、次より選びなさい。（解答番号 24）

① 「私」は不便な中で感じられる苦労や達成感が自分を成長させてくれると感じているが、薫ちゃんは便利なものを使ってなるべく自身の負担を減らすほうが成長につながると考えている。
② 「私」はたまに感じる不便さの中でしか得られない感動や刺激こそ大切なのだと考えているが、薫ちゃんは不便なものをできるだけ排除し、すべて自分の思い通りに事が進むことを重視している。
③ 「私」はたとえ不便でもその時、その場所でしか感じられないものに価値を見出しているが、薫ちゃんはその場まで足を運ばなくても体験できるような効率の良さを重視している。
④ 「私」は不便であっても実際にその場まで行き経験することで得られる幸福感を求めているが、薫ちゃんはライブでなくてもなるべく自分の家から出なくて済むという条件を第一に考えている。

問8 ——部キ「この未来に、乗り遅れてもいいかもしれない」とは、どういうことか。最も適当なものを、次より選びなさい。（解答番号 25）

① 薫ちゃんの理想とする未来と自分の考えとは相容れないので、今は受け入れなくてもいいと考えているということ。
② 薫ちゃんの思い描く未来には納得できないので、気まずい思いをするくらいなら電車に乗り遅れてもいいと思っているとい

キこの未来に、乗り遅れてもいいかもしれない――そう思った途端、薫ちゃんが私の手を握った。

「何してんの、電車出ちゃうところだったじゃん」

いきなり動き止めないでよ、と笑いながら、薫ちゃんが私の手首からてのひらを離す。私は「ごめん」と呟《つぶや》きながら、突き進んでいく空間の中、揺らぐ足に力を込める。

電車は混んでいた。はじめは全然座れなかったけれど、一度乗り換え駅を経ると、座席が徐々に空いてきた。地元の駅まであと四駅となったところで、やっと、二人並んで座ることができた。

窓の外を、景色が流れていく。

電車は、私たちを、中学三年生が自分の力だけでは到底辿《たど》り着けなかったような場所からよく見知った町まで帰してくれる。車を運転することができる大人じゃないと行けなかったような場所まで、私たち子どもを運んでくれる。

「ねえねえ」

次の駅で降りる、というときになって、薫ちゃんが急に口を開いた。

「好きな人がいるとか、恋をするとかって、どんな気持ち？」

「えっ？　何っ？　いきなりどしたの？」

「いや、ちょっと気になって……」

薫ちゃんが、珍しく語尾を濁《にご》す。うとうとしはじめていた私は、慌てて薫ちゃんのほうに向き直った。

背中ではなく、薫ちゃんの顔がきちんと見える。

電車が速度を緩めていく。心地いい揺れの中で、私は、頷《うなず》いた後に少し上を向く渡邊君の細い顎《あご》を思い浮かべていた。高い背を、低い声を、焼けた腕に生えている産毛を、私の字を好きだと言ってくれる唇の動きを思い出していた。

「恋って」

――その場所じゃなきゃ手に入らないとか、その人じゃなきゃできないとか、そういうのって意味あるのかな。

「クその人とじゃないとできないって思うもの、かも」

電車が辿り着いた。見知らぬ未来ではなく、住み慣れた町の景色の先っぽに。

（朝井リョウ『ままならないから私とあなた』より）

《注》

*なっちゃん…渡邊君のクラスメイト。

*光流ちゃん…『Over』のボーカリスト。

*セットリスト…ライブで演奏される曲目やその順序。

問1　――部ア「薫ちゃんは、私の拳の中のお守りの中身まで透視してしまいそうな目つきをしている」とは、どういうことか。最も適当なものを、次より選びなさい。（解答番号 18）

①　まるで悪いことをしたと感じてしまうほど、責めるような目つきだということ。

②　だましていることを白状しそうになるほど、疑り深い目つきだということ。

③　自分の考えていることを悟られそうなほど、鋭い目つきだということ。

④　思わずお守りを渡しそうになるほど、もの欲しそうな目つきだということ。

問2　――部イ「私の世界をいとも簡単に操ってしまう」とは、どういうことか。最も適当なものを、次より選びなさい。（解答番号 19）

①　好きな人なしでは生きていけなくなるほど、毎日その人のことばかり考えてしまうということ。

②　自分の世界が色づいて見えるほど、好きな人がいるだけで日常が楽しくなるということ。

③　好きな人の言うことを何でも聞いてしまうほど、周りが見えなくなってしまうということ。

④　自分の普段の行動がうまくできなくなるほど、好きな人の影

「そのほうが絶対儲《もう》かるのにね」】

私は、薫ちゃんの背中を追いかける。聞こえていない振りをしながら、追いかける。

パスモで改札を通る。チャージの残額が少し不安だったけれど、大丈夫そうだ。電車を待つホームに隣同士並ぶと、薫ちゃんは、私の首からぶら下がっているタオルを見ながら、また、ひとりごとのように言った。

「このタオルも、会場限定のやつ買おうと思ったら、めちゃくちゃ並ぶんだよね」

薫ちゃんは、いつのまにか、首にかけていた自分のタオルをカバンの中に片付けている。

「私、たまに思うの」

電車を一本、やり過ごす。特急ではなく、快速に乗らなくてはならない。

「会場限定タオルとか、光流ちゃんじゃないと弾けない曲とか、超並ばないと買えないポップコーンとか、資料室でしか借りられない問題集とか、音楽室に行かないと練習できないピアノとか」

特急電車から振り落とされた風に、髪の毛を乱される。

「渡邊くんにしか消せない黒板とか」

薫ちゃんの声だけが、風に吹き飛ばされずに、その場に残る。

「その場所じゃなきゃ手に入らないとか、その人じゃなきゃできないとか、そういうのって意味あるのかな」

特急電車が見えなくなる。

「どこでも、誰でもできるようになったほうが、便利でいいのに」

本当に、独り言なのかもしれない。私の反応なんて、求めていないのかもしれない。だけど私は、自然に口を開いていた。

「ヵ違うと思う」

風に散らされた髪の毛を、耳にかける。視界から邪魔なものが消えた。

「特に今日みたいなライブって、その日その場所じゃなきゃ、その人の生演奏だからこそっていう感動があると思う。今日の＊セットリストだって、家でひとりで曲聴いててもこんな気持ちにならなかっただろうし」

——私には、私にしか弾けない、私にしか作れない曲が必ずあります。

光流ちゃんの言葉が、突然、私の頭の中でだけ蘇《よみがえ》った。私は、どんどん小さくなっていく自分の声を、街の雑音のような距離感で捉える。

「やっぱり、生演奏だからこそ、ライブだからこその楽しさってあるよ」

「気づいてなかったのに？」

薫ちゃんが、私の言葉を遮《さえぎ》るように言う。

「一曲目、メインステージにいるメンバーが3D映像だって気づいてなかったのに？」

新しいパンにバターを塗るように、新しいノートの一ページ目に丁寧に文字を書くように、言う。（中略）

「私ね」

薫ちゃんの声と同時に、電車が私の五感に入り込んできた。

「今日のいろんな演出見て、Overは、メンバーがそこにいなくても、お客さんがそこにいなくても、ライブっていうものが実現できる未来を目指してるのかなって思った」

電車が止まった。快速だ。たくさんの人が降りてくる。

「それってすごいことだなって。だって、遠くて行けないとか、お金がないとか関係なく、いつでもどこでもOverのライブが楽しめるってことだもん」

薫ちゃんが、電車へ乗りこんでいく。

一足先に、未来へ進むように。

電車のベルが鳴る。足が動かない。

「ユッコ？」

光の中から、薫ちゃんがこちらを見ている。

楽しいよ、と、私は顔を上げる。さりげなく手の甲で涙を拭《ぬぐ》ったことは、薫ちゃんにはバレていない。

「えー、学校？」

「学校の資料室に、いろんな高校の過去問とか全部揃ってるんだよ。自由に借りられるの」

「へえ」

「便利でしょ？」

私は、微笑みながら、薫ちゃんの顔を覗《のぞ》き込む。心の重さに負けそうになっていた体が、やっと薫ちゃんと同じ速度で前に進もうとしたそのときだった。

「いや、不便じゃない？」

薫ちゃんは、いつもと同じ、少し早口で言った。

「私のタブレットだと、過去問は全部データでダウンロードできるからさ。それだと、誰かが借りて使えない、なんてこともないし、いちいち学校まで行かなくてもいいし」

薫ちゃんは、まっすぐ前を見ている。どんな表情をしているのか、横顔だけではそのすべてを読み取ることができない。

「そう言われたら確かに不便かもしれないけど……」

――不便って、そんなに悪いことなのかな？

また、言いたいことが言葉にならない。薫ちゃんは親友なのに。これまでも、薫ちゃんになら何でも言えたのに。

オ私は足元を見つめる。

学校は、確かに不便なことが多い。

だけど、だからこそ、言葉を交わせた人がいる。だからこそ、出会えた人がいる。

「薫ちゃんは、好きな人いないの？」

今度は、逆だった。言おう、とは全く考えていなかった言葉が、口からこぼれ出た。

「好きな人」

薫ちゃんが、また、私の言葉を繰り返す。

「そう、好きな人」

私がもう一度繰り返したので、薫ちゃんはもう、繰り返すことができない。

ほんの少しの沈黙のあと、薫ちゃんが口を開いた。

「待って、何かいつの間にか違うとこ来てない？」

この人混みの全員が駅を目指して歩いていると思っていたけれど、いつしか進路が二手に分かれていたらしい。私と薫ちゃんは気づかないうちに、駅へ向かう流れから外れていたようだ。

【「あれ、ユッコが言ってた店じゃない？　なんだっけ有名なポップコーン屋とかそういう系」

「あっほんとだっ、ここだ！」

私たちはいつしか、駅の近くにある有名なポップコーン専門店に並ぶための行列に紛れ込んでいたらしい。ライブ帰りに寄る人と、夏休み最後の週末という条件が重なったからか、かなりの行列になっている。

「すごい人気」

ご迷惑になりますので道路を塞《ふさ》がないでください――あらゆる方向から飛んでくる店員の呼びかけを避けるように、私と薫ちゃんは方向転換を図る。時間に余裕があったら買って帰りたいなんて思っていたけれど、こんなの絶対無理だ。

駅まで出てくると、もう、『Over』の全国ツアー千秋楽が開催された町は、ただの見慣れない町のひとつになった。さっきまでは、周りにいる人すべてが『Over』の余韻《よいん》に浸っていたけれど、日曜日なのにスーツ姿の大人たちや塾帰りの学生たちが、その空気をせっせと薄めてくれている。

「すごい行列になるってわかってるのに」

あっという間に、ポップコーン専門店は見えなくなる。薫ちゃんは歩くのが早い。

「なんでレシピ化してコンビニとかで売らないんだろ」

前を歩く薫ちゃんが、独り言のようにそう言った。

「そのお守り、ダサくない？」

「えっ⁉」

大きな声が出てしまった。前を歩いている男の人が、ちらりと私のことを見る。

「いや、ずっと言おうと思ってたんだけど……あんま合ってないと思うんだよね、そのカバンにそのお守り」

「え、そ、そうかな？」

私は、愛用しているカバンに着けている赤いお守りを、隠すように握りしめる。

「これ、学問の神様がいるところのお守りなんだって。受験だし、ちょっと神頼みしとこっかなって」

「A判定なのに？」

ア薫ちゃんは、私の拳《こぶし》の中のお守りの中身まで透視してしまいそうな目つきをしている。

「お守りも変だし、ユッコ自身もちょっと変」

「そ、そう？　普通だよ」

二人とも、一歩、動く。私は、拳に力を込める。

このお守りは、自分で買いに行った。

私もこれをカバンに着ければ、渡邊君と＊なっちゃん、その二人だけのお揃いではなくなる。そう思ったから、ひとりで買いに行った。

「ユッコ、最近ぼーっとしてるときあるし」

薫ちゃんが、私の背中を押すように言う。

「ちょっとやつれた気もするし、変なお守り着けるし」

少しずつ、人の波が動いていく。

「なんかあったのかなって」

私は、靴ひもを踏んでしまわないように、下を見る。

涙ぐんだ目を、薫ちゃんに見られないように。

「なんかあったっていうか……」

バカみたいだ、私。

ひとりでぐちゃぐちゃ考えて、ひとりで変な行動起こして、ひとりでこんな気持ちになって。カッコ悪いし、気持ち悪い。

「好きな人ができただけ」

資料室で渡邊くんに会った日から、渡邊君のことを考えるだけで、ご飯もろくに食べられなくなってしまった。勉強にだって、ピアノの練習にだって、集中できない。自分が自分ではなくなってしまったみたいだ。

＊光流《みつる》ちゃんに、渡邊くん。焦がれるほど好きな人たちは、イ私の世界をいとも簡単に操ってしまう。

「好きな人」

薫ちゃんが、小さな声で、私の言葉を繰り返す。

「好きな人ができると、そんなふうに元気がなくなったり、痩《や》せちゃったりするの？」

ウたどたどしく、薫ちゃんが言葉を繋《つな》ぐ。

「だったら、やめたほうがいいよ」

流れ始めた人混みの中で、薫ちゃんの歩幅は私のそれより大きい。

「やめたほうがいいって……」

「だって、体調悪くなるんでしょ？　そんなのおかしいじゃん。向いてないんじゃない？」

私は、薫ちゃんの背中を見つめる。

伝わらないかもしれない。

私は、昔からの親友に対して初めて、明確にそう思った。いや、本当はこれまでにも何度かそういうタイミングはあったかもしれないけれど、自分の心がやっと、素直にその感情を認めた気がした。

ご飯が食べられなくなるくらい、いっそ嫌いになってしまいたいくらい誰かを好きになる気持ちを、この人にどう説明すれば伝わるのかが、わからない。

「エそうかもね」

私は、薫ちゃんの隣に並ぶ。

「ねえ、薫ちゃんも、たまには学校で一緒に勉強しようよ」

ツールだということ。

③　新聞は、クリッピングニュースとは違い自分が関心のないニュースにも必ず目を通すことになるので、学生たちの好き嫌いを直す情報ツールだということ。

④　新聞は、自分の求めている情報だけでなく、思いもよらない多くの分野の情報に触れる機会や、自己の興味関心を広げるチャンスがある情報ツールだということ。

問10　――部サ「考えることの重要性」とあるが、これについて本文ではどのように述べられているか。最も適当なものを、次より選びなさい。（解答番号 15 ）

①　世の中にある多様な意見すべてを尊重することは、「正しい」といえる結論を見誤らせる原因の一つとなり、客観的根拠のない意見を排除するためにも「考えること」が重要である。

②　世の中にある多様な意見の中から、誰もが「正しい」と思える結論を選択するには手間と時間がかかるが、ネット検索などで安易に結論を求めないためにも「考える」ことが重要である。

③　世の中にある多様な意見すべてを平等に認めたり、偏った見方をしたりするのではなく、客観的に「正しい」といえる結論を導くために「考える」ことが重要である。

④　世の中にある多様な意見に耳を傾けるには幅広い知識が必要であり、客観的に物事を見つめ、その「正しい」価値を判断する力を養うために「考える」ことが重要である。

問11　――部カ「インターネットでの検索を、辞書で調べる行為と同じように捉えて」とあるが、そのことについて生徒A、Bが話し合った。 X 、 Y に入ることばとして適当なものを、後よりそれぞれ一つずつ選びなさい。

生徒A―現代の学生は、辞書で調べるよりも、インターネットで何でも検索することが多くなったよね。

生徒B―そうよね。インターネットは、辞書で何かを調べるよりも気軽に利用できる便利なものだからかもしれないわね。

生徒A―でも、インターネット検索に慣れすぎてしまうと、 X 危険性もあるかもしれないね。

生徒B―現代の我々は、 Y と思い込んでいるのかもしれないわね。

生徒A―これは、僕たち一人一人が気をつけなければならない問題だね。

X （解答番号 16 ）

①　他者の研究結果を引用した著作物を効率よく利用する

②　コピペしたレポートや論文しか作成できなくなる

③　日本の大学生の学力がますます低下していく

④　他人の意見をよく考えることもなく信じ込んでしまう

Y （解答番号 17 ）

①　誰かがきっと答えを知っていて、それを教えてくれるはずだ

②　インターネットにあるものは、勝手に使用しても構わない

③　引用した文章の内容を考えるよりも、そのまま引き写す方が良い

④　手間と時間のかかる「正しさ」の追究には、あまり意味がない

二

次の文章を読み、後の問いに答えなさい。

中学三年生の「私」（ユッコ）と薫《かおる》ちゃんは、小学校時代からの親友である。二人で大好きなバンドである『Over』のライブに行った帰り道、「私」が好意を寄せている渡邊《わたなべ》君とお揃《そろ》いにするために買ったお守りについての話題になった。

「ねえ、ユッコ」

薫ちゃんに聞きたかったことを口に出す前に、薫ちゃんが私のことを見た。

ると考える風潮が社会に広がっているから。

問3 [イ] に入ることばとして最も適当なものを、次より選びなさい。（解答番号[7]）

① にせもの　② ものまね　③ 継ぎはぎ　④ 間違い

問4 ――部ウ「横行」、――部オ「吟味」のここでの意味として最も適当なものを、後よりそれぞれ選びなさい。

ウ「横行」（解答番号[8]）

① 勢いが盛んになって広まること。
② 我が物顔で振る舞うこと。
③ 自分の所有にすること。
④ 誰もが気軽に利用すること。

オ「吟味」（解答番号[9]）

① 誤りを正そうとすること。
② 正解を探そうとすること。
③ 念入りに調べて選ぶこと。
④ 責任を持って取り組むこと。

問5 ――部エ「完全なるパクリレポート」とあるが、これを増田准教授が学生に課した理由として**適当でないもの**を、次より一つ選びなさい。（解答番号[10]）

① コピペを多用した論文を作成することに対する罪悪感を学生に植えつけるため。
② 今まで興味関心を持たなかった他者の意見に触れる機会を設けるため。
③ 著作物からの引用にはルールがあることを学生たちに指導するため。
④ 多くの書物を読み、考え、まとめるという作業を学生たちに行わせるため。

問6 ――部キ「思わず苦笑した」とあるが、それはなぜか。その理由として最も適当なものを、次より選びなさい。（解答番号[11]）

① グーグルで検索すれば必ず答えが見つかると信じ、世の中には多様な意見があることを知らない学生の単純さに驚いたから。
② 余計な一文を削除するべきであったことにも気づかず、何も考えることなくすべてをコピペで済ませてしまう学生にあきれたから。
③ レポートのほとんどをコピペで済ませているような学生が、自分では思いつかないような素晴らしい意見をネットから探してきたことを不思議に思ったから。
④ 他人の講演録を丸写しして提出しただけでなく、コピペで引用している内容にほとんど目を通していない学生の図々しさに憤りを覚えたから。

問7 ――部ク「パクリがうまい学生ほど、自分の文章も上手に書ける」とあるが、それはなぜか。その理由として最も適当なものを、次より選びなさい。（解答番号[12]）

① パクリレポートを上手に作成するためには、数多くの書物を読む必要があるから。
② パクリレポートの作成に取り組むと、新聞という情報媒体に興味を持つようになるから。
③ パクリレポートを何度も作成すると、文章の論旨を無意識に考える力が身につくから。
④ パクリレポートの作成過程と、人間の言語処理作業には似通っている部分があるから。

問8 [ケ] に入ることばとして最も適当なものを、次より選びなさい。（解答番号[13]）

① 迷走　② 寄り道　③ 近道　④ 暴走

問9 ――部コ「ごった煮が新聞の最大の魅力」とは、どういうことか。最も適当なものを、次より選びなさい。（解答番号[14]）

① 新聞は、学生たちの言語処理能力向上に大いに役立つものであり、彼らの持つ可能性を引き出す情報ツールだということ。
② 新聞は、嫌でも多様な情報に触れる可能性があり、ネット検索で自分に都合の良い意見のみを探す学生たちを鍛え直す情報

課題に取り組むと、クパクリがうまい学生ほど、自分の文章も上手に書けることが分かりました。通常は自分の頭の中で行っている言語処理を「見える化」してみると、実はパクリレポートを作成するのと似た手順になるのかもしれない、と増田さんはみています。課題に取り組んだ学生からは「他人の文章を切り刻み、論旨を壊してしまうことに罪悪感を覚えた」との声が聞かれるようになりました。「初めは著作権に関する文ケンを調べていたのに、いつの間にかＴＰＰ（環太平洋経済連携協定）問題に行き着いてしまった」という感想は、まさに増田さんの思惑《おもわく》通りに、学生たちが「　ケ　」していることを示すものでした。

若者の新聞離れが進んでいるので、少し宣伝をさせてもらいますと、新聞を読む行為は「嫌でも多様な情報に触れる」という点で、パクリレポートの作成と共通する部分があります。自分の興味のある記事を読んでいる時、少し視点を移せばすぐ隣に気になる見出しを見つけることがあります。それまで見向きもしなかった分野に、関心を持つチャンスが常に待ち構えているのです。コごった煮が新聞の最大の魅力であり、クリッピングニュースのように、自分の関心のあるニュースだけを集めて読んでいても、世界の幅は広がりません。（中略）

＊山口さんは著書『コピペと呼ばれない文章の書き方教室』で、サ考えることの重要性について次のように記しています。「「言論の自由」とは（中略）「すべての意見に等しい価値がある」という意味ではありません。幅広い知識によって根拠づけられた意見のみに価値があるのです」。「「考える」とは、賛否両方の立場の主張について、その客観的な根拠を比較し、客観的に「正しい」といえる結論を出すということです」。

学校では「多様な意見を尊重しよう」とよく言われます。人の考え方はそれぞれ尊重されるべきですが、すべてが同じ価値を持っているのではないという点は見落としがちです。「正しさ」の追究には、それ相応の手間と時間がかかるのです。

（名古谷隆彦『質問する、問い返す』より）

《注》

＊山口さん…徳島大学の山口裕之《ひろゆき》准教授。

問1　═══部a～eのカタカナ部分の漢字と同じ漢字を使った熟語を、後よりそれぞれ一つずつ選びなさい。

a　カン起（解答番号 1 ）
①　召喚　②　転換　③　帰還　④　傍観

b　キ薄（解答番号 2 ）
①　規定　②　奇妙　③　希望　④　寄贈

c　文ケン（解答番号 3 ）
①　検討　②　献上　③　研究　④　賢明

d　テイ触（解答番号 4 ）
①　停滞　②　抵抗　③　堤防　④　提供

e　一サイ（解答番号 5 ）
①　摩擦　②　雪像　③　改札　④　切断

問2　――部ア「コピー・アンド・ペースト（コピペ）」が、目に見えない形で私たちの思考を侵食している」とあるが、それはなぜか。その理由として最も適当なものを、次より選びなさい。（解答番号 6 ）

①　コピペに対して違法性を感じない大学生が増えたため、引用した元の書物を明示しない著作権法に触れるような論文が教育現場で問題になっているから。

②　コピペで引用している文章の内容の真偽について精査することや、多様な意見・情報に触れることなく、記載されている内容を鵜《う》呑みにしてしまうから。

③　コピペの安易さに慣れてしまった現代の我々は、他者の研究成果を引用せず純粋にオリジナルなものを生み出すような研究に価値を見出せなくなっているから。

④　コピペは知的な活動を効率化できる利点を有しているため、何もないところから新しい発想を創出するのは時間の無駄であ

二〇二二年度　武南高等学校（併願1）

【国　語】（五〇分）〈満点：一〇〇点〉

一　次の文章を読み、後の問いに答えなさい。

東京大学の入学式の式辞で、教養学部長がこんな話をしました。二〇一四年春のことです。

「学術論文における無意識のアコピー・アンド・ペースト（コピペ）が、目に見えない形で私たちの思考を侵食している」。ネット上の文献などからコピーした文章や画像を、自らの論文などに貼り付ける「コピペ」。入学時に注意aカン起しなければならないほど、コピペ問題に対する学生たちの意識がbキ薄になっており、大学の教育現場を悩ませています。

二〇一五年には、ある東大生がレポートの約七十五%をネット上から引き写していたとして、大学から警告を受けました。［イ］だらけのレポートを作成しても、論文としての価値がないのはもちろんですが、引用した元の文cケンを明示しない行為は、著作権法にdテイ触する恐れもあります。コピペのウ横行に頭を悩ませた一部の大学は、コピペを発見するためのソフトを導入するなど、事態は深刻化しています。

著作権法は、著作物からの引用には①引用部分を明示する、②出典を明示する、③引用があくまで従属的な部分にとどまっている——ことなどを必要な要件と規定しており、大学でも引用に関するルールを指導するケースが増えています。

世の中の著作物や論文には、他者の研究成果を引用したものがたくさんあります。そうした成果に一eサイ頼らずに、純粋にオリジナルなものを作成するのは大変です。新しい発想の多くは、何もないところから創出されるのではなく、すでにあるものを足がかりとして生まれます。引用自体は恥ずかしいことではなく、先人の知恵を借りて新たな価値を生み出す手助けとなるものです。出典部分の責任を外部に委《ゆだ》ねることで、知的な活動を効率化できる利点もあります。

しかし、コピペはそうした手続きをすっ飛ばし、安易なレポート作成の手段になっている点が問題なのです。各大学が対策に追われる中、大阪市立大の増田聡《さとし》准教授は、著作権や剽窃《ひょうせつ》（他人の作品や論文を盗んで自分のものとして発表すること）について、学生に考えてもらうための秘策を編み出しました。その名も「エ完全なるパクリレポート」という課題で、「ネット上の文ケンなど異なる十か所以上の出典から引用してレポートを作る」というルールを学生に提示しています。

例えば、ある文章はネットのブログから、別の文章は辞書からというように、最低十か所以上から文章を抜き出し、レポートを組み立てるのです。簡単なように見えますが、原文には一字一句手を加えることが禁じられており、切り貼りして作ったレポートも論旨が通っていなければ単位は与えられません。

増田さんは、学生たちの実態を次のように指摘します。「コピペで引用している文章の内容をほとんどオ吟味していない。自分は一度も考えたことがないような他人の意見でも、引き写すのに抵抗がない。カインターネットでの検索を、辞書で調べる行為と同じように捉《とら》えて、グーグルで検索すれば必ず答えが見つかると思っている学生が多い」。他人の講演録を丸写しした挙げ句、「ご静聴ありがとうございました」と最後の一文を削除し忘れたレポートを読んだ時には、キ思わず苦笑したといいます。

難関の大学入試を突破できる学力はあるのに、たった一冊の本や一本のブログを読んだだけで、正しいと信じ込んでしまうナイーブな学生たちに、増田さんは危うさを感じていました。引用の規則を理解してもらうだけでなく、世の中には多様な意見があると知ってもらうために、強制的に多くの書物を読ませる方法を考えた結果、たどり着いたのがパクリレポートでした。

2022年度／武南高等学校（併願１）

英語解答

Ⅰ　(1)　2　(2)　1　(3)　4　(4)　3
　(5)　3

Ⅱ　(6)　2　(7)　1　(8)　4　(9)　2
　(10)　2　(11)　1　(12)　1　(13)　3
　(14)　4　(15)　3

Ⅲ　(16)　3　(17)　2　(18)　4　(19)　1
　(20)　1

Ⅳ　(21)　2　(22)　1　(23)　4　(24)　1
　(25)　1

Ⅴ　(26)　3　(27)　1　(28)　2　(29)　3
　(30)　2

Ⅵ　(a)　31…6　32…1
　(b)　33…7　34…3
　(c)　35…6　36…7
　(d)　37…7　38…1
　(e)　39…5　40…6

Ⅰ〔放送問題〕解説省略

Ⅱ〔長文読解総合―伝記〕

≪全訳≫❶コンピュータはOSがないと動かない。皆さんの多くが，世界で最も裕福な人の１人であるビル・ゲイツの名前を知っているだろう。彼の大きな会社，マイクロソフトは世界的に有名なOSである「ウィンドウズ」を販売している。では，あなたはこの名前――リーナス・トーバルズを知っているだろうか。彼はリナックスの最初のプログラムを書いた。このOSは現在「ウィンドウズ」と同じくらいよく知られており，多くの大企業で使われている。しかし，彼はビル・ゲイツほど裕福ではない。彼はコンピュータ会社の社長ではないのだ。彼は1969年にフィンランドで生まれ，10歳のときに趣味としてコンピュータプログラムを書き始めた。学生のときに，彼はいくつかのプロジェクトに取り組んでおり，基本的にはおもしろいことを見つけようとしていた。そんなとき，彼は自分のコンピュータにはより優れたシステムが必要だと感じた。彼は新しいOSのリナックスを作成することに成功した。大学在学中に，彼はそれをインターネット上に置いて，他の人々にも役立ててもらうことにした。通常，このようなシステムは秘密にしておき，販売することで大金を得るものだ。当時，他の多くの人々はそれを目指していたが，彼はそうしなかった。人々はそれを間違っていると感じた。お金を取らずにそれをインターネット上に置いたことで，彼はお金を得る大きなチャンスを失っている，と彼らは思ったのだ。実際には，彼にとってそれは大きな決断ではなかった。彼は多くの点でとても変わっていた。苦労して仕上げたプロジェクトを見せることで，彼はとても幸せを感じた。だから，彼はただ自分のプログラムをインターネット上で見せることを望んだ。彼はこう言った。「僕がこれをつくったんだ。これはかっこいいし役に立つと思う。僕はわがままな人間だった。コンピュータのプログラミングは本当に楽しくてすばらしい仕事だった。僕は自分がやっているプロジェクトを誇りに思っていた。僕はずっと，それを自分自身の楽しみのためにやれると感じている。腹が減ることを心配したことはない。自分の目標を達成するために努力し続けることは，すごく楽しいし，本物の仕事でもある」❷それから何が起こったか。世界中の大勢のIT専門家がリーナスの考えを支持し，彼のプログラムを改良したのだ。リナックスはうまく動くので，現在愛されている。彼は今も，多くの人々のアイデアが自分のOS作成に役立ったと考えているので，彼にとってお返しをするのは当たり前のことなのだ。「秘密にしてはいけないんだ」とリーナスは言う。「僕には僕の鉄則がある。自分がしてほしいように他人にしてあげること，そして楽しんで仕事をすることだ」　もし，皆さんがこのルールに従えば，どんな状況でもどのように振る舞えばよいかがわかるだろう。

(6)＜適語選択＞'one of the＋最上級＋複数名詞' で「最も～な…の１人〔１つ〕」。

(7)＜適語選択＞１つ目の空所には「～として」，２つ目の空所には「～のときに」を意味する as が適切。

(8)＜英文解釈＞succeed in ～ing で「～することに成功する」。system の後ろのコンマ(,)は‘同格’を表し，前の語を言い換えたり補足説明したりするときに使われる。

(9)＜英問英答＞「下線部(え)は何を表しているか」―２.「彼はそのシステムを秘密にしたり売ったりしようとしなかった」　下線部(え)の直前の to の後ろと，下線部(え)の didn't の後ろには同じ‘動詞＋語句’が省略されており，その内容は，１つ前の文の to keep such a system secret and to get a lot of money by selling it である。

(10)＜適語句選択＞文の前半に，「お金を得る大きなチャンスを失っている」とある。その理由として適切なのは，「お金を取らずにそれ(＝プログラム)をインターネット上に置いた」ことである。without ～ing「～しないで」

(11)＜適語選択＞後ろの way は「点」を意味しており，in many ways で「多くの点で」を表す。

(12)＜英問英答＞「なぜ，リーナスは自分自身をわがままな人間だと思ったのか」―１.「自分自身の楽しみのために物事を行ったから」　下線部(き)の後に，リーナスが自分の楽しみのためにプロジェクトに取り組んできたことが述べられている。

(13)＜適語選択＞「自分がやっているプロジェクトを誇りに思っていた」となる proud が適切。 be proud of ～ で「～を誇りに思う，～を自慢する」。

(14)＜語句解釈＞文の前半は‘help＋人(＋to)＋動詞の原形…’「〈人〉が～するのを手伝う」の形で，後半は‘it is ～ for … to ―’「…が〔…にとって〕―することは～だ」の形式主語構文になっている。give back「返す」

(15)＜英文解釈＞Do to others は「他人にしてあげなさい」，as は「～ように」を意味している。you would want them to do (to you)は‘want＋人＋to ～’「〈人〉に～してほしい」の形で，「他人に(あなたに対して)してほしい」となる。これらを合わせると「あなたが他人にしてほしいように，他人にしてあげなさい」となる。

Ⅲ〔長文読解―適語選択―説明文〕

≪全訳≫❶現在，世界のほとんどの国がゴミを出しすぎている。日本は多くの人々がいる小さな国だ。だから，日本は廃棄物の80％を燃やしている。日本には6000を超す焼却炉がある。世界の焼却炉の３分の２が日本にあるのだ。❷ゴミを燃やすと熱が出る。この熱はエネルギーに利用できる。人々や企業はそのエネルギーを使える。日本の焼却炉の中には，廃棄物をエネルギーに変えているものもある。焼却炉にはいくつか問題がある。廃棄物の焼却には高い費用がかかり，ダイオキシンのような汚染物質を発生させる。しかし，技術は変化しつつある。日本の会社はより良く有用な焼却炉をつくっている。❸ヨーロッパでは，たいていの廃棄物(約53％)は地中に埋められる。燃やされるのは30％にすぎない。しかし，ヨーロッパの人々にとってリサイクルは日常生活の一部だ。ドイツでは，ペットボトルは何度も再利用される。同様に，びんは15回から20回，中身を詰め替えて再販売される。製品の大半は同じ形のびんを使う。❹ヨーロッパは日本から焼却技術を学んでいる。そして，廃棄物の再利用とリサイクルについて，日本はヨーロッパから学ぶことができる。うまくいけば，世界中の国々が新しいアイデアを思いつくだろう。しかし何よりも，捨てるのを減らして再使用を増やすことが必要だ。

＜解説＞(16)「～を持つ」を意味する with が適切。　(17)受け身形(‘be動詞＋過去分詞’)の文なので，過去分詞の used が適切。　(18)such as ～ で「～のような」。例を挙げるのに使われる。　(19)ペットボトルの再使用について述べた後，空所の後ろでびんの再使用について述べているので，「同様に，また」を意味する also が適切。　⒇think of ～ で「～を思いつく，～のことを考える」。

Ⅳ〔適語(句)選択・語形変化〕

(21)be interested in ～ で「～に興味がある」。　「彼はアメリカの歴史に興味がある」

(22)‘ask＋人＋to ～’で「〈人〉に～するように頼む」。　「母は兄〔弟〕にスーパーマーケットに行くよう頼んだ」

(23)人にていねいに物を勧めるときの表現。Would you like ～？で「～はいかがですか」の意味となる。　「コーヒーをもう１杯いかがですか」

(24)‘命令文, and ～’で「…しなさい。そうすれば～」，‘命令文, or ～’で「…しなさい。さもないと～」を表す。　「急ぎなさい，そうすれば電車に間に合うでしょう」

(25)‘let＋人＋動詞の原形’で「〈人〉に～させる，～することを許す」。否定文は「〈人〉に～させない，〈人〉が～することを許さない」となる。　「父は私が夜に友人のパーティーに行くことを許さなかった」

Ⅴ〔対話文完成─適文選択〕

(26)A：ルークです。スミスさんとお話しできますか？／B：少々お待ちください。//電話でのやりとりで，hold on には「(電話を切らずに)待つ」という意味がある。

(27)A：市役所への行き方を教えてもらえますか？／B：ごめんなさい，私はこの辺りには詳しくないんです。//stranger は「見知らぬ人，よそ者」で，I'm a stranger here. は「私はここの人間ではない」，つまり「私はこの辺りには詳しくない」という意味になる。

(28)A：このビーフステーキはとても高そうだ。／B：心配ないよ。僕のおごりだ。//「(支払いは)私が持ちます，私のおごりです」は It's on me. や Be my guest. などで表せる。

(29)A：どうやって私を駅まで迎えに来てくれますか？／B：私の車で。//pick ～ up〔pick up ～〕は「(車で)～を拾う，迎えに行く」。‘by＋乗り物’は「〈乗り物〉で」という‘交通手段’を表す。

(30)エレベーターの前で／A：お先にどうぞ。／B：ありがとう。//After you. は相手に先を譲るときの表現で，Go ahead. や You go first. などでも表せる。

Ⅵ〔整序結合〕

(a)‘比較級＋than any other＋単数名詞’「他のどの～よりも…」の形を用いる。　She can run faster than any other athlete.

(b)「～を(私に)教えていただけませんか」は Would you tell me ～？で表せる。「どこに行けばよいか」は where to go で表す。　Would you tell me where to go？

(c)「(その)女性を知っていますか」を Do you know the lady？と表す。「女性」を修飾する「ここを昨日訪れた」は，who を使った関係代名詞節で表す。　Do you know the lady who visited here yesterday？

(d)動詞が have しかないので，日本文を「あの星は非常に多くの水を持っている」と読み換えて表す。「かもしれない」は助動詞 may を使って表せる。　That planet may have so much water.

(e)since があるので，現在完了(‘have/has＋過去分詞’)の文にする。　take a walk「散歩する」　I have taken a walk every morning since last month.

数学解答

1 (1) ア…－　イ…4
(2) ウ…3　エ…1　オ…1　カ…3
キ…4　ク…2
(3) ケ…2　コ…5　サ…9　シ…5

2 (1) ス…6　セ…4　ソ…7　タ…9
(2) チ…8　ツ…5
(3) テ…6　ト…2

3 (1) ナ…1　ニ…6
(2) ヌ…1　ネ…3
(3) ノ…5　ハ…3　ヒ…6

4 ア…1　イ…0　ウ…2　エ…4
オ…0　カ…2　キ…1　ク…2
ケ…3　コ…2　サ…3　シ…2

5 ス…6　セ…9　ソ…2

6 タ…2　チ…5　ツ…0　テ…2
ト…3　ナ…1　ニ…0　ヌ…0
ネ…1　ノ…2　ハ…0　ヒ…1
フ…5　ヘ…3

7 ア…6　イ…8　ウ…8　エ…－
オ…6　カ…1　キ…0　ク…1
ケ…0　コ…1　サ…0　シ…2
ス…5　セ…0　ソ…1　タ…0
チ…5　ツ…2　テ…5　ト…0
ナ…3　ニ…2　ヌ…2　ネ…5
ノ…2　ハ…5　ヒ…0　フ…1

1〔独立小問集合題〕

(1)＜数の計算＞与式 $=(\sqrt{5}-\sqrt{3})(\sqrt{3}+\sqrt{5})\times(2-\sqrt{2})(-\sqrt{2}-2)=(\sqrt{5}-\sqrt{3})(\sqrt{5}+\sqrt{3})\times(-\sqrt{2}+2)(-\sqrt{2}-2)=\{(\sqrt{5})^2-(\sqrt{3})^2\}\times\{(-\sqrt{2})^2-2^2\}=(5-3)\times(2-4)=2\times(-2)=-4$

(2)＜式の計算＞与式 $=\dfrac{14(5x-1)+6(4x+1)-21(3x-1)}{42}=\dfrac{70x-14+24x+6-63x+21}{42}=\dfrac{31x+13}{42}$

(3)＜数の計算＞$\sqrt{675}=\sqrt{3^3\times5^2}=\sqrt{3^2\times5^2\times3}=3\times5\times\sqrt{3}=3\times5\times1.73=25.95$

2〔独立小問集合題〕

(1)＜数の計算＞与式 $=73^2-23^2+59^2-41^2-11^2=(73+23)\times(73-23)+(59+41)\times(59-41)-121=96\times50+100\times18-121=4800+1800-121=6479$

(2)＜連立方程式の応用＞昨年の男子の受験者数を x 名，女子の受験者数を y 名とすると，昨年は，男女合わせて2500名だったので，$x+y=2500$……①が成り立つ。今年は，昨年と比較して，男子が10％減り，女子が５％増えたので，男子の減った人数は $x\times\dfrac{10}{100}=\dfrac{1}{10}x$(名)，女子の増えた人数は $y\times\dfrac{5}{100}=\dfrac{1}{20}y$(名)となる。全体で40名減ったので，増減した人数について，$-\dfrac{1}{10}x+\dfrac{1}{20}y=-40$ が成り立ち，$-2x+y=-800$……②となる。①，②を連立方程式として解くと，①－②より，$x-(-2x)=2500-(-800)$，$3x=3300$　$\therefore x=1100$　これを①に代入して，$1100+y=2500$　$\therefore y=1400$　これより，昨年の男子の受験者数は1100名，女子の受験者数は1400名なので，昨年の男女の人数差は，$1400-1100=300$(名)である。また，今年の男子の受験者数は $1100-1100\times\dfrac{1}{10}=990$(名)，女子の受験者数は $1400+1400\times\dfrac{1}{20}=1470$(名)なので，今年の男女の人数差は $1470-990=480$(名)である。よって，$480\div300=\dfrac{8}{5}$ より，今年の男女の人数差は昨年の人数差の $\dfrac{8}{5}$ 倍となる。

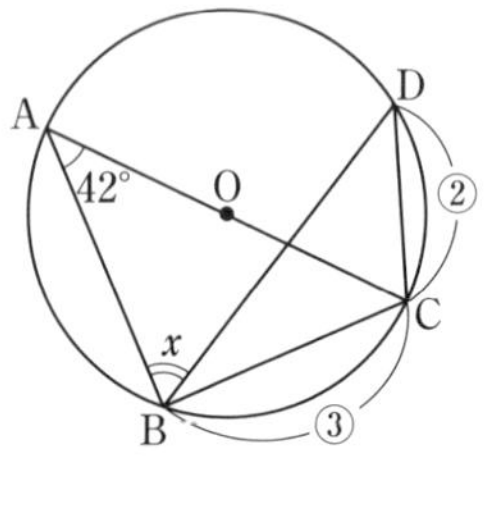

(3)＜平面図形―角度＞右図で，線分 AC が円Oの直径なので，$\angle ABC=90°$ である。また，$\overset{\frown}{BC}:\overset{\frown}{CD}=3:2$ より，$\overset{\frown}{BC}$，$\overset{\frown}{CD}$ に対する円周角の比

は3：2なので，∠BAC：∠CBD＝3：2となる。よって，$\angle\mathrm{CBD}=\frac{2}{3}\angle\mathrm{BAC}=\frac{2}{3}\times42^\circ=28^\circ$とな
るから，$\angle x=\angle\mathrm{ABC}-\angle\mathrm{CBD}=90^\circ-28^\circ=62^\circ$である。

3 〔データの活用―確率―さいころ〕

≪基本方針の決定≫(3)　1回目に出る目で場合分けをして考える。

(1)＜**確率**＞さいころを1回振るとき，目の出方は1，2，3，4，5，6の6通りある。このうち，Aにいるのは，5の目が出て反時計回りに5進むときの1通りである。よって，求める確率は$\frac{1}{6}$となる。

(2)＜**確率**＞(1)より，さいころを1回振るときの目の出方は6通りあり，このうち，Bにいるのは，1の目が出て反時計回りに1進むときと，4の目が出て時計回りに4進むときの2通りある。よって，求める確率は$\frac{2}{6}=\frac{1}{3}$となる。

(3)＜**確率**＞さいころを2回振るとき，目の出方は全部で$6\times6=36$(通り)ある。このうち，Aにいるのは，1回目に1の目が出るとき，1回目に移動した地点はBなので，2回目に6の目が出る1通りある。1回目に2の目が出るとき，1回目に移動した地点はDなので，2回目にどの目が出てもAに移動することはない。1回目に3の目が出るとき，1回目に移動した地点はDなので，2回目にどの目が出てもAに移動することはない。以下同様に考えて，1回目に出る目が4のとき2回目は6の1通り，1回目に出る目が5のとき2回目は5の1通り，1回目に出る目が6のとき2回目は1，4の2通りある。以上より，Aにいる目の出方は$1+1+1+2=5$(通り)なので，求める確率は$\frac{5}{36}$となる。

4 〔特殊・新傾向問題〕

$\{2\}\times10=\{2\}+\{2\}+\{2\}+\{2\}+\{2\}+\{2\}+\{2\}+\{2\}+\{2\}+\{2\}=\{2\times2\times2\times2\times2\times2\times2\times2\times2\times2\}=\{1024\}$となる。$\{a\}+\{b\}=\{a\times b\}$で，$b=1$とすると，$\{a\}+\{1\}=\{a\}$となるから，$\{1\}=0$となる。$\frac{1}{2}\times2=1$なので，$\left\{\frac{1}{2}\times2\right\}=\{1\}$である。$\left\{\frac{1}{2}\times2\right\}=\left\{\frac{1}{2}\right\}+\{2\}$，$\{1\}=0$より，$\left\{\frac{1}{2}\right\}+\{2\}=0$となり，$\left\{\frac{1}{2}\right\}=-\{2\}$である。$\{3\}-\{2\}=\{3\}+(-\{2\})=\{3\}+\left\{\frac{1}{2}\right\}=\left\{3\times\frac{1}{2}\right\}=\left\{\frac{3}{2}\right\}$となる。$\{24\}=\{2\times2\times2\times3\}=\{2\}+\{2\}+\{2\}+\{3\}$となるから，$\{24\}-\{3\}=\{2\}+\{2\}+\{2\}+\{3\}-\{3\}=\{2\}+\{2\}+\{2\}=\{2\}\times3$となり，$\{24\}-\{3\}$は，$\{2\}$の3倍である。$\{\sqrt{2}\}\times4=\{\sqrt{2}\}+\{\sqrt{2}\}+\{\sqrt{2}\}+\{\sqrt{2}\}=\{\sqrt{2}\times\sqrt{2}\}+\{\sqrt{2}\times\sqrt{2}\}=\{2\}+\{2\}=\{2\}\times2$となるから，$\{\sqrt{2}\}\times4$は，$\{2\}$の2倍である。

5 〔平面図形―正三角形，半円，円―面積，面積比〕

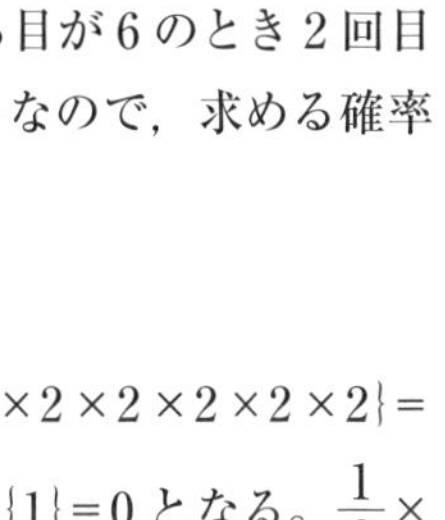

右図で，△ABCは正三角形より，点Aから辺BCに垂線AHを引くと，△ABHは3辺の比が$1:2:\sqrt{3}$の直角三角形となる。$\mathrm{AB}=\mathrm{BC}=x$とすると，$\mathrm{AH}=\frac{\sqrt{3}}{2}\mathrm{AB}=\frac{\sqrt{3}}{2}x$となり，$\triangle\mathrm{ABC}=\frac{1}{2}\times\mathrm{BC}\times\mathrm{AH}=\frac{1}{2}\times x\times\frac{\sqrt{3}}{2}x=\frac{\sqrt{3}}{4}x^2$と表せる。△ABCの面積が$4\sqrt{3}$より，$\frac{\sqrt{3}}{4}x^2=4\sqrt{3}$が成り立ち，$x^2=16$，$x=\pm4$となる。$x>0$より，$x=4$なので，$\mathrm{AB}=4$である。これより，半円の半径は$\frac{1}{2}\mathrm{AB}=\frac{1}{2}\times4=2$となるので，半円の面積は$\pi\times2^2\times\frac{1}{2}=2\pi$となり，斜線部分の面積の合計は，$2\pi\times3=6\pi$である。次に，△ABCが正三角形より，△ABCの3辺に接する円の中心をOとすると，

点Oは線分 AH 上の点となる。また，点Oと点Bを結ぶと，OB は∠ABC の二等分線となるから，$\angle ABO=\angle OBH=\frac{1}{2}\angle ABC=\frac{1}{2}\times60^\circ=30^\circ$ より，△OBH は3辺の比が $1:2:\sqrt{3}$ の直角三角形となる。点Hは辺 BC の中点となるから，$BH=\frac{1}{2}BC=\frac{1}{2}\times4=2$ より，$OH=\frac{1}{\sqrt{3}}BH=\frac{1}{\sqrt{3}}\times2=\frac{2}{\sqrt{3}}$ となり，円Oの面積は，$\pi\times\left(\frac{2}{\sqrt{3}}\right)^2=\frac{4}{3}\pi$ である。したがって，$6\pi\div\frac{4}{3}\pi=\frac{9}{2}$ より，斜線部分の面積の合計は，円Oの面積の $\frac{9}{2}$ 倍となる。

6〔空間図形―円錐―体積，表面積，角度，長さ〕

図1

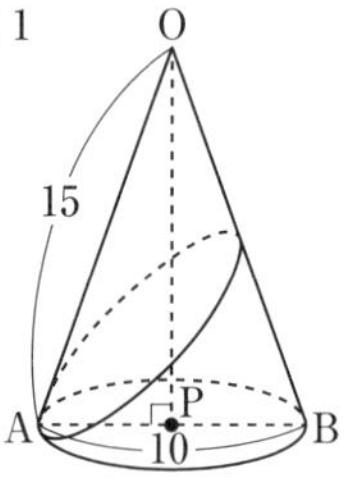

右図1で，底面の円の中心をPとして，点Oと点Pを結ぶと，OP は底面の円に垂直になる。また，点Pは線分 AB の中点となるから，$AP=\frac{1}{2}AB=\frac{1}{2}\times10=5$ となる。△OAP で三平方の定理より，円錐の高さは $OP=\sqrt{OA^2-AP^2}=\sqrt{15^2-5^2}=\sqrt{200}=10\sqrt{2}$ となり，底面積は $\pi\times5^2=25\pi$ だから，円錐の体積は，$\frac{1}{3}\times25\pi\times10\sqrt{2}=\frac{250\sqrt{2}}{3}\pi$ である。次に，円錐を右下図2のように展開する。側面を展開したおうぎ形 OAA′ の中心角を $\angle AOA'=x$ とすると，$\overset{\frown}{AA'}$ の長さと，底面の円Pの周の長さは等しいから，$2\pi\times15\times\frac{x}{360^\circ}=10\pi$ が成り立つ。よって，$\frac{x}{360^\circ}=\frac{1}{3}$ となるので，側面積は，〔おうぎ形 OAA′〕$=\pi\times15^2\times\frac{x}{360^\circ}=\pi\times15^2\times\frac{1}{3}=75\pi$ となる。底面積は 25π だから，円錐の表面積は，$75\pi+25\pi=100\pi$ である。また，$\frac{x}{360^\circ}=\frac{1}{3}$ より，$x=120^\circ$ となるから，おうぎ形 OAA′ の中心角は $\angle AOA'=120^\circ$ である。図1で，点Aから点Aまで側面上にかけたひもの長さが最も短くなるとき，図2で，そのひもは線分 AA′ で表される。点Oから線分 AA′ に垂線 OH を引くと，△OAA′ は OA＝OA′ の二等辺三角形なので，$\angle AOH=\angle A'OH=\frac{1}{2}\angle AOA'=\frac{1}{2}\times120^\circ=60^\circ$，AH＝A′H となる。△OAH は3辺の比が $1:2:\sqrt{3}$ の直角三角形となるから，$AH=\frac{\sqrt{3}}{2}OA=\frac{\sqrt{3}}{2}\times15=\frac{15\sqrt{3}}{2}$ となり，最も短くなるときのひもの長さは，$AA'=2AH=2\times\frac{15\sqrt{3}}{2}=15\sqrt{3}$ である。

図2

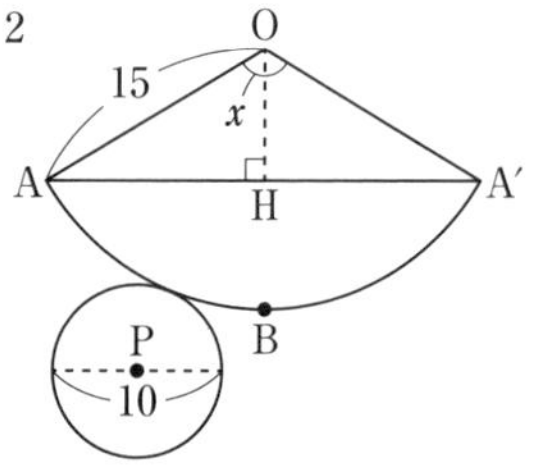

7〔関数―一次関数のグラフ―座標，長さ，面積〕

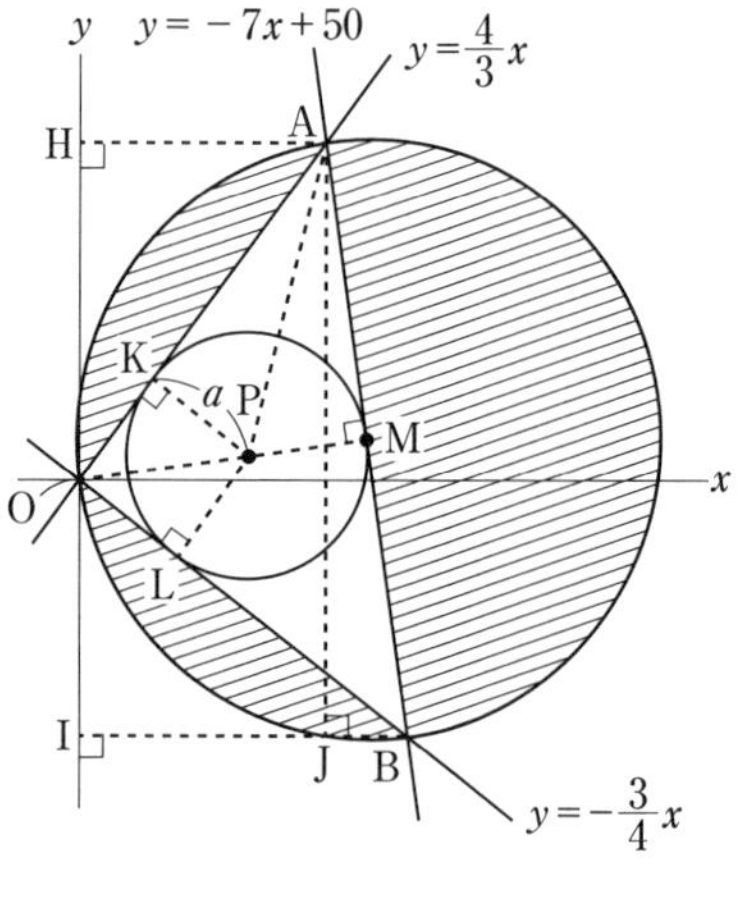

右図で，点Aは，2直線 $y=\frac{4}{3}x$，$y=-7x+50$ の交点だから，$\frac{4}{3}x=-7x+50$ より，$\frac{25}{3}x=50$，$x=6$ となり，$y=\frac{4}{3}\times6$，$y=8$ となる。よって，A(6，8)である。点Bは，2直線 $y=-\frac{3}{4}x$，$y=-7x+50$ の交点だから，$-\frac{3}{4}x=-7x+50$ より，$\frac{25}{4}x=50$，$x=8$ となり，$y=-\frac{3}{4}\times8$，$y=-6$ となる。よって，B(8，－6)である。2点A，Bから y 軸に垂線 AH，BI を引き，点Aから BI に垂線 AJ を引く。A(6，8)だから，AH＝6，OH＝8であり，△OAH で三平方の定理より，$OA=\sqrt{AH^2+OH^2}=$

$\sqrt{6^2+8^2}=\sqrt{100}=10$ となる。B$(8,\ -6)$ だから，OI$=6$，BI$=8$ である。OI$=$AH$=6$，BI$=$OH$=8$，$\angle$BIO$=\angle$OHA$=90°$ より，$\triangle$BOI$\equiv\triangle$OAH となるので，OB$=$OA$=10$ である。また，BJ$=8-6=2$，AJ$=8-(-6)=14$ だから，$\triangle$ABJ で三平方の定理より，AB$=\sqrt{\text{BJ}^2+\text{AJ}^2}=\sqrt{2^2+14^2}=\sqrt{200}=10\sqrt{2}$ となる。以上より，$\triangle$OAB の 3 辺の比は OA：OB：AB$=10：10：10\sqrt{2}=1：1：\sqrt{2}$ だから，$\triangle$OAB は直角二等辺三角形となる。$\angle$AOB$=90°$ なので，$\triangle$OAB$=\dfrac{1}{2}\times$OA$\times$OB$=\dfrac{1}{2}\times10\times10=50$ である。次に，$\triangle$OAB の 3 辺に接する円の中心を P とし，円 P と辺 OA，辺 OB，辺 AB の接点をそれぞれ K，L，M とする。このとき，点 M は線分 AB の中点となり，点 P は線分 OM 上の点となる。$\angle$KOL$=\angle$PKO$=\angle$PLO$=90°$，PK$=$PL より，四角形 PKOL は正方形となるので，PK$=a$ とおくと，OK$=$OL$=$PK$=a$ となる。また，$\angle$PMA$=\angle$PKA$=90°$，AP$=$AP，PM$=$PK より，$\triangle$APM$\equiv\triangle$APK だから，AM$=$AK$=$OA$-$OK$=10-a$ と表せ，同様にして，BM$=10-a$ と表せる。AM$+$BM$=$AB より，$(10-a)+(10-a)=10\sqrt{2}$ が成り立ち，$2a=20-10\sqrt{2}$，$a=10-5\sqrt{2}$ となる。したがって，小さい円の半径は $10-5\sqrt{2}$ であり，その面積は，$\pi\times(10-5\sqrt{2})^2=\pi\times(100-100\sqrt{2}+50)=\pi\times(150-100\sqrt{2})=50(3-2\sqrt{2})\pi$ となる。大きい円は，$\angle$AOB$=90°$ より，線分 AB を直径とする円となるから，その半径は AM$=\dfrac{1}{2}$AB$=\dfrac{1}{2}\times10\sqrt{2}=5\sqrt{2}$ である。斜線部分の面積は，大きい円の面積から$\triangle$OAB の面積をひけばよいので，$\pi\times(5\sqrt{2})^2-50=50\pi-50=50(\pi-1)$ となる。

＝読者へのメッセージ＝

7では，座標平面上に円がありました。座標平面上の円も，x と y の式で表すことができます。大きい円は，M$(7,\ 1)$ を中心とする半径が $5\sqrt{2}$ の円なので，$(x-7)^2+(y-1)^2=50$ となります。一般的に，点 $(a,\ b)$ を中心とする半径 r の円は，$(x-a)^2+(y-b)^2=r^2$ で表されます。

国語解答

一 問１　a…①　b…③　c…②　d…②
e…④
問２　②　問３　③
問４　ウ…①　オ…③　問５　①
問６　②　問７　④　問８　②
問９　④　問10　③
問11　X…④　Y…①

二 問１　③　問２　④　問３　③
問４　①　問５　④　問６　②
問７　③　問８　①　問９　②
問10　②

三 問１　①　問２　③　問３　④
問４　①　問５　②

四 問１　原因　⑥　簡単　④
問２　プロセス　③　モラル　①
問３　Ⅰ…②　Ⅱ…⑤
問４　A…④　B…④

一〔論説文の読解―芸術・文学・言語学的分野―文章〕出典；名古谷隆彦『質問する，問い返す』。

≪本文の概要≫ネット上の文献などからコピーした文章や画像を，自らの論文などに貼りつけるコピペが，安易なレポート作成の手段になっており，大学の教育現場を悩ませている。増田准教授は，多くの学生たちはコピペで引用した文章の内容をほとんど吟味せず，ネット検索をすれば答えが見つかると思っていることや，一本の資料を読んだだけで正しいと信じてしまうことを指摘する。そこで増田准教授が行ったのが，異なる十か所以上の出典から引用し，論旨が通るように組み立てる「完全なるパクリレポート」の作成である。これは，引用の規則を理解させると同時に，多くの書物を読んで，多様な意見があると理解させることが狙いである。ただ，多様な意見も，全てが同じ価値を持っているわけではない。山口准教授は，幅広い知識によって根拠づけられた意見のみに価値があるのであり，「考える」とは，賛否両方の立場の主張について，その客観的な根拠を比較し，客観的に「正しい」といえる結論を出すことだと述べる。「正しさ」の追究には，それ相応の手間と時間がかかるのである。

問１＜漢字＞a.「喚起」は，呼び起こすこと。　b.「希薄」は，意識や自覚などが薄いこと。　c.「文献」は，研究の参考にするための文書や書物のこと。　d.「抵触」は，規則や法律に違反すること。　e.「一切」は，打ち消しの語を伴って，全く，全然，という意味。

問２＜文章内容＞世の中には「多様な意見」や「多様な情報」があるが，全てが正しく，価値があるわけではない。だが，学生たちは，「たった一冊の本や一本のブログを読んだだけ」で，その内容を「正しいと信じ込んで」しまい，コピペで引用している文章の内容をろくに吟味しないのである。

問３＜文章内容＞「ネット上の文献など」を，コピペによって寄せ集めてつなげただけのレポートに，「論文としての価値」はないのである。

問４＜語句＞ウ.「横行」は，悪事が世間で広く行われること。　オ.「吟味」は，物事の良しあしや内容を綿密に調べること。

問５＜文章内容＞パクリレポートは，「引用の規則を理解してもらう」ためだけでなく（③…○），「強制的に多くの書物を読ませる」ことによって「世の中には多様な意見があると知って」もらい，「それまで見向きもしなかった」考えに関心を持たせるためにたどり着いた方法である（②…○）。また，多くの書物を読み，「最低十か所以上」からコピペをして，それらを「論旨」の通った論文にするにはどうすべきかを考えながら，まとめさせることも狙いである（④…○）。その結果，学生から「他人の文章を切り刻み，論旨を壊してしまうことに罪悪感を覚えた」という声が聞かれるようになったが，初めから罪悪感を植えつけることを目的にしていたのではない（①…×）。

問６＜文章内容＞文章の内容を「ほとんど吟味」せずに，コピペで他人の講演録を「丸写し」した結果，学生が「ご静聴ありがとうございました」という，自分のレポートには不要な一文を削除し忘れていたので，増田准教授はあきれて苦笑したのである。

問７＜文章内容＞パクリレポートの作成は，複数の著作物から抜き出した文章を吟味し，「論旨」が通るように内容を「組み立てる」という形で行う。その手順が，「頭の中で行っている言語処理」と似ており，自分の文章を書く能力ともつながっているのである。

問８＜表現＞学生は，最初に調べていた「著作権」問題とは異なる方向へそれて，本来のテーマとは別の「TPP（環太平洋経済連携協定）問題に行き着いてしまった」のである。

問９＜文章内容＞新聞は，自分の興味のある記事を読んでいても，「すぐ隣に気になる見出しを見つけること」がある。そのため，「多様な情報」にふれ，「それまで見向きもしなかった分野に，関心を持つチャンス」を得て，「世界の幅」を広げることができるのである。

問10＜文章内容＞世の中には「多様な意見」があるが，「すべての意見に等しい価値がある」わけではない。「客観的に『正しい』といえる結論を出す」ために，「賛否両方の立場の主張」についてのそれぞれの「根拠を比較」して，よく「考える」ことが重要なのである。

問11＜文章内容＞インターネットで検索すれば，辞書と同じように「必ず答えが見つかる」と考える学生が多く（…Ｙ），彼らは「たった一冊の本や一本のブログ」に書かれた情報について，その信頼性を自分の頭で吟味することなく，「正しい」答えだと「信じ込んでしまう」のである（…Ｘ）。

二〔小説の読解〕出典；朝井リョウ『ままならないから私とあなた』。

問１＜文章内容＞「受験だし，ちょっと神頼みしとこっかなって」という「私」の表向きの理由を疑い，「Ａ判定なのに？」と問い詰めてくる薫ちゃんの鋭い目つきによって，「私」は，渡邊君と「お揃い」のお守りがほしかったという自分の真意を見透かされそうな気持ちになったのである。

問２＜文章内容＞「渡邊君のことを考えるだけ」で，「ご飯もろくに食べられなく」なったり，勉強やピアノの練習に「集中できない」状態になったりしていることから，「私」は，「焦がれるほど好きな人たち」の存在は自分の行動に大きな影響を及ぼすものであると実感している。

問３＜語句＞「たどたどしい」と「ぎこちない」は，動作などが滑らかでなく，おぼつかないさま。

問４＜文章内容＞恋を「やめたほうがいい」という薫ちゃんに，「私」は，「ご飯が食べられなくなるくらい～誰かを好きになる気持ち」を「どう説明すれば伝わるのか」がわからず，結局薫ちゃんに説明するのをあきらめて同調し，「たまには学校で一緒に勉強しようよ」と話題を変えた。

問５＜心情＞過去問はタブレットで「ダウンロードできる」のに，いちいち学校まで行って借りるのは「不便」だという薫ちゃんの考えに，「私」は「不便って，そんなに悪いことなのかな？」と疑問を持ったが，「言いたいことが言葉に」ならず，困惑したのである。

問６＜表現＞薫ちゃんは，「すごい行列になるってわかってる」のに，専門店が店頭でポップコーンを売っているのを非難して，「レシピ化」してコンビニなどで売る方が，「絶対儲かる」と言っている。ここには，効率や便利さを重視する薫ちゃんの考えが表されている。

問７＜文章内容＞薫ちゃんは，何かをするときに，その場に行かずに「どこでも，誰でもできるようになったほうが，便利」だと考えている。だが，「私」は，不便が「そんなに悪いこと」とは思わず，不便さはあっても，「その日その場所じゃなきゃ」味わえない「感動」があると考えている。

問８＜表現＞薫ちゃんは，「遠くて行けないとか，お金がないとか関係なく，いつでもどこでもOverのライブが楽しめる」未来を「すごいこと」だと評価した。だが「私」は，自分の望む未来とは「違う」と感じ，薫ちゃんの望む未来を，今は受け入れて進まなくてもいいと考えたのである。

問９＜心情＞「私」は，「その人じゃなきゃできないとか，そういうのって意味あるのかな」という薫ちゃんの疑問をふまえ，同じ言葉を用いて，恋は，まさしく相手が「その人」であることに大きな「意味」があるものだと説明しようとしたのである。

問10＜要旨＞薫ちゃんは，体調が悪くなるくらいなら恋を「やめたほうがいい」と言ったり，さまざまなことを「どこでも，誰でもできるようになったほうが，便利でいい」と主張したりと，合理性や便利さに価値を置く自分の考えを，明確に「私」に伝えている。それに対して「私」は，「その日その場所」だからこそ味わえる「感動」があるなどの自分の考えを口に出してはいるものの，ときどき「言いたいことが言葉にならない」と感じて，説明をやめてしまうこともある。

三〔**古文の読解―笑話**〕出典；安楽庵策伝『醒睡笑』。

≪現代語訳≫摂津の国の兵庫の浦で，珍しい大魚を引き上げたが，その魚の名を知っている者はいなかった。この浦に物知りの大夫という者がいた。その男に見せて(魚の名を)尋ねると，「これはほほらほという魚である。世の中で(その魚を)知る者はいない」と(答えた)。

そこで「公方様へ差し上げよう」と(魚を)持たせて京へ上った。(公方が)物知りの大夫を呼んで，(魚の)名をお尋ねになったところ，(大夫は)名をくくらくと申し上げた。以前(大夫から名を)聞いていた者がいて，「この前言っていた名と違っている」と問いただすと，(大夫は)「そのことだが，(引き上げられたばかりの)生魚のときは，ほほらほ(といい)，今は鮮度が落ちてしまったので，くくらくというのだ」と申したのだった。あれもこれも全てでまかせなのだから，一致するはずがない。

問１＜古文の内容理解＞大魚の名を尋ねられた物知りの大夫が，「くくらく」と申し上げた。

問２＜古語＞「咎む」は，いぶかしく思って問いただす，という意味。

問３＜古文の内容理解＞ここでの「さがる」は，鮮度が失われる，という意味。「ば」は，接続助詞で，ここでは原因や理由を示す。引き上げたばかりの生魚のときは「ほほらほ」という名で，今は鮮度が失われたので，「くくらく」という名になったと，物知りの大夫は言ったのである。

問４＜現代語訳＞「まこと」は，本当であること。接続助詞「ば」は，ここでは原因や理由を示す。したがって，本当のことではないので，何も合わないことであるよ，という意味になる。

問５＜古文の内容理解＞摂津の国の兵庫の浦で，珍しい大魚が引き上げられたが，その名を知る者はいなかった(①…○)。その浦に住む物知りの大夫は，大魚の名は「ほほらほ」で，世の中で，この魚を知る者は他にいないと言った(③…○)。この珍しい大魚は，公方に差し上げることになったが，公方は物知りの大夫を呼んで，魚の名を尋ねた(②…×，④…○)。

四〔**国語の知識**〕

問１＜語句＞「原因」も「動機」も，ある行動や状態の変化のもとになるもののこと。また，「簡単」も「容易」も，物事にややこしさがなく，わかりやすいこと。

問２＜語句＞「プロセス」は，物事の過程や手順のこと。「モラル」は，守るべき規範や道徳のこと。

問３＜語句＞Ⅰ．「まさか」は，打ち消しの語を伴って，打ち消し推量を強める。　Ⅱ．「たとえ」は，「ても」や「でも」などの語を伴って，仮に～だとしてもという意味を表す。

問４＜文学史＞Ａ．『蜘蛛の糸』は，大正７(1918)年に発表された芥川龍之介の小説。『銀河鉄道の夜』は，没後，昭和９(1934)年に未定稿で発表された宮沢賢治の童話。『人間失格』は，昭和23(1948)年に発表された太宰治の小説。『小僧の神様』は，大正９(1920)年に発表された志賀直哉の小説。　Ｂ．『蟹工船』は，昭和４(1929)年に発表された小林多喜二の小説。『暗夜行路』は，大正10(1921)年から昭和12(1937)年にかけて発表された志賀直哉の小説。『地獄変』は，大正７(1918)年に発表された芥川龍之介の小説。『風の又三郎』は，没後，昭和９(1934)年に発表された宮沢賢治の童話。

2022年度 武南高等学校（併願２）

【英　語】（50分）〈満点：100点〉

Ⅰ　試験開始からおよそ３分後に放送が始まります。放送される英文をよく聴いて，あとの(1)～(5)の質問に対する答えとして最も適切なものを，それぞれ下の１～４の中から１つずつ選び，番号をマークしなさい。なお，英文とそれに対する質問文はそれぞれ２回ずつ読まれます。

(1)　１．Because he wanted to know what you were having for dinner.
　２．Because he wanted to know about the food you don't like.
　３．Because he wanted to know about if you wasted any food.
　４．Because he wanted to know how many pizzas you want.

(2)　１．People who don't have enough food.
　２．Food that people throw away.
　３　People who die in poor countries.
　４．Food that people in poor countries can buy.

(3)　１．5 dollars.　２．10 dollars.　３．15 dollars.　４．20 dollars.

(4)　１．Giving too much food is.　２．Cooking too much food is.
　３．Eating too much food is.　４．Buying too much food is.

(5)　１．Check your weight and don't become overweight.
　２．Check the news of the world to change the situation.
　３．Check the food in the refrigerator to waste less food.
　４．Check the refrigerator to save electricity.

※＜リスニングテスト放送原稿＞は英語の問題の終わりに付けてあります。

Ⅱ　次の英文を読んで，あとの問いに答えなさい。

People have always wanted to fly. For hundreds of years they watched birds in the sky. They had a dream of (あ) like birds. It is very easy for birds to fly. Birds can fly through the air by using their wings.

People knew how to make *kites hundreds of years ago. Kites could stay in the air for many hours. Some people thought, "If birds and kites can stay up in the air, maybe (い)we can!"

At first, they made wings like birds'. Then, they jumped from high places and tried to fly. Many people did (う)this but they all fell straight to the ground. Some were killed and some were hurt. (え)After many times people knew flying with wings was impossible, so they stopped trying to do so.

Two Frenchmen, the *Montgolfier brothers, tried another way. Can you guess which way? They tried *balloons. "Hot air goes up because it is lighter than cold air," they said. (お)"If we fill a balloon with hot air, it will go up." They built a large balloon of cloth and paper in 1783. They made a fire under the balloon. The balloon began to go up into the air! It went up 1,800 meters. Then, the air inside the balloon become cool. It finally came (か) slowly until it reached the ground.

A few months later, the brothers sent up another balloon. This time there was a basket under the balloon. There were three animals in the basket. (き)The balloon traveled through the air to a place two and a half kilometers away. It didn't go up as high as the first one.

Now, it was time for people to fly! In October 1783, the brothers tried another balloon. This time a man went in a basket. The balloon did not rise very far. It went up only twenty-five meters and stopped. It was tied to the ground by a rope, so it could not fly away.

(く)The first free balloon flight was in December 1783. Two other Frenchmen went up in a balloon full of hot air. This time there was no rope! The balloon went up 900 meters and flew for 25 minutes. It traveled about nine kilometers. It was the first time for people to travel through the air.

＊kite：凧(たこ)　＊Montgolfier：モンゴルフィエ(人名)　＊balloons：気球

(6) Choose the best answer to fill in the blank (あ).

1. to fly　2. flies　3. flying　4. flown

(7) 下線部(い)が表す内容として最も適当なものを選びなさい。

1. 私たちは鳥よりも上手に飛ぶことができる
2. 私たちも空に浮かんでいることができる
3. 私たちもいつか飛行機を作ることができる
4. 私たちも凧をつくることができる

(8) 下線部(う)が表す内容として最も適当なものを選びなさい。

1. 高い所から跳んで飛ぶこと
2. 丈夫な凧をつくること
3. まっすぐ地面に向かって飛ぶこと
4. 熱気球を作ること

(9) What does the underlined part (え) show?

1. People gave up flying with wings like birds.
2. People found it impossible to make wings like birds'.
3. People stopped thinking about flying.
4. People didn't understand how birds flew in the air.

(10) What does the underlined part (お) show?

1. If the balloon is very light, the balloon will go up.
2. If the balloon is very light, the balloon will not reach the ground.
3. If there isn't cold air in the balloon, the balloon will go up.
4. If there is hot air in the balloon, the balloon will go up.

(11) Choose the best answer to fill in the blank (か).

1. out　2. in　3. up　4. down

(12) 下線部(き)が表す内容として最も適当なものを選びなさい。

1. 気球は2.5km離れたところまで空中を移動した。
2. ２つの気球はそれぞれ２か所の500m離れた場所まで飛んでいった。
3. 気球は２か所をめぐり，最後は500m先まで飛んでいった。
4. 気球は２か所をめぐり，高度500mまで飛んでいった。

(13) Why couldn't the balloon fly away in October 1783?

1. Because people went in a basket.
2. Because the rope tied it to the ground.
3. Because the balloon was a little heavy.

4．Because the balloon had no basket.

(14) What does the underlined part (く) show ?

1．People could ride the balloon without paying money.

2．Even a child could ride the balloon.

3．People could ride the balloon many times.

4．The balloon had no rope to the ground.

(15) What is the main topic of this story ?

1．How people flew in the air.

2．Why people want to fly in the air.

3．How to make a balloon.

4．What is important to fly in the air.

Ⅲ　次の英文を読んで，空所(16)～(20)に最もよく当てはまるものを，それぞれ下の１～４の中から１つずつ選び，番号をマークしなさい。

Japanese people use credit cards and prepaid cards at shops and vending machines, and for public transportation. In fact, such cashless payments are (16) to Japan. People were already paying by credit and using *commuter passes as long as 40 or 50 years ago. Nowadays, some supermarkets and *electronics stores give *reward points for cashless payments. More recently, people are starting to use mobile *applications. If you have a smartphone, you are (17) to pay at stores or pay back your friends and even transfer your money to foreign countries with one touch on your smartphone device.

Surprisingly, however, (18) is still the most popular form of payment in this country. Here, people generally feel safe carrying cash. When they're walking along busy streets or riding crowded buses or trains, they don't worry about losing their wallets. Cash payments are also usually quick, and ATMs are (19) to find. Japan is basically a safe country and that may be one reason many people still carry wallets and pay in cash.

(20), many smaller shops and restaurants in Japan accept cash only. One popular restaurant search service recently found that only about 50,000 out of 135,000 restaurants were accepting credit card payments. Despite Japan's love for cash, the government is *promoting e-money payments, and the trend towards a cashless society is growing.

*commuter passes：通勤定期　*electronics stores：電器店　*reward points：還元ポイント
*applications：アプリ　*promoting：推進している

(16)	1．very new	2．very old	3．not new	4．not old
(17)	1．able	2．busy	3．difficult	4．convenient
(18)	1．cash	2．a card	3．a smartphone	4．a wallet
(19)	1．impossible	2．necessary	3．near	4．easy
(20)	1．However	2．In addition	3．By the way	4．As a result

Ⅳ　次の英文の空所(21)～(25)に最もよく当てはまるものを，それぞれ下の１～４の中から１つずつ選び，番号をマークしなさい。

(21) I want to make friends (21) many people from different countries.

1．on　2．to　3．for　4．with

(22) You (22) do your homework today.

1．don't have　2．don't have to

3．must not to　4．must to not

(23) Many students know (23) the war ended in 1945.

1．because　2．since　3．that　4．which

(24) I like (24) alone.

1．to travel　2．to traveling　3．travel　4．traveled

(25) She (25) Okinawa twice.

1．have been　2．has been

3．have been to　4．has been to

Ⅴ　次のＡさんとＢさんの対話文を読んで，空所(26)～(30)に最もよく当てはまるものを，それぞれ下の１～４の中から１つずつ選び，番号をマークしなさい。

(26) A： How often do you visit your grandmother?

B： She lives in Okinawa, so (26)

1．once or twice a year.　2．I miss her very much.

3．it's very far from here.　4．only for a few days.

(27) A： I called you last night, but I couldn't reach you.

B： Really? (27)

1．Who did you call?　2．About what time?

3．Were you taking a bath?　4．I'm busy cooking now.

(28) A： Hey, you look very different.　Oh, you got your hair cut!

B： Yes, (28)

1．I like my long hair.　2．because it's getting hot these days.

3．you look very cool.　4．I'm not changed so much.

(29) A： Excuse me. (29)

B： Sorry, I'm a stranger here.

1．Do you know what time it is now?

2．I'd like two hambergers, please.

3．Could you tell me the way to the nearest station?

4．You should go see a doctor.

(30) A： Hi, you look great!　How was your summer vacation?

B： (30)

1．Yes, I did.　I relaxed.

2．Why don't you join us?　It's a nice place.

3．Yes, it was.　The weather was fine.

4．It was great.　I'll show you some photos.

Ⅵ　次の日本文に合うように，下の１～７の語句を用いて文を完成させる場合に空所(31)～(40)に最もよく当てはまるものを，それぞれ下の１～７の中から一つずつ選び，番号をマークしなさい。ただし，文頭に来るべき語も小文字で始めてあります。

(a)　あなたは何時にあなたの友達を訪れるつもりですか。

What (　　)(　　)(31)(　　)(　　)(32)(　　)?

１．to　２．you　３．your friend　４．time　５．visit　６．going　７．are

(b)　私はあなたのお兄さんの写真を撮っている少年を知っています。

(　　)(　　)(33)(　　)(　　)(34)(　　).

１．the boy　２．your brother　３．I　４．pictures　５．know　６．taking　７．of

(c)　この仕事は明日までに終わらせなければならないだろう。

This (　　)(　　)(35)(　　)(　　)(36)(　　) tomorrow.

１．by　２．be　３．to　４．work　５．will　６．have　７．done

(d)　あなたはどこで昼食を取ったらよいか彼に尋ねましたか。

Did (　　)(　　)(37)(　　)(　　)(38)(　　)?

１．to　２．lunch　３．him　４．have　５．ask　６．where　７．you

(e)　私がこの作文を書くのに10時間以上かかりました。

It (　　)(　　)(39)(　　)(　　)(40)(　　) this essay.

１．than　２．to　３．more　４．10 hours　５．write　６．took　７．me

＜リスニングテスト放送原稿＞

Hello, everyone. I'd like to ask you some questions. What did you eat yesterday? Did you eat all the food on your plate, or did you leave some food and throw it away? In the world people throw away over 30 percent of their food. Yes, believe it or not, over 30 percent. At the same time, 40,000 people die every day because they don't have enough food.

How has such a situation happened? One of the reasons is in our lifestyles. Let me give you an example. My wife and I like pizzas very much and I sometimes buy them on my way home. I usually buy one 10-dollar pizza and share it with her, but one day the pizza shop sold pizzas at 50 percent off, so I bought two pizzas. On that day my wife was not at home. I ate one pizza and put the other in the refrigerator. Then I forgot about it. One week later I had to throw it away. Have you ever done such a thing?

To change this situation, we should change our habits. Buying more food than we can eat may end up with us throwing it away. I put a piece of paper on my refrigerator. On the paper I wrote, "Check. before going to the supermarket!" We can begin to stop wasting food by doing small things like this to make sure we don't buy more food than we can eat.

(1)　Why did the speaker ask some questions first?

１．Because he wanted to know what you were having for dinner.
２．Because he wanted to know about the food you don't like.
３．Because he wanted to know about if you wasted any food.
４．Because he wanted to know how many pizzas you want.

(2)　What does "over 30 percent" show in this presentation?

１．People who don't have enough food.
２．Food that people throw away.

3. People who die in poor countries.
4. Food that people in poor countries can buy.

(3) How much did he pay for pizzas that day?

1. 5 dollars.　2. 10 dollars.　3. 15 dollars.　4. 20 dollars.

(4) What was the point of the story about the pizza?

1. Giving too much food is.　2. Cooking too much food is.
3. Eating too much food is.　4. Buying too much food is.

(5) What do the words on the piece of paper on the refrigerator mean?

1. Check your weight and don't become overweight.
2. Check the news of the world to change the situation.
3. Check the food in the refrigerator to waste less food.
4. Check the refrigerator to save electricity.

【数　学】（50分）〈満点：100点〉

〔注意〕・コンパス，定規，分度器，電卓等の計算器は使用しないこと。
・分数や無理数は，下の例のように簡単にして答えること。

$\frac{\boxed{1}}{\boxed{2}}$…正解，　$\frac{\boxed{2}}{\boxed{4}}$…不正解とみなす

$\boxed{2}\sqrt{\boxed{2}}$…正解，　$\boxed{1}\sqrt{\boxed{8}}$…不正解とみなす

※**1**～**3**は解答用紙の解答欄[1]を，**4**・**5**は解答欄[2]を，**6**・**7**は解答欄[3]を使用します。

1　次の計算をせよ。

(1)　$(\sqrt{3}+\sqrt{2}+1)^2-(\sqrt{3}-\sqrt{2}+1)^2=\boxed{ア}(\sqrt{\boxed{イ}}+\sqrt{\boxed{ウ}})$　ただし，$\boxed{イ}>\boxed{ウ}$とする。

(2)　$\dfrac{10x+9}{12}-\dfrac{12x+5}{18}=\dfrac{\boxed{エ}x+\boxed{オカ}}{\boxed{キク}}$

(3)　$\sqrt{5}=2.23$とするとき，$\sqrt{0.8}=0.\boxed{ケコサ}$である。

2　次の問いに答えよ。

(1)　$4096\times(1024\times2048^2)^3\div(4096^3\times8192)^2=\boxed{シスセソ}$である。ただし，右の計算結果を利用してもよい。

$2^{10}=1024$	$2^{11}=2048$
$2^{12}=4096$	$2^{13}=8192$

(2)　ある高校の今年度の入学者数は，昨年度よりも県内入学者は12％増え，県外入学者が４％減ったので，入学者全体で人数が９％増えた。このとき，昨年度の県内入学者数と県外入学者数の比$a:b$は，$a:b=\boxed{タチ}:\boxed{ツ}$である。

(3)　右図において，$\angle x=\boxed{テト}$°である。

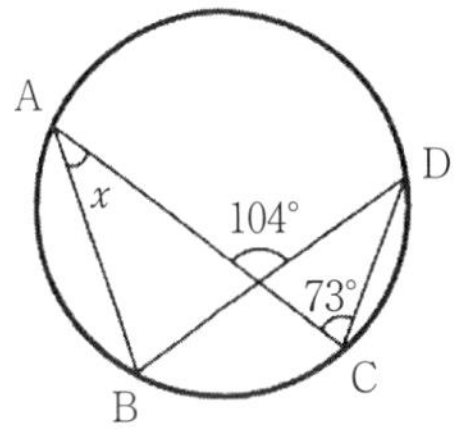

3　右の図において，Aを出発点とし，さいころを振って次のルールで移動する。このとき，次の問いに答えよ。

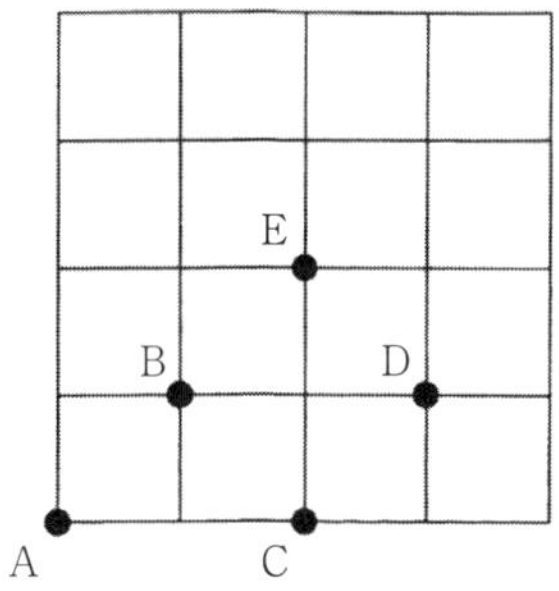

ルール
1，2，3　が出たら右に２マス進む
4，5　が出たら上に２マス進む
6　が出たら右に１マス，上に１マス進む

たとえば，さいころを２回振るとき，１回目に６が出たらＢに移動し，２回目に１が出たらＢを出発点として，Ｄに移動する。

(1)　さいころを１回だけ振ったとき，Ｃにいる確率は$\dfrac{\boxed{ナ}}{\boxed{ニ}}$である。

(2)　さいころを２回振ったとき，Ｄにいる確率は$\dfrac{\boxed{ヌ}}{\boxed{ネ}}$である。

(3)　さいころを２回振ったとき，Ｅにいる確率は$\dfrac{\boxed{ノハ}}{\boxed{ヒフ}}$である。

[ヘ]，[ホ]は使用しません。

4　放課後，太郎さんと花子さんが，数学のテストについて話し合っている。

太郎：１回目のテストが20点で，２回目が80点だから，平均は $\dfrac{20+80}{2}=50$ 点だね。どうしてたして２で割るのかな。

花子：平均したときの点数を x とすると，$x+x=\boxed{\text{アイ}}+\boxed{\text{ウエ}}$（ただし，$\boxed{\text{アイ}}<\boxed{\text{ウエ}}$）
これで説明がつくよね。

太郎：それじゃ，体積が１時間で20倍，次の１時間でさらに80倍に膨張する気体は，１時間平均の膨張率が50倍でいいのかな。

花子：50×50 は $\boxed{\text{オカ}}\times\boxed{\text{キク}}$ にならないよ。（ただし，$\boxed{\text{オカ}}<\boxed{\text{キク}}$）

太郎：順番に考えてみよう。１時間で x 倍とすると
$x\times x=\boxed{\text{オカ}}\times\boxed{\text{キク}}$（ただし，$x>0$）
$x=\sqrt{\boxed{\text{オカ}}\times\boxed{\text{キク}}}=\boxed{\text{ケコ}}$
たして２で割るんじゃないんだね。

花子：行きは時速20km で，帰りは時速80km で往復したとき，平均速度を時速 x km とおいたら，どんな方程式になるんだろう。

太郎：時速20km は１時間に20km だから，１km 進むのに $\dfrac{\boxed{\text{サ}}}{\boxed{\text{シス}}}$ 時間だよね。同じように，時速80km は $\dfrac{\boxed{\text{セ}}}{\boxed{\text{ソタ}}}$ 時間で，時速 x km は $\dfrac{1}{x}$ 時間だから，$\dfrac{1}{x}+\dfrac{1}{x}=\dfrac{\boxed{\text{サ}}}{\boxed{\text{シス}}}+\dfrac{\boxed{\text{セ}}}{\boxed{\text{ソタ}}}$ だね。だから $x=\boxed{\text{チツ}}$ なんだ。

花子：平均の計算っていろいろあるんだね。

5　正六角形 ABCDEF の各辺を直径とする半円および正六角形の各頂点を通る円がある。正六角形の面積が $24\sqrt{3}$ であるとき，各頂点を通る円の面積は $\boxed{\text{テト}}\pi$ であり，図の斜線部分の面積の合計は $\boxed{\text{ナニ}}\sqrt{\boxed{\text{ヌ}}}-\boxed{\text{ネ}}\pi$ である。ただし，π は円周率とする。

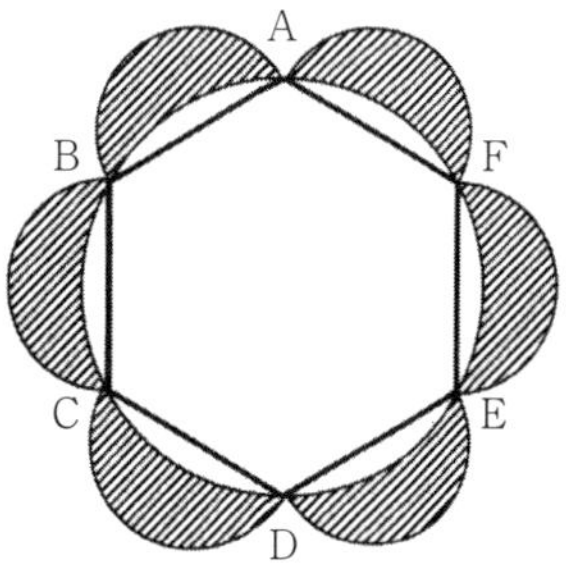

$\boxed{\text{ノ}}$～$\boxed{\text{ホ}}$ は使用しません。

6　図１～図３の放物線の方程式はすべて $y=\frac{1}{3}x^2$ である。四角形PQRSは，PQ＝3，QR＝6の長方形である。このとき，次の問いに答えなさい。

(1)　図１のように，点Q，Rの座標がそれぞれ(−3，0)，(3，0)であるとき，斜線部分の△OPSの面積は $\boxed{\text{ア}}$ である。

(2)　図２のように，点Q，Rの座標がそれぞれ(−4，0)，(2，0)となるように長方形を左へ移動させたとき，辺PSと放物線の交点をA，辺RSと放物線の交点をBとする。このとき，直線ABの方程式は $y=-\dfrac{\boxed{\text{イ}}}{\boxed{\text{ウ}}}x+\boxed{\text{エ}}$ である。また，斜線部分の△OABの面積は $\boxed{\text{オ}}$ である。

(3)　図３のように，点Q，Rの座標がそれぞれ(−4，1)，(2，1)となるように図２の長方形を上へ移動させたとき，辺PSと放物線の交点をC，辺QRと放物線の交点をD，E，辺RSと放物線の交点をFとする。このとき，斜線部分の四角形CDEFの面積は $\boxed{\text{カ}}+\boxed{\text{キ}}\sqrt{\boxed{\text{ク}}}$ である。

図１
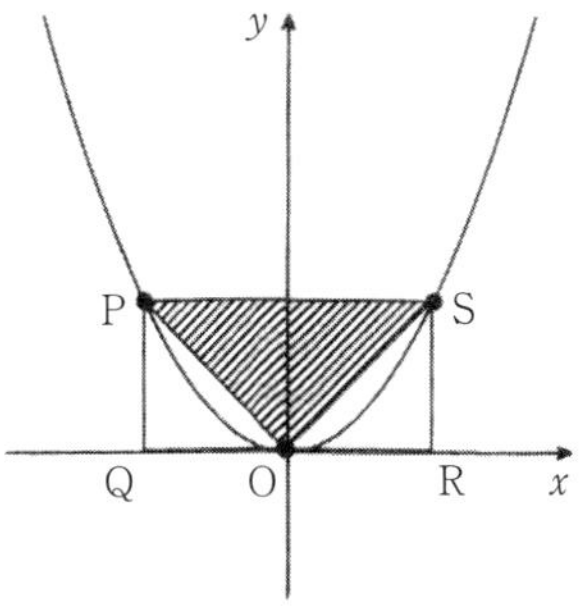

図２
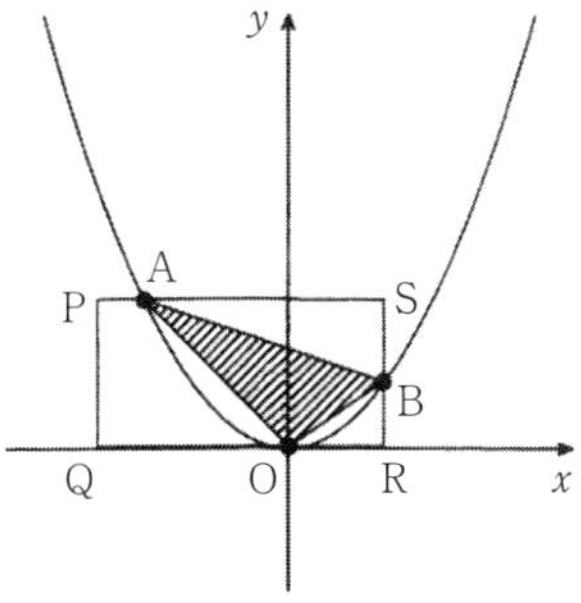

図３
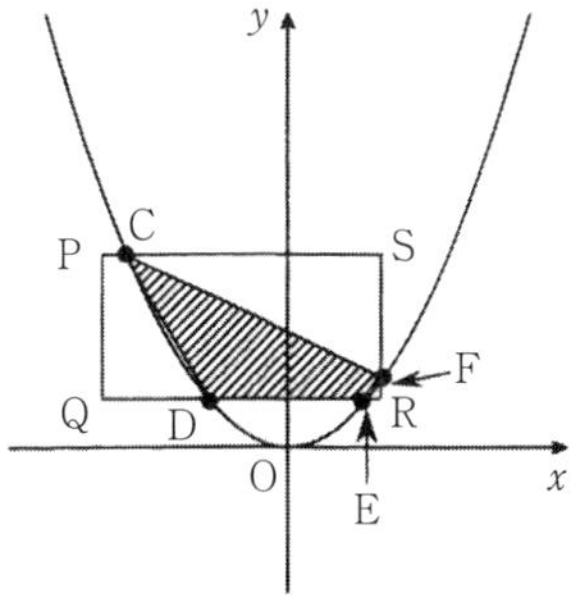

7　図のように，円すいを底面に平行な平面で，高さが５等分されるように５つの立体A，B，C，D，Eにわける。

いま，いちばん下の立体Eの体積が305πであるとき，残りの立体の体積はそれぞれ

A：$\boxed{\text{ケ}}\pi$　B：$\boxed{\text{コサ}}\pi$　C：$\boxed{\text{シス}}\pi$　D：$\boxed{\text{セソタ}}\pi$

である。ただし，πは円周率とする。

$\boxed{\text{チ}}$～$\boxed{\text{ホ}}$ は使用しません。

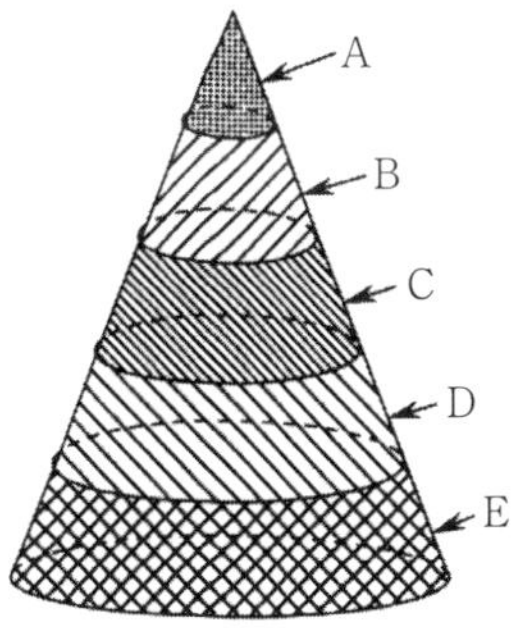

深い御心によって奇跡的に命拾いした不思議な話。

四

次の問いに答えなさい。

問1 次の語の類義語を、後の①～⑥よりそれぞれ一つずつ選びなさい。

・不意（解答番号 35）
・長所（解答番号 36）

① 美点　② 特徴　③ 偶然
④ 突然　⑤ 優劣　⑥ 異議

問2 「バーチャル」の意味を、次の①～④より一つ選びなさい。（解答番号 37）

① 展望　② 仮想　③ 技術　④ 空間

問3 次の（Ⅰ）、（Ⅱ）に入ることばとして適当なものを、後の①～⑥よりそれぞれ一つずつ選びなさい。

・反対されても（ Ⅰ ）彼は行くだろう。（解答番号 38）
・（ Ⅱ ）失敗したとしても、後悔はしない。（解答番号 39）

① たとえ　② まさか　③ 必ず
④ 決して　⑤ おそらく　⑥ ちょうど

問4 川端康成の作品を、次の①～④より一つ選びなさい。（解答番号 40）

① 『伊豆の踊子』　② 『夢十夜』
③ 『暗夜行路』　④ 『芋粥《いもがゆ》』

んでいるってことだけで満足している様子だよね。

③ 生徒C―将来を考えるときに、物質的な何かを求めることよりも、煙のように形に残らないものを求める方が良いって言われても難しいよね。

④ 生徒D―そうだよね。結局お母さんは物質的なものにとらわれすぎて、実の父親の容態が悪いときですらお金のことばかり気にしているものね。

三

次の文章を読み、後の問いに答えなさい。

ちと＊うつけにて、しかも富める人あり。常に、ともすれば、ア腹鳴る事けしからず。「これは何とした病や」と人毎に問ふ。イ口きて物知らぬ者、いひけるやう、「昔、鳴神が味噌《みそ》桶の中に落入り、上がらんとすれば、やはらかにて＊足の踏みど弱く、あがり得ず、そのまま死したるが、香の物になりたり。めづらしやと＊奔走し食ひけり。それを食ひたるほどの者の腹が鳴りやまざりつる。今も不断そなたのごとく腹の鳴るは、かの鳴神の香の物くうたる［ウ］に＊すんだ」と語りつれば、病者大いに満足し、「さては、我が腹の鳴る事ただならず。エ家の面目なり」と＊慢じくすみし。

（『醒睡笑《せいすいしょう》』より）

《注》
＊うつけ…ぼんやりしている人。愚か者。
＊足の踏みど弱く…足の踏み場が弱くて。
＊奔走し…大切にし。
＊すんだ…決まっている。
＊慢じくすみし…自慢し、すましこんでいた。

問1 ――部ア「腹鳴る事けしからず」の解釈として最も適当なものを、次より選びなさい。（解答番号［30］）
① ひどく腹の鳴ることがあった。
② 腹が鳴ることを恥ずかしいと思っていた。
③ ひどく腹の鳴る音に悩まされていた。
④ 腹が鳴るのは何か理由があるのかと考えていた。

問2 ――部イ「口きて物知らぬ者」とはどのような人物か。最も適当なものを、次より選びなさい。（解答番号［31］）
① 憎まれ口をきく、意地悪な人物。
② 頭の固い、理屈っぽい人物。
③ 口は達者だが、無知な人物。
④ 自分勝手で、非常識な人物。

問3 ［ウ］に入ることばとして最も適当なものを、次より選びなさい。（解答番号［32］）
① 家来　② 弟子　③ 先生　④ 子孫

問4 ――部エ「家の面目なり」と病者が述べたのはなぜか。その理由として最も適当なものを、次より選びなさい。（解答番号［33］）
① 自分の腹の鳴る理由が、神を食したことと関係があるのだと誇らしく思ったから。
② 自分の腹の鳴る理由が、悪い病気のせいではなかったのだと安心したから。
③ 自分の腹の鳴る理由が、味噌桶の中の香の物を食べ過ぎたためだと反省したから。
④ 自分の腹の鳴る理由が、神の怒りに触れたせいであったと畏《おそ》れを抱いたから。

問5 本文についての説明として最も適当なものを、次より選びなさい。（解答番号［34］）
① 裕福ではあるが愚かな男が、病を治すため家財を全て投げ打って一心不乱に鳴神に祈りを捧げた非科学的な話。
② 裕福ではあるが愚かな男が、ありもしないでまかせを口にした人物の話を信じて得意になっている滑稽な話。
③ 裕福ではあるが愚かな男が、神のありがたいお告げにより治療不可能な難病を克服した感動的な話。
④ 裕福ではあるが愚かな男が、すべての人間を救う鳴神の慈悲

① 自分が思っている自分と、周囲が思う自分の姿に違いが生まれているということ。

② 自分が思っている自分と、自分を取り巻く環境との間に摩擦が生まれているということ。

③ 自分が思っている自分と、自分とは考えの合わない人との間に溝が生まれているということ。

④ 自分が思っている自分と、本来あるべき自分の姿に差が生まれているということ。

問6　――部カ「将来とは確実に、握り締められる宝であり得るのか。手にしたら消えて行く煙のようなものではないのか」とは、どういうことか。最も適当なものを、次より選びなさい。（解答番号 25）

① 将来とは、手ごたえを感じられるような形のあるものではなく、つかみどころのない不確かなものであるということ。

② 将来とは、これだけが正しいという選択肢はそもそも存在せず、どのような選択をしたとしても全て同じ結果が待っているということ。

③ 将来とは、努力したら必ず報われるようなものではなく、いつどのように変化するかわからない不安定なものであるということ。

④ 将来とは、いつも絶対に成功するというものではなく、たまには失敗をすることもあるということ。

問7　――部キ「ひとり分の空間が出来ることへの虚しさを呼び覚ます」とは、どういうことか。最も適当なものを、次より選びなさい。（解答番号 26）

① これまで一緒に生活していた身近な存在を失ってしまうことが、不安を感じさせるということ。

② 日常の中で実感していたその人の存在を失ってしまうことが、喪失感を生じさせるということ。

③ 自分の生活の一部になっていた存在を失ってしまうことが、憤りを感じさせるということ。

④ いつも近くにいて安心させてくれる存在を失ってしまうことが、孤独感を生じさせるということ。

問8　――部ク「ぼくの心の状態は、今、どちらかというと貧乏臭い」とあるが、それはなぜか。その理由として最も適当なものを、次より選びなさい。（解答番号 27）

① 進路についてさえ何も決まっていないのに、自分は一人前であるかのように装っているから。

② 悩みを抱えて辛く苦しい状況が続き、何事に対しても優柔不断になってしまっているから。

③ 将来についていくら考えてもなかなか答えが出ず、何をするにしても上手くいかない気がするから。

④ 自分は相談する立場であるのに、もっともらしいことばかり言ってえらぶっているから。

問9　――部ケ「自分の体に残された他人の刻印の威力を死というものを間近に感じた時に思いしるのだ」とは、どういうことか。最も適当なものを、次より選びなさい。（解答番号 28）

① その人間が作り上げた空気によって残された記憶の大切さを、その人が亡くなる直前になって改めて思い出すということ。

② その人間が作り上げた空気によって刻まれた実態の意味を、その人がいなくなる直前になって初めて認識するということ。

③ その人間が作り上げた空気によってできた空間の位置を、その人が消えてしまうときに改めて見直すということ。

④ その人間が作り上げた空気によって与えられた実感の重さを、その人を失う直前になって初めて痛感するのだということ。

問10　本文を読んだ生徒A～Dが話し合った。次の①～④の発言のうち、本文に基づいたものを、一つ選びなさい。（解答番号 29）

① 生徒A―時田くんの、勉強できないから進路についてなかなか決めきれない気持ちってなんだか分かる気がするなあ。

② 生徒B―おじいちゃんも、孫が大学に行くか行かないかを悩

くないと切望して、ここに向かったのに違いない。なかなか親思いの娘じゃないか、母さん、と思う一方、人は、ケ自分の体に残された他人の刻印の威力を死というものを間近に感じた時に思いしるのだと、ぼくは、改めて感じた。

「いいじゃないか、靴ぐらい」

「秀美ったら!!　五万八千円なのよ!!」

ぼくは、吹き出しそうになりながら祖父を見た。

「ずいぶん物質的なものにとらわれてますね、おじいちゃん」

「うむ、靴に五万以上かけていたとは。女には金がかかるものだな。女の足は、裸足になってこそ価値があるというのに、ひゃひゃひゃ、いや、若い頃のことを思い出してね」

笑い転げるぼくと祖父を、母は、唇を噛みしめてにらみつけていた。


（山田詠美『ぼくは勉強ができない』より）

《注》
＊黒川礼子…秀美のクラスメイト。
＊桃子さんの言葉…秀美は以前、年上の彼女である桃子さんに、今の秀美の気持ちは「大きな服を着せられた子供がむずかるようなものなのよ」と言われた。
＊仁子…秀美の母親。

問1　A ～ D に入ることばとして適当なものを、後よりそれぞれ一つずつ選びなさい。
A（解答番号16）　B（解答番号17）
C（解答番号18）　D（解答番号19）
①　もやもやと　②　ぼんやりと
③　へなへなと　④　しょんぼりと
⑤　ちらりと

問2　――部ア「ぼくの言葉に桜井先生は力が抜けたようだった」とあるが、このときの先生の様子として最も適当なものを、次より選びなさい。（解答番号20）
①　「ぼく」のこれからについて一緒に考えていきたいと思っているが、緊張感のない言葉に愛想をつかしている。
②　「ぼく」の悩みを何とかして解決したいと考えているが、何を言っても真面目に答えてくれないことにいらだちを覚えている。
③　「ぼく」の進路相談に懸命に応えようとしているが、全てを任せようとしている姿勢に対してあきれかえっている。
④　「ぼく」の将来について真剣に案じているが、あまりにも現実味のない発言をしたことに対して拍子抜けしている。

問3　――部イ「おこがましい」、――部オ「鼻持ちならない」のここでの意味として最も適当なものを、後よりそれぞれ選びなさい。
イ　「おこがましい」（解答番号21）
①　身の程しらずだ。　②　図々しい。
③　厚かましい。　④　早熟だ。
オ　「鼻持ちならない」（解答番号22）
①　いやらしい。　②　不愉快だ。
③　得意げだ。　④　うっとうしい。

問4　――部ウ「ああ情けない」とあるが、このときの「ぼく」の心情として最も適当なものを、次より選びなさい。（解答番号23）
①　黒川さんの態度が気に食わない反面、言っていることは自分にとって図星であったため、悔しさを感じている。
②　黒川さんに対して好意を持っていたのに、自分はあまりよく思われていなかったのだと知り、ショックを受けている。
③　黒川さんに言われるまで気づいていなかったが、自分で自分のことを特別扱いしていることに気付き、嫌気がさしている。
④　黒川さんの全てを分かったかのような発言に対して、何も反論できない小心者の自分に嫌悪感を抱いている。

問5　――部エ「ひずみが出来たのだ」とは、どういうことか。最も適当なものを、次より選びなさい。（解答番号24）

それにしても、いつも意気さかんな祖父が、大人しくベッドに横になっている姿は妙である。ふざけて、おじいちゃん安らかに眠ってますねと囁《ささや》いたら、彼は、突然目を開けて、ぼくをにらんだ。

「まだ、死んでないぞ」

「そのようですね」

「美しい女性を見かけたので追いかけようとしたら、何故かぶっ倒れたのだ」

「美しいって……どうせ六十、七十のおばあちゃんでしょ、まったく呆れちゃうよ」

「それでも年下だ。年下の女性に目がないのだ」

ぼくは、やれやれと言うように肩をすくめた。初志貫徹というか、これだけ自分を貫き通している人も珍しい。

「＊仁子に聞いたが、大学に行くか否かで悩んでるそうじゃないか。結構、結構」

「何が結構なのさ、なんか、ぼく、うんざりだよ」

「ここのところ暑いからなあ」

「そういうんじゃないですよ、おじいちゃん。なんか焦ってるんですよ。焦燥っていうんですよ」

ぼくは、近頃、自分が抱えている［B］した心の状態を話した。黒川礼子や桃子さんに言われたきつい言葉のことなども。祖父は、まるで天気予報でも聞くように、呑気《のんき》に頷《うなず》いていた。

「体に合わない服を着せられた子供とは、桃子さんも良いことを言う。おじいちゃんの場合は秀美と反対だ。いつのまにか、着ている洋服が小さくなり過ぎてるのに気付かなかったから破けてしまったらしい。いやはや、今さら繕っても仕方がないし、ぼろをまとってこのまま行くか」

「でも、心は錦《にしき》ですよ、おじいちゃん」

「馬鹿者!!　演歌のような台詞《せりふ》を口にするな。私は演歌が大嫌いなのだ。私は、貧乏という試練は甘んじて受けるが、貧乏臭いのはお断わりなのだ」


なるほど。しかし、クぼくの心の状態は、今、どちらかというと貧乏臭い。少しも潔くないような気がする。ぼくは、［C］病室の壁を見詰める。病室というのは、保護されたぬるい空気を漂わせている。ぼくは、とても、穏やかな気分になっている。それは、きっと、体が健康だからだろう。本当は、死と隣り合わせのあらゆる不安と孤独が、あちこちに無言のまま散らばっているのだ。

「どうせ、人って死ぬのかと思うと、将来ってどういう意味があるのかって考えちゃうよ。理想を追いかけてたって、体が消えちゃえば、それまでじゃない。ぼく、来る途中、考えてたんだ。煙をつかむようなものだって」

祖父は、興味深そうに、ぼくを見詰めた。

「煙をつかむのに手間をかけて何が悪い。秀美、そういうことをダンディズムと呼ぶんだぞ。まあ、悪あがきと言えないこともないが、格好の悪いことでは決してないぞ。物質的なものなんぞ、死んだら終わりだ。それなら煙の方がましだ。始末に困らないからな。困らないものがいったい何なのか、おまえにもその内、解る時が来るだろうよ」

そんなものかなあと思っていたら、勢い良くドアが開いた。母が息を切らして立っていた。

「お父さんたら!!　元気なんじゃありませんか!!」

祖父の、おあいにくさま、という言葉を聞いた途端、母は、［D］床に座り込んだ。

「大丈夫？　母さん」

「大丈夫じゃないわよ!!　もう、死んだかと思ってびっくりしちゃって、そしたら、お医者さまが、二、三日で家に帰れるって言うし、きーっ!!　どうしてくれるのよ、このハイヒールの踵《かかと》！　シャルル・ジョルダンの新品なのよ、五万八千円もするのよお！」

靴の踵の皮が見事に剝《む》けていた。やはり、母も死を予感して慌てたのだろうか。祖父が死んだら途方に暮れるであろう自分を思い、走り続けたのだろうか。皮膚に刻まれた祖父の残した実体を失いた前に、色々なことが訪れていた。ぼくの時間は、自らの歩幅と同じように歩いていたのだ。

＊桃子さんの言葉を借りれば、まさに、ぼくは、体にぴたりと合う衣服を身につけて成長していたのだ。

エひずみが出来たのだ。ぼくは、今、そう感じていた。自分自身とそれを包むものの間にある空気が明らかに膨張しているのだ。どうして、それを埋めることが出来るのだろう。ぼくを悩ませる重苦しい空気の覆いは、掃除機などで吸い込める類のものではない。ぼくは、そのことに気付いている。バキュームをかけて、そこを真空状態にする、そうして気付かないという行為を能動的にやってのけている者たちがいることも知っている。悩んだりしたって良いじゃないか、とぼくは胸を張れない。黒川礼子が指摘するまでもなく、それがある種のオ鼻持ちならないことであるのを、ぼくは直感で感じ取っているのだ。

もうじき夏休みがやって来る。いつもなら、汗をかきながらも解放感に胸のボタンをひとつ余計に外す季節、今年は、誰もが、ただ夏の陽ざしに蒸されている。季節への印象が自分の心持ちによって変わってしまうのを、多くの子供たちが知る。子供？　ぼくは、まだ子供なのだろうか。いっぱしの発言をしていても、自分自身を持て余して憂鬱《ゆううつ》だ。桜井先生は、一応、ぼくを進学する生徒の部類に入れた。ぼくは、仕方なしに補習の授業を受けているが、もちろん、教師の声など耳を通り抜けて行くばかりだ。

そんなある日、授業中に、ぼくの祖父が倒れたとの連絡が入った。ぼくは、桜井先生に早退の許可をもらい、病院に駆けつけた。途中、電車の中で、ただぼんやりと窓の外を見ていた。心配するというより、何か、不思議な思いが、胸の内に湧いていた。ぼくは、朝、いつも通りに散歩に出掛けた祖父の姿を思い浮かべた。とても元気だった。しかし、彼が、確実に、数年の内には死を迎える年齢であったことに気付いて唖然《あぜん》とした。倒れたのは奇妙なことでも何でもないのだ。ぼくは、時が、いつのまにかゆるやかに流れていたように思っていたが、それは祖父にとっても同様のことだった。それまで、自分の時の流れは、水とは違い上に向いていたように思っていたが、どうやら錯覚であるらしいと、今、感じていた。人がいつかは必ず、死に辿《たど》り着くという当たり前のことを思い出して溜息をついた。時間を上に押し上げて流していると思うのは、エネルギーという名の傲慢さではないのか。ぼくたちは、本当は、ただ流れて行っているだけではないのか。そう思うと、錯覚ばかりが交錯しているのが人間の一生のように思えて来る。将来のため、と大人たちは言う。しかし、カ将来とは確実に、握り締められる宝であり得るのか。手にしたら消えて行く煙のようなものではないのか。

病院に行くと母はまだ来ていなかった。担当している作家の原稿が、まだ出来ずに、横浜に行っているということだった。死んだって知らないぞ、とぼくは怒りを覚えたが、幸い祖父の容態はたいしたことはなかった。医師の話によると心臓が少しばかり、いかれているだけなんだそうだ。お年がお年ですからね、とにこやかに話す医師の顔を見て、ぼくは力が脱《ぬ》けた。お年がお年という言葉は感じが悪くないと思った。人は、お年になれば誰もが死ぬという事実は、孤独感を伴わない。

ぼくは、眠っている祖父の側《そば》に腰を降ろした。この人が死んだら嫌だなあと思った。彼も、多分、ぼくを残して死ぬのは嫌だろうなあ、と、そこまで思うと、なんだかやるせなくなった。それは、大きな悲しみというより、キひとり分の空間が出来ることへの虚しさを呼び覚ます。人間そのものよりも、その人間が作り上げていた空気の方が、ぼくの体には馴染《なじ》み深い。笑いや怒りやそれの作り出す空気の流れは、どれ程、他人の皮膚に実感を与えることか。多くの人は、それを失うことを惜しんで死を悼《いた》む。

生きていることは錯覚ばかり、とぼくは病院に来る途中に思ったけれども、残す空気は、形を持たずして、実感を作り上げるのだ。しかし、その空気により他人に記憶を残せなかった人間は虚しい。やがて灰になるなら、重みある空気で火を燃やしたい。

誰もが、当然のことのように、大学に進学するのだ。ぼくの高校はそういうところなのだ。

「いったい、どうしたいんだ、時田は」

　ぼくは、ますます困ってしまい下を向いた。

「わかんないんです。皆と同じに大学に行くべきなのかなあって思うこともあるし、でも、大学で何を勉強していいのかさっぱり……ぼくって、皆より遅れてんのかな。高校が五年ぐらいあるといいんだけど」

「甘ったれてるな」

「その通りです」

　アぼくの言葉に桜井先生は力が抜けたようだった。ぼくは、彼が、ぼくのことをとても好きなのを知っている。彼は、沢山のことを教えてくれた。サッカーや食べもののことや、女の子のことはともかく、本を読むことや、そうだ、本だ。

「先生、ぼくは、それでは文学部に進みます」

「……思いつきで、その場しのぎをしようったって駄目だ。女にもてそうにもない哲学者の本なんて信用出来ないと言っていたのは誰だ」

「すみません」

「なあ、時田、先生は、おまえを追いつめる気はないぞ。誰だって、確信を持って進路を決める訳じゃないんだ。だいたい、十七、十八で、そんなこと確信するのは、イおこがましいよ。未来なんて誰にも解《わか》りゃしないんだ。だけどね、時間は、いつも動いてるんだ。立ち止まってる訳には行かないぞ。簡単なことじゃないか。大学に行くにしても、行かないにしても、準備をしなきゃいけない。失敗したって、やり直せる程度のことなんだから、早目に決めた方が便利だぞ」

　失敗する以前の問題なのだが、と、ぼくは思いながら外に出た。陽ざしが熱い。遠くでサッカー部の後輩たちが柔軟体操をしている。ぼくは、もうあそこで、ボールを蹴ることが出来なくなるのだ。

「感傷に浸ってるの？」

　振り返ると＊黒川礼子が笑っていた。相変わらず少しも汗をかかないような皮膚をしている。

「最近、体の調子どう？　黒川さん」

「いいわよ。鉄分をしっかり取ってるもん。あ、時田くん、アルミの鍋って良くないらしいから使っちゃ駄目よ。テフロン加工もよ。年を取ってから、アルツハイマーになるんだってさ。患者の脳から、長年つもったアルミが検出されてるんだって。ぼけちゃうのって、やでしょ、あ、時田くんは、もう、ぼけてるか、ははは」

　ははは。ちっともおかしくないぞ。彼女は、最近、明るい表情を浮かべている。進路の決まった秀才は、これから元気になって行くのだ。

「いいなあ、黒川さん、貧血を起こさない黒川さんて恐いものなしだよね」

「あら、そうでもないのよ。病は気からって自分に言い聞かせているの。私には、時田くんの方が恐いものなしに見えるわ」

　黒川礼子は、そう言いながら、[A]ぼくを見た。

「時田くん、なんだか、少し困ってるようだけど、気にすることないよ。誰だって困ってるんだから。あなたは、自分のように考えてるの自分だけと思ってるかもしれないけど、それって、一種の特権意識よ。反省した方が良いかもよ」

　憎らしい女だ。ぼくは、黒川礼子の後ろ姿を見ながらそう思った。しかし、それと同時に、自分自身が彼女の言う通り嫌な奴のように思えて鳥肌を立てた。病は気から。鳥肌は自己嫌悪からだ。ウああ情けない。桜井先生と向かい合っていた時、ぼくはぼくなのだという開き直った傲慢《ごうまん》さがなかったと言えるだろうか。（中略）

　ぼくは、その夜、なかなか寝つかれなかった。高校に入学した時、ぼくは、迷ったりなどしなかった。そんなことで悩むには、夢中になるべき事柄が多過ぎた。人間関係は、今よりも重大事であったし、自分が何をして来たかや、自分が何をすべきかということを考える由に行動できないようにすること。

② 意見や考え方が対立している相手を、言葉巧みに誘導し、自分の思うように自由自在に操ること。

③ 敵対関係にある相手を、意識的な努力によってその思考、意見などを無理やり押さえつけること。

④ 議論や会議などで、たいした根拠もなしに相手を責めなじり、反論できないように激しく非難すること。

カ 「具合が悪い」（解答番号 12）

① 申し訳ない。　② 意味がない。

③ 都合が悪い。　④ 大人げない。

問8 ——部キ「その雑談の部分が、まさに気持ちをつなげる情緒的コミュニケーションになっている」とあるが、それはなぜか。その理由として最も適当なものを、次より選びなさい。（解答番号 13）

① 相手を説得するために雑談は必要なものであり、社会人が身につけておきたいコミュニケーションスキルの一つだから。

② 雑談は定型的なマニュアルがあるわけではなく、他者とのコミュニケーションを円滑に行う私的な関係を築くためのものだから。

③ 雑談もせずに相手に必要事項だけを伝えるのは、他者の思いを尊重しない失礼なコミュニケーション方法だから。

④ 相手と信頼関係を築くために雑談は有効なコミュニケーションであり、それによって自然と論理的な会話が成り立つようになるから。

問9 本文中からは次の一文が脱落している。この文が入るのに最も適当な箇所を、本文中の【①】～【④】より選びなさい。（解答番号 14）

ゆえに、何ごとも曖昧にしておく。

問10 本文を読んだ生徒A～Dが「ホンネで自分の意見が言えない若者」について話し合った。□に入ることばとして最も適当なものを、後より選びなさい。（解答番号 15）

生徒A―現在、SNSを毎日チェックし、「常につながっている」という気持ちを共有しようという若者が増えているはずなのに、なんでホンネで自分の意見が言えないのかな。

生徒B―いくら友だちでも自分のホンネを理解してくれるとは限らないから、不安になってしまう人が多いというのも何となく分かるな。

生徒A―でも、□のも、何だか疲れてしまうよ。

生徒B―これは、日本独特の心理構造だと筆者は述べているね。

生徒A―時代が変わっても若者の心理にはあまり変化がない日本社会について、これから勉強してみたいな。

① 場の雰囲気を感じ取らず、自分勝手な発言ばかり繰り返す

② 周囲の様子に常に気を遣い、相手の反応を見ながら会話をする

③ コミュニケーション力を身につけるため、トレーニングをする

④ せっかく築き上げた仲間たちとの強い絆を失い、周囲と疎遠になる

二

次の文章を読み、後の問いに答えなさい。

高校三年生の「ぼく」（時田秀美）は、進路について、担任の桜井先生に相談している。

「どうする時田、ぼくは勉強が出来ない、なんて開き直ってる場合じゃないぞ」

桜井先生は、溜息《ためいき》をついて、ぼくの成績表をめくった。彼は、とても情けない表情を浮かべている。本当に心配しているようだ。ぼくも困っている。今頃、進学すべきか就職すべきかを迷っているのは、ぼくだけに違いないのだ。と、いうより誰も悩んだりしない。

c　セン明　（解答番号3）

①独占　②宣誓　③専有　④生鮮

d　研シュウ　（解答番号4）

①補修　②秀作　③周到　④講習

e　ケイ約　（解答番号5）

①連携　②契機　③直径　④経由

問2　A～Dに入ることばの組み合わせとして最も適当なものを、次より選びなさい。（解答番号6）

①A　もちろん　B　だが　C　じつは　D　そして
②A　そして　B　もちろん　C　だが　D　じつは
③A　じつは　B　そして　C　もちろん　D　だが
④A　だが　B　じつは　C　もちろん　D　そして

問3　――部ア「そうした傾向」とあるが、どのような「傾向」があるというのか。最も適当なものを、次より選びなさい。（解答番号7）

①自己開示を抑制する三つの要因によって、現代の日本の若者が、ホンネを親しい友だちにも隠すようになるという傾向。
②自己開示を抑制する三つの要因によって、現代の日本の若者が、自立への歩みをためらうようになるという傾向。
③自己開示を抑制する三つの要因によって、現代の日本の若者が、コミュニケーション能力を必要以上に重要視するようになるという傾向。
④自己開示を抑制する三つの要因によって、現代の日本の若者が、あまり自分のことを口にしなくなるという傾向。

問4　――部イ「ほとんどが友だちに対しても意見や思っていることはなかなか言えない」とあるが、その理由として**適当でないもの**を、次より一つ選びなさい。（解答番号8）

①自分のホンネを素直に口にすることよりも、相手が自分のことをどのように受け止めるのかが気になってしまう若者が多いから。
②相手の様子を伺い、自分の意見や趣味すら伝えることをためらう若者たちは、周囲にホンネを伝えることなどできないから。
③自分に自信を持つ、勇気のある強い人物しか周囲にホンネを口にすることはできないと多くの若者が思い込んでいるから。
④自分を理解し受け入れてもらえないのではないかという不安を多くの若者が抱えており、ホンネを周囲に伝えるのは難しいと感じているから。

問5　――部ウ「うっかり言う」とあるが、筆者が「うっかり」と表現しているのはなぜか。その理由として最も適当なものを、次より選びなさい。（解答番号9）

①「勇気を持って口にした」という若者の思いを表すため。
②「不注意で口にした」という若者の思いを表すため。
③「自信を持って口にした」という若者の思いを表すため。
④「恐る恐る口にした」という若者の思いを表すため。

問6　――部エ「日本的な『場』の圧力」とは、どのようなものか。最も適当なものを、次より選びなさい。（解答番号10）

①意見や感受性の違いが表面化することで関係が悪化することがあるという認識を集団が共有し、それを無意識のうちに強制している状態。
②みんなと同じでなければならないという強迫的な思いにとらわれ、異なる意見を持つものを排除しようと試みる状態。
③気まずい雰囲気にどうしても耐えられないため、自分のホンネを常に隠し周囲の雰囲気に合わせた発言ばかりする状態。
④仲間外れにされる恐怖や不安があまりに強すぎるため、同じ意見、感受性を持つことが集団にとって最も重要なことだと思い込む状態。

問7　――部オ「牽制する」、――部カ「具合が悪い」のここでの意味として最も適当なものを、後よりそれぞれ選びなさい。

オ「牽制する」（解答番号11）

①相手を自分の望む方に引きとめたり引きつけたりして、自

にされる。そんな恐怖や不安ゆえに、自分の思っていることを素直に言えないという若者が多いようだ。ここには、みんな同じでないといけないといったエ日本的な「場」の圧力が、未だに、［Ａ］若い人々の間にも、強く働いていることがわかる。

そのせいか、意見を言うこと自体をオ牽制《けんせい》する雰囲気もあるようだ。

「何か言うとからかわれたりして、意見を言うのが悪いことみたいな雰囲気があって、なかなか自分の思ったことは言えない」

のように言う者もおり、さらには、

「自分の意見を言える人はごく少数だと思う。自分もその場の雰囲気に合わせた発言をしたり、相手が喜びそうな意見を言ったりする」

「こんなことを言ったら相手が気分を害するのではとか、感受性が違ってたら相手が話しにくくなるかもしれないなどと思い、何を話したらよいかをかなり吟味する」

というように、自分の言いたいことを言うのでなく、相手のことを配慮しながら相手が受け入れやすいことを話すようにしていることがわかる。

うっかり自分の意見や感じることを言って、それが相手の意見や感受性と違った場合、気まずくなる。日本社会では、意見が一緒、感じ方が同じということが大切にされるため、双方の違いがｃセン明になることを避けようとする。【③】意見をはっきり言わないのも、リスク・マネジメントのひとつなのだ。

激しい技術革新により私たちのライフスタイルは一変し、今なお急激な変化にさらされているが、コミュニケーション・スタイルにはあまり変化は見られず、いかにも日本的な心理構造が未だに強い規定力をもっているようである。そこに、個人が人間関係のネットワークからこぼれ落ちかけているという現状が重なっているところが、コミュニケーションをいっそう難しくしている。（中略）

コミュニケーション力を高めることがとくに重要な課題だと言われるようになり、＊ロジカルシンキングや＊アサーション面の強化を目ざす研ｄシュウも多く行われている。［Ｂ］論理的コミュニケーションの能力を向上させることも大切だ。肝心な理屈が伝わらないしゃべり方をしていては、説得力もないし、信頼関係も築けない。

［Ｃ］、コミュニケーションが苦手だという人の多くは、［Ｄ］雑談が苦手なのだ。どんなにコミュニケーションが苦手な人でも、必要なことくらいは言える。それは、言ってみればマニュアル作業だ。商品の説明、ｅケイ約書類の説明、提案内容の説明など、言うべきことが決まっていれば、それは何とかこなすことができる。必要なことを言う前と、言ってしまった後が困るのである。

【④】

会っていきなり必要事項を話し始めるのは無粋《ぶすい》と見なされる。必要な話が終わって、「それでは失礼します」といきなり姿を消すというのも、どうもカ具合が悪い。多少は雑談ができないと気まずい。キその雑談の部分が、まさに気持ちをつなげる情緒的コミュニケーションになっているのである。

（榎本博明『「すみません」の国』より）

《注》

＊ロジカルシンキング…物事を結論と根拠に分け、その論理的なつながりを捉えながら物事を理解する思考法。「論理的思考法」とも言う。

＊アサーション…コミュニケーションスキルの一つ。アサーション・トレーニングは、お互いを尊重しながら率直に自己表現できるようになることを目指すトレーニング。

問１　＝＝部ａ～ｅのカタカナ部分の漢字と同じ漢字を使った熟語を、後よりそれぞれ一つずつ選びなさい。

ａ　浸トウ　（解答番号［1］）

①　倒置　②　討議　③　逃避　④　透徹

ｂ　チュウ出　（解答番号［2］）

①　脚注　②　支柱　③　抽象　④　中秋

二〇二二年度 武南高等学校（併願2）

【国 語】（五〇分）〈満点：一〇〇点〉

一 次の文章を読み、後の問いに答えなさい。

今の日本の現状は、「話さなくてもわかる」状況とは、とても言えない。「話してもわからない」といった心理状況が、若い人々の間にかなり浸aトウしているように思われる。

最近は、友だちにもホンネはなかなか言えないという若者の声を聞くことが多い。児童期までは親が最も身近な存在だとしても、思春期になると親に対してあまり自分のことを話さなくなる。秘密をもつようになる。この「秘密をもつ」ということが、自立への歩みを意味する。自立を後押しするのが、親しい友だちの存在である。そして、青年期になると、親に代わって友だちが最も身近な存在になってくる。その友だちに対して、いったいなぜホンネが言えないのだろうか。

自分の経験したことや思っていることを率直に話すことを、自己開示という。ホンネが言えないというのは、自己開示ができないということだ。【①】なぜ友だちに自己開示できないのかを調べようと、自己開示の抑制要因についての調査を行ったことがある。

自己開示の抑制要因というのは、どんな思いが自分の考えや気持ちを人に話すことをためらわせるのかということである。その調査では、三つの因子がbチュウ出された。

「現在の関係のバランスを崩すことへの不安」「深い相互理解に対する否定的感情」「相手の反応に対する不安」の三つである。これら三つの要因が、自分の考えや気持ちを人に話すことをためらわせていることがわかった。アそうした傾向は、今も変わらないようだ。

つい先日、自分の意見や自分が思っていることを、友だちに素直に話しているかどうかを一五〇名ほどの若者に尋ねたところ、イほとんどが友だちに対しても意見や思っていることはなかなか言えないと言うのだった。具体的な声を挙げると、つぎのようであった。

「相手の反応が気になり、趣味やプライベートなこととか、自分の内面については話せない。自分の意見にも自信がなくて、相手に呆《あき》れられてしまうのではと思ったりして、なかなか意見も言えない」

「友だちにホンネを言おうとしても、それを理解してくれなかったときのことを考えると、なかなか話す気持ちになれません。ホンネを言うには勇気がいります」

「みんなはどう考えているんだろうと周りを気にして、自分の考えを言うのはすごく勇気がいる」

「相手がどう思うかを自分は気にしすぎだと思うけど、どうしても気にしてしまう。自分の思うことを素直に言える人が羨《うらや》ましい。よっぽど自信がある人でないと、言えないと思う」

このように、相手の反応を気にするあまり、自分の意見や思うことをなかなか言えないという心理が、多くの若者に共有されていることがわかる。【②】（中略）

なぜ相手の反応がそんなに気になるのかというと、意見や感受性の違いが表面化することで関係が悪化することがあるからだ。そのことを示唆するものとして、つぎのような声があった。

「仲間外れにされる恐怖というか、みんなが自分と違う考えや感じ方をしていたらどうしようといった思いがあって、自分の思っていることをはっきり言いにくい」

「自分が正しいと思うことをウうっかり言うと、イヤな顔をされたり、何となく気まずい雰囲気になってしまうことがあって、自分の意見とかをはっきり言うのは難しい」

「私は、自分の思ったことを率直に友だちに言うというのはできません。やっぱり嫌われるのが怖いから」

「意見が違うと、せっかくの関係が悪化してしまうのではないかと考えてしまい、自分の意見があってもなかなか言えない」

意見が違うと関係が悪化する、感受性が違うと嫌われて仲間外れ

2022年度／武南高等学校（併願２）

英語解答

Ⅰ (1) 3　(2) 2　(3) 2　(4) 4
(5) 3

Ⅱ (6) 3　(7) 2　(8) 1　(9) 1
(10) 4　(11) 4　(12) 1　(13) 2
(14) 4　(15) 1

Ⅲ (16) 3　(17) 1　(18) 1　(19) 4
(20) 2

Ⅳ (21) 4　(22) 2　(23) 3　(24) 1
(25) 4

Ⅴ (26) 1　(27) 2　(28) 2　(29) 3
(30) 4

Ⅵ (a) 31…2　32…5
(b) 33…1　34…7
(c) 35…6　36…7
(d) 37…3　38…4
(e) 39…3　40…2

数学解答

1 (1) ア…4　イ…6　ウ…2
(2) エ…6　オ…1　カ…7　キ…3
ク…6
(3) ケ…8　コ…9　サ…2

2 (1) シ…1　ス…0　セ…2　ソ…4
(2) タ…1　チ…3　ツ…3
(3) テ…3　ト…1

3 (1) ナ…1　ニ…2
(2) ヌ…1　ネ…6
(3) ノ…1　ハ…3　ヒ…3　フ…6

4 ア…2　イ…0　ウ…8　エ…0
オ…2　カ…0　キ…8　ク…0
ケ…4　コ…0　サ…1　シ…2
ス…0　セ…1　ソ…8　タ…0
チ…3　ツ…2

5 テ…1　ト…6　ナ…2　ニ…4
ヌ…3　ネ…4

6 (1) 9
(2) イ…1　ウ…3　エ…2　オ…5
(3) カ…3　キ…2　ク…3

7 ケ…5　コ…3　サ…5　シ…9
ス…5　セ…1　ソ…8　タ…5

国語解答

一 問１　a…④　b…③　c…④　d…①
e…②
問２　②　問３　④　問４　③
問５　②　問６　④
問７　オ…①　カ…③　問８　②
問９　③　問10　②

二 問１　A…⑤　B…①　C…②　D…③
問２　④　問３　イ…①　オ…②
問４　③　問５　④　問６　③
問７　②　問８　①　問９　④
問10　③

三 問１　①　問２　③　問３　④
問４　①　問５　②

四 問１　不意　④　長所　①　問２　②
問３　Ⅰ…⑤　Ⅱ…①　問４　①

Memo

Memo

Memo

2021年度　武南高等学校（併願１）

【英　語】（50分）〈満点：100点〉

Ｉ　試験開始からおよそ３分後に放送が始まります。放送される英文をよく聴いて，あとの(1)～(5)の質問に対する答えとして最も適切なものを，それぞれ下の１～４の中からひとつずつ選び，番号をマークしなさい。なお，英文とそれに対する質問文はそれぞれ２回ずつ読まれます。

(1)　1．About lunch.　　2．About doing housework.
　　3．About Ms. Sato.　　4．About home economics.

(2)　1．Yes, every day.
　　2．Yes, four times a week.
　　3．No, he doesn't.
　　4．No, but he tries to do it when he can.

(3)　1．It shows what housework students do.
　　2．It shows how often students make lunch.
　　3．It shows how often students do some housework.
　　4．It shows how often students bring lunch.

(4)　1．Because of the graph and Ms. Sato's words.
　　2．Because of the graph.
　　3．Because of Ms. Sato's words.
　　4．Because of the other members of his family.

(5)　1．Yuki does housework almost every day.
　　2．Most of the students do some housework.
　　3．Half of the students do no housework at all.
　　4．Ken wants to help Ms. Sato with housework.

※<**リスニングテスト放送原稿**>は英語の問題の終わりに付けてあります。

II　次の英文を読んで，あとの問いに答えなさい。

When the foreign learner of English first comes to *Britain, he is usually (　あ　) to discover how little he can understand English spoken there. For one thing, (い)people seem to speak faster than they expected. For another, the English spoken there seems to be different in many ways from the English taught in their countries. (う)Learners probably notice not only the differences of *pronunciation soon but also the differences of *grammar and *vocabulary.

Their *reaction to (え)this experience will be different from each other. If a person is *confident in his own English ability, he would think that most of the English people do not speak English *correctly. However, (お)this is not true. His problem is that he is not able to understand the speaker's ideas. In this case, to understand that some *variations of English used in Britain will help them to understand. There is (か)a big difference between English spoken in Britain and English taught in their countries. In many countries, including Japan, one kind of English used in the United States, called "American English," is taught in most of their schools. There are some differences in its vocabulary, grammar, and pronunciation between American English and "British

English." So (き)they would feel *unfamiliar with the English spoken in Britain, because they are not *accustomed to it.

Some people are not confident in their English ability. In that case, they may feel that they didn't learn the "real" English in their countries. (く)But can this be true ? The English taught in their countries could be a single kind of English, known as "(け)Standard English," and it is English spoken carefully in *formal situations. As Japanese people speak *informal Japanese when they talk with their friends or family members, English people do not always speak Standard English. When native speakers speak with learners, they may be able to understand the learners. However, if native speakers speak just louder or more slowly, the learners may not be able to understand them correctly.

According to these facts, to experience many kinds of English is a very important part in the study of English as a foreign language.

*Britain：イギリス　*pronunciation：発音　*grammar：文法　*vocabulary：語彙
*reaction：反応　*confident：自信がある　*correctly：正しく　*variation：種類
*unfamiliar：なじみのない　*accustomed：慣れている　*formal situation：改まった場
*informal：くだけた

(6) 空所(あ)に入る最も適当な語を下の選択肢から１つ選び，番号をマークしなさい。

1．surprising　2．surprised　3．exiting　4．excited

(7) 下線部(い)が表す内容として最も適当なものを下の選択肢から１つ選び，番号をマークしなさい。

1．The learners of English found that they can speak English fast.
2．The learners of English found people living in Britain speak very fast.
3．The learners of English expected people living in Britain to speak much faster.
4．The learners of English can speak faster than people living in Britain thought.

(8) 下線部(う)が表す内容に最も近い意味を表す文を下の選択肢から１つ選び，番号をマークしなさい。

1．Learners would not notice the differences of pronunciation but the differences of grammar and vocabulary.
2．Learners would not notice the differences of grammar and vocabulary but the differences of pronunciation.
3．Learners would notice the differences of pronunciation, grammar, and vocabulary.
4．Learners would not notice any differences of pronunciation, grammar, or vocabulary.

(9) 下線部(え)が表す内容として最も適当なものを下の選択肢から１つ選び，番号をマークしなさい。

1．To visit Britain for the first time.
2．To find the differences in English spoken in Britain.
3．To learn English as a foreign language.
4．To discover they can speak English as fast as English people.

(10) 下線部(お)が表す内容として最も適当なものを下の選択肢から１つ選び，番号をマークしなさい。

1．The learners of English don't have any confidence in their English ability.
2．The learners of English don't know correct English.
3．The English people don't express their ideas to the learner.
4．The English people speak English wrong.

(11) 下線部(か)に関する説明として正しいものを下の選択肢から１つ選び，番号をマークしなさい。

1．Most of the English learners learn the kind of English used in the United States.

2．The ideas of learners of English are different from that of the English people.
3．The confidence of learners about their ability in speaking English is different.
4．Learners learn English in a different way from how English people do.

(12) 下線部(き)が指すものとして最も適当なものを選択肢から1つ選び，番号をマークしなさい。

1．the learners of English　　2．English people
3．American people　　4．native English speakers

(13) 下線部(く)が表す内容として最も適当なものを下の選択肢から1つ選び，番号をマークしなさい。

1．Learners learned real English in their countries, but it was just a kind of English.
2．Learners learned real English in their countries, but it was not Standard English.
3．Learners didn't learn real English in their countries.
4．There is no way to know if the English taught in their countries was real or not.

(14) 下線部(け)の例として最も適当なものを選択肢から1つ選び，番号をマークしなさい。

1．English spoken with their family members
2．English spoken with their friends
3．English spoken with their teacher
4．English spoken with their children

(15) 次の英語の質問の解答として最も適切なものを選択肢から1つ選び，番号をマークしなさい。

According to the passage, what is the important thing for the foreign learners of English ?

1．To learn "real English" in their school.
2．To learn "Standard English" in their school.
3．To know there are many kinds of English used in the world.
4．To know they have to study English in the U.S.

Ⅲ　次の英文を読んで，空所(16)～(20)に最もよく当てはまるものを，それぞれ下の1～4の中から1つずつ選び，番号をマークしなさい。

*Pierre de Coubertin is known as "the father of *the Modern Olympics." He was born in France in 1863. When he was a child, children in France could only study in the classroom and did not enjoy sports at school. He became interested in *education and studied about it.

When Coubertin was twenty, he visited some schools in England. He found a big (16) between England and France. Students in England enjoyed sports at school. They learned many things through sports, so Coubertin thought sports were important for (17). He visited many countries and studied about education there. He began to think people could be friends and make a *peaceful world through (18).

Soon he planned to hold a sports event for people all over the world. He met many people and told them about it. (19), his dream came true. In 1896, the first Modern Olympics were held in *Greece. Fourteen countries joined and more than two hundred young *athletes (20) their best in the games. After the games, they shook hands and showed respect to each other. People were moved to see those young athletes.

*Pierre de Coubertin：クーベルタン　*the Modern Olympics：近代オリンピック
*education：教育　*peaceful：平和な　*Greece：ギリシア
*athlete：運動選手，アスリート

(16)　1．interest　2．fun　3．difference　4．chance

(17)　1．education　2．countries　3．body　4．festival
(18)　1．learning　2．money　3．English　4．sports
(19)　1．And　2．Finally　3．So　4．But
(20)　1．played　2．did　3．had　4．made

Ⅳ　次の英文の空所に最もよく当てはまるものを，それぞれ下の1～4の中から1つずつ選び，番号をマークしなさい。

(21) The biggest animal (　　) on Earth is an elephant.
1．lives　2．living　3．lived　4．has lived

(22) The book is (　　) than that one.
1．interesting　2．more interesting
3．the most interesting　4．interested

(23) He (　　) a book yesterday.
1．reading　2．reads　3．is reading　4．read

(24) Becky enjoyed (　　) tennis with her sister.
1．playing　2．to play　3．play　4．played

(25) He doesn't (　　) to speak English here.
1．has　2．must　3．can　4．have

Ⅴ　次のAさんとBさんの対話文を読んで，空所に最もよく当てはまるものを，それぞれ下の1～4の中から1つずつ選び，番号をマークしなさい。

(26) A：Two hamburgers, please.
B：(　　　　)
1．Who is waiting for you？　2．For here or to go？
3．How much do you have？　4．Are you going to eat everything？

(27) A：What's wrong？ You don't look well.
B：(　　　　)
1．It's my birthday today.　2．I play badminton every day.
3．This is my favorite food.　4．I have a bad cold.

(28) A：Dinner is ready.
B：All right. (　　　　) now.
1．I'm playing computer game　2．I'm coming
3．I'm already eating　4．I'm washing dishes

(29) A：May I use this dictionary？
B：Sure. (　　　　)
1．I'm using it now.　2．Please be quiet.
3．Go ahead.　4．You're welcome.

(30) A：Could you show me another？
B：Of course. (　　　　)
1．It's sold out.　2．You look good in that.
3．Here you are.　4．May I help you？

Ⅵ　次の日本文に合うように，下の１～７の語句を用いて文を完成させる場合に空所(31)～(40)に最もよく当てはまるものを，それぞれ下の１～７の中から１つずつ選び，番号をマークしなさい。ただし，文頭に来るべき語も小文字で始めてあります。

1　その計画は面白そうなので賛成です。

I (　　) (　　) (31) (　　) (　　) (32) (　　).

1. because　2. am　3. the plan　4. interesting　5. sounds　6. for　7. it

2　どちらのバスに乗ればよいか教えてくれますか。

Will (　　) (　　) (33) (　　) (　　) (34) (　　)?

1. bus　2. me　3. tell　4. which　5. take　6. you　7. to

3　今日の午後，私と一緒に散歩をしませんか。

How (　　) (　　) (35) (　　) (　　) (36) (　　) afternoon?

1. a walk　2. this　3. about　4. for　5. with　6. going　7. me

4　あなたは，ジョーンズさんが先週，家を売ったことを知っていましたか。

Did (　　) (　　) (37) (　　) (　　) (38) (　　) week?

1. know　2. that　3. sold　4. last　5. Mr. Jones　6. his house　7. you

5　私は通学に１時間以上かかります。

It (　　) (　　) (39) (　　) (　　) (40) (　　) to school.

1. than　2. takes　3. me　4. get　5. to　6. more　7. one hour

＜リスニングテスト放送原稿＞

Ken : Hi, Yuki. Today is "*Bento-no-hi*." Did you bring your *Bento box*?

Yuki : Yes. Who made yours?

Ken : I did.

Yuki : Oh, Ken, is that true? That's great!

Ken : I like cooking. And our home economics teacher, Ms. Sato, often tells us we should do more housework.

Yuki : Do you usually do other housework?

Ken : I'm afraid not, but I try to do it when I can. Ms. Sato showed us a graph. When I saw it, I changed my mind about housework. It showed how often the students in our school did housework.

Yuki : Sounds interesting. What facts did the graph show?

Ken : Well, the largest number of students did housework almost every day. The smallest number of students did no housework at all.

Yuki : Really? How about the others?

Ken : The second largest group was 32%. They did some housework once or twice a week, twenty-percent of students did some housework four times a week.

Yuki : I see. The graph was surprising enough to change your mind, right?

Ken : Yes, but I have another reason. I changed my mind because of Ms. Sato's words. Ms. Sato said, "We should do housework because we are members of our family." That made me feel like I should be doing more to help my family.

Yuki : That's for sure. I'd like to start doing some more housework too.

(1) What are they talking about?

1. About lunch.　　2. About doing housework.
3. About Ms. Sato.　　4. About home economics.

(2) Does Ken usually do any housework ?
1. Yes, every day.
2. Yes, four times a week.
3. No, he doesn't.
4. No, but he tries to do it when he can.

(3) What does the graph show ?
1. It shows what housework students do.
2. It shows how often students make lunch.
3. It shows how often students do some housework.
4. It shows how often students bring lunch.

(4) Why did Ken change his mind ?
1. Because of the graph and Ms. Sato's words.
2. Because of the graph.
3. Because of Ms. Sato's words.
4. Because of the other members of his family.

(5) Which one is true about this passage ?
1. Yuki does housework almost every day.
2. Most of the students do some housework.
3. Half of the students do no housework at all.
4. Ken wants to help Ms. Sato with housework.

【数　学】（50分）〈満点：100点〉

〔注意〕・コンパス，定規，分度器，電卓等の計算器は使用しないこと。

・分数や無理数は，下の例のように簡単にして答えること。

$\frac{\boxed{1}}{\boxed{2}}$…正解，　　$\frac{\boxed{2}}{\boxed{4}}$…不正解とみなす

$\boxed{2}\sqrt{\boxed{2}}$…正解，　　$\boxed{1}\sqrt{\boxed{8}}$…不正解とみなす

※**1**～**3**は解答用紙の解答欄$\boxed{1}$を，**4**～**6**は解答欄$\boxed{2}$を，**7**・**8**は解答欄$\boxed{3}$を使用します。

1　次の計算をせよ。

(1)　$2021^2-2020^2=\boxed{\text{アイウエ}}$

(2)　$\dfrac{73^2+13^2-2\times13\times73}{13-73}=\boxed{\text{オカキ}}$

(3)　$\left(\dfrac{b}{a}\right)^4\times\dfrac{b}{a^2}\div\left(\dfrac{b}{a^3}\div\dfrac{b^3}{a}\right)=\dfrac{b^{\boxed{\text{ク}}}}{a^{\boxed{\text{ケ}}}}$

2　次の問いに答えよ。

(1)　$(\boxed{\text{コ}}\,x-2)^2=9x^2-\boxed{\text{サシ}}\,x+\boxed{\text{ス}}$ である。

(2)　$x^2+y^2=4$，$xy=2$ のとき，$(3x-y)(x-3y)=\boxed{\text{セソ}}$ である。

(3)　右図において，IはCP上にあり△ABCの内心である。

このとき$\angle x=\boxed{\text{タチ}}^\circ$であり，$\angle y=\boxed{\text{ツテト}}^\circ$である。

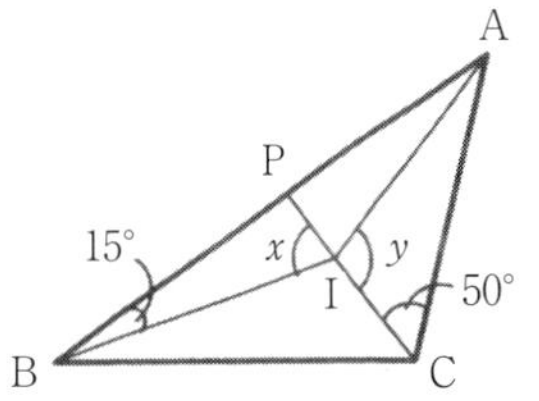

3　次の問いに答えよ。

(1)　a％の食塩水a（g）に水を$3a$（g）加えると，濃度は$\dfrac{\boxed{\text{ナ}}}{\boxed{\text{ニ}}}a$％である。

(2)　ある銀行では，１年経つと預けているお金のx％の金額が預金額に加わる。この銀行に１万円を預金した。１年経ったところ，預金額は計$(10000+\boxed{\text{ヌネノ}}\,x)$円となり，これを$A$円とする。$A$円をそのままもう１年預けたところ預金額が11025円となった。このとき$x=\boxed{\text{ハ}}$である。

$\boxed{\text{ヒ}}$～$\boxed{\text{ホ}}$は使用しません。

4　４枚のカード$\boxed{1}\boxed{2}\boxed{3}\boxed{4}$が各１枚ずつ入った袋がある。この袋から１枚ずつカードを取り出し，１回取り出すごとに次のルールにしたがって，カードを机に左から右に置いていく。作業は３回目で終了する。

［ルール］

・１回目に取り出したカードを机に置く。

・２回目に取り出したカードに書かれた数が，机に置いてあるカードに書かれた数と連続するならば置いてあるカードの右側に置き，連続しないならば机には置かず袋にも戻さずよけておく。

・３回目に取り出したカードに書かれた数が，最後に机に置いたカードに書かれた数と連続するならば置いてあるカードのさらに右側に置き，連続しないならば机には置かず袋にも戻さずよける。

※　例えば，$\boxed{3}$，$\boxed{1}$，$\boxed{2}$の順にカードを取り出したとき，左から順に$\boxed{3}\boxed{2}$とカードが机に置かれていることになる。

(1)　カードの取り出し方は全部で$\boxed{\text{アイ}}$通りある。

(2)　机に置いたカードが３枚である取り出し方は$\boxed{\text{ウ}}$通りある。

(3) 机に置いたカードが2枚である確率は $\dfrac{\boxed{エ}}{\boxed{オ}}$ である。

5 下図の直線 l，m，n の方程式はそれぞれ $y=-3x$，$y=3x$，$y=\dfrac{1}{2}x$ である。また，3点A，B，Cの x 座標はそれぞれ -1，2，4である。

(1) 直線ABの方程式は，$y=x+\boxed{カ}$，直線BCの方程式は，$y=\boxed{キク}x+\boxed{ケコ}$ である。

(2) △OABの面積は $\boxed{サ}$ である。

(3) 台形CEDBを x 軸のまわりに1回転してできる立体の体積は $\dfrac{\boxed{シスセ}}{\boxed{ソ}}\pi$ である。

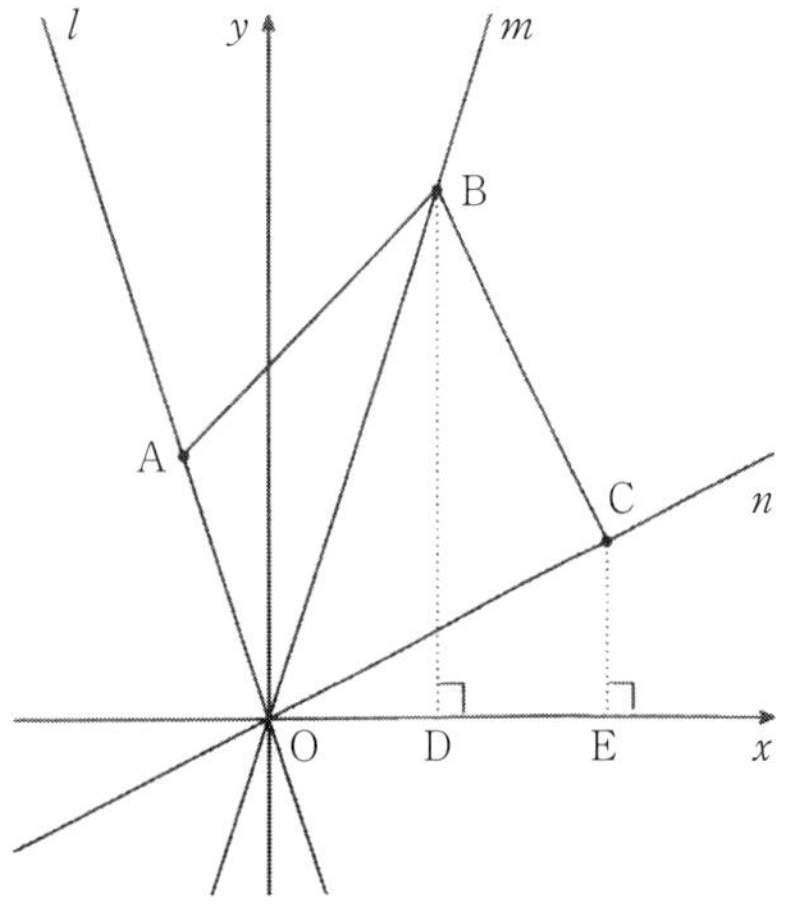

6 右図のグラフは $y=x^2$，$y=-\dfrac{1}{2}x^2$，点A，B，C，Dはそれぞれグラフ上の点である。また，ADとBCは x 軸に平行である。点Dの x 座標を a，点Cの x 座標を $2a$ とする。台形ABCDの高さが9となるとき，次の問いに答えよ。

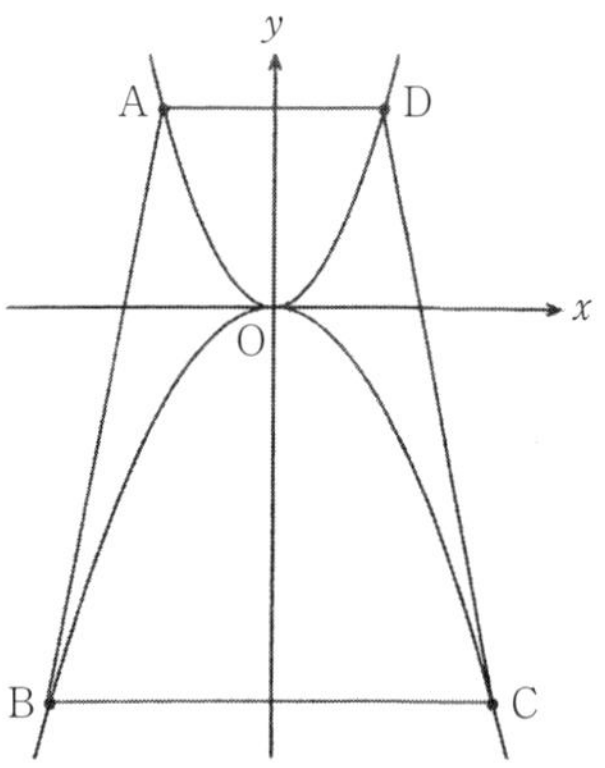

(1) a の値は $\sqrt{\boxed{タ}}$ である。

(2) 台形ABCDの面積は $\boxed{チツ}\sqrt{\boxed{テ}}$ である。

(3) 点Aを通り，台形ABCDの面積を2等分する直線の方程式は

$y=\dfrac{\boxed{トナ}\sqrt{\boxed{ニ}}}{\boxed{ヌ}}x-\dfrac{\boxed{ネ}}{\boxed{ノ}}$ である。

$\boxed{ハ}$～$\boxed{ホ}$ は使用しません。

7

問題を解くにあたり，次の内容は無条件に使用してよい。

右図のような，∠P＝30°，∠R＝90°とする△PQRの３辺の長さの比はQR：QP：PR＝1：2：$\sqrt{3}$ である。

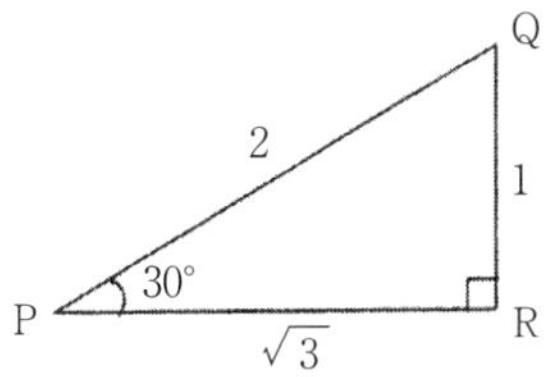

右図のように，正六角形ABCDEFと正五角形AFGHIが辺AFを共有している。また，弧BIおよび弧EGは，それぞれ点Aおよび点Fを中心とする円弧である。正六角形の１辺の長さを4 cmとして次の問いに答えよ。

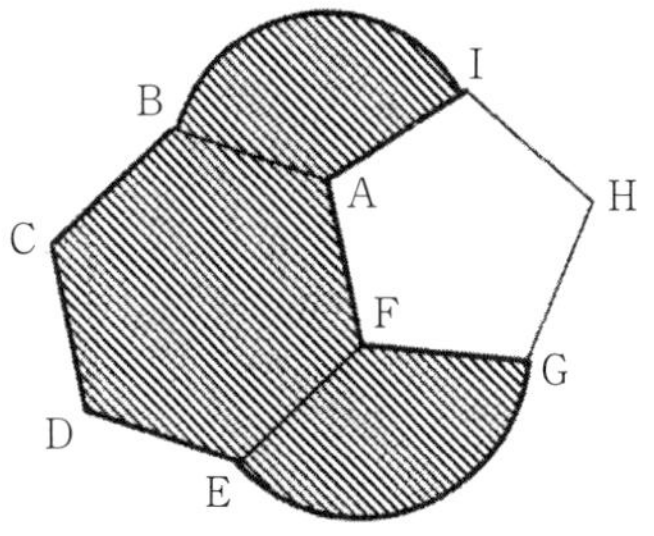

(1) 斜線部分の面積は $\dfrac{\boxed{\text{アイウ}}}{\boxed{\text{エオ}}}\pi+\boxed{\text{カキ}}\sqrt{\boxed{\text{ク}}}$ cm^2 である。

(2) 斜線部分の図形の周の長さは $\dfrac{\boxed{\text{ケコ}}}{\boxed{\text{サシ}}}\pi+\boxed{\text{スセ}}$ cm である。

8 四面体OABCがある。辺OA，OB，OCのそれぞれの中点をD，E，Fとする。次のそれぞれの比を最も簡単な整数比で表せ。

(1) △ABCと△DEFの相似比は $\boxed{\text{ソ}}:\boxed{\text{タ}}$ である。

(2) 四面体OABCと四面体ODEFの体積比は $\boxed{\text{チ}}:\boxed{\text{ツ}}$ である。

(3) 四面体OABCと四面体ODECの体積比は $\boxed{\text{テ}}:\boxed{\text{ト}}$ である。

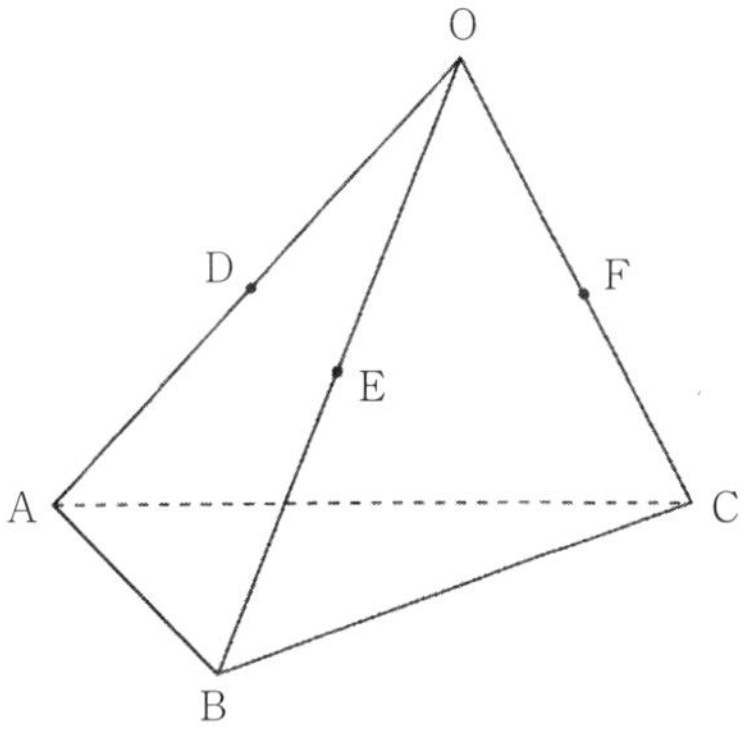

$\boxed{\text{ナ}}$～$\boxed{\text{ホ}}$ は使用しません。

B （解答番号35）

① 主観　② 普遍　③ 論理　④ 創造

問6 『徒然草』についての説明として**適当でないもの**を次より一つ選びなさい。（解答番号36）

① 鎌倉時代に著された作品である。
② 三大随筆の一つとされる作品である。
③ 題名の「つれづれ」とは、することもなく退屈なさまを意味する。
④ 作者は松尾芭蕉である。

四

次の問いに答えなさい。

問1 次の故事成語の意味を、後の①～④よりそれぞれ選びなさい。

・蛍雪の功　（解答番号37）
・李《り》下《か》に冠を正さず　（解答番号38）

① 人から疑われるような行動はすべきではない。
② 人の実力を疑って、その地位から追い落とそうとすること。
③ 成功したからといって安心せずに、さらに用心深くしなさい。
④ 苦労して学問に励み、成果を上げること。

問2 次の――部が係る部分を、①～⑥より一つ選びなさい。（解答番号39）

・ようやく　①私が　②住む　③この町にも　④大きな　⑤映画館が　⑥できた。

問3 次の説明に当てはまる人物を、後の①～④より選びなさい。（解答番号40）

・私は青森県津軽の出身です。『走れメロス』や『富嶽百景』、戦後は『斜陽』や『人間失格』といった作品を書きました。

① 石川啄木　② 太宰治
③ 川端康成　④ 芥川龍之介

挑戦する気持ちになるということ。

④　ゲームなら簡単にやりなおすことができるが、修行はそう単純ではないということ。

問10　次の①～④の発言のうち、本文の内容に**合致していないもの**を一つ選びなさい。（解答番号29）

①　私も「ぼく」と同じように急にやりなおしの人生を与えられても、不安でいっぱいになっちゃうだろうなあ。

②　たしかに。そうすると、なかなか生まれ変わるための「再挑戦」にやる気を持てないよね。

③　でも、「ぼく」みたいにいつまでものほほんと過ごしているだけでは、何も変わらないんじゃない？

④　そうだよね。人生一度きりなんだから、何事にもチャレンジしていかなきゃいけないことがわかるよね。

三

次の文章を読み、後の問いに答えなさい。

作者が父との思い出を綴《つづ》っている。

八つになりし時、父に問ひて言はく、「仏は如何《いか》なるものにか候《そうろ》ふらん」といふ。父が言はく、「仏には【ア】のなりぬるなり」と。又問ふ、「人は何として仏には成り候ふやらん」と。父又、「イ仏の教へによりてなるなり」と答ふ。又問ふ、「教へ候ひける仏をば、なにが教へ候ひける」と。又答ふ、「それも又、さきの仏の教へによりて成り給ふなり」と。又問ふ、「その教へ始め候ひける【ウ】の仏は、如何なる仏にか候ひける」といふ時、父、「エ空よりやふりけん、土よりやわきけん」といひて、笑ふ。「問ひつめられて、オえ答へずなり侍《はべ》りつ」と、＊諸人《しょにん》に語りて興じき。

（『徒然草』より）

《注》　＊諸人…多くの人。

問1　【ア】に入ることばとして最も適当なものを次より選びなさい。（解答番号30）

①　人　②　仏　③　空　④　教へ

問2　――部イ「仏の教へ」とあるが、どのような「仏」の導きによるものだというのか。最も適当なものを次より選びなさい。（解答番号31）

①　徳の高い仏の導き

②　前の仏の導き

③　特別な仏の導き

④　大勢の仏の導き

問3　【ウ】に入ることばとして最も適当なものを次より選びなさい。（解答番号32）

①　第一　②　師　③　今　④　最後

問4　――部エ「空よりやふりけん、土よりやわきけん」の解釈として最も適当なものを、次より選びなさい。（解答番号33）

①　仏は天から降ってきたり、地面から湧いて出て来たりすることは絶対にない。

②　天から降ってきたり地面から湧いて出て来たりした仏を、多くの人は見ることができた。

③　仏は天から降ってきたのだろうか、または地面から湧いて出て来たのだろうか。

④　天から降ってきたり、地面から湧いて出て来たりした仏を、多くの人は不吉に思ったらしい。

問5　――部オ「え答へずなり侍りつ」の理由を説明している次の文を読み、【A】、【B】に入ることばを後よりそれぞれ選びなさい。

物事の【A】を問うような息子の質問に、父親は彼を納得させられるような【B】的な答えができなくなってしまったから。

【A】（解答番号34）

①　真理　②　意味　③　極意　④　価値

番号[20]）

① プラプラと言い争いになるのが嫌で、なんとか話題をそらしたいと思う気持ち。

② プラプラの怒りをおさえるために、なんとかごまかしたいと思う気持ち。

③ プラプラに余計なことを言ってしまったと反省して、機嫌をとりたいと思う気持ち。

④ プラプラとの間に生まれた緊張をほぐすため、雰囲気を変えたいと思う気持ち。

問5 ――部オ「ぼくにはこの『！』がひとつもない」とはどういうことか。最も適当なものを次より選びなさい。（解答番号[21]）

① 修行によって魂のレベルを上げて、自分を鍛え抜こうとする努力が足りていないということ。

② 修行によって生まれ変わりを果たし、周囲に自分を認めさせようという気合いが感じられないということ。

③ 再挑戦者としての自覚が足りず、日々を何となく過ごすだけになってしまっているということ。

④ 再挑戦者としての自覚が足りず、何をするにしても一番楽な道を選んでいるということ。

問6 ――部カ「今度こそ楽しい人生が待ってるなんて信じられないしさ」から読み取れる「ぼく」の心情として最も適当なものを、次より選びなさい。（解答番号[22]）

① 生まれ変わりを果たしたところで、理想的な生活を手に入れられないことに不満を抱いている。

② 生まれ変わりを果たしたところで、全てを一から築き上げなければならないことに焦りを感じている。

③ 生まれ変わりを果たしたところで、今よりも良い生活があるはずがないと諦めを感じている。

④ 生まれ変わりを果たしたところで、望み通りの生活があるとは限らないことに不安を感じている。

問7 [Ⅰ]～[Ⅳ]に入る文として適当なものを、後よりそれぞれ選びなさい。

[Ⅰ]（解答番号[23]）
[Ⅱ]（解答番号[24]）
[Ⅲ]（解答番号[25]）
[Ⅳ]（解答番号[26]）

① ホームステイみたいにね。当たり外れは、ふたを開けるまでわからないんだ

② あんたのボスは強引だな

③ つまり条件は皆おなじってことだ。だれも保証など持って生まれない

④ 男に生まれ変わるとはかぎらない

問8 ――部キ「まったく、ぼくは一体どんな前世を送ってきたんだか……」から読み取れる「ぼく」の心情として最も適当なものを、次より選びなさい。（解答番号[27]）

① 何をすればこのような状況を生むのかと、前世の自分に対して強く疑問を抱いている。

② 再挑戦しなければならない状況を作った前世の自分に、ものすごく腹を立てている。

③ 現状から抜け出すために、少しでも早く前世の自分が何をしたのか思い出したいと思っている。

④ あまりに過酷な現状に、その原因を作った前世の自分に対してあきれかえっている。

問9 ――部ク「ゲームなら、やりなおしも簡単――」とはどういうことか。最も適当なものを次より選びなさい。（解答番号[28]）

① ゲームのように単純に解決できるものは、人生において全くないということ。

② ゲームなら何度でもやりなおすことができるが、人生はそう甘くないということ。

③ ゲームのようにやりなおしのきく人生であれば、いくらでも

そこでぼくは猛然と反撃を開始したのだった。

「じゃあ言わせてもらうけどさ、ぼくだって、その前世のあやまちとかいうのは考えたことあるよ。こんなところにステイしてるくらいだから、なんかよっぽど悪いことでもしでかしたんだろう、って。人を殺したのかもしれない。だまして大金ふんだくったのかもしれない。ぼくの火の不始末のせいで何十人もの人が傷ついたのかもしれない。でもさ、そんなこと考えて、楽しいと思う？　暗くなるんだよ、気分がさ」

　ぼくは足を組んで斜にかまえ、うらみがましくプラプラをにらんだ。

「第一ね、もしぼくがその前世のあやまちってのを思いだして、小林真の体とさよならしてさ、今度はほかの……たとえば小森純とか、小山進とかに生まれ変わったとしても、そいつらが小林真よりマシって保証はないわけじゃない。カ今度こそ楽しい人生が待ってるなんて信じられないしさ」

「小池優子とか、小川陽子とか、な」と、プラプラは真顔でつけたした。「　Ⅰ　」

「問題は、生まれ変わるぼくが変わっても、生まれつく世界は変わらないってことだよ。前世のぼくに起こったひどいことは、来世のぼくにも起こりうるんだ。小林真に起こったことは、小森純や小池優子にも起こりうる」

「　Ⅱ　」

「　Ⅲ　」

　ぼくは乾いた笑みを浮かべた。

「　Ⅳ　」

　最初はただの反撃だったのに、しゃべってるうちに本気で悲しくなってきた。

　もういちど見知らぬ家庭に生まれつくことや、その世界でまた一から他人との関係を築いていかなきゃならないことに対して、ぼくは自分で思っていた以上に不安や恐怖を抱いていることに気がついた。

　キまったく、ぼくは一体どんな前世を送ってきたんだか……。

　気がつくと、プラプラがぼくの肩に手を当てていた。ふりむいて苦笑すると、プラプラも苦笑しながらもう片方の手を机上《きじょう》にさしのべる。その指が花札のカードをつかんだ。

「やるか、七回戦」

　クゲームなら、やりなおしも簡単――。


（森　絵都『カラフル』より）

《注》　＊桑原ひろか…「ぼく」が入っている体の持ち主である小林真の好きな人。

問1　――部ア「思いあまって」のここでの意味として最も適当なものを、次より選びなさい。（解答番号 17 ）
①　勢いにまかせて　②　かしこまって
③　機嫌をとりながら　④　我慢できずに

問2　――部イ「プラプラはそっけなく返した」とあるが、それはなぜか。その理由として最も適当なものを次より選びなさい。（解答番号 18 ）
①　「ぼく」の質問が、自分勝手で相手のことを思いやらないものだったから。
②　「ぼく」の質問が、ありがちでくだらないものだと予測できたから。
③　「ぼく」の質問が、下心丸出しの最低なものだと思ったから。
④　「ぼく」の質問が、魂のレベルを上げるのにふさわしくないものだったから。

問3　ウ　に入ることばとして最も適当なものを、次より選びなさい。（解答番号 19 ）
①　がっくり　②　こっそり
③　しっかり　④　のっそり

問4　――部エ「にっこり笑いかけてみる」から読み取れる「ぼく」の心情として最も適当なものを、次より選びなさい。（解答

「もしも」と、イプラプラはそっけなく返した。「もしも君が今、ふわふわ＊桑原ひろかの部屋まで飛んでいって、着替えのシーンでものぞき見しようとしてるなら、そういう考えは早いとこ捨てたほうがいい」

「ひっ」

ぼくはのけぞった。

「なんでわかったの？」

「男はみんなそれをきくんだよ」

この手の質問にはうんざりしているらしく、プラプラの声は冷たかった。

「どいつもこいつも、魂と幽霊と透明人間をごっちゃにしてるんだ。でも残念ながら君は幽霊ほど自由じゃないし、透明人間ほど特殊な芸もない。ただのしがない魂にすぎず、しかも今は小林真の肉体に縛られてるわけだから、そんなに都合よく出たり入ったりはできないってわけ。桑原ひろかの着替えがどうしても見たいなら、玄関からあがっていくんだな」

「くっ」

ぼくは［　ウ　］ベッドの上に倒れこんだ。とたん、さらに冷たいプラプラの声が覆いかぶさってきた。

「おい、まさかおまえ、そんな下心のためだけにおれを呼びだしたわけじゃないよな」

ぼくはむくっと起きあがり、窓辺にたたずむプラプラを見た。あいかわらずのポーカーフェイスだが、声と同様にまなざしも冷やかだ。どうやら怒ってるようなので、そそくさとベッドを離れ、勉強机の引きだしから花札をとりだした。

「今日は七回戦でどう？」

エにっこり笑いかけてみる。

プラプラは笑いかえさず、代わりに勉強机の椅子を指さした。

「ちょっと、座れ」

「え」

「いいから、座れ」

「はあ」

ぼくはしかたなく座った。

とたん、プラプラは釣りあげた魚でもさばくように、すさまじい勢いで説教をはじめたのだった。

「あのなあ、前からききたかったんだが、君にはこう、なんていうか、再挑戦者としての自覚があるのか？　ここが修行の場であることをわかってんのか？　だまって見てりゃあ、いつまでものほほんと……」

ホームステイ開始から約一カ月。どうやらプラプラはぼくの小林真ぶりが気に入らないらしい。

再挑戦というからには、やはりそれなりの挑戦が必要なのだ、とめずらしく激した口ぶりでプラプラは言う。前世では失敗したこの下界で、なんとか魂を鍛えなおし、もういちど生まれ変わる資格をゲットしようという意気ごみ！　気迫！　ガッツ！　なのにオぼくにはこの「！」がひとつもない。油絵への熱意だけは評価できるものの、それ以外はなんにもしないで桑原ひろかのことばかり考えている。高校受験だって一番楽な道をさっさと選ぶ始末で、こんな毎日じゃとうてい修行になどならない。修行にならなきゃ、魂のレベルはあがらない。魂のレベルがあがれば、ぼくはおのずと前世でのあやまちを思いだすことになってるのに、こんなことではいつになるやら見当もつかない。

「だいたいおまえさあ、前世のことなんか思いだそうともしてないだろ？　自分がなんのためにここにいるのか忘れてないか？　こんなこと言いたかないけどさ、おれだってこんなんじゃガイドのしがいがないよ。やる気のある行動的な魂のガイドがうらやましいよ、もう」

最後は愚痴でしめくくると、プラプラはふうっと息をついてベッドのふちに腰かけた。

「おしまい？」ときいても、返事はない。おしまいのようだ。

③ 現代人は忙しさを理由に、無駄な時間を少しでも省くために、分かりやすい結論を出そうと急いでしまうということ。

④ 現代人は忙しさが増したので、時間の流れを早く感じ、その分結論を急いで安易に考えてしまうということ。

問6 ――部キ「科学的なまなざし」の具体例として**適当でないもの**を次より一つ選びなさい。（解答番号 13）

① コロナウイルスの感染拡大を防ぐために、外出したい気持ちを抑えて家で過ごすように努める。

② ごみを減らすために、面倒だけれどもビニール袋をもらわずエコバッグを持っていき利用する。

③ 自然災害に備えるために、大変だけれども屋根にビニールシートをかぶせて雨漏りを防ぐ。

④ 食べ物を無駄にしないために、むやみに買うことをせず自分の食べられる量だけ買う。

問7 ――部ク「不合理への免疫を今のうちにつけておくことが肝要だ」とあるが、それはなぜか。その理由として最も適当なものを次より選びなさい。（解答番号 14）

① 合理的なものばかり教わっていると、理不尽なことが起こったときに我慢することができず、感情的に行動してしまい理性を保てなくなってしまうから。

② 不合理なものを知らないと、社会に出た際に自分で考えて行動することができず、他人にだまされてしまう可能性があるから。

③ 不合理なものを教えてもらわないと、道理に反することが起こったときに対応することができず、現実から逃げてしまうような人間になってしまうから。

④ 合理的なものしか知らないと、道理に合わないものに直面したときにその意味を疑うことがなく、正しい判断ができなくなってしまうから。

問8 本文中からは次の一文が脱落している。この文が入るのに最も適当な箇所を、本文中の【①】～【④】より選びなさい。（解答番号 15）

常に自分で考える姿勢が不可欠。

問9 本文における「科学」について述べられた次の意見のうち、本文の内容に**合致していないもの**を一つ選びなさい。（解答番号 16）

① 科学って、何でもかんでも信じればいいってものではなくて、本当かどうか自分で見極めることが大切なんだね。

② うん。今まで血液型によって性格は変わるって信じていたけれど、根拠がはっきりしていないものはむやみに信じないようにしよう。

③ そうだね。合っているかどうかは、科学者の意見によって決まるから、周りの人が言っていても気にすることはないんだ。

④ 今はいろんな意見や情報が飛び交っているから、どれを信じるか迷うね。物事の良し悪しをしっかり判断しよう。

二

次の文章を読み、後の問いに答えなさい。

生前の罪により輪廻《りんね》のサイクルから外された「ぼく」の魂は、天界の抽選によって再挑戦するチャンスを得る。「ぼく」は、自殺を図った少年、小林真の体にホームステイしながら自分の罪を思い出さなければならない。以下の文章は、「ぼく」の再挑戦をサポートする魂のガイドである天使のプラプラと「ぼく」のやり取りである。

「あのさ、ひとつききたいんだけど」
ある夜、ぼくはア思いあまってプラプラにきいてみた。
「ぼくは今、小林真の体にいるけど、ほんとはただの魂なわけだよね。魂っていうのは、軽くて透明で、どこにでもふわふわ飛んでいけちゃうものなんだよね？」

もいろいろなタイプがある。○○博士などの肩書きを持った人もたくさんいる。その肩書きの部分を信用するのはナンセンスだというのは言うまでもない。信用すべきは、「科学はここまでしかわかっていない」というふうに、限界をきちんと述べる人。それから、プラスにはマイナスが、コインに裏表があるように、必ずいい点があれば、悪い点がある。どんなにいい薬でも副作用というものが存在するのである。その効能と同様、弊害をきちんと告げる科学者なら信用することだ。

科学を含め、この世のあらゆる事柄には、良い点、悪い点が同時に存在する。その点をきちんと理解したうえで、どちらを選ぶか自分の頭で考える。そういう訓練を身につけておけば、ニセ科学にはまらないはずだ。

（池内　了「それは、本当に『科学』なの？」より）

問１　――部a～eのカタカナ部分の漢字と同じ漢字を使った熟語を、後よりそれぞれ選びなさい。

a　要ソ　（解答番号 1 ）
①　粗雑　②　素材　③　基礎　④　控訴

b　獲トク　（解答番号 2 ）
①　人徳　②　監督　③　得意　④　特別

c　意コウ　（解答番号 3 ）
①　傾向　②　思考　③　事項　④　歩行

d　キ範　（解答番号 4 ）
①　紀行　②　規格　③　機会　④　基本

e　過ジョウ　（解答番号 5 ）
①　乗車　②　常習　③　剰余　④　情熱

問２　 A ～ D に入ることばとして適当なものを、後よりそれぞれ選びなさい。

A　（解答番号 6 ）
B　（解答番号 7 ）
C　（解答番号 8 ）
D　（解答番号 9 ）

①　すなわち　②　例えば　③　しかし
④　したがって　⑤　また　⑥　そして

問３　――部ア「現代の社会には『ニセ科学』が蔓延している」とあるが、それはなぜか。その理由として最も適当なものを次より選びなさい。（解答番号 10 ）

①　人間が完全に科学の力を信じたことで、科学は正義であるという考えが広まってしまったために、科学に頼ればいいという安易な考えを誰も疑わないから。

②　人間が自分で考えることをやめて科学に頼り、欲望のままに行動してしまうために、科学者を目指す人材が育たなくなってしまったから。

③　人間が利益を追求し過ぎて、善悪の判断がつかなくなってしまったために、科学の真偽をはかることなくやみくもに信じてしまっているから。

④　人間が主観や自身の欲望を優先し、科学を疑うことなく鵜《う》呑《の》みにしてしまうために、科学に対する正確な認識が欠如してしまっているから。

問４　 イ ～ オ に入ることばの組み合わせとして最も適当なものを、次より選びなさい。（解答番号 11 ）

①　イ　論理性　ウ　合理性　エ　実証性　オ　特殊性
②　イ　合理性　ウ　論理性　エ　実証性　オ　無私性
③　イ　合理性　ウ　論理性　エ　整合性　オ　特殊性
④　イ　論理性　ウ　合理性　エ　整合性　オ　無私性

問５　――部カ「時間が加速している」とはどういうことか。最も適当なものを次より選びなさい。（解答番号 12 ）

①　現代人は忙しくなったことで、結果を急いでよく考えることもせずに、目先の結論を信用してしまうということ。

②　現代人は忙しいので、考えることが面倒になってしまい、簡単に結論に結びつくような楽な思考を選んでしまうということ。

うえで納得したときに、初めて「正しい」という言葉に到達する。真理を得るためにはまず疑うことが必要なのである。そして最後に、公有性。誰もが同じように使えるということ。つまり、「どこでも、いつでも、誰でも」が成立して初めて「科学」と言える。

「科学」であるためには、これらすべての要件を満たしたものでなければならない。逆に言えば、これらの要件を満たさないものは科学とは言えない。すなわち、「ニセ科学」に属するのである。（中略）

なぜニセ科学がこんなにも世の中に広がっているのか。

その一つとして、科学に対する極端な態度がある。すなわち、科学を信仰するか、科学を否定するか。科学の力を信じるあまり、道理もわからず丸ごと飲み込んでしまう場合と、科学への不信や不満が高じて、道理から目を背けてしまう場合。この両者は、まったく正反対のように見えて、実は非常によく似ている。どちらも批判の目を欠くことによって、科学的思考から遠ざかってしまうのだ。

【①】

それから、二つ目が観客民主主義というもの。小泉内閣が発足した当時、「劇場型政治」という言葉が流行《はや》ったが、ニセ科学の蔓延はまさしくそれに当たる。現代人は他人に「お任せ」してしまう発想が非常に強い。例えば、「テレビで放送されていたから○○は効き目がある」「専門家も同じことを言っていたから安心」という発想はその典型だ。しかし、他人任せで自分の考えを放棄してしまったら、それがどんな内容でも科学ではなくなる。【②】

三つ目は、科学リテラシーの欠如。すなわち科学の知識やdキ範が欠けている。これは同時に、懐疑精神が欠如しているという意味でもある。何度も述べているように、科学者ほど疑ぐり深い人間はいないのである。科学者ほど自分の科学について疑い続けている人間はいない。なぜならば、疑い続けていくことが科学にとって最も大事だからである。【③】

四つ目に、カ時間が加速していることが挙げられる。現代人はどんどん忙しくなっているが、その結果、早く結論を出したがる傾向を持ってしまった。例えばある事件で容疑者が捕まったとき、その容疑の真偽にかかわらず、早く犯人だと断定してほしいという気持ちがどうしても生じる。そうすることによって安心したいのだ。つまり、一刻も早く結論を得ようとして、簡単に安易な結論に飛びついてしまうのである。時間が加速されているとはそういうことだ。これは非常にまずいことだ。私たちは時間をもっと無駄に使うことが必要ではないかと思う。君たち若い世代には、まだまだ時間がたくさんあるはずだ。性急すぎる判断で取り返しのつかないことを招く前に、ちょっと立ち止まって考えてみてほしい。【④】

そして最後に、欲望の爆発。人間は利益や便利さ、豊かさというものをとめどもなく求めてしまう。実は、こういう欲望を爆発させているのは、高度成長期に生きてきた僕たちみたいな中年世代なのだ。君たち若い世代のほうが、例えば環境に対する配慮ということを早い段階から考え始めている。だから、この部分に関しては特に君たちに期待している。過eジョウな欲望に惑わされることなく、この社会をキ科学的なまなざしで見つめてほしい。

おそらくニセ科学は今後も廃れない。それは、ここまで述べてきたように、人間の欲望や心のゆらぎに密接に絡みついているからである。しかし、その処方箋ならいくつか提案することができる。

中でも最も大切なのは、「なぜ？」という、懐疑の精神をしっかり教育することだ。現代の学校教育においては、合理的な内容は教えているけれど、不合理についてはまったく教えない。これは非常に危険なことである。本来なら、不合理なものをあえて見せて、「なぜこれは不合理なのか」ということを考える力を身に付ける必要があるのだ。合理的なものばかり教えていると、正しいことにしか対応できない人間に育ってしまう。つまり、不合理も教えておかないと、ニセ科学に出会ったときに対処の仕方がわからなくなってしまうのである。そういう意味では、ク不合理への免疫を今のうちにつけておくことが肝要だ。（中略）

最後に、科学者の見分け方というのを教えておきたい。科学者に

二〇二一年度　武南高等学校（併願１）

【国　語】〈五〇分〉〈満点：一〇〇点〉

一　次の文章を読み、後の問いに答えなさい。

君たちは「科学のようで科学でないもの」に出会った経験はないだろうか？

一見すると科学的だけど、本当に科学と言えるのかどうかは定かではないもの。あるいは、科学的な要aソを利用して、別の目的を果たそうとしているもの。――例えば、血液型を想像してみるとわかりやすいかもしれない。君たちは友達と会話をするときに、「血液型は何型？」ということを挨拶代わりに使ったことはないだろうか？　あるいは、その人の血液型が「B型」であるというだけで会話が盛り上がった経験はないだろうか？　おそらく、ここで心当たりのある人は、血液型に性格が表れるということに真実性があると感じているのだろう。[A]、それがどういうメカニズムで実証されるのかと問われれば、きちんと答えられる人はいないはずだ。

[B]、一時期の健康ブームに乗って大流行した「マイナスイオン」というものについても同様のことが言える。この言葉には、いかにも科学的なイメージが漂うため、無条件にその効能を信じてしまう人もたくさんいたようだが、実は科学用語にそんなものは存在しない。こういった項目はすべて「ニセ科学」とでも呼ぶべきものである。

実際、ア現代の社会には「ニセ科学」が蔓延《まんえん》している。科学のふりをすることで、不合理なことでも堂々とまかりとおってしまっている。これは、僕のように多少なりとも科学に携わる人間にとっては、うかうか見過ごせない問題だ。なにより、悪質な「ニセ科学」によって人生を大きく狂わせてしまうケースだってあるのだから。

この授業を通じて君たちに伝えたいこと。それは、「科学」と「ニセ科学」の違いを知り、その見極め方を自分の目で養ってもらうことだ。そのためには、本当の意味での科学的な思考を身につける必要がある。

ではそもそも「科学」とは何か。

英語で表すと「science」（サイエンス）だが、元々の語源はラテン語の「scientia」（スキエンティア）という言葉に由来する。この「sci」というのは「知る」、「entia」というのは「成す」という意味を表す。「知るを成す」――[C]、総合的な知識を得るという意味だ。つまり、「science」という言葉は、本来は自然科学のみを指す言葉ではなく、さまざまな分野のさまざまな知識を得るという意味で使われていた。もっぱら自然科学のみを意味するようになったのは一九世紀半ば頃になってからである。

[D]、簡単に整理するなら、理論と実証によって客観世界・自然世界の普遍的な原理や法則を発見することが「科学」。別の表現をすれば、研究によって獲bトクし、実験によって確立した知識とも言える。つまり、研究し、実証するということが科学にとって非常に重要なことなのだ。

加えて、科学には、いくつかの満たさねばならない要件がある。例えば[イ]。これは道理に適《かな》っているということ。それから[ウ]。すなわち筋道が通っているということ。そして[エ]。実験や理論によって証明できるということ。それに普遍性。一つの事例だけに適用できるのではなく、似たような事例、あるいは質の違った事例にも適用できるということが重要である。それから[オ]。個人の意cコウや願望に左右されないということ。自分自身が「こうあってほしい」「絶対こうあるはずだ」と思う気持ちはもちろん大事だが、科学とは本来、そういう個人的な意コウや希望・願望とは無関係に成立するものなのだ。

それから懐疑主義の必要性。つまり、疑義や批判を怠らないということ。実際、科学者というものは疑ぐり深い人種だ。ある結果を示されたとき、それが本当かどうか必ず疑う。疑って疑って、その

2021年度／武南高等学校（併願１）

英語解答

Ⅰ (1) 2　(2) 4　(3) 3　(4) 1
(5) 2

Ⅱ (6) 2　(7) 2　(8) 3　(9) 2
(10) 4　(11) 1　(12) 1　(13) 1
(14) 3　(15) 3

Ⅲ (16) 3　(17) 1　(18) 4　(19) 2
(20) 2

Ⅳ (21) 2　(22) 2　(23) 4　(24) 1
(25) 4

Ⅴ (26) 2　(27) 4　(28) 2　(29) 3
(30) 3

Ⅵ 1　31…3　32…5
2　33…2　34…7
3　35…4　36…7
4　37…2　38…6
5　39…6　40…5

Ⅰ〔放送問題〕解説省略

Ⅱ〔長文読解総合―説明文〕

≪全訳≫❶外国人の英語学習者が初めてイギリスに来ると，そこで話されている英語を自分がどれほど理解できないかを知って驚くのが普通だ。１つには，人々が予想より速くしゃべっているように思えることがある。もう１つは，そこで話される英語が自国で習った英語と多くの点で違うように思えることである。学習者はおそらく，発音の違いにすぐ気がつくだけでなく，文法や語彙の違いにも気づく。❷この経験への反応は個々で異なる。自身の英語の能力に自信がある人であれば，イギリス人のほとんどが英語を正しく話していないと思うだろう。しかし，これは正しくない。彼の問題は，彼が話し手の考えを理解できないことだ。この場合，イギリスではいくつかの種類の英語が使われていることを理解することが，理解の助けになるだろう。イギリスで話される英語と，自国で教わった英語との間には大きな違いがある。日本を含め，多くの国々では，ほとんどの学校で「アメリカ英語」と呼ばれる，アメリカで使われる種類の英語が教えられる。アメリカ英語と「イギリス英語」では語彙や文法，発音に多少の違いがある。だから，彼らはイギリスで話される英語をなじみがないと感じるが，それは彼らがそれに慣れていないからだ。❸自分の英語の能力に自信がない人もいる。その場合，彼らは自国で「本物の」英語を習っていなかったと感じるかもしれない。しかし，これは正しいのだろうか。自国で教わった英語は「標準英語」として知られているただ１種類の英語で，それは改まった場で注意深く話される英語である。日本人が友達や家族と話すときにくだけた日本語を使うように，イギリス人も常に標準英語を話すわけではない。ネイティブスピーカーが学習者と話すとき，彼らは学習者の言うことが理解できるかもしれない。しかし，もしネイティブスピーカーが大きな声で，あるいはゆっくり話しても，学習者は彼らの言うことを正しく理解できないかもしれない。❹これらの事実によると，多くの種類の英語を経験することは，外国語としての英語学習の非常に重要な部分である。

(6)<適語選択>直後の「どれほど理解できないかを知って」と結びつく心情で，‘人’を主語にとる表現として，‘be動詞＋surprised to 〜’「(主語が)〜して驚く」が適切。なお，‘be動詞＋surprising’は「(物が)驚くべき」といった意味。

(7)<英文解釈>下線部(い)は，英語学習者がイギリスに来て現地の英語が理解できない１つ目の理由を述べた文で，２．「英語学習者は，イギリスに住んでいる人々が非常に速く話すとわかった」がこの内容に最も近い。

(8)＜**英文解釈**＞下線部(う)は 'not only *A* but also *B*'「*A*だけでなく*B*も」の形で，発音の違いだけでなく文法や語彙の違いにも気づくということ。これに最も近いのは３.「学習者は，発音，文法，語彙の違いに気づくだろう」である。

(9)＜**指示語**＞「この経験への反応」の一例として，次の文に，「自身の英語の能力に自信がある人であれば，イギリス人のほとんどが英語を正しく話していないと思うだろう」とある。これは，自分が思っているのとは違う英語が話されているように感じるということなので，２.「イギリスで話されている英語の違いに気づくこと」が適切。

(10)＜**指示語**＞この this は，直前の文の think 以下の内容を指す。これに合致するのは，４.「イギリス人は英語を間違って話している」。

(11)＜**英文解釈**＞下線部(か)の文の内容は，その直後の文で具体的に説明されている。これに合致するのは１.「ほとんどの英語学習者はアメリカで使われている種類の英語を学ぶ」。

(12)＜**指示語**＞学校で教えられる英語がアメリカ英語なので，イギリス英語にはなじみがないように感じるという「彼ら」とは，１.「英語学習者」である。

(13)＜**英文解釈**＞下線部中の this は，直前の文の「彼らは自国で『本物の』英語を習っていなかった」を指す。これについて「これは正しいだろうか」と問いかけた後，次の文では，学習者が自国で習った英語は「標準英語」という１種の英語であると述べ，これを否定している。これに合致するのは，１.「学習者は自国で本物の英語を習ったが，それは１つの種類の英語でしかない」。

(14)＜**語句解釈**＞Standard English は「改まった場で注意深く話される英語」と説明されているので，３.「先生と話す英語」が当てはまる。

(15)＜**英問英答**＞「文章によると，外国人の英語学習者にとって重要なことは何か」―３.「世界では多くの種類の英語が使われているということを知ること」　最終段落参照。

Ⅲ〔**長文読解―適語選択―伝記**〕

≪**全訳**≫❶ピエール・ド・クーベルタンは，「近代オリンピックの父」として知られている。彼は1863年にフランスで生まれた。子どものとき，フランスの子どもたちは教室で勉強するだけで，学校でスポーツを楽しむことはなかった。彼は教育に興味を持ち，それについて研究した。❷クーベルタンは20歳のとき，イギリスのいくつかの学校を訪問した。彼は，イギリスとフランスの間に大きな違いを見つけた。イギリスの生徒は，学校でスポーツを楽しんでいた。彼らがスポーツを通じて多くのことを学んでいたので，クーベルタンはスポーツが教育に重要だと考えた。彼は多くの国を訪れ，現地の教育を研究した。彼は，スポーツを通じて人々は友達になり，平和な世界をつくることができると考えるようになった。❸やがて彼は，世界中の人々のためのスポーツイベントを開く計画を立てた。彼は大勢の人に会い，それについて話した。ついに彼の夢が実現した。1896年，最初の近代オリンピックがギリシアで開かれたのだ。14の国々が参加し，200人以上の若いアスリートが競技で全力を尽くした。競技の後，彼らは握手し，互いに敬意を示した。その若いアスリートを見て，人々は感動した。

(16)クーベルタンは，学校でスポーツをしないフランスと，学校でスポーツを楽しむイギリスとの間に「違い」を見出したのである。　(17)スポーツを通じて多くのことを学べるのだから，スポーツは「教育」にとって重要だといえる。　(18)クーベルタンはスポーツを通じた世界平和を実現しようと考え，近代オリンピックを企画したのである。　(19)「彼の夢が実現した」と結びつく語として，Finally「とうとう，ついに」が適切。　(20)do one's best「全力を尽くす」

Ⅳ〔適語句選択・語形変化〕

(21)空所から Earth までが，「地球上で生きている」という意味で The biggest animal を修飾していると判断できるので，「～している…」というまとまりをつくるはたらきを持つ現在分詞(～ing)が適切。　「地球上で生きている最も大きな動物はゾウだ」

(22)直後に than「～より」があるので，比較級が適切。　「その本はあの本よりおもしろい」

(23)yesterday があるので，過去形が適切。read の過去形は read[réd]。　「彼は昨日本を読んだ」

(24)enjoy ～ing「～して楽しむ」　「ベッキーは姉〔妹〕とテニスをして楽しんだ」

(25)don't/doesn't have to ～「～する必要がない」　「彼はここでは英語を話す必要がない」

Ⅴ〔適文選択―対話文〕

(26)A：ハンバーガーを2つお願いします。／B：こちらで召し上がりますか，それともお持ち帰りですか？／／For here or to go？は店内用か持ち帰り用かをきく決まり文句。

(27)A：どうしたの？　具合が悪そうだけど。／B：ひどい風邪をひいているんだ。／／Aは具合が悪そうだと言っているのだから，自身の体調を答える内容が適する。

(28)A：夕食ができたよ。／B：わかった。今行くよ。／／相手に近づいていくときは，I'm coming. と言う。

(29)A：この辞書を使ってもいいですか？／B：いいですよ。どうぞ。／／人に「さあどうぞ」と行動や動作を促すときには，Go ahead. と言う。

(30)A：別のを見せてもらえますか？／B：はい。どうぞ。／／人に物を差し出すときの「どうぞ」は，Here you are. で表せる。

Ⅵ〔整序結合〕

1．「～に賛成だ」は be for ～ で表せる。「おもしろそう」は'sound(s)＋形容詞'「～に思える〔聞こえる〕」の形を用いる。　I am for the plan because it sounds interesting.

2．Will you tell me「(私に)教えてくれますか」で始める。「どちらのバスに乗ればよいか」は，'疑問詞＋to不定詞'の形を生かして which bus to take と表す。　Will you tell me which bus to take？

3．「～しませんか」には How about ～ing？を使う。「散歩する」は go for a walk。　How about going for a walk with me this afternoon？

4．Did you know that ～「あなたは～ことを知っていましたか」で始め，これに'～'に当たる Mr. Jones sold his house last week というまとまりを続ける。　Did you know that Mr. Jones sold his house last week？

5．'It takes＋人＋時間＋to ～'「〈人〉が～するのに(時間が)…かかる」の形にする。　It takes me more than one hour to get to school.

数学解答

1 (1) ア…4　イ…0　ウ…4　エ…1
(2) オ…－　カ…6　キ…0
(3) ク…7　ケ…4

2 (1) コ…3　サ…1　シ…2　ス…4
(2) セ…－　ソ…8
(3) タ…6　チ…5　ツ…1　テ…0
ト…5

3 (1) ナ…1　ニ…4
(2) ヌ…1　ネ…0　ノ…0　ハ…5

4 (1) ア…2　イ…4　(2) 4
(3) エ…2　オ…3

5 (1) カ…4　キ…－　ク…2　ケ…1
コ…0
(2) 6
(3) シ…1　ス…0　セ…4　ソ…3

6 (1) 3　(2) チ…2　ツ…7　テ…3
(3) ト…－　ナ…3　ニ…3　ヌ…2
ネ…3　ノ…2

7 (1) ア…1　イ…7　ウ…6　エ…1
オ…5　カ…2　キ…4　ク…3
(2) ケ…8　コ…8　サ…1　シ…5
ス…2　セ…4

8 (1) ソ…2　タ…1
(2) チ…8　ツ…1
(3) テ…4　ト…1

1〔独立小問集合題〕

(1)＜数の計算＞与式 $=(2021+2020)(2021-2020)=4041\times1=4041$

(2)＜数の計算＞与式 $=\dfrac{13^2-2\times13\times73+73^2}{-60}=\dfrac{(13-73)^2}{-60}=\dfrac{(-60)^2}{-60}=-60$

(3)＜式の計算＞与式 $=\dfrac{b^4}{a^4}\times\dfrac{b}{a^2}\div\left(\dfrac{b}{a^3}\times\dfrac{a}{b^3}\right)=\dfrac{b^4}{a^4}\times\dfrac{b}{a^2}\div\dfrac{b\times a}{a^3\times b^3}=\dfrac{b^4}{a^4}\times\dfrac{b}{a^2}\div\dfrac{1}{a^2b^2}=\dfrac{b^4}{a^4}\times\dfrac{b}{a^2}\times\dfrac{a^2b^2}{1}$
$=\dfrac{b^4\times b\times a^2b^2}{a^4\times a^2\times1}=\dfrac{b^7}{a^4}$

2〔独立小問集合題〕

(1)＜式の計算＞右辺の $9x^2$ は，$9x^2=(3x)^2$ となるから，左辺は，$(3x-2)^2$ となる。よって，$(3x-2)^2=9x^2-12x+4$ となる。

(2)＜式の値＞$(3x-y)(x-3y)=3x^2-9xy-xy+3y^2=3x^2+3y^2-10xy=3(x^2+y^2)-10xy$ として，$x^2+y^2=4$，$xy=2$ を代入すると，$(3x-y)(x-3y)=3\times4-10\times2=12-20=-8$ となる。

(3)＜図形—角度＞右図で，点Ｉは，△ABC の内心なので，３辺 AB，BC，CA に接する円の中心である。この円と３辺 AB，BC，CA の接点をそれぞれＤ，Ｅ，Ｆとすると，△AID≡△AIF，△BIE≡△BID，△CIE≡△CIF となるから，∠IAD＝∠IAF，∠IBE＝∠IBD＝15°，∠ICE＝∠ICF＝50° となる。よって，△IBC で内角と外角の関係より，$\angle x=$∠IBE＋∠ICE＝15°＋50°＝65° となる。

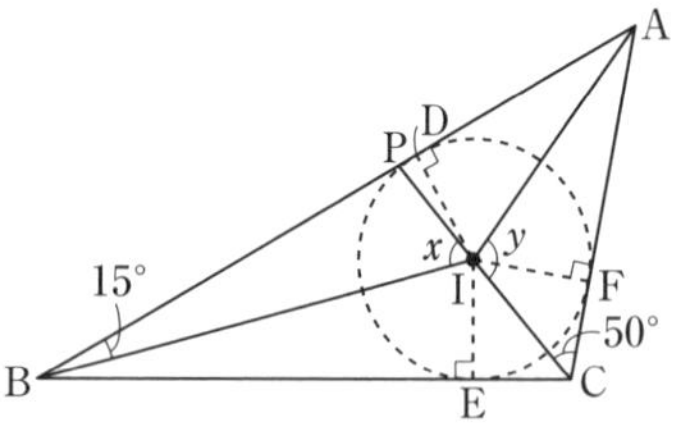

また，∠ABC＝2∠IBD＝2×15°＝30°，∠ACB＝2∠ICF＝2×50°＝100° となるので，△ABC で，∠BAC＝180°－(∠ABC＋∠ACB)＝180°－(30°＋100°)＝180°－130°＝50° となり，∠IAF＝$\dfrac{1}{2}$∠BAC＝$\dfrac{1}{2}$×50°＝25° となる。したがって，△ACI で，$\angle y=$180°－(∠IAF＋∠ICF)＝180°－(25°＋50°)＝105° となる。

3〔独立小問集合題〕

(1)<**文字式の利用**> a %の食塩水 a g に含まれる食塩の量は，$a\times\frac{a}{100}=\frac{a^2}{100}$(g)である。この食塩水に水を $3a$g 加えると，食塩水の量は $a+3a=4a$(g)となる。食塩の量は$\frac{a^2}{100}$g のままなので，濃度は $\frac{a^2}{100}\div 4a\times 100=\frac{a^2\times 100}{100\times 4a}=\frac{1}{4}a$(%)となる。

(2)<**二次方程式の応用**>10000円を銀行に預金して１年経つと，x %が預金額に加わるので，預金額は $10000\times\left(1+\frac{x}{100}\right)=10000+100x$(円)となる。$10000\left(1+\frac{x}{100}\right)$円をもう１年預けると，預金額は，$10000\left(1+\frac{x}{100}\right)\times\left(1+\frac{x}{100}\right)=10000\left(1+\frac{x}{100}\right)^2$円と表せる。これが11025円となるので，$10000\left(1+\frac{x}{100}\right)^2=11025$ が成り立ち，$\left(1+\frac{x}{100}\right)^2=\frac{441}{400}$，$1+\frac{x}{100}=\pm\frac{21}{20}$，$\frac{x}{100}=-1\pm\frac{21}{20}$，$x=-100\pm 105$ となる。よって，$x=-100+105=5$，$x=-100-105=-205$ であり，$x>0$ だから，$x=5$(%)となる。

4 〔**場合の数・確率―カード**〕

(1)<**場合の数**>１回目は[1]，[2]，[3]，[4]の４通りの取り出し方があり，２回目は１回目に取り出したカードを除く３通りのカードの取り出し方があり，３回目は，１回目と２回目に取り出したカードを除く２通りのカードの取り出し方があるので，カードの取り出し方は全部で，$4\times3\times2=24$(通り)ある。

(2)<**場合の数**>机に置いたカードが３枚になるのは，１回目と２回目，２回目と３回目がそれぞれ連続する場合だから，(１回目，２回目，３回目)＝(1，2，3)，(2，3，4)，(3，2，1)，(4，3，2)の４通りある。

(3)<**確率**>24通りのカードの取り出し方のうち，(2)より，机の上に置いたカードが３枚となるのは４通りある。また，１枚となるのは，(１回目，２回目，３回目)＝(1，3，4)，(1，4，3)，(4，1，2)，(4，2，1)の４通りある。机の上にカードを置かないことや，４枚以上置くことはないので，机の上に置いたカードが２枚となるのは $24-4-4=16$(通り)ある。よって，求める確率は $\frac{16}{24}=\frac{2}{3}$ となる。

5 〔**関数―一次関数**〕

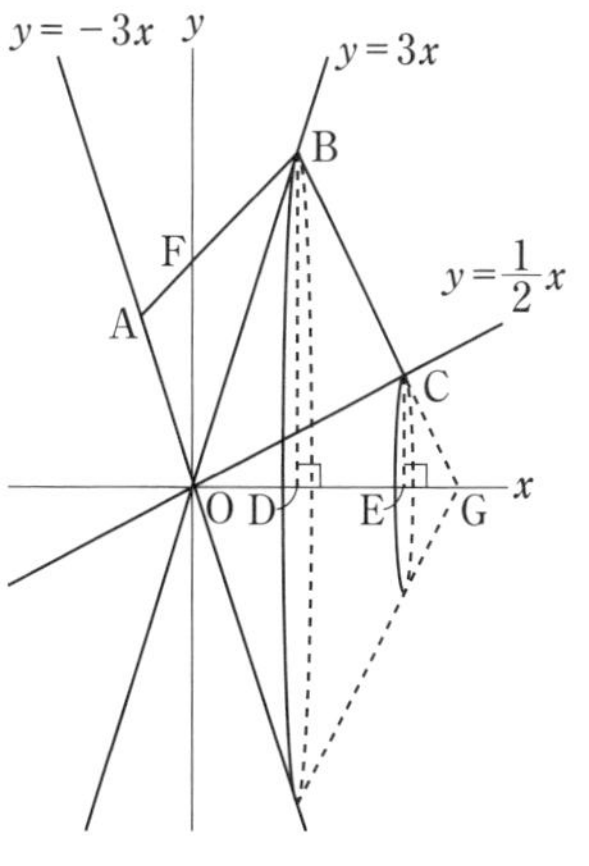

(1)<**直線の式**>右図で，点Aは直線 $y=-3x$ 上にあり，x 座標は -1 なので，$y=-3\times(-1)=3$ より，A$(-1,\ 3)$となる。点Bは直線 $y=3x$ 上にあり，x 座標は２なので，$y=3\times2=6$ より，B(2，6)となる。よって，直線 AB の傾きは $\frac{6-3}{2-(-1)}=\frac{3}{3}=1$ となるから，その式は $y=x+b$ とおける。点Bを通るから，$6=2+b$ より，$b=4$ となり，直線 AB の式は，$y=x+4$ である。また，点Cは直線 $y=\frac{1}{2}x$ 上にあり，x 座標は４なので，$y=\frac{1}{2}\times4=2$ より，C(4，2)となる。直線 BC の傾きは $\frac{2-6}{4-2}=\frac{-4}{2}=-2$ となるので，その式は $y=-2x+c$ とおけ，点Bを通るから，$6=-2\times2+c$ より，$c=10$ となり，直線 BC の式は，$y=-2x+10$ である。

(2)<**面積**>右上図で，直線 AB と y 軸の交点をFとする。(1)より，直線 AB の式は $y=x+4$ で，切片が４なので，F(0，4)となり，OF＝4 となる。OF を底辺と見ると，２点A，Bの x 座標より，

$\triangle$OAF の高さは1，$\triangle$OBF の高さは2となる。よって，$\triangle OAB=\triangle OAF+\triangle OBF=\frac{1}{2}\times4\times1+\frac{1}{2}\times4\times2=6$ である。

(3)＜**体積―回転体**＞前ページの図で，直線BCと x 軸との交点をGとすると，(1)より直線BCの式は $y=-2x+10$ だから，$y=0$ を代入して，$0=-2x+10$ より，$x=5$ となり，G(5, 0)である。また，台形CEDBを x 軸の周りに1回転してできる立体は，$\triangle$GBD を1回転させてできる円錐から，$\triangle$GCE を1回転させてできる円錐を除いたものとなる。よって，B(2, 6)より，BD＝6，GD＝5－2＝3だから，$\triangle$GBD を1回転させてできる円錐の体積は，$\frac{1}{3}\times\pi\times6^2\times3=36\pi$ である。C(4, 2)より，CE＝2，GE＝5－4＝1だから，$\triangle$GCE を1回転させてできる円錐の体積は，$\frac{1}{3}\times\pi\times2^2\times1=\frac{4}{3}\pi$ である。したがって，求める立体の体積は，$36\pi-\frac{4}{3}\pi=\frac{104}{3}\pi$ となる。

6 〔**関数―関数 $y=ax^2$ と直線**〕

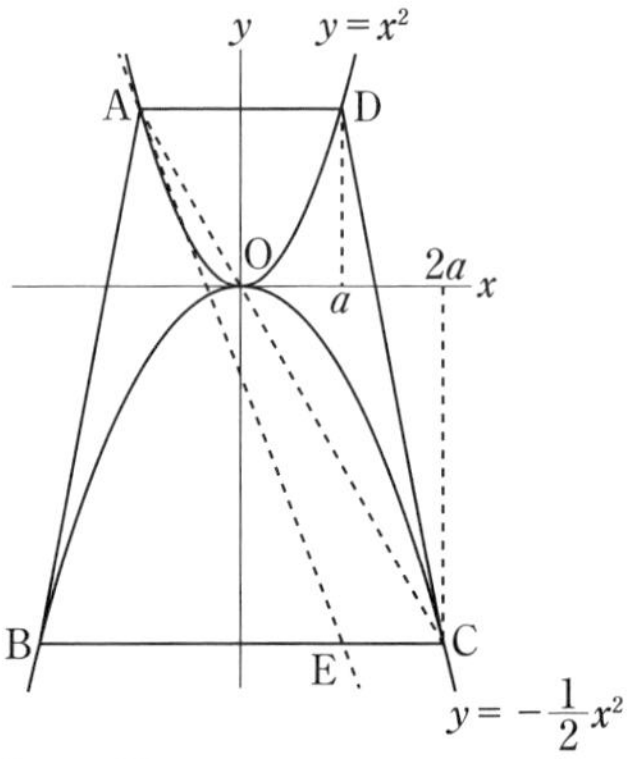

(1)＜**a の値**＞右図で，点Dは放物線 $y=x^2$ 上にあり，x 座標が a だから，$y=a^2$ となり，D(a, a^2)となる。点Cは放物線 $y=-\frac{1}{2}x^2$ 上にあり，x 座標が $2a$ だから，$y=-\frac{1}{2}\times(2a)^2=-2a^2$ となり，C($2a$, $-2a^2$)となる。AD，BCは x 軸に平行だから，2点D，Cの y 座標より，台形ABCDの高さは $a^2-(-2a^2)=3a^2$ と表される。これが9になることから，$3a^2=9$ が成り立ち，$a^2=3$，$a=\pm\sqrt{3}$ となり，$a>0$ より，$a=\sqrt{3}$ である。

(2)＜**面積**＞右上図で，(1)より $a=\sqrt{3}$ なので，$a^2=(\sqrt{3})^2=3$，$2a=2\times\sqrt{3}=2\sqrt{3}$，$-2a^2=-2\times3=-6$ となり，D($\sqrt{3}$, 3)，C($2\sqrt{3}$, -6)である。点A，点Bはそれぞれ点D，点Cと y 軸について対称なので，A($-\sqrt{3}$, 3)，B($-2\sqrt{3}$, -6)となる。よって，$AD=\sqrt{3}-(-\sqrt{3})=2\sqrt{3}$，$BC=2\sqrt{3}-(-2\sqrt{3})=4\sqrt{3}$ となり，台形ABCDの高さが9なので，〔台形ABCD〕$=\frac{1}{2}\times(2\sqrt{3}+4\sqrt{3})\times9=27\sqrt{3}$ となる。

(3)＜**直線の式**＞右上図で，AD＜BCより，$\triangle ACD<\triangle ABC$ だから，点Aを通り台形ABCDの面積を2等分する直線は，辺BCと交わる。この交点をEとすると，(2)より〔台形ABCD〕$=27\sqrt{3}$ だから，$\triangle ABE=\frac{1}{2}$〔台形ABCD〕$=\frac{1}{2}\times27\sqrt{3}=\frac{27\sqrt{3}}{2}$ となる。点Eの x 座標を e とすると，E(e, -6)となり，$BE=e-(-2\sqrt{3})=e+2\sqrt{3}$ となる。$\triangle$ABE は，辺BEを底辺と見たとき，高さが9だから，面積について，$\frac{1}{2}\times(e+2\sqrt{3})\times9=\frac{27\sqrt{3}}{2}$ が成り立つ。これを解くと，$e+2\sqrt{3}=3\sqrt{3}$，$e=\sqrt{3}$ となるから，E($\sqrt{3}$, -6)である。A($-\sqrt{3}$, 3)だから，直線AEの傾きは $\frac{-6-3}{\sqrt{3}-(-\sqrt{3})}=\frac{-9}{2\sqrt{3}}=-\frac{3\sqrt{3}}{2}$ となり，その式を $y=-\frac{3\sqrt{3}}{2}x+b$ とおくと，点Aを通ることより，$3=-\frac{3\sqrt{3}}{2}\times(-\sqrt{3})+b$ より，$b=-\frac{3}{2}$ となる。よって，求める直線の式は，$y=-\frac{3\sqrt{3}}{2}x-\frac{3}{2}$ である。$\left(y=\frac{-3\sqrt{3}}{2}x-\frac{3}{2}\text{ と解答する}\right)$

7〔平面図形―正多角形とおうぎ形〕

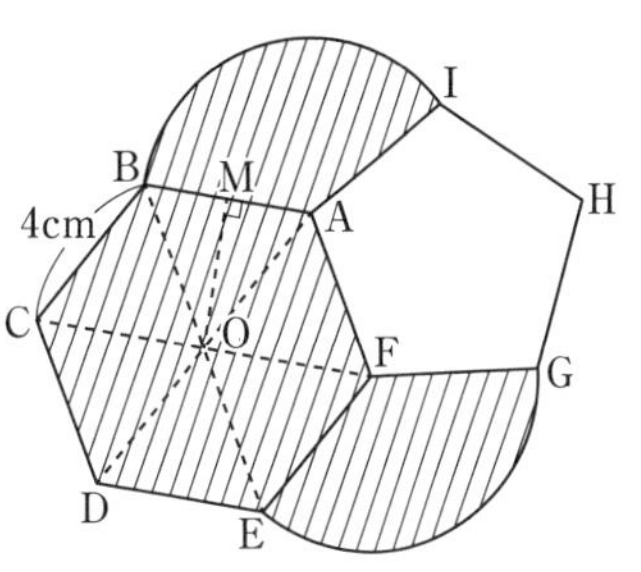

⑴＜**面積―特別な直角三角形**＞六角形の内角の和は $180°\times(6-2)=720°$ なので，正六角形の１つの内角の大きさは $720°\div6=120°$ であり，右図で，$\angle BAF=120°$ となる。五角形の内角の和は $180°\times(5-2)=540°$ なので，正五角形の１つの内角の大きさは $540°\div5=108°$ となり，$\angle FAI=108°$ である。よって，$\angle BAI=360°-(\angle BAF+\angle FAI)=360°-(120°+108°)=132°$ となる。$AB=4$ だから，おうぎ形 ABI の面積は $\pi\times4^2\times\frac{132°}{360°}=\frac{88}{15}\pi$ となる。同様に，おうぎ形 FEG の面積も $\frac{88}{15}\pi\,cm^2$ となる。次に，正六角形 ABCDEF の対角線 AD，BE，CF の交点をＯとすると，△OAB，△OBC，△OCD，△ODE，△OEF，△OFA は全て合同な正三角形となる。点Ｏから辺 AB に垂線 OM を引くと，△OAM は $AM:OA:OM=1:2:\sqrt{3}$ の直角三角形となる。$OA=AB=4$ だから，$OM=\frac{\sqrt{3}}{2}OA=\frac{\sqrt{3}}{2}\times4=2\sqrt{3}$ となり，$\triangle OAB=\frac{1}{2}\times4\times2\sqrt{3}=4\sqrt{3}$ となる。よって，〔正六角形 ABCDEF〕$=6\times\triangle OAB=6\times4\sqrt{3}=24\sqrt{3}$ となる。以上より，斜線部分の面積は，〔おうぎ形 ABI〕+〔おうぎ形 FEG〕+〔正六角形 ABCDEF〕$=\frac{88}{15}\pi+\frac{88}{15}\pi+24\sqrt{3}=\frac{176}{15}\pi+24\sqrt{3}\,(cm^2)$ である。

⑵＜**長さ**＞右上図で，斜線部分の図形の周の長さは，$\overset{\frown}{BI}$，$\overset{\frown}{EG}$，辺 BC，CD，DE，AI，AF，FG の長さの和である。$\angle BAI=132°$ より，$\overset{\frown}{BI}=2\pi\times4\times\frac{132°}{360°}=\frac{44}{15}\pi$ であり，同様に，$\overset{\frown}{EG}=\frac{44}{15}\pi$ となる。また，$BC=CD=DE=AF=4$ であり，$AI=FG=AF=4$ である。よって，求める周の長さは，$\frac{44}{15}\pi\times2+4\times6=\frac{88}{15}\pi+24\,(cm)$ である。

8〔空間図形―四面体〕

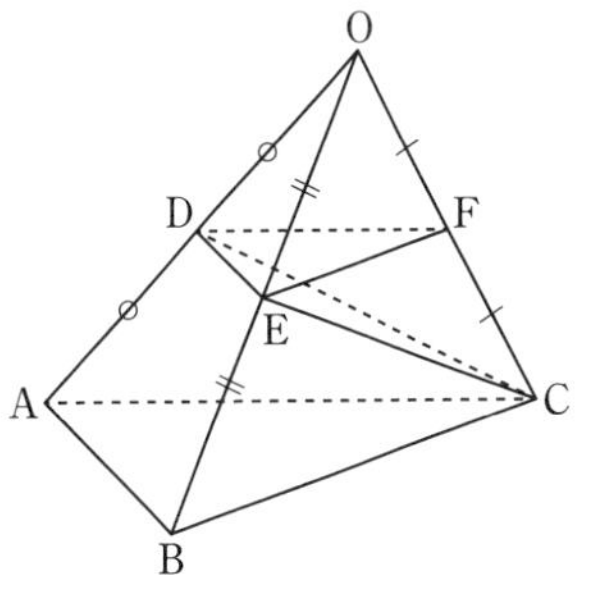

⑴＜**相似比**＞右図で，３点Ｄ，Ｅ，Ｆは，それぞれ辺 OA，OB，OC の中点なので，３点Ｄ，Ｅ，Ｆを通る平面は面 ABC に平行となる。これより，四面体 OABC と四面体 ODEF は相似となり，△ABC∽△DEF である。相似比は，$AB:DE=OA:OD=2:1$ である。

⑵＜**体積比―相似**＞右図で，⑴より，四面体 OABC と四面体 ODEF は相似であり，相似比は $2:1$ である。相似な立体の体積比は相似比の３乗に等しいので，〔四面体 OABC〕:〔四面体 ODEF〕$=2^3:1^3=8:1$ となる。

⑶＜**体積比**＞右上図で，四面体 OABC，四面体 ODEC を，それぞれ底面が△OAB，△ODE の三角錐と見ると，高さが等しいので，四面体 OABC と四面体 ODEC の体積比は，底面積の比と等しくなる。⑴より，△OAB∽△ODE であり，相似比は $2:1$ なので，$\triangle OAB:\triangle ODE=2^2:1^2=4:1$ となる。よって，〔四面体 OABC〕:〔四面体 ODEC〕$=\triangle OAB:\triangle ODE=4:1$ となる。

＝読者へのメッセージ＝

三角形には「五心」という点があり，②⑶に登場した「内心」はその１つです。他は，「重心」「外心」「垂心」「傍心」です。

国語解答

一　問１　a…②　b…③　c…①　d…②
e…③
問２　A…③　B…⑤　C…①　D…④
問３　④　問４　②　問５　①
問６　③　問７　④　問８　②
問９　③

二　問１　④　問２　②　問３　①
問４　②　問５　③　問６　④
問７　Ⅰ…④　Ⅱ…③　Ⅲ…①　Ⅳ…②
問８　①　問９　②　問10　④

三　問１　①　問２　②　問３　①
問４　③　問５　A…①　B…③
問６　④

四　問１　37…④　38…①　問２　⑥
問３　②

一〔**論説文の読解―自然科学的分野―科学**〕出典；池内了「それは，本当に『科学』なの？」（『考える方法　中学生からの大学講義２』所収）。

≪本文の概要≫現代社会には，「ニセ科学」がまん延している。科学とは，理論と実証によって，客観世界・自然世界の普遍的な原理や法則を，発見することである。道理にかなっていて，筋道が通っていること，実験や理論によって証明できること，普遍性があること，個人の意向や願望に左右されないこと，懐疑精神を持つことが，科学の要件といえる。これらを満たしていないものは，「ニセ科学」に属する。ニセ科学が世の中に広がっている原因は，科学に対する信仰，あるいは，不信や不満といった極端な態度，思考を他人任せにする観客民主主義，科学リテラシーや懐疑精神の欠如である。また，忙しさのあまり，一刻も早く結論を得ようとして，簡単に安易な結論に飛びついてしまう風潮や，欲望の爆発も，原因の一つである。こうしたニセ科学への処方箋として，懐疑の精神を教育する必要がある。そして，物事には必ず良い点，悪い点があることを理解したうえで，どちらを選ぶかを，自分で考える訓練を身につけておけば，ニセ科学にははまらないはずである。

問１＜漢字＞a．「要素」は，物事を成り立たせるのに不可欠な基本条件のこと。　b．「獲得」は，努力して手に入れること。　c．「意向」は，どうしたいかという考えや意図のこと。　d．「規範」は，従わねばならない基準や手本のこと。　e．「過剰」は，必要以上に多くて余ること。

問２＜接続語＞A．「血液型に性格が表れる」ことに「真実性がある」と感じる人はいるだろうが，「それがどういうメカニズムで実証されるのか」について，「きちんと答えられる人」はいない。
B．「血液型に性格が表れる」ことが，「どういうメカニズムで実証されるのか」について，「きちんと答えられる人はいない」し，それに加えて，「『マイナスイオン』というものについても同様のこと」がいえる。　C．「知るを成す」とは，要するに「総合的な知識を得る」ということである。　D．「science」は，本来「さまざまな分野のさまざまな知識を得るという意味」であり，その流れから考えると，「科学」は，「理論と実証によって客観世界・自然世界の普遍的な原理や法則を発見すること」である。

問３＜文章内容＞本来，科学は，「個人的な意向や希望・願望」に左右されず，「懐疑主義」を必要とする。だが，現代では，科学への信仰や不信などの主観を優先する態度，「懐疑精神」の欠如などが広がり，「科学的思考」から遠ざかって，科学への正しい認識ができない人が増えたのである。

問４＜表現＞科学の要件として必要なのは，「道理に適って」いて（…イ），一貫して「筋道が通って」おり（…ウ），「実験や理論」に基づく明確な根拠があって（…エ），「個人の意向や願望」などの主観的な要素に左右されないということである（…オ）。

問５＜表現＞現代人は，「どんどん忙しくなっている」ため，「早く結論を出したがる傾向」があり，じっくり考えずに，「簡単に安易な結論に飛びついて」しまいがちなのである。

問6＜文章内容＞①「コロナウイルスの感染拡大を防ぐ」ために，「外出したい」という「欲望」を抑えて，「家で過ごす」という対策を優先している(…○)。　②「ごみを減らす」ために，店で「ビニール袋」をもらえるという「便利さ」を捨て，「エコバッグを持って」いくという，「環境に対する配慮」を優先している(…○)。　③「自然災害に備えるため」に「ビニールシートをかぶせて雨漏りを防ぐ」のは，自分の安全のための対策で，「欲望」を抑えて，社会を「科学的なまなざし」で見ているわけではない(…×)。　④「食べ物を無駄にしない」ために，食べ物を「むやみに買う」という「欲望」を抑えて，「自分の食べられる量だけ買う」という対策を優先している(…○)。

問7＜文章内容＞不合理なものに対して，「なぜこれは不合理なのか」を考える力を身につけておかなければ，「正しいことにしか対応」できず，不合理なものに出会ったときに，「対処の仕方がわからなくなってしまう」のである。

問8＜文脈＞「他人任せで自分の考えを放棄して」しまったら，それは「科学ではなくなる」ので，科学的思考には，「常に自分で考える姿勢が不可欠」である。

問9＜要旨＞「血液型に性格が表れるということに真実性がある」という考え方は，科学的に「実証」されておらず，「ニセ科学」と呼ぶべきものであるといえる(②…○)。科学には「懐疑精神」が必要で，ある結果に対して，専門家が言っていたからといって「自分の考えを放棄」せず，「それが本当かどうか」を疑ったうえで，「正しい」という判断を下さなければならない(①…○，③…×)。「科学を含め，この世のあらゆる事柄には，良い点，悪い点が同時に存在する」ので，「自分の頭」で考えて，「どちらを選ぶか」を判断することが大切である(④…○)。

二〔小説の読解〕出典；森絵都『カラフル』。

問1＜語句＞「思いあまって」は，悩んだあげく耐えきれずに，という意味。

問2＜文章内容＞プラプラは，男たちから，魂は「透明」で，どこにでも「飛んで」いけるのかという質問を何度もされてきたため，「ぼく」が，その男たちと同じく，女性の「着替えのシーン」を「のぞき見」したいという，ばかばかしいことを考えていると見抜いて，「うんざり」したのである。

問3＜表現＞魂は「都合よく出たり入ったりはできない」と言われて，落胆した「ぼく」は，力を落として，「ベッドの上に倒れこんだ」のである。

問4＜心情＞プラプラが「どうやら怒ってるよう」だったので，「ぼく」は気まずくなり，自分のくだらない「下心」のためにプラプラを「呼びだした」ことをごまかしたくて，笑いかけたのである。

問5＜文章内容＞「ぼく」は，「再挑戦」をするのに必要な，強い「意気ごみ！　気迫！　ガッツ！」を全く持たず，ほとんど「なんにもしない」で，「のほほん」と過ごしていたのである。

問6＜心情＞「ぼく」は，生まれ変わっても「小林真よりマシって保証」はなく，「前世のぼくに起こったひどいことは，来世のぼくにも起こりうる」と考えており，生まれ変わった後に望みどおりの楽しい生活ができるかどうかがわからないことに，「不安や恐怖」を感じていたのである。

問7＜文脈＞プラプラは，「小池優子とか，小川陽子」などの女性の名を挙げて，「ぼく」が「男に生まれ変わるとはかぎらない」ことを指摘した(Ⅰ…④)。また，「ぼく」が「小林真に起こったことは，小森純や小池優子にも起こりうる」と言ったことに対して，プラプラは，つまり生まれ変わるときの「条件は皆おなじってことだ」と答えた(Ⅱ…③)。その言葉に対して，「ぼく」は，「ホームステイみたい」に，生まれ変わる先の環境の「当たり外れは，ふたを開けるまでわからない」と答えたうえで(Ⅲ…①)，「あんたのボスは強引だな」と言った(Ⅳ…②)。

問8＜心情＞「ぼく」は，「見知らぬ家庭に生まれつくこと」や，「一から他人との関係を築いて」いかねばならないことに「不安と恐怖」を感じて，改めて，自分は何をしでかして，今のような「再挑戦」をしなければならない状況になったのかと，自分自身に疑問を感じたのである。

問９＜文章内容＞「ぼく」は，「もういちど見知らぬ家庭に生まれつくこと」や，「また一から他人との関係を築いて」いくことの大変さを思い，人生の「やりなおし」は，ゲームのように「簡単」にはいかないと感じたのである。

問10＜要旨＞「ぼく」は，「再挑戦」によって新しく人生をやり直すことに対して，「不安や恐怖」を抱いているが，「何事にもチャレンジしていかなきゃいけない」という考えを持っているわけではない(①…○，④…×)。「ぼく」は，「再挑戦」して生まれ変わる機会を与えられたが，生まれ変わった後の人生が「小林真よりマシ」である「保証はない」と考えているため，「やる気」が起きないでいる(②…○)。プラプラは，「ぼく」の「やる気」のなさにあきれて，「いつまでものほほん」としていては，「魂のレベルはあがらない」と説教した(③…○)。

三〔古文の読解―随筆〕出典；兼好法師『徒然草』第二百四十三段。

≪現代語訳≫八歳になったとき，父に尋ねて，「仏はどのようなものですか」と言った。父が言うことには，「仏は，〈人〉がなったものだ」と。また(私が)尋ねて，「人はどのようにして仏になったのでしょうか」と言った。父はまた，「仏の教えによってなったのだ」と答えた。また(私は)尋ねて，「教えてくださった仏には，誰が教えてくださるのですか」と言った。また(父が)答えた。「それもまた，前の仏の教えによっておなりになったのだ」と。また尋ねて，「その教え始めでいらした〈第一の〉仏は，どのような仏だったのですか」と(私が)言ったとき，父は，「(最初の仏は)天から降ってきたのだろうか，(または)地面から湧いて出てきたのだろうか」と言って，笑った。(その後，父は)「問いつめられて，答えられなくなってしまいました」と，多くの人に語っておもしろがっていた。

問１＜古文の内容理解＞仏とは人がなったものである，という父の説明に対して，八歳の頃の作者は，「人は何として仏には成り候ふやらん」と尋ねた。

問２＜古文の内容理解＞人は，どうやって仏になるのか，と作者は父に尋ねた。それに対して，父は，その人より前からいた仏の導きによるものだと答えたのである。

問３＜古文の内容理解＞人は「さきの仏の教へ」によって，仏になるのだという父の説明に対して，幼い作者は，それでは「教へ始め候ひける」最初の仏は，どのような仏なのか，と聞き返した。

問４＜現代語訳＞「や」は，疑問を表す係助詞。「けん」は，「～だっただろう」という，過去推量の助動詞。天から降ってきたのだろうか，地面から湧いて出てきたのだろうか，という意味になる。

問５＜古文の内容理解＞「さきの仏の教へ」によって人が仏になるのであれば，最初の仏はどのようなものなのかという，仏の本質を突く息子の質問に(…Ａ)，父は，筋の通った，説得力のある答えを示せなかったのである(…Ｂ)。

問６＜文学史＞『徒然草』は，鎌倉時代に兼好法師によって著された随筆(①…○，④…×)。清少納言の『枕草子』，鴨長明の『方丈記』とともに日本の三大随筆とされる(②…○)。『徒然草』の「つれづれ」は，することがなく手持ち無沙汰なさま(③…○)。

四〔国語の知識〕

問１＜故事成語＞「蛍雪の功」は，苦労を重ねて学問を続けて，成果を出すこと。「李下に冠を正さず」は，他人から疑いをかけられるような行為は避けなければならない，という意味。

問２＜文の組み立て＞大きな映画館が「ようやく」「できた」ということ。「ようやく」は，どのように「できた」のかを詳しく説明している。

問３＜文学史＞太宰治は，青森県出身の作家。『富嶽百景』は昭和14(1939)年，『走れメロス』は昭和15(1940)年，『斜陽』は昭和22(1947)年，『人間失格』は昭和23(1948)年に発表された。

2021年度 // 武南高等学校（併願２）

【英　語】（50分）〈満点：100点〉

Ⅰ　試験開始からおよそ３分後に放送が始まります。放送される英文をよく聴いて，あとの⑴～⑸の質問に対する答えとして最も適切なものを，それぞれ下の１～４の中から１つずつ選び，番号をマークしなさい。なお，英文とそれに対する質問文はそれぞれ２回ずつ読まれます。

⑴　１．at 7:15　　２．at 7:50　　３．at 8:15　　４．at 8:50

⑵　１．She calls her husband on the phone.
　　２．She gives a cat milk and food.
　　３．She has breakfast in the library.
　　４．She takes a walk around the library.

⑶　１．when she was going to the library
　　２．when she was working in the library
　　３．when she was walking toward her house
　　４．when she was looking for her cat

⑷　１．Because she wanted a cat as a pet.
　　２．Because the cat was weak and could die.
　　３．Because the cat was very cute.
　　４．Because the cat followed her to the library.

⑸　１．To enjoy working with cats.
　　２．To make more children come to the library.
　　３．To keep mice away from the library.
　　４．To save cats from living on the streets.

※**＜リスニングテスト放送原稿＞**は英語の問題の終わりに付けてあります。

Ⅱ　次の英文を読んで，あとの問いに答えなさい。

Levi Strauss — a name is now famous, was the name of a man.　He invented jeans.　Levi Strauss was born in Germany in 1829, but went to the United States as a young man.　(　あ　) he lived in New York, but in 1853 he moved to San Francisco, and there he worked with his brother.　They worked in a shop selling clothes to men looking for gold in the California Gold Rush.　The men were (　い　) very hard in difficult conditions, and they needed very strong *trousers.

Strauss was the first man to begin producing special, strong trousers for (　う　) men.　He made these trousers from a *fabric called "denim" — a tough fabric and it probably came from a town called *Nîmes in France.　Many people now think the English word "denim" comes from the French words "de Nîmes."　It means "from Nîmes."　Later, Strauss added special metal buttons to the trousers to make them even better, and (え)<u>they</u> immediately became very popular.

In the (　お　) part of the 20th century, only working men wore jeans in workplaces like factories. But after the Second World War, teenage boys and young men at college started to wear them to go out.　These boys called the trousers "jeans."　In the 1960s, more young Americans started wearing them as *casual clothes outside the workplace, and denim jeans became *fashionable.　In the 1970s, "*decorated denim" became very popular. These were jeans decorated with *sequins, *beads, colors and patterns.

At that time, jeans were usually *flared, but today, there are many different styles of jeans; straight, *baggy, flared, *low-waisted — you can imagine almost any style.

Today, millions of people wear jeans to go to work in offices, as well as to go out. Jeans are as popular today as they ever were, but no one is really sure about — why are they called "jeans"?

＊trouser：ズボン　＊fabric：布地　＊Nîmes：ニーム（フランスの地名）

＊casual：普段着　＊fashionable：流行している　＊decorated：飾りのついた

＊sequins：スパンコール（衣服に縫い付ける装飾用の輝く小円型の金属片）

＊bead：ビーズ　＊flared：すそが広がっている　＊baggy：（服などが）だぶだぶの

＊low-waisted：腰の位置が低い

問　次の質問(6)～(15)の答えとして最も適切なものを，それぞれ下の１～４の中から１つずつ選び，番号で答えなさい。

(6)　(あ)に入る適語を次のうちから１つ選び番号で答えよ。

１．Finally　２．However　３．At last　４．At first

(7)　Choose the same word to fill in the blank (い) and (う).

１．running　２．working　３．practicing　４．wearing

(8)　What does the underlined part (え) show?

１．the trousers with special metal buttons

２．the trousers decorated with sequins

３．the men looking for gold in the California Gold Rush

４．the men working in the clothes shop

(9)　Choose the best answer to fill in the blank (お).

１．late　２．early　３．best　４．first

(10)　Why did jeans become very popular with young people?

１．Because they are very difficult to buy.

２．Because they are decorated with something.

３．Because they have always a lot of damaged parts.

４．Because they are very strong trousers.

(11)　What did Levi Strauss do after he went to the United States?

１．He worked to sell clothes in New York.

２．He looked for gold while he worked to sell clothes in San Francisco.

３．He worked in the store and sold clothes to men looking for gold.

４．He gave up looking for gold and opened the store selling clothes.

(12)　When did Denim jeans became fashionable as casual clothes?

１．In 1829　２．In 1853　３．In the 1960s　４．In the 1970s

(13)　ジーンズが最初に登場したきっかけで最も近いものを１つ選べ。

１．Because the men looking for gold needed very strong trousers.

２．Because jeans were very fashionable for young Americans.

３．Because Strauss added special metal buttons to them to make them even better.

４．Because Strauss invented jeans for hard worker in New York.

(14)　「ジーンズ」という名称を使い始めたのはだれか，本文に合うものを１つ選べ。

1．Levi Strauss
2．people in Nîmes
3．men looking for gold in the California
4．teenage boys and young men at college

(15) 本文の内容と合わないものを１つ選べ。
1．ジーンズは登場した当初は富裕層の人に人気だった。
2．今ではジーンズには沢山の異なる形のものが複数ある。
3．リーバイストラウスは兄弟とサンフランシスコで働いていた。
4．第２次世界大戦後，ジーンズは若者が外出するのに着用された。

Ⅲ　次の英文を読んで，空所(16)～(20)に最もよく当てはまるものを，それぞれ下の１～４の中から１つずつ選び，番号をマークしなさい。

Have you ever heard the phrase, 'He is the *salt of the earth?' That means the person is so nice and honest that you can always depend (16) him. Like this, people have thought of salt (17) a very important thing for a long time. In ancient *Rome, it was so *valuable that *soldiers were given salt (18) money. (19), the word '*salary' coming from 'salt money' in *Latin. There is another word came from salt. That is '*salad.' In the old days, salt was used to *preserve foods. People at that time didn't have *dressing and, like other foods, they ate vegetables with salt. So, if vegetables were so fresh that people could eat them with salt, it (20) be called 'salad.'

*salt：塩　*Rome：ローマ　*valuable：価値の高い　*soldier：戦士　*salary：給料
*Latin：ラテン語　*salad：サラダ　*preserve：保存する　*dressing：ドレッシング

(16) 1．at　2．on　3．to　4．by
(17) 1．as　2．in　3．for　4．with
(18) 1．not only　2．look like　3．because of　4．instead of
(19) 1．However　2．For now　3．In fact　4．In my opinion
(20) 1．came to　2．became to　3．come of　4．became of

Ⅳ　次の英文の空所に最もよく当てはまるものを，それぞれ下の１～４の中から１つずつ選び，番号をマークしなさい。

(21) I (　　) in Warabi since I was a child.
1．live　2．lived　3．was living　4．have lived

(22) Can you read the words (　　) on the wall over there?
1．write　2．to write　3．writing　4．written

(23) I didn't know (　　) to buy a ticket for the concert.
1．where　2．which　3．what　4．who

(24) This club is the (　　) popular of all the club activities.
1．much　2．more　3．less　4．least

(25) You (　　) come to the meeting because it is very important.
1．don't　2．must　3．may　4．can

V　次のＡさんとＢさんとの対話文を読んで，空所に最もよく当てはまるものを，それぞれ下の１～４の中から１つずつ選び，番号をマークしなさい。

(26) A： Do you want to go to see a movie this weekend ?
B： (　　　　)
1．That's right.　2．Why not ?
3．That's too bad.　4．You're welcome.

(27) A： The movie will start soon.
B： Let's (　　).
1．see　2．hurry　3．go shortly　4．trouble

(28) A： Oh, I forgot my pen.
B： Why don't you use mine ?
A： (　　　　) Thank you.
1．That's kind of you.　2．That's enough.
3．Please help yourself.　4．I'll take it.

(29) A： Do you have the time ?
B： (　　　　)
A： Thanks, anyway.
1．Have a good time.　2．Sure, go ahead.
3．Sorry, but I'm little bit busy.　4．Sorry, but I don't have a watch.

(30) A： Will your brother come to the party with you ?
B： I'm afraid he can't.
A： (　　　　)
B： He is sick in bed now.
1．How about you ?　2．When will he come back ?
3．What's wrong ?　4．Where does he come from ?

VI　次の日本文に合うように，下の１～７の語(句)を用いて文を完成させる場合に空所(31)～(40)に最もよく当てはまるものを，それぞれ下の１～７の中から１つずつ選び，番号をマークしなさい。ただし，文頭に来るべき語も小文字で始めてあります。

1．空港に着いたら電話します。
I (　　) (　　) (31) (　　) (　　) (32) (　　) the airport.
1．arrive　2．you　3．will　4．I　5．when　6．at　7．call

2．トムはあまりに疲れていたのでそのパーティーに行くことができなかった。
Tom (　　) (　　) (33) (　　) (　　) (34) (　　) to the party.
1．tired　2．go　3．that　4．was　5．he　6．so　7．couldn't

3．今朝のミキはどこか様子がおかしかった。
(　　) (　　) (35) (　　) (　　) (36) (　　) morning.
1．was　2．strange　3．Miki　4．this　5．something　6．there　7．about

4．私はあなたが試験に合格したと聞いてうれしく思っています。
I (　　) (　　) (37) (　　) (　　) (38) (　　) the examination.
1．passed　2．you　3．glad　4．am　5．that　6．hear　7．to

5．彼は一日でその本を読むことができる。

(　　)(　　)(39)(　　)(　　)(40)(　　) the book in a day.

1. him　　2. possible　　3. is　　4. to　　5. it　　6. read　　7. for

＜リスニングテスト放送原稿＞

Ms. Jones is the manager of the city library. She comes to the library at 8:50 every day. At the beginning of her work day, she calls Michael and give him milk and cat food. Michael is a cat living in the library. He came to the library three years ago. In the middle of December, Ms. Jones met him for the first time when she was on her way to the library. It was raining and cold, and the cat was crying weakly. Ms. Jones thought he could die, so she decided to take him to the library and keep him there. You may want to ask why a library can keep a cat, but in the United States, many libraries have cats. Many years ago, libraries were in trouble because a lot of mice appeared in the libraries and damaged the books. Then, a lot of libraries started to keep cats to get the mice out. Now, there are very few mice in the libraries, but cats are still kept living there.

(1) What time does Ms. Jones usually get to the library?

1. at 7:15　　2. at 7:50　　3. at 8:15　　4. at 8:50

(2) What does Ms. Jones do the first thing in the morning?

1. She calls her husband on the phone.
2. She gives a cat milk and food.
3. She has breakfast in the library.
4. She takes a walk around the library.

(3) When did Ms. Jones first meet the cat?

1. when she was going to the library
2. when she was working in the library
3. when she was walking toward her house
4. when she was looking for her cat

(4) Why did Ms. Jones decided to keep the cat in the library?

1. Because she wanted a cat as a pet.
2. Because the cat was weak and could die.
3. Because the cat was very cute.
4. Because the cat followed her to the library.

(5) Why did the libraries in the United States start keeping cats?

1. To enjoy working with cats.
2. To make more children come to the library.
3. To keep mice away from the library.
4. To save cats from living on the streets.

【数　学】（50分）〈満点：100点〉

〔注意〕・コンパス，定規，分度器，電卓等の計算器は使用しないこと。
・分数や無理数は，下の例のように簡単にして答えること。

$\frac{\boxed{1}}{\boxed{2}}$…正解，　$\frac{\boxed{2}}{\boxed{4}}$…不正解とみなす

$\boxed{2}\sqrt{\boxed{2}}$…正解，　$\boxed{1}\sqrt{\boxed{8}}$…不正解とみなす

※**1**～**4**は解答用紙の解答欄$\boxed{1}$を，**5**～**7**は解答欄$\boxed{2}$を，**8**・**9**は解答欄$\boxed{3}$を使用します。

1　次の計算をせよ。

(1)　$55^2-2\times55\times45+45^2=\boxed{\text{アイウ}}$

(2)　$\frac{5}{2}\times(-0.5)^3\times0.25\times\frac{64}{5}=\boxed{\text{エオ}}$

(3)　$10^2\times100^2\times1000^2=10^{\boxed{\text{カキ}}}$

2　次の問いに答えよ。

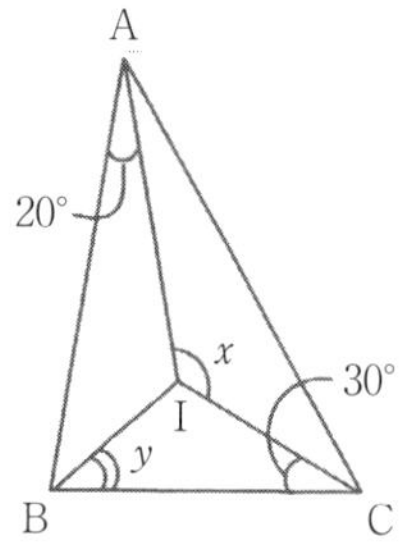

(1)　$(3x-\boxed{\text{ク}})^2=\boxed{\text{ケ}}x^2-24x+\boxed{\text{コサ}}$である。

(2)　$x^4=y^4=2$のとき，$(x+y)(x-y)(x^2+y^2)=\boxed{\text{シ}}$である。

(3)　右図において，Ⅰは△ABCの内心である。このとき$\angle x=\boxed{\text{スセソ}}$°であり，$\angle y=\boxed{\text{タチ}}$°である。

3　記号$\begin{bmatrix} a & c \\ b & d \end{bmatrix}$を$\begin{bmatrix} a & c \\ b & d \end{bmatrix}=a\times d-b\times c$と定める。

このとき，$\begin{bmatrix} 2x & 3 \\ 12y^2 & 2x \end{bmatrix}$は$\boxed{\text{ツ}}(x+\boxed{\text{テ}}y)(x-\boxed{\text{ト}}y)$と因数分解できる。

4　A地点から3km離れたB地点に武くんと南さんが向かった。南さんは分速60mで歩き続けた。武くんは，南さんの26分遅れで出発し，南さんの$\frac{5}{3}$倍の速さであったが，さらに急ぐため途中で速さをさらに倍にした。その結果，B地点に2人同時に到着した。このとき，武くんの後半の速さは分速$\boxed{\text{ナニヌ}}$mであり，その速さで進んだ時間は$\boxed{\text{ネ}}$分である。

$\boxed{\text{ノ}}$～$\boxed{\text{ホ}}$は使用しません。

5　2つのサイコロAとBを投げる。Aのサイコロは目が0，1，2，3，4，5となっていて，出た目をaとする。Bのサイコロは目が1，2，3，4，5，6となっていて，出た目をbとする。aを十の位，bを一の位とした数Xを考える。ただし，$a=0$のときは，Xは1桁とする。

例えば$a=1$，$b=3$のときは$X=13$であり，$a=0$，$b=5$のときは$X=5$となる。次の確率を求めよ。

(1)　Xが1桁の数となる確率は$\frac{\boxed{\text{ア}}}{\boxed{\text{イ}}}$である。

(2)　Xが偶数である確率は$\frac{\boxed{\text{ウ}}}{\boxed{\text{エ}}}$である。

(3)　Xが6の倍数となる確率は$\frac{\boxed{\text{オ}}}{\boxed{\text{カ}}}$である。

6　右図において，直線 l，mの方程式はそれぞれ

$y=-\frac{1}{2}x+2$，$y=x$ である。

また，四角形OABCは平行四辺形である。

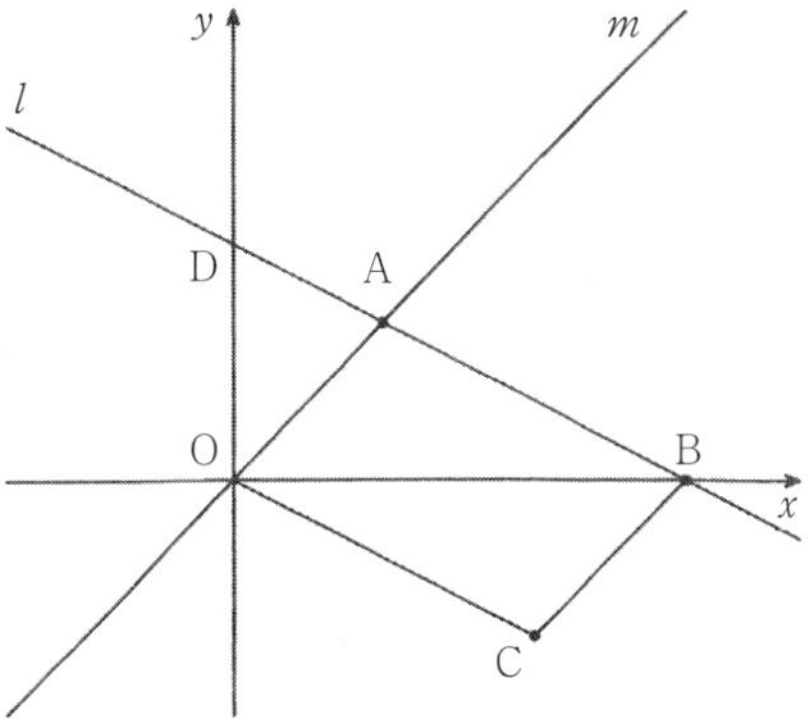

(1)　点Aの座標は $\left(\frac{\boxed{\text{キ}}}{\boxed{\text{ク}}},\ \frac{\boxed{\text{ケ}}}{\boxed{\text{コ}}}\right)$ である。

(2)　平行四辺形OABCの対角線の交点の座標は

$(\boxed{\text{サ}},\ \boxed{\text{シ}})$ である。

(3)　平行四辺形OABCの面積は $\frac{\boxed{\text{スセ}}}{\boxed{\text{ソ}}}$ である。

(4)　△OADの面積を S，△OBCの面積を T とするとき，$S:T$ を最も簡単な整数比で表すと，

$\boxed{\text{タ}}:\boxed{\text{チ}}$ である。

7　右図のように，関数 $y=ax^2(a<0)$ のグラフに，x 軸に平行な3直線が交わっている。直線 l，m，n の方程式はそれぞれ，

$y=-2$，$y=-\frac{9}{2}$，$y=-8$ である。また，△OABの面積は4である。

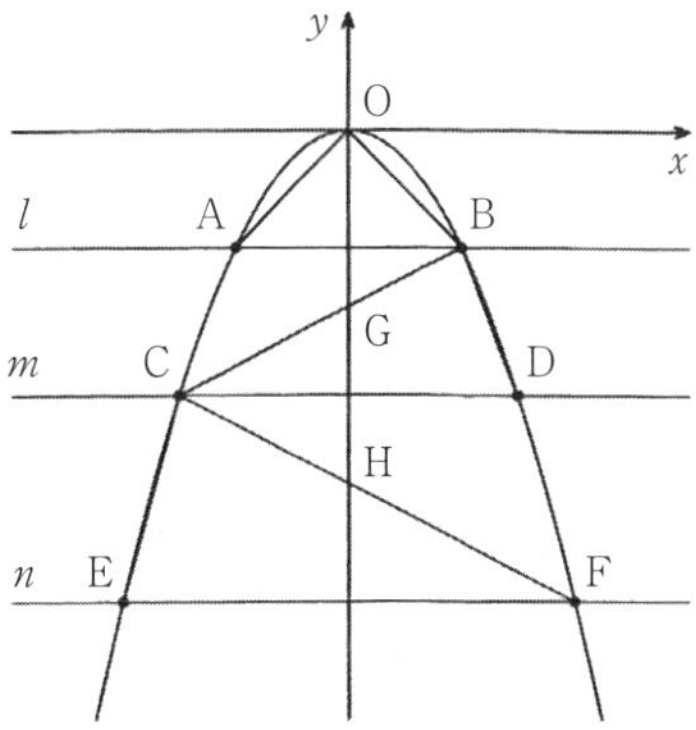

(1)　a の値は $\frac{\boxed{\text{ツテ}}}{\boxed{\text{ト}}}$ である。

(2)　直線BCの方程式は，$y=\frac{\boxed{\text{ナ}}}{\boxed{\text{ニ}}}x-\boxed{\text{ヌ}}$ である。

(3)　直線CFの方程式は，$y=\frac{\boxed{\text{ネノ}}}{\boxed{\text{ハ}}}x-\boxed{\text{ヒ}}$ である。

(4)　六角形OACFDBの面積は $\boxed{\text{フヘ}}$ である。

$\boxed{\text{ホ}}$ は使用しません。

8

問題を解くにあたり，次の内容は無条件に使用してよい。

右図のような，∠P＝30°，∠R＝90°とする△PQRの３辺の長さの比はQR：QP：PR＝1：2：$\sqrt{3}$ である。

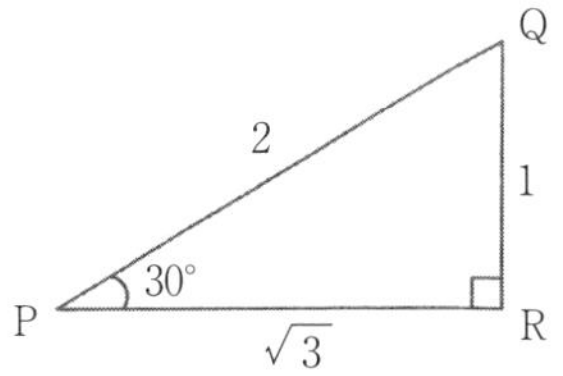

１辺の長さが３の正六角形の３つの頂点A，B，Cを中心として半径３の円を描く。斜線部分の面積は $\boxed{\text{アイ}}\left(\pi-\frac{\sqrt{\boxed{\text{ウ}}}}{\boxed{\text{エ}}}\right)$ である。

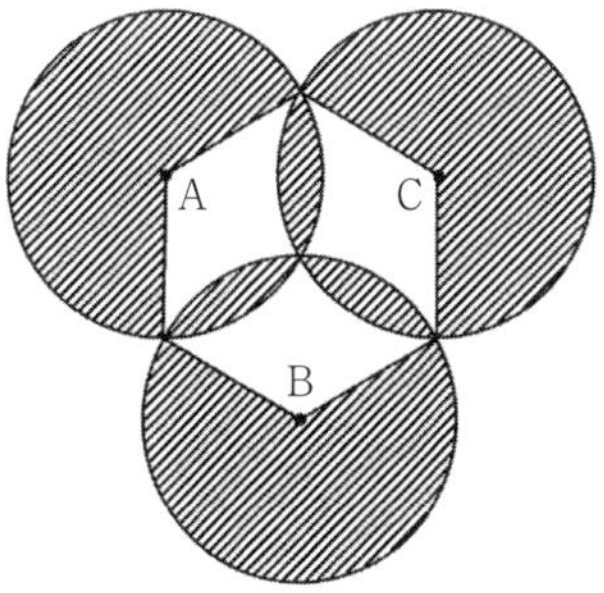

9　△ABDと△DEFは合同な直角二等辺三角形であり，△ABDと△ACFは相似である。AB = 1とし，直線ABを l とする。

(1)　△ABDを l の周りに1回転した図形の体積は $\dfrac{\boxed{\text{オ}}}{\boxed{\text{カ}}}\pi$ である。

(2)　△DEFを l の周りに1回転した図形の体積は $\dfrac{\boxed{\text{キ}}}{\boxed{\text{ク}}}\pi$ である。

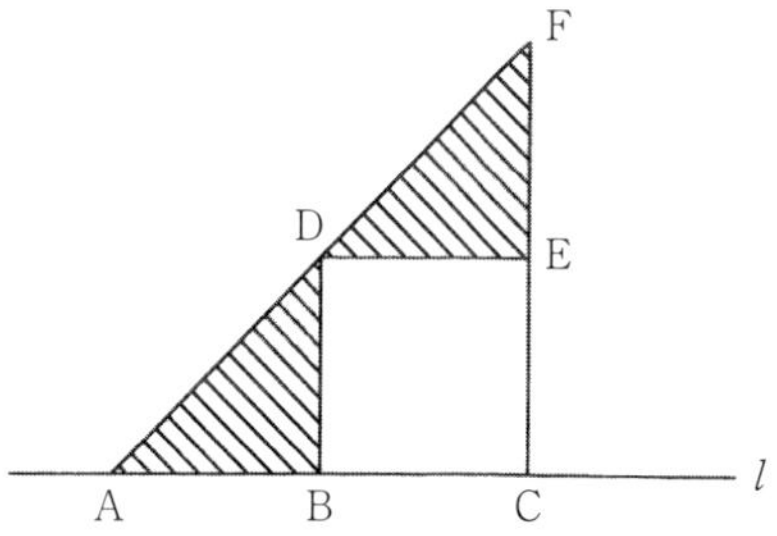

[ケ]～[ホ]は使用しません。

・私は、陸軍軍医としてドイツへ留学し、帰国後に『舞姫』を発表しました。五十歳を過ぎてからは『阿部一族』や『高瀬舟』など歴史小説を書くようになりました。（解答番号 39）

・私は仲間と雑誌『白樺』を創刊し、白樺派と呼ばれました。『清兵衛と瓢簞《ひょうたん》』『城《き》の崎にて』『小僧の神様』など、短編小説を多く書きました。（解答番号 40）

① 志賀直哉　② 島崎藤村　③ 森鷗外
④ 夏目漱石　⑤ 樋口一葉

＊堪能の非家の人…上手な素人。
＊ひとへに自由なる…自由気ままに練習して上達を目指すということ。

問1 ［ア］に入ると考えられる内容を次より一つ選びなさい。（解答番号 28）
① 真面目に取り組むこと　② 適当に取り組むこと
③ 慎重に取り組むこと　④ 大胆に取り組むこと

問2 ――部イ「所作」のここでの意味として最も適当なものを、次より選びなさい。（解答番号 29）
① 考え方　② 気配り
③ 発言　④ 身のこなし

問3 ――部ウ「得」のここでの意味として最も適当なものを、次より選びなさい。（解答番号 30）
① 成功　② 利益　③ 人徳　④ 得意

問4 ――部エ「巧みにしてほしきままなるは」の解釈として最も適当なものを、次より選びなさい。（解答番号 31）
① 少しくらい賢いからといって人前で自慢をするのは
② 簡単にできるようなことだからといって途中で油断してしまうのは
③ 技術が優れているからといって好き勝手にやるのは
④ 専門家にすべて任せたほうが安心だからといって放棄してしまうのは

問5 筆者の意見から考えられる事例として**適当でないもの**を次より一つ選びなさい。（解答番号 32）
① 素人が自分勝手に練習を積み重ねても、プロを越えるくらいの技量を身につけることは難しい。
② プロは専門的分野のことだけでなく、日常生活すべてにおいて素人に細かく指示を出すべき立場にある。
③ あらゆる場面において、専門家を差し置いて素人がしゃしゃり出る場面を目にすることがある。
④ 自分が体験したことであっても、素人は専門的な分野に関することの軽々しい発言は控えるべきである。

問6 『徒然草』の冒頭にも記されている「つれづれ」の意味として最も適当なものを、次より選びなさい。（解答番号 33）
① なすべきことが多く忙しい
② することがなく退屈だ
③ しみじみとして趣深い
④ 複雑でうまく説明できない

四 次の問いに答えなさい。

問1 次の故事成語の意味を、後の①～⑤よりそれぞれ選びなさい。
・白眉《はくび》（解答番号 34）
・木に縁《よ》りて魚を求む（解答番号 35）
・刎頸《ふんけい》の交わり（解答番号 36）
① 方法を誤ると目的を達成できない。
② 首をはねられても後悔しないほどの親しい間柄。
③ 悲しみや心配のありそうな顔つき。
④ 幼年時代からの親しい友人。
⑤ 多くの中でひときわ目立って優れている人やもの。

問2 次の――部が係る部分を、①～⑤より一つ選びなさい。（解答番号 37）
・友達にすすめられた　①最近　②話題に　③なっている　④小説は　⑤おもしろかった。

問3 次の――部の働きを、後の①～⑤より一つ選びなさい。（解答番号 38）
・暑いから、私は窓を開けた。
① 主語　② 述語　③ 修飾語
④ 接続語　⑤ 独立語

問4 次の説明に当てはまる人物を、後の①～⑤よりそれぞれ選びなさい。

する気持ち。

② 新人社員におじいちゃんと呼ばれて傷つく気持ちもあるが、歳を取ったと素直に認め、自分を落ち着かせようとする気持ち。

③ 若い女性から年寄り扱いされているであろうと感じ傷つく気持ちもあるが、それも仕方がないと気にせず、受け流そうとする気持ち。

④ 女性から相手にされていないと感じ傷つく気持ちもあるが、今や自分は立派な役職についているのだと思い返し、頑張ろうとする気持ち。

問6 ――部オ「こんな夜」とはどのような夜か。最も適当なものを次より選びなさい。（解答番号 24）

① 仕事の疲れやストレスを晴らすために部屋に引きこもろうとしていた夜。

② 妻が遅くなる分ひとり小料理屋でこころゆくまで飲もうとしていた夜。

③ ゆうたんのことを考えながら頑張った自分にご褒美をあげようとしていた夜。

④ 気になっていたゆうたんのブログのつづきを読もうとしていた夜。

問7 ――部カ「それらしい言葉」とはどのような言葉か。最も適当なものを次より選びなさい。（解答番号 25）

① 話のつじつまが合うように考えられた言葉。

② まるで目の前で起きていると思わせるような具体的な言葉。

③ 聞き手が都合の良いように捉《とら》えられる抽象的な言葉。

④ 本当か嘘か分からないようなあいまいな言葉。

問8 ――部ク「きなこの名前が出て戦意を喪失してしまった」とあるが、それはなぜか。その理由として最も適当なものを次より選びなさい。（解答番号 26）

① 子供ができなかった夫婦にとって「きなこ」は我が子同様に愛すべき存在であり、「きなこ」の願いならば聞いてあげるほかはないと考えたから。

② 子供ができなかった夫婦にとって「きなこ」は我が子と同じであり、妻が「きなこ」にかける愛情を思うと、妻の願いを叶えることを優先するしかないと考えたから。

③ 子供ができなかった夫婦にとって「きなこ」は我が子のようであり、「きなこ」に愛情のすべてを注ぐ妻には何を言ってもむだだと考えたから。

④ 子供ができなかった夫婦にとって「きなこ」は我が子といえる存在であり、妻が明るくなったのは「きなこ」のおかげなので妻の言い分を受け入れようと考えたから。

問9 本文の表現や構成についての説明として**適当でないもの**を次より一つ選びなさい。（解答番号 27）

① 「公図」「登記簿」などの専門的なことばを用いることで、法務局での仕事の難しさや丸山の真面目さを表している。

② 丸山の視点で終始語られており、丸山が感じた他の登場人物の様子について所々読みとることができる。

③ 「――」を用いることで含みや余韻をもたらし、丸山が言葉にはしないが何か考えているのであろうと暗に示している。

④ 前半では仕事について、後半では妻とのやりとりについて丸山の日常生活の様子が淡淡と描かれている。

三 次の文章を読み、後の問いに答えなさい。

＊よろづの道の人、たとひ＊不堪《ふかん》なりといへども、＊堪能《かんのう》の非家《ひか》の人にならぶ時、必ず勝る事は、たゆみなく〔ア〕て軽々《かろがろ》しくせぬと、＊ひとへに自由なるとの等しからぬなり。芸能・イ所作のみにあらず、大方のふるまひ・心づかひも、愚かにして〔ア〕はウ得の本《もと》なり。エ巧みにしてほしきままなるは、失《しつ》の本なり。

（『徒然草』より）

《注》 ＊よろづの道の人…あらゆる道の専門家。
＊不堪…未熟。不器用。

険な話の流れだ。

「それでね。あなたが新しいパソコンを欲しがっているのは知ってるんですけどね。ほら、うちの庭もそろそろね、きなこが日向ぼっこできるように変えてあげたいのよ」

来たな、と思ったのと同時に、クきなこの名前が出て戦意を喪失してしまった。

「――ああ、そうだな。好きに頼めば良い」

我々夫婦にとって、きなこは愛娘もいっしょである。

それに、妻のきなこへの愛を、邪魔することはできない。

私だけ、ゆうたんへと気持ちを注ぎ、ブログを覗《のぞ》くなど許されない。

多少の話し合いを覚悟していたのであろう。妻が拍子抜けしたように「あら、そう」と頷いた。

（成田名璃子『東京すみっこごはん』／光文社文庫より）

《注》＊ＮＰＯ法人…行政・企業とは別に社会活動をし、社会一般の利益の実現を目的とする民間組織。

＊ゆうたんの記事…丸山がいつも更新を楽しみにしているブログ記事のこと。

＊小生…男性が自分をへりくだっていう語。

＊どぶろく…米と米麹《こめこうじ》と水を発酵させた、日本の伝統的な酒。

問1 A ～ D に入ることばとして適当なものを、後よりそれぞれ選びなさい。

A（解答番号15）

B（解答番号16）

C（解答番号17）

D（解答番号18）

① まったく　② しっかり　③ てっきり

④ そそくさと　⑤ おもむろに　⑥ かるがると

問2 ア に入ることばとして最も適当なものを次より選びなさい。（解答番号19）

① 大胆さ　② 大らかさ

③ 優しさ　④ がさつさ

問3 ――部イ「くったくのない」、――部キ「手塩にかけて」のここでの意味として最も適当なものを、後よりそれぞれ選びなさい。

イ「くったくのない」（解答番号20）

① さっぱりとした　② きりっとした

③ のんびりとした　④ ぼんやりとした

キ「手塩にかけて」（解答番号21）

① 平等に接して　② 厳しくしつけて

③ 過保護に干渉して　④ 大切に世話をして

問4 ――部ウ「古き良き不便な時代への感傷」とはどういうことか。最も適当なものを次より選びなさい。（解答番号22）

① 現在と比べて情報を得ることは大変だったけれども、人と直接関わりながら仕事することができていた時代を思い出し、懐かしく感じているということ。

② 現在と比べて手間や時間はかかったけれども、頭や身体を使い自分の力で情報を手に入れたという実感があった時代を思い出し、切なく感じているということ。

③ 現在と比べて便利な道具はなかったけれども、日々の努力の積み重ねを周囲から評価されていた時代を思い出し、物足りなく感じているということ。

④ 現在と比べて仕事の効率は悪かったけれども、学ぶことも多く自分の成長につながっていた時代を思い出し、悲しく感じているということ。

問5 ――部エ「かすかな胸の痛みをやり過ごすことだけは、うまくなったものである」とあるが、このときの丸山の心情として最も適当なものを、次より選びなさい。（解答番号23）

① 見た目が老けてきたのだろうかと思い傷つく気持ちもあるが、もう若い頃のように元気には振る舞えないと考え、諦めようと

小料理屋では、出しはじめたばかりだという白子の天ぷらや湯豆腐をあてに、ゆっくりと熱燗《あつかん》を飲んだ。（中略）

アルコールで時の流れを曖昧《あいまい》にし、ブログの更新を待ち焦がれる気持ちをやり過ごす。

それでも時刻が近づいてくると、いい按配《あんばい》に酔った状態でもしっかりと時計を確認し、［　D　］家へ帰った。

ところが、オこんな夜に限って、妻が早めに帰宅していた。

「おまえが早かったんだろう」

「あら、今日はずいぶん、ゆっくりだったのね」

「たまには、二軒目は我が家にしようと思って。ほら、あなたとも最近ゆっくり飲んでいなかったし」

ふふふと微笑む妻だが、古狸《ふるだぬき》である。よほどうまく隠さなければ、こちらの動揺、というより失望に近い感情を見抜かれてしまう。

「それじゃあ、着替えてこよう」

ふむふむとそれらしく頷《うなず》きながら、私は寝室へと移動した。扉を閉めるなり、重いため息をはき出す。

よりによって、ゆうたんが同棲相手の借金を見つけたつづきを読む日に、なぜ我が妻はこんなにも早く帰宅しているのであろうか。

ああ、そろそろゆうたんがブログ更新する時間である。一刻も早くパソコンを立ち上げたかったのに、ダイニングでは妻が山菜の炒め物やだし巻き卵を用意して待っている。

こうなったら、やけ酒である。

私は覚悟を決めて、ダイニングへ戻ると、妻と向き合った。

「ちょっと太ったんじゃないの？　またウォーキングをはじめたら」

「ああ、そうだな。週末辺り、いっしょに歩こうか」

杯《さかずき》を傾けながら、いつもの会話をはじめる。早くもっと酔っ払ったほうがよい。よいよいよいともっと酔ってしまえば、なんとかこの焦燥《しょうそう》をやり過ごせるはずである。この際、明日の仕事のことは考えぬことにする。

「何か嫌なことでもあったの？　ずいぶんとペースが早いわね」

「まあ、相談係なんて何でも屋のような仕事だからな。扱いづらい人間もくるのさ」

本日の相談は、まこと春の日差しのような穏やかなものばかりであったが、年の功とは恐ろしいもので、カそれらしい言葉がすらすらと飛び出してくる。

「それじゃあ、景気づけに、いいお酒でも出しちゃおうかしらね」

妻の言ういいお酒とは、いわゆる＊どぶろくだ。別に他人に分けるわけでも闇で売るわけでもなく、二人で消費するのであるが、これが存外にうまい。妻は、我が子のように面倒を見て発酵させているが、その愛情に応えて味わいが増すのであろうか。

植物でも猫でも麹《こうじ》でも、妻は、なんでもキ手塩にかけて育てるのが好きなようだ。

子のない夫婦である。そのことが、妻の物にかける手間暇に何か影響しているのかもしれない。

子供に関しては、何か原因があるかもしれぬと調べてみたが、特に理由も見つからず、高齢のため授かりづらいのであろうということだった。今ほど不妊治療も盛んではなく、また、おおっぴらにできる時代でもなかった。

妻も結婚当初はそれなりに気に病んだようだったが、生来の明るさを発揮して、そのうちけろりと生活を楽しみだした。愛猫きなこと我々二人、なかなかいいバランスではないかと思う。

妻のとりとめのない話にぼんやりと相づちを打っていると、いつの間にか、猫の額ほどしかない我が家の庭の話になっていた。

「中田《なかた》さんのところがね、プロにお願いして、庭をアレンジしてもらったんですって。それで今日、見学にお邪魔したらね、まあ野趣にあふれた素敵なお庭に大変身していたのよ。ほら、あまり具合のよくない顔が、美容整形で女優に生まれ変わったみたいなものよ」

ずいぶんな言い様である。そして、師走のボーナス前に、少し危さて、画面上に提示された情報の中では、内閣府のNPOホームページが良さそうである。アクセスしてみると、都道府県ごとに情報が整理されていて、すぐに都のページへと移動した。全国のNPO法人は現在約五万件。この中の一つが、すみっこごはんというわけだ。

あのうらぶれた、まさに東京のすみっことしか言い様のない場所に、NPO法人という冠がつくなど、まったく違和感を免れない。それでも、都のページで検索をかけると、確かにNPO法人すみっこごはんは存在していた。

ただし、主たる事務所の所在地は、あの商店街から少し離れた場所が登録されている。最寄り駅でいうと、一つ隣である。代表者の名前は、前川清《まえかわきよし》という見知らぬ人物だった。法人の事業年度は五年ごとに更新される仕組みらしく、登録日から勘定すると、二度の更新を経て存続している計算になる。つまりは、この前川清なる人物が、きちんと意思をもってあの場所を維持しているのだ。

取りあえず、机上《きじょう》で得られる情報はすべて得たようである。私は住所と電話番号、代表者の名前をメモすると［ C ］立ち上がった。

「久瀬さん、少し調べたい場所があるので、出かけてきます。今日はこのまま上がろうと思いますが、何か困ることはありますか?」

「いえ、大丈夫ですよ」

にっこりと微笑む彼女が一言飲み込んだのを、無意識がとらえる。

いえ、大丈夫ですよ、おじいちゃん。

少し傷つくが、*小生《しょうせい》も定年まであと三年である。まだまだ気力も体力も十分なつもりでいるが、役所の中では閑職《かんしょく》を担う年齢なのだ。ましてや彼女のような、ついこの間まで学生だった年代からすると、私はずいぶんとおじいちゃんなのであろう。

もしも、ゆうたんが私を目にしたら、いやそんなことは万が一にもないのではあるが、私のことをおじさんではなく、おじいさんと認識するのだろうか。

わずかに首を振って、呼吸を整える。

エかすかな胸の痛みをやり過ごすことだけは、うまくなったものである。

ビルの並ぶ通りに、一つだけ縦に凹《へこみ》をつくるように古い一軒家があった。そこが、NPO法人すみっこごはんの事務所のようだ。

チャイムを鳴らしてしばらく待ったが、反応がない。

「留守ですか――」

少し待ってみようか迷っていると、自転車で通りかかった主婦とおぼしき女性が声を掛けてきた。

「あら、事務の人?」

私の佇《たたず》まいが、いかにも事務職を匂わせているのであろうか。

「そうですが――」

戸惑い気味に答える。

「二人とも、今日は遅く帰るって言ってたわよ」

主婦は、この場所について詳しく尋ねようとした私を置いて、慌ただしく去っていってしまった。

二人とも、ということは、NPO法人は主に二人で運営されているのだろうか。

特に看板も出ておらず、ぱっと見はただの一軒家である。表札には、代表名として登録されていたのと同じ、前川という名字が彫られていた。

どのくらい遅くなるのかもわからない。迷ったが、結局その場をあとにした。

その足ですみっこごはんに赴こうとしたが、それでは家とは反対の電車に乗ることになる。急に億劫《おっくう》になり、今夜は最初から小料理屋で一杯つけることにした。妻は確か、刺繍《ししゅう》の会の集まりがあったはずだ。明日は、合唱グループの夕食会だ。

定年後は、私も今より忙しくなってしまうのではないかと、不安にさせられる活動量である。

うに、責めたり叱ったりしないようにすることも大切だよね。

④　傷つけない教育というものが、本当に意味のあるものなのかは改めて考え直さないといけないね。

二　次の文章を読み、後の問いに答えなさい。

区役所の区民相談窓口に配属されている丸山は、五年前に調査のために訪れた「すみっこごはん」という店について、もう一度正体を探ってみようとする。

「おう、丸山が油を売りに来るなんて珍しいな」

区役所にほど近い法務局の出張所を尋ねると、大学同期の長岡《ながおか》が手を挙げた。

お互い、この歳で隣同士の建物に勤めていることを知った時は驚いたものだ。去年、転勤でここへ配属されてきたらしい。

いつも割合に空いている部署だが、今日も客が少なく、二、三人のスーツ姿の男性たちが申込書に記入したり、公図を閲覧《えつらん》しているばかりだった。おそらく不動産関係の人間だろう。ここで申請をすれば、誰でも公図なる記録を閲覧し、土地の持ち主を特定することができるのである。

「公図を見せてほしいんだが」

「それなら、この申込用紙を書いて閲覧料金を支払え」

「助かるよ」

長岡は、仕事はそこそこにして趣味の山登りに生きるという男で、いつも顔がパンダ焼けしている。大自然と接しているせいか、この狭い世界のことに囚《とら》われず、いつも気持ちのいい風の中にいるような男だった。もっともその［ア］のせいで、出世コースからはとうに逸脱しているのだが、本人はどこ吹く風である。

この男なら、妻には言えぬ想いなど抱えたことはないに違いない。イくったくのない笑顔が、眩《まぶ》しく思える。

手続きを済ませるとさっそく席に腰掛け、彼の持ってきてくれた公図を捲《めく》った。すみっこごはんの住所に対照する箇所を見ると、所有者の欄には、意外にも＊ＮＰＯ法人すみっこごはんとだけ書かれている。

「ＮＰＯ法人だったんですか」

意図せず、小声で呟《つぶや》いてしまう。［Ａ］、個人名が書かれていると思ったのに――。

登記されたのは、今から十三年ほど前のことらしい。思っていたよりも歴史が浅かったことにも驚かされる。あの建物の古さからして、昭和から存在していたのは間違いないから、登記が更新される以前は、別の持ち主があの場所を所有していたのだろう。登記簿も閲覧してみると、案の定、土地台帳を書き換えた事由は贈与となっている。個人あるいは法人が、ＮＰＯ法人すみっこごはんにあの場所を譲ったのだ。

土地の地目と題された欄は、「宅地」と記載があるのみだった。確かにあの場所を、役所風に表現するならば宅地に他ならない。

それにしても、思いがけないヒントが見つかった。ＮＰＯ法人ならば、情報公開が義務づけられているから、個人が所有しているより、謎に近づきやすいかもしれない。

＊ゆうたんの記事が更新されるまで、何とか気を紛らわせることができそうである。

私は長岡に礼を言って、お隣の我が職場へと戻った。

本日分の仕事はもう終えているから、あとは定時までＮＰＯ法人についてひたすら集中して調べることにする。

［Ｂ］便利な時代になったものである。以前は何でも関係各所へ出向いて煩《わずら》わしい手続きを経たものだが、今は、ＮＰＯ法人、と検索窓に打ち込むだけで、情報がずらりと画面上に提示されるのだから。

あまりにもスムーズで、ときどき自分がバカになるのではないかと不安になるのは、ウ古き良き不便な時代への感傷だろうか。

することの意味や価値だろう」とあるが、それはなぜか。その理由として最も適当なものを次より選びなさい。（解答番号7）

① 失敗することに意味を見出さなければ、いつまでも同じあやまちを繰り返してしまうから。

② 失敗することをただ恐れて未然に防ぐだけでは、現実を生き抜く力がつかないから。

③ 失敗を克服することで粘り強さを学べば、ＡＩが発展しても取り残されることがないから。

④ 失敗そのものに価値があることに気付かなければ、成功を勝ち取ることができないから。

問4 ――部ウ「有頂天になる」のここでの意味として最も適当なものを、次より選びなさい。（解答番号8）

① わくわくして楽しむこと。

② 大得意になり舞い上がること。

③ うきうきして落ちつかないこと。

④ 何も考えず調子に乗ること。

問5 ――部エ「過保護な環境をつくってしまっている」とあるが、大人はなぜそうするのか。その理由として最も適当なものを次より選びなさい。（解答番号9）

① 子どもが失敗から何かを得ることよりも、傷つかないようにすることが重要だと考えたから。

② 子どもが失敗を避けることよりも、ポジティブな気分になることを優先したいと考えたから。

③ 子どもが失敗を通して学ぶことよりも、平等な環境で育つことが大切だと考えたから。

④ 子どもが失敗による挫折感を味わうことよりも、引け目を感じないことが大事だと考えたから。

問6 ――部オ「現実に存在する実力の差に蓋をする」ことの具体例として**適当でないもの**を次より一つ選びなさい。（解答番号10）

① 劇で、全員が希望する役につけるように配役をする。

② 引退試合で、レギュラーに関係なく3年生全員が試合に出る。

③ クラスの話し合いで、全員が一度は発言するように約束する。

④ 徒競走で、速さを競わせないために全員一斉にゴールする。

問7 [カ] に入ることばとして最も適当なものを次より選びなさい。（解答番号11）

① 人生観　② 倫理観

③ 先入観　④ 価値観

問8 ――部キ「傷つけないように配慮する子育てや教育」はどのような結果をもたらすと筆者は考えているか。最も適当なものを次より選びなさい。（解答番号12）

① 指示があるまで自分から何もしない人間になってしまうと考えている。

② 失敗することの恐ろしさだけを感じる人間になってしまうと考えている。

③ 嫌なことに向き合えないわがままな人間になってしまうと考えている。

④ 傷つくことへの耐性がつかず弱々しい人間になってしまうと考えている。

問9 本文中からは次の一文が脱落している。この文が入るのに最も適当な箇所を、本文中の【①】～【④】より選びなさい。（解答番号13）

いわば失敗を糧にして這い上がっている。

問10 次の①～④の発言のうち、本文の内容に**合致していないもの**を一つ選びなさい。（解答番号14）

① 僕も失敗するのが恐くて自分からなかなかチャレンジできてなかったけど、失敗することがだめなんじゃなくて、そのあとどうするかが大切なんだね。

② 大人も子どもたちを教育するときは、守ってあげるだけじゃなくて自分からチャレンジする気持ちを促してあげるといいね。

③ もし、チャレンジして失敗したとしても自信をなくさないよ

子が傷つかないようにという配慮によるものだろう。

「ほめて育てる」とか「叱らない教育」といったキャッチフレーズも、１９９０年代あたりから急速に日本社会にｂシン透していったが、これも子どもたちを傷つけず、できるだけポジティブな気分にさせてあげようという時代の空気によるものと言える。

塾や学校でｃコン切ていねいな指導をするのも、子どもたちが失敗して傷つくのを防ぐためと言えるが、それが売り物になるのも、子どもたちを傷つけるのはよくない、できるだけ子どもたちが傷つかないようにすべきといった［カ］が広く共有されているからに他ならない。

コーチングの手法を応用した、子どもを傷つけない子育ての仕方がマニュアル化されたりして、子育てをする親たちは、子どもを傷つけないような言葉づかいを心がけたり、子どもをひたすらほめてポジティブな気分にさせようと気をつかう。

失敗による挫折感を子どもたちに与えない教育法が推ｄショウされ、教師たちは、子どもたちが失敗しないように手取り足取り導き、また子どもたちがポジティブな気分になれるように事あるごとにほめまくる。

ここで改めて考えなければならないのは、子どもたちが傷つかないようにという配慮がほんとうに教育的なのだろうかということである。

そもそも子どもたちが傷つかないようにといった配慮が強まってから、はたして子どもや若者の心はたくましくなっただろうか。嫌なことがあっても、思い通りにならないことがあっても、容ｅイには傷つかず、前向きに頑張り続けられるようになっただろうか。むしろ逆に、傷つきやすい子どもや若者が増えたのではないだろうか。

失敗を過度に恐れる子や若者が目立ち、また「心が折れる」というセリフを耳にすることも多くなり、教育現場で傷つきやすい子どもや若者の対応に気をつかわなければならなくなっている現状をみると、キ傷つけないように配慮する子育てや教育は逆効果なのではないか。

子どもが傷つかないようにと大人たちが過保護な環境をつくり、子どもたちの失敗経験が奪われているせいで、失敗経験が乏しく、失敗に対する免疫がないため、いざ失敗すると大きな心の痛手を負う。立ち直れないほどの痛手を負う。そんなことが起こっているのではないだろうか。


（榎本博明『伸びる子どもは○○がすごい』より）

問１ ＝部ａ～ｅのカタカナ部分の漢字と同じ漢字を使った熟語を、後よりそれぞれ選びなさい。

ａ 萎シュク（解答番号［1］）
① 祝辞　② 宿泊　③ 粛清　④ 縮図

ｂ シン透（解答番号［2］）
① 振興　② 侵入　③ 浸水　④ 進捗

ｃ コン切（解答番号［3］）
① 懇意　② 根本　③ 開墾　④ 結婚

ｄ 推ショウ（解答番号［4］）
① 詳細　② 奨励　③ 証書　④ 渉外

ｅ 容イ（解答番号［5］）
① 経緯　② 意見　③ 異常　④ 簡易

問２ ――部ア「面倒見の良いサポート環境の弊害」とはどういうことか。最も適当なものを次より選びなさい。（解答番号［6］）

① 失敗しないように丁寧な指示が出されることで、勝手な行動をとらないように自分を制限してしまうこと。
② 失敗のないように過ごしやすい環境が整えられることで、伸び伸びと行動できてしまうということ。
③ 失敗をしないような環境を周りに整えられることで、自ら考え行動する機会が失われてしまうということ。
④ 失敗したとしても周りが対処してしまうことで、自分から何もしようとしなくなってしまうこと。

問３ ――部イ「ここで改めて認識しなければならないのは、失敗

二〇二一年度
武南高等学校（併願２）

【国　語】（五〇分）〈満点：一〇〇点〉

一　次の文章を読み、後の問いに答えなさい。

失敗を恐れる気持ちはだれにでもある。だれだって失敗したくない。でも、失敗をあまり恐れると、気持ちが萎ａシュクし、伸び伸びした行動が取れなくなる。

学生たちをみていても、失敗を恐れて何ごとに対しても躊躇《ちゅうちょ》する傾向が強まっているように感じる。そうした傾向について学生たちと議論したことがある。そこで浮上したのは、失敗経験の乏しさだった。

先生の指示に従って動けば間違いないし、勝手に動いて叱られるのは嫌なので、自分たちは失敗しないように先生のサポートに頼るようになったのではないか。言われた通りにやっていればうまくいくのなら、あえて自分からチャレンジする必要もないし。彼らの意見をまとめると、そのような感じだった。

これは、マニュアル依存や指示待ち傾向にも通じることだが、ア面倒見の良いサポート環境の弊害と言えないだろうか。教育までがサービス産業化し、学校がサポート環境をいかに整えているかを売り物にする動きに対して、私は常々疑問を感じてきたものだが、面倒見の良さが失敗を過度に恐れる心理を生み、自発的な動きを妨げているのではないだろうか。

イここで改めて認識しなければならないのは、失敗することの意味や価値だろう。長く生きていればわかることだが、人生は失敗の連続と言ってよい。もちろんうまくいくこともあるだろうし、ウ有頂天になることもあるかもしれないが、失敗のない人生などあり得ない。【①】

偉人伝などを見ても、だれもが大きな挫折に直面し、それでもめげずに粘り強さを発揮し、知恵を絞って、何とか乗り越えることで成功を勝ち取っていることがわかる。【②】

ＡＩなどの発展により、これからますます先の読めない時代になっていく。予測不可能なのだから、失敗を避けることはできない。失敗しながら歩んでいくしかない。失敗を恐れていたら前進できないし、失敗にいちいちめげていたら身動きが取れなくなる。そんな時代に求められるのは、失敗への対処能力を高めること、そして失敗から学ぶことである。【③】

そこで大切なのは、失敗することの意味や価値をしっかり認識することである。だれだって失敗はしたくないが、実際には失敗することもあるし、ときに失敗するのも悪くない。そのことに気づくことだ。【④】

子どもたちは、失敗することを通して、現実を生き抜く上で大事なことを学んでいくのである。それなのに、子どもを教育する立場にある大人たちがそこを見逃し、失敗を極力排除しようとエ過保護な環境をつくってしまっているように思われてならない。

運動会の徒競走で順位をつけなくなったことが話題になったのは、１９９０年代頃だったと思う。順位をつけないだけでなく、差がつかないように実力が同程度の子ども同士を走らせるようになっていた。

その頃、私は教育委員会関係の仕事をしており、足の遅い子が傷つかないようにといった配慮からそのように足の速さ・遅さというオ現実に存在する実力の差に蓋をすることの問題点を指摘したものだった。大切なのは、実力の差に蓋をすることではなく、足が遅いからといってバカにしたり、引け目を感じたりしないように教育することではないかと。

その後、学芸会などでだれを主役にするかに気をつかったり、みんなが主役気分を味わえるような工夫をしたりするようになったのも、わが子をなぜ主役にしないのかと文句を言うクレーマー化した保護者への対応とも言われているが、要するに主役になれなかった

2021年度／武南高等学校（併願２）

英語解答

Ⅰ (1) 4　(2) 2　(3) 1　(4) 2

(5) 3

Ⅱ (6) 4　(7) 2　(8) 1　(9) 2

(10) 2　(11) 3　(12) 3　(13) 1

(14) 4　(15) 1

Ⅲ (16) 2　(17) 1　(18) 4　(19) 3

(20) 1

Ⅳ (21) 4　(22) 4　(23) 1　(24) 4

(25) 2

Ⅴ (26) 2　(27) 2　(28) 1　(29) 4

(30) 3

Ⅵ 1　31…2　32…1

2　33…1　34…7

3　35…5　36…3

4　37…7　38…2

5　39…2　40…4

数学解答

1 (1) ア…1　イ…0　ウ…0

(2) エ…−　オ…1

(3) カ…1　キ…2

2 (1) ク…4　ケ…9　コ…1　サ…6

(2) 0

(3) ス…1　セ…3　ソ…0　タ…4

チ…0

3 ツ…4　テ…3　ト…3

4 ナ…2　ニ…0　ヌ…0　ネ…6

5 (1) ア…1　イ…6

(2) ウ…1　エ…2

(3) オ…1　カ…6

6 (1) キ…4　ク…3　ケ…4　コ…3

(2) サ…2　シ…0

(3) ス…1　セ…6　ソ…3

(4) タ…1　チ…2

7 (1) ツ…−　テ…1　ト…2

(2) ナ…1　ニ…2　ヌ…3

(3) ネ…−　ノ…1　ハ…2　ヒ…6

(4) フ…2　ヘ…7

8 ア…2　イ…7　ウ…3　エ…2

9 (1) オ…1　カ…3

(2) キ…4　ク…3

国語解答

一 問１　a…④　b…③　c…①　d…②

e…④

問２　③　問３　②　問４　②

問５　①　問６　③　問７　④

問８　④　問９　②　問10　③

二 問１　A…③　B…①　C…⑤　D…④

問２　②　問３　イ…①　キ…④

問４　②　問５　③　問６　④

問７　①　問８　②　問９　①

三 問１　③　問２　④　問３　①

問４　③　問５　②　問６　②

四 問１　34…⑤　35…①　36…②

問２　④　問３　④

問４　39…③　40…①

Memo

2020年度 武南高等学校（併願１）

【英　語】（50分）〈満点：100点〉

Ⅰ　試験開始からおよそ３分後に放送が始まります。放送される英文をよく聴いて，あとの(1)～(5)の質問に対する答えとして最も適切なものを，それぞれ下の１～４の中から１つずつ選び，番号にマークしなさい。なお，英文とそれに対する質問文はそれぞれ２回ずつ読まれます。

(1)　１．To go to work by car.
　　２．To park a lot of cars at one place.
　　３．To share a ride with somebody.
　　４．To drive a long way.

(2)　１．Because they don't have cars.
　　２．Because driving by themselves every day takes money.
　　３．Because they want to talk with friends while driving.
　　４．Because there is no parking lot around their house.

(3)　１．Because they don't want to build special lanes on the road.
　　２．Because they want people to use more gasoline.
　　３．Because it helps to reduce pollution.
　　４．Because it helps people to make friends with neighbors.

(4)　１．Because it's easier to drive by themselves.
　　２．Because it's cheaper to use their own cars.
　　３．Because they don't have cars to do it.
　　４．Because they don't want to drive by themselves.

(5)　１．They are more crowded than other lanes.
　　２．Everyone can use them when they go to work.
　　３．People have to pay for using these lanes.
　　４．A car carrying three people can use them.

※＜**リスニングテスト放送原稿**＞は英語の問題の終わりに付けてあります。

Ⅱ　次の英文を読んで，あとの問いに答えなさい。

In Japan, as in many other countries, the amount of waste ―(あ)of paper products in particular ― is very large. Wooden chopsticks alone are a large part of this waste. Most of the things we buy at stores are *wrapped and bagged several times.

(い)As some people become more *ecologically conscious, however, we find that such packaging is really "too much." Then, some of them are telling salespersons that they don't want things they buy to be wrapped and bagged. They put them in their own bags. Now some supermarkets have *bins for plastic products, and people come and throw (う)them away.

"Reduce," "Recycle," and "Reuse" are the now popular three Rs. More and more people today are thinking about environmental *friendliness. So, there is a growing number of (え)*secondhand shops in cities. These stores are selling used clothes and other objects. They are especially popular with young people.

(お)*Flea markets have *taken place all over the country. People sell a lot of used goods they don't use any more. Such recycling is *benefit for everyone: the people who make money by selling used things, and those who are able to buy them at low prices.

Of all countries, perhaps (か)Germany is ahead in recycling. In Germany, every product that is recyclable is marked with a green spot on the package. There are also places people bring recyclable products in each city. Bins at these places are marked *separately for glass, plastic, and newspapers. So, the people of all the towns can recycle much of their waste.

(き), Germany has introduced a *regulation to recycle cars. About 2.6 million cars are *scrapped every year there. Although 75 percent of the car's metal parts are now recycled, at least 450,000 tons of plastic and glass (く). With this new rule, *car manufacturers must take back their old cars for recycling of the plastic and glass parts. With programs such as Germany's, (け)we can go a long way toward improving the environment.

*wrapped and bagged　包装され梱包された　*ecologically conscious　環境に配慮した　*bin　容器
*friendliness　優しさ　*secondhand shops　中古販売店　*Flea market　蚤の市，フリーマーケット
*take place　開催される　*benefit　利益　*separately　別々に　*regulation　規則
*scrap　～を廃棄する　*car manufacture　車製造会社

(6) What does the underlined part (あ) mean ?
1. The amount of paper products' waste is not as much as that of other wastes.
2. The amount of paper products' waste is much larger than that of other wastes.
3. Only the amount of paper products' waste is large.
4. Only the amount of paper products' waste is small.

(7) Which sentence is true about the underlined part (い) ?
1. All such people bring their own bags when they go shopping.
2. The number of such people is increasing year by year.
3. Such people don't think products need to be wrapped and bagged several times.
4. Some supermarkets tell people that they don't want their products to be wrapped and bagged.

(8) What is the underlined part (う) ?
1. people　2. salespersons　3. supermarkets　4. plastic products

(9) Which sentence is NOT true about underlined part (え) ?
1. People use the shop to reduce their clothes.
2. They are selling used things.
3. A lot of young people use these shops.
4. They are increasing because more and more people think about environment.

(10) Which sentence is true about underlined part (お) ?
1. Flea market is opened only in cities.
2. People sell things that they have never used.
3. Flea market is not good for secondhand shops.
4. People can buy used things at lower prices than new ones.

(11) What does the underlined part (か) show ?
1. Germany is a leading country in recycling.
2. Germany must do recycling first.

3．Germany has a lot of problems in recycling.

4．Germany doesn't need to do recycling.

(12) According to the passage, what is done to help people to do recycling in Germany ?

1．Wrapped and bagged products are sold at higher prices.

2．Every product is marked with a green spot on its package.

3．People sell recyclable products at flea markets.

4．There are places for recycling in each city.

(13) Which is the best to fill the blank（き）?

1．However　2．In addition　3．So　4．Although

(14) Which is the best to fill the blank（く）?

1．are also recycled

2．are used as other products

3．are thrown away

4．are bought by car manufactures

(15) What does the underlined part (け) tell us ?

1．私たちは環境の改善に大いに役立つことができる。

2．私たちは環境の改善に大きく遠回りをしなければならない。

3．私たちは環境の改善に取り組み始めてから時間が経っている。

4．私たちの環境の改善への道のりはまだまだ長い。

Ⅲ　次の英文を読んで，空所(16)～(20)に最もよく当てはまるものを，それぞれ下の1～4の中から1つずつ選び，番号にマークしなさい。

When you want to find out about something, a good way to begin is by checking an *encyclopedia. However, a good encyclopedia can be very expensive to buy. Some can be viewed on the Internet, but usually you have to (16) to use them. One of the most popular ones on the Internet, however, is *completely free. It is called *Wikipedia*.

The big difference between *Wikipedia* and other encyclopedias is the way it is produced. In the case of *ordinary encyclopedias, a company asks *experts to write the *articles. After that, *editors check the articles for mistakes. *Wikipedia*, on the other (17), has no such staff. Anyone can write an article for it just by going to its website.

Wikipedia was started by an American businessperson named Jimmy Wales in January 2001. Since then, it has grown to hold over 30 million articles (18) over 300 different languages. The main problem with encyclopedia is that sometimes the information is (19) because the writers have made mistakes. Wales points (20) that these mistakes are usually discovered quickly by readers and corrected.

＊encyclopedia　百科事典　＊completely　完全に　＊ordinary　通常の

＊experts　専門家　＊articles　記事　＊editors　編集者

(16)	1．pay	2．bring	3．find	4．read
(17)	1．word	2．hand	3．kind	4．way
(18)	1．at	2．by	3．on	4．in
(19)	1．correct	2．wrong	3．important	4．difficult
(20)	1．down	2．off	3．out	4．up

Ⅳ　次の英文の空所(21)～(25)に最もよく当てはまるものを，それぞれ下の１～４の中から１つずつ選び，番号にマークしなさい。

1．How about (21) to see a movie this weekend ? — I'd love to.

1．to go　2．going　3．we go　4．goes

2．Mt. Fuji is one of (22) in the world.

1．the highest mountain　2．the higher mountains

3．high mountain　4．the highest mountains

3．My mother made me and my sister (23) all the rooms.

1．clean　2．cleans　3．cleaning　4．to clean

4．This smartphone is small (24) to put into a pocket.

1．which　2．much　3．enough　4．around

5．Mary asked me to look (25) her cat while she was traveling abroad.

1．over　2．after　3．around　4．out

Ⅴ　次のＡさんとＢさんとの対話文を読んで，空所(26)～(30)に最もよく当てはまるものを，それぞれ下の１～４の中から１つずつ選び，番号にマークしなさい。

1．A：Cathy, it's really cloudy.

B：Yeah, (26).

1．of course I am　2．it's in my room

3．it looks like rain　4．you'll like it

2．A：Would you like to play tennis with me after school ?

B：(27). I have to go straight home.

1．That will be fine　2．Well, let's go there now

3．Thanks for your help　4．I'm sorry I can't

3．A：We are planning to go to Kyoto this summer.

B：(28).

1．I've already got one　2．That sounds like fun

3．You can do it by yourself　4．It was so difficult

4．A：How long have you been in Japan ?

B：(29).

1．Since 2007　2．It takes me about two hours

3．Every three year　4．It's over 3000 km

5．A：What do you do for living ?

B：(30).

1．I'm an English teacher　2．I am doing my homework

3．I'm fine, thank you　4．I'll paint it white

Ⅵ　次の日本文に合うように，下の１～７の語(句)を用いて文を完成させる場合に空所(31)～(40)に最もよく当てはまるものを，それぞれ下の１～７の中から１つずつ選び，番号にマークしなさい。ただし，文頭に来るべき語も小文字で始めてあります。

1．朝早く散歩することは健康に良い。

(　　)(　　)(31)(　　)(　　)(32)(　　) early in the morning.

1．a walk　2．is　3．your health　4．to take　5．it　6．for　7．good

2．カナダで話されている言語は何語ですか。

(　　)(　　)(33)(　　)(　　)(34)(　　)?

1．the　2．in　3．spoken　4．is　5．Canada　6．what　7．language

3．サンディはその夜眠れないほどに興奮していた。

(　　)(　　)(35)(　　)(　　)(36)(　　) that night.

1．to　2．too　3．Sandy　4．at　5．excited　6．was　7．sleep

4．ミキがいつオーストラリアへ出発するか知っていますか。

(　　)(　　)(37)(　　)(　　)(38)(　　) for Australia ?

1．you　2．when　3．know　4．will　5．do　6．leave　7．Miki

5．私が駅で会ったその女性はトムのお姉さんだった。

(　　)(　　)(39)(　　)(　　)(40)(　　) Tom's sister.

1．I　2．was　3．station　4．at　5．met　6．the　7．the woman

＜リスニングテスト放送原稿＞

試験開始からおよそ３分後に放送が始まります。放送される英文をよく聴いて，あとの(1)～(5)の質問に対する答えとして最も適切なものを，それぞれ下の１～４の中から１つずつ選び，番号にマークしなさい。なお，英文とそれに対する質問文はそれぞれ２回ずつ読まれます。

Have you ever heard of "carpooling"? In the United States, a lot of people go to work by car. But some people don't like driving by themselves every day because it's very expensive. When you drive a long way, you have to pay for the gasoline and the parking lot. So, they often share a ride with their friends or neighbors who drive in the same direction.

Local governments like this idea because they want fewer cars on the road. Fewer cars on the road will help to save gasoline and reduce pollution. However, it is hard to get everyone to carpool because it is easier and simpler to drive your own car to work each morning after all.

Now, some cities have special lanes on the road. Only cars carrying two or more people can use these lanes. The special lanes are not as crowded as other lanes, so they can drive more easily, and it takes less time. This makes more and more people want to carpool.

(1) What is carpooling ?

(2) Why do some people like to carpool ?

(3) Why do local governments like the idea of carpooling ?

(4) Why don't some people want to carpool ?

(5) Which is true about special lanes on the road ?

【数　学】（50分）〈満点：100点〉

〔注意〕・コンパス，定規，分度器，電卓等の計算器は使用しないこと。

・分数や無理数は，下の例のように簡単にして答えること。

$\dfrac{\boxed{1}}{\boxed{2}}$…正解，　　$\dfrac{\boxed{2}}{\boxed{4}}$…不正解とみなす

$\boxed{2}\sqrt{\boxed{2}}$…正解，　　$\boxed{1}\sqrt{\boxed{8}}$…不正解とみなす

※**1**～**5**は解答用紙の解答欄$\boxed{1}$を，**6**～**9**は解答欄$\boxed{2}$を使用します。

1　次の計算をせよ。

(1)　$2020^2-2020\times2019=\boxed{\text{アイウエ}}$

(2)　$(2^2)^2+(2+2^2)^2=\boxed{\text{オカ}}$

(3)　$\left(-\dfrac{1}{2}\right)^3\div0.125+\left(\dfrac{1}{5}\right)^3\times0.125=-0.\boxed{\text{キクケ}}$

2　解が$x=\dfrac{5\pm\sqrt{14}}{2}$となる２次方程式は$x^2-\boxed{\text{コ}}x+\dfrac{\boxed{\text{サシ}}}{\boxed{\text{ス}}}=0$である。

3　次の問いに答えよ。

(1)　６％の食塩水を100ｇ作るために必要な水の量は$\boxed{\text{セソ}}$ｇである。

(2)　(1)で用意した水に食塩を加えたところ，誤って入れすぎてしまったため，濃度が８％になってしまった。このとき加えた食塩の量は$\dfrac{\boxed{\text{タチツ}}}{\boxed{\text{テト}}}$ｇである。

4　Ａさんは$x$km進むのに走ると１時間かかり，自転車だと20分かかる。Ａさんが１時間自転車に乗り，さらに20分走ると30km進むことができる。

このときxの値は$\boxed{\text{ナ}}$となる。

5　大小２つのさいころがある。

大きいさいころには　1，3，5，7，9，11

小さいさいころには　2，4，6，8，10，12

の目が書かれている。

武君が大きいさいころを，南さんが小さいさいころをそれぞれ１回振る。

２人ともＡから出発し，武君はＢの方向へ，南さんはＥの方向へ出た目の数だけそれぞれ進む。

次の問いに答えよ。

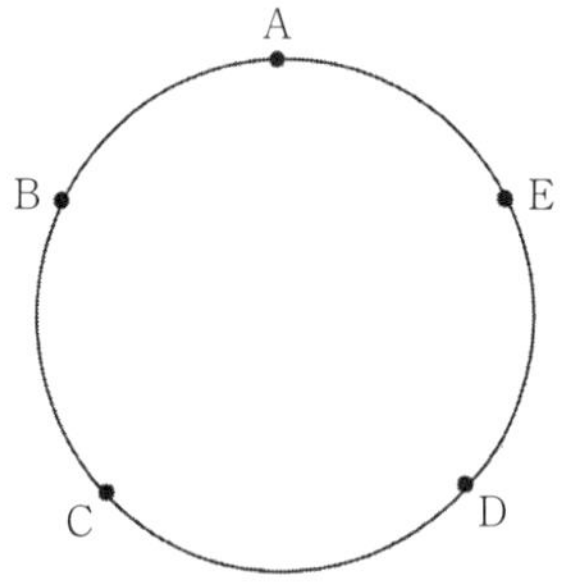

(1)　２人ともＡで止まる確率は$\dfrac{\boxed{\text{ニ}}}{\boxed{\text{ヌネ}}}$である。

(2)　２人が同じ点で止まる確率は$\dfrac{\boxed{\text{ノ}}}{\boxed{\text{ハヒ}}}$である。

$\boxed{\text{フ}}$～$\boxed{\text{ホ}}$は使用しません。

6　原点を中心とした半径２の円に傾きが$\sqrt{3}$の接線l：$y=\sqrt{3}x+b$ $(b>0)$を引くと$b=\boxed{\text{ア}}$となる。

また，傾きが$\dfrac{1}{\sqrt{3}}$の接線m：$y=\dfrac{1}{\sqrt{3}}x+c$ $(c>0)$を引くと$c=\dfrac{\boxed{\text{イ}}}{\sqrt{\boxed{\text{ウ}}}}$となる。

接線lとmの交点の座標は$(\boxed{\text{エ}}-\boxed{\text{オ}}\sqrt{\boxed{\text{カ}}}$，$\boxed{\text{キ}}\sqrt{\boxed{\text{ク}}}-\boxed{\text{ケ}})$である。

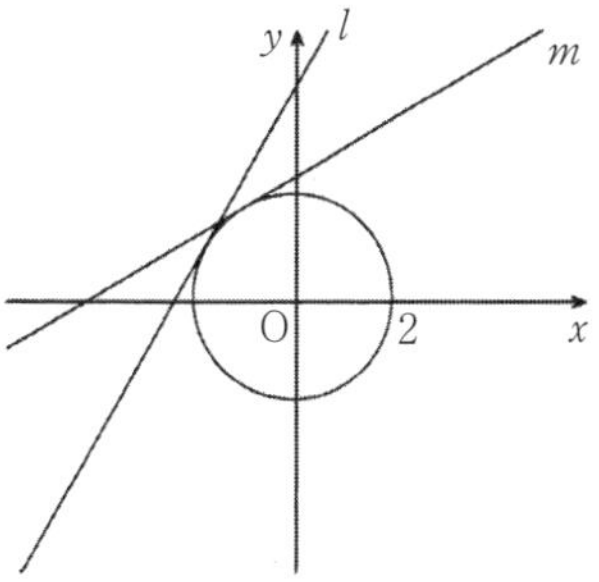

7　関数$y=x^2$がある。グラフ上の点A，Bのx座標はそれぞれ-2，３である。次の問いに答えよ。

点A，Bの座標はそれぞれ$(-2,\ \boxed{\text{コ}})$，$(3,\ \boxed{\text{サ}})$であり，直線ABの方程式は$y=x+\boxed{\text{シ}}$である。

また，点Aを通って△OABの面積を２等分する直線の方程式は$y=\dfrac{\boxed{\text{ス}}}{\boxed{\text{セ}}}x+\dfrac{\boxed{\text{ソタ}}}{\boxed{\text{チ}}}$である。

さらに，x軸上に点Cをとる。線分ACと線分CBの和が最小となるような点Cの座標は$\left(\dfrac{\boxed{\text{ツテ}}}{\boxed{\text{トナ}}},\ 0\right)$である。

8　一辺が２である正六角形がある。図の円弧は正六角形の各頂点を中心とする半径２の円の一部である。図の斜線部分の面積は$\boxed{\text{ニヌ}}\sqrt{\boxed{\text{ネ}}}-\boxed{\text{ノ}}\pi$である。

9　一辺の長さが２の立方体がある。図のように点A，B，C，Dを通る面でこの立方体を切断するとき，次の問いに答えよ。

⑴　切断してできる２つの立体のうち，小さい方の立体の体積は$\dfrac{\boxed{\text{ハ}}}{\boxed{\text{ヒ}}}$である。

⑵　四角形ACDBの面積は$\dfrac{\boxed{\text{フ}}}{\boxed{\text{ヘ}}}$である。

$\boxed{\text{ホ}}$は使用しません。

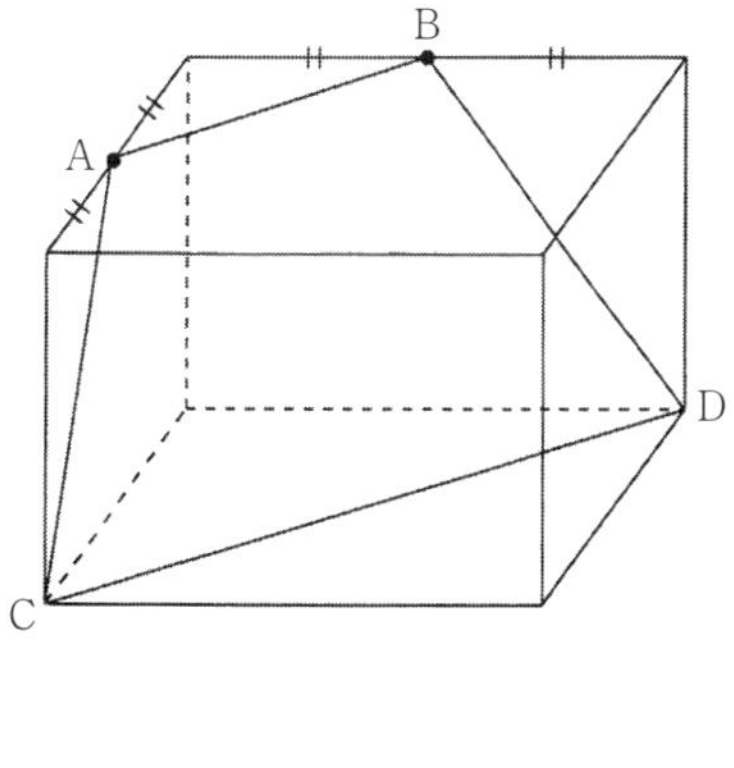

どうしようか、という女のつらい気持ちが詠まれているね。

② そうだね。男を津の国に一人残して京にやって来たことを申し訳なく思っていて、男に謝っているのかなあ。

③ 下の句では、「そよ」という言葉を使って、庭先にある荻が風に吹かれてそよそよと揺れている情景が描かれているね。

④ 「そよ」には「それですよ」という意味もあるから、女には、まるで男が答えてくれているように思えたんだろうな。

四 次の問いに答えなさい。

問1 次のことわざの意味を、後の①～④よりそれぞれ選びなさい。

・馬子にも衣装 （解答番号 35）

・二階から目薬 （解答番号 36）

① 価値のあるものでも持つ人によっては何の役にも立たないこと。

② 思うようにならなくてもどかしいこと。

③ 思いがけない幸運が舞い込むことのたとえ。

④ どんな人間でも外面を飾れば立派に見えることのたとえ。

問2 次の（　）に入ることばを後の①～⑤より選んだとき、**使わないもの**を一つ選びなさい。（解答番号 37）

・（　）の一声で決定した。

・夫婦げんかは（　）も食わない。

・人前では（　）をかぶっている。

・（　）寝入りを決め込む。

① 犬　② 鶴　③ 烏　④ 狸　⑤ 猫

問3 次の①～④のうち、AとBの関係が**他と異なるもの**を一つ選びなさい。（解答番号 38）

① A 見る―B 見える

② A 買う―B 買える

③ A 泳ぐ―B 泳げる

④ A 遊ぶ―B 遊べる

問4 宮沢賢治と関係の深い語句を、次より一つ選びなさい。（解答番号 39）

① 「僕の前に道はない」

② 「富士には月見草がよく似合う」

③ 「吾輩は猫である」

④ 「雨ニモマケズ」

問5 平安時代初期に書かれた「物語の出で来はじめの祖」といわれる伝奇物語を、次より選びなさい。（解答番号 40）

① 『伊勢物語』　② 『源氏物語』

③ 『竹取物語』　④ 『平家物語』

三　次の文章を読み、後の問いに答えなさい。

津の国の難波《なにわ》のわたりに、家してすむ人ありけり。＊あひ知りてア年ごろありけり。女も男も、いと＊下衆《げす》にはあらざりけれど、年ごろ、＊わたらひなどもいとわろくなりて、家もこぼれ、使ふ人なども徳ある所に行きつつ、（中略）いと＊わびしかりけるままに、思ひわびて、二人言ひけるやう、「なほいとかうわびしうてはイえあらじ」。男は「かく＊はかなくてのみいますかめるを見捨てては、いづちもいづちも、え行くまじ」、女も、「男を捨てては、いづちか行かむ」とのみ＊言ひわたりけるを、男「おのれは、とてもかくても経なむ。女のかく若きほどに、かくてあるなむ、いといとほしき。ウ京にのぼり、宮仕へをもせよ。よろしきやうにもならば、我をもとぶらへ。おのれも＊人のごともならば、必ずたづねとぶらはむ」など泣く泣く言ひ契りて、＊たよりの人にエ言ひつきて、女は京に来にけり。＊さしはへいづこともなくて来たれば、このつきて来し人のもとにゐて、「いとあはれ」とオ思ひやりけり。＊前に荻・薄《すすき》、いと多かる所になむありける。風など吹きけるに、かの津の国を思ひやりて、「いかであらむ」など悲しくてよみける。

カひとりしていかにせましとわびつれば
そよとも前の荻ぞ答ふる

となむ、ひとりごちける。

（『大和物語』による）

《注》＊あひ知りて…夫婦になって。
＊下衆…身分が低い人。
＊わたらひ…暮らし向き。
＊わびしかりけるままに…つらい状態のままで。
＊はかなくてのみいますかめる…心細い状態でいらっしゃる。
＊言ひわたりけるを…言い続けていたのだが。
＊人のごともならば…一人前にでもなったなら。
＊たよりの人…京に縁のある人。
＊さしはへ…ことさら。特別に。
＊前…庭先。

問1　――部ア「年ごろ」のここでの意味として最も適当なものを、次より選びなさい。（解答番号29）
①　年齢　②　今年　③　数年　④　年季

問2　――部イ「えあらじ」の現代語訳として最も適当なものを、次より選びなさい。（解答番号30）
①　仕事に就くこともできないだろう。
②　夫婦でいることはできないだろう。
③　食料を得ることもできないだろう。
④　生きていくことはできないだろう。

問3　――部ウ「京にのぼり、宮仕へをもせよ」とあるが、男が女にこのように言ったのはなぜか。その理由として最も適当なものを次より選びなさい。（解答番号31）
①　二人ともまだ若いので、これ以上貧しい生活に耐えることはできないと思ったから。
②　女のことが足手まといになったので、なんとかして遠くへ追いやろうと考えたから。
③　まだ元気なうちに、女が昔から行きたがっていた京へ行かせてやろうと考えたから。
④　若い女性がこんなにも貧しい生活を送っているのは、とても気の毒だと思ったから。

問4　――部エ「言ひつきて」、――部オ「思ひやりけり」の主語として適当なものを、後の①～④よりそれぞれ選びなさい。
エ「言ひつきて」（解答番号32）
オ「思ひやりけり」（解答番号33）
①　女　②　男　③　たよりの人　④　京の人

問5　――部カ「ひとりして…」の歌について述べられた次の意見のうち、内容に**合致していないもの**を一つ選びなさい。（解答番号34）
①　上の句では、京にやっては来たけれど、自分一人でこれから

② 涙のせいなのか。

③ 花粉のせいなのか。

④ ショックのせいなのか。

問4 ――部エ「杞憂」のここでの意味として最も適当なものを、次より選びなさい。（解答番号22）

① 適切な判断　② 無駄な努力

③ 大げさな反応　④ 余計な心配

問5 ――部オ「宝の持ち腐れじゃない」とあるが、麻衣の思う「宝」とはどのようなものか。**適当でないもの**を次より一つ選びなさい。（解答番号23）

① 学歴　② 向上心　③ 才能　④ 成績

問6 ――部カ「いいわね、羨ましいわ」ということばには何が込められているか。最も適当なものを次より選びなさい。（解答番号24）

① 冗談　② 嫉妬　③ 皮肉　④ 羨望《せんぼう》

問7 ――部キ「人間と木には決定的に違う点があります」とあるが、青年の言う「違う点」とはどのような点か。最も適当なものを次より選びなさい。（解答番号25）

① 木とは違い、人間は転んでも自力で立ち上がることができる点。

② 木とは違い、人間は自覚さえあれば何でもすることができる点。

③ 木とは違い、人間は自分の意志で間違いを正すことができる点。

④ 木とは違い、人間は転んだ分だけ自ら成長することができる点。

問8 [ク] に入ることばとして最も適当なものを次より選びなさい。（解答番号26）

① 自分は転ばないと信じている人は、けっして自分から過ちを認めることをしません

② 自分が転んだという自覚がない人は、けっして自分から助けを求めることをしません

③ 自分が転んだと認められない人は、けっして自分から立ち上がることをしません

④ 自分は転んでも平気だと思う人は、けっして自分から進んで立つことをしません

問9 ――部ケ「冷蔵庫の中に入っていたワインをすべて、シンクに流して捨てた」とあるが、それはなぜか。その理由として最も適当なものを次より選びなさい。（解答番号27）

① 酒を捨てることで、これまでの嫌な記憶も同時に流せるような気がして、過去にとらわれず新しい自分へ生まれ変わろうと決めたから。

② 酒を捨てることで、ひどい頭痛や吐き気から解放されると思い、明るく健康的にこれからの生活を送ろうと決めたから。

③ 酒を捨てることで、何もかも酒のせいにしていた自分と決別し、これからは自分一人の力で生きていこうと決めたから。

④ 酒を捨てることで、現実から逃げていたこれまでの自分に別れを告げ、前向きな気持ちで新たに生活していこうと決めたから。

問10 本文の表現上の特徴についての説明として最も適当なものを次より選びなさい。（解答番号28）

① シラカバに擬人法を用いることで、より具体的なイメージをかきたて、読者の感情移入をうながしている。

② 「……」や「――」を多く用いることで、含みや余韻をもたらし、登場人物の心情を豊かに表現している。

③ 二人のテンポの良い会話を中心に構成することで、かえって麻衣の悩みの深刻さを浮き彫りにしている。

④ 視覚や聴覚などの感覚に関する描写によって、より現代の若者の抱える苦悩を際立たせ、読者に印象づけている。

「あっ、でも前にも言いましたが、樹木は倒れても役に立つんですよ。木もすごいですよね」

青年はそんなふうにシラカバのフォローをしてから、麻衣の軍手を拾って差し出してきた。

「ここはとても気持ちの良い森なんです。どうか歩いてみてくださいませんか？　ぜひ、頭の痛くないときに……」

部屋に戻って、麻衣はまず顔を洗った。それから床に散乱した細切れの履歴書を拾い集め、掃除をした。長らく手をつけていなかった書棚の上やベッドと壁の間もきっちりと掃除機をかけ、水拭《みずぶ》きをした。

わたしは転んだ、みっともなく、みじめに。

水を飲んで一息つく。頭痛はだいぶ収まった。（中略）

溜《た》まっていた洗濯物を洗濯機に放り込んで、スイッチを押す。窓を開ける。今日は穏やかで暖かい日だ。

部屋に入ってくる春の香りを、胸いっぱいに吸い込む。

ああ、春だ。

新しい季節が始まる。

そして最後に麻衣は、ケ冷蔵庫の中に入っていたワインをすべて、シンクに流して捨てた。

（乾　ルカ『森に願いを』より）

《注》　＊なた…まき割りなどに用いる、短い柄《え》に、厚く幅の広い刃のついた刃物。

＊ＩＱ…知能指数。

＊メンサレベル…人口上位二パーセントほどの、とても高い知能指数だということ。

問1　――部ア「起こせないかと……本当にもう倒れちゃったままなのかって思っただけよ」とあるが、このときの麻衣の心情として最も適当なものを次より選びなさい。（解答番号 19）

①　情けなく倒れているシラカバと自分を重ね合わせ、現状をどうにかしたい自分のように、シラカバのことも起こしてあげたいと思っている。

②　情けなく倒れているシラカバが自分のように思え、人から邪魔だと思われるのはかわいそうだと思い、なんとか起こしてあげようと考えている。

③　情けなく倒れているシラカバと自分が重なり、シラカバが元どおりにならないことに腹を立て、せめて見かけだけでも起こしてあげようと思っている。

④　情けなく倒れているシラカバが自分の気持ちを理解してくれているように感じたため、自分もシラカバのために起こしてあげたいと考えている。

問2　――部イ「心のよりどころの一つをあっさりとへし折られた」とはどういうことか。最も適当なものを次より選びなさい。（解答番号 20）

①　自分のことを優秀だと思っていたが、青年にＩＱは実際より高く出ると言われ、青年も青年の友人も気軽に受験したと聞いてショックを受けたということ。

②　小さい頃からずっと褒められて育ってきたのに、青年は何も褒めてくれず、しかも青年の友人の方が優秀だと言われて自信をなくしてしまったということ。

③　青年よりは自分の方が取り柄があると思って見下していたのに、青年や青年の友人の優秀な話を聞いて、自分は無能なのだと思い知らされたということ。

④　成績の良さに自信があったが、青年のＩＱも自分とそう変わらず、さらには自分よりも高いＩＱの友人がいると言われてプライドを傷つけられたということ。

問3　――部ウ「それとも」の後には、どのようなことばが続くと考えられるか。最も適当なものを次より選びなさい。（解答番号 21）

①　頭痛のせいなのか。

ないです。私はこの仕事を天職だと思っています」

「オ 宝の持ち腐れじゃない」

「宝？　あなたの言う宝ってなんですか？」

　青年はなたを腰にひっかけた。「この森は私にとって……唯一無二の場所なんです。私は宝に囲まれて仕事をしています。ここの木々も草花もここにいる人も、みんな私にとっては……離れるなんて考えられないです」

「そう」

　大袈裟《おおげさ》なことを言う——麻衣は目をつぶった。「向上心がないのね。カ いいわね、羨《うらや》ましいわ。挑戦しなければ、失敗も挫折もないもの。あんたは一生この森でのんびり倒木を動かしたりしていればいいのよ。それこそ、ただそこに生えているだけのありふれた木のように生きるの。お似合いよ、きっと」

　痛む頭に、言いすぎたかというわずかな後悔がよぎる。それから、彼はなたを持っているという事実に、ちょっとした恐怖も覚えた。大人しげで温厚そうに見えるが、いきなり切れる人もいる。

　だが青年は麻衣の暴言に怒らなかった。ただ優しく、こう返してきた。

「キ 人間と木には決定的に違う点があります」

「……もののたとえよ。気を悪くしたなら謝るわ。わたしだって思ったもの、暴風でなぎ倒されたシラカバは、わたしにそっくりだって……なにもかもが上手くいかないの。辛《つら》くて苦しくて、でも、もうどうしようもないのよ。悔やんだって後の祭り。あーあ、こんなふうになるんだったら、内定を蹴らないで、嫌でも入社しておくんだった」

　みっともない愚痴を口にしたという自覚はあった。麻衣はその醜態を、体内に残留するアルコールのせいにしようとし、飲まずにはおれない自分に気づいて、また洟をすする。

「あなたはさっき、挑戦しなければ失敗も挫折もないと言いましたね」

　青年の言葉に麻衣は空を見上げた。「言ったかしら。言ったかもね」

「なにもかも上手くいかない、悔やんだって後の祭り、とも」

「だから、なんなの？」

「あなたは今、挫折の渦中にあることを自ら認めていらっしゃるのですね」

　挫折。麻衣は屈辱と共にその三音を聞いた。

「……ずっと認めたくなかったけれど、仕方ないじゃない。現実がこうだもの」

　麻衣は目尻を指先で拭《ぬぐ》った。「わたしはあのシラカバ。無残な姿で転がっているのよ」

　すると青年はしっかりと首を横に振った。

「違いますよ。あなたはあのシラカバとは全然違います。言ったでしょう？　決定的に違う点があると。わかりませんか？」

「さあ？」

「あのシラカバは、自力では立ち上がることはおろか、ちょっと転がることすらできないじゃないですか」

　青年は軍手をはめた手で、白い倒木を指し示した。「でもあなたは違います。転んだ、倒れてしまったと自覚し、そして意志さえあれば、自分で再び立つことができるんです。逆に言えば……」

　地面に叩きつけた軍手の片方が、風にあおられて少し青年のほうへ動いた。彼は麻衣を見つめた。唇からどこかしら調子外れのテノールが、優しくこぼれた。

「　ク　、永遠に」

だから、あなたは、できます。

無残に転がり倒れたと、わかっていらっしゃる。

歯を食いしばってもう一度立ち上がる経験を、人は養分にするんです——。

　風が柔らかく吹いた。

芽ぶきの色が森を包み込む。森が萌えてゆく。

に、麻衣はいったん言葉を切る。

「でも……わたしは、無能じゃないの。優秀なのよ、本当は。成績はいつも良かった……大人はみんな褒《ほ》めたわ。成績や学歴だけが頭の良さの指針じゃないって言いたい？　わたしこう見えても、＊ＩＱ１３０を超えてるのよ」

「どこでテストしたんですか？」

　なんでそんなことを訊くんだと腹の中で青年に石をぶつけながら、麻衣は答えた。

「外国のサイトよ。＊メンサレベルって判定されたわ」

「もしかして、英語、スペイン語、ドイツ語、デンマーク語から選んでテストする形式のものですか？　それなら私も昔やったことがあります」

「え？」

「私は１３５でした」

　青年は「あれ、実際より高めに出るみたいですね。私の周りもだいたい１３０前後でした。イギリスの友人は、１４１だったそうです」とにっこりした。

　こんな森番をやっているような、何の取り柄《え》もないつまらなそうな男が。しかも外国に友人がいて、その人は１４１――イ心のよりどころの一つをあっさりとへし折られた麻衣の頭は、ショックでますます痛んだ。（中略）

「大したことないって……言いたいの？　あんた、わたしが能なしだって言いたいの？　だから希望の部署に配属されなくて、就職もうまくいかなくて、フリーライターにもなれなくて、世間にも認められないんだって、そう言いたいの？」

　目をまん丸にした青年の輪郭が揺れてぼやけるのは、体の中に残るアルコールのせいなのか、ウそれとも。麻衣はうつむいた。

「わたしは悪くなんかない、そのシラカバだってそうでしょう？」

　駄々をこねる子どものようだと、頭の端っこの醒《さ》めたところで思う。子どものくせに二日酔いだからなおさら始末が悪い。

　本当はわかっている。自分は今、失敗している、挫折の真っ最中だと。

　それがわかっているからこそ、逃避したくてお酒を飲まずにはいられない。

　洟《はな》をすすると頭が痛んだ。

「あの、ちょっと手伝ってもらえませんか」

　調子外れのテノールが、さらりと麻衣の耳をくすぐった。「あなたがやったように、てこの原理を使えば、うまく転がせそうです」

　青年は地べたに膝をついて、革のカバーで覆ったなたの先をシラカバの下に突っ込んでいた。

「支点となる石がほしいんです。そこらへんにあるのを持ってきてもらえませんか？」

　青年に罵声《ばせい》を浴びせてその場を立ち去ることは、簡単だった。でも麻衣はため息をついてから、遊歩道の石を拾い、青年のそばまで行ってそれを彼の手元に置いた。

「ありがとうございます、これでなんとかなりそうです」

　なたの刃が欠けたり折れたりするのではと麻衣は危惧《きぐ》したが、エ杞憂《きゆう》だった。青年が力を込めるや、シラカバは地を離れた。それを逃さず青年が幹を押しやる。麻衣も知らずに同じことをしていた。倒れたシラカバは、命を吹き込まれたかのようにごろりと転がり、遊歩道から遠ざかった。

「ああ、良かった。これで誰かがつまずくことはありません」

　青年は長身を折り曲げて麻衣に深く礼をした。「ありがとうございます。あなたのおかげで無事に動かせました」

「……あんた、あのＩＱテストで１３５だったのよね」

　麻衣は尋ねた。「それなりに能力はある。なのにこんな誰も見ていない森で、誰からも認められない仕事をしている。満足しているの？　もっと自分の能力を発揮できる場所があるとは思わないの？」

「私に能力があるかどうかは別として」

　森番の青年は微苦笑した。「別のふさわしい場所があるとは思わ

答番号 16）

エ　若さは世界を変えていく力を持っているが、歳を取るとそれがなくなるため自分を成長させることはできない。（解答番号 17）

オ　文科系と理科系では考え方の原則は同じだが、より深く考える際は考え方に差が生じる。（解答番号 18）

二　次の文章を読み、後の問いに答えなさい。

　プライドが高い麻衣は、何もかもうまくいかない現実を受け入れられずに、酒におぼれて自暴自棄になっていた。そんな中、森を歩いていると、遊歩道にかかるように倒れたシラカバと、それを動かそうとしている森番の青年に出くわす。麻衣は青年の態度にいらだったが、同時に青年より自分の方が価値ある人間だと安心し、その場を後にする。以下の文章は、後日、倒れたシラカバが気になった麻衣が、再び森へと足を運ぶ場面である。

倒れたシラカバのところに、青年の姿はまだなかった。（中略）どうしてこの一本だけが犠牲になったのか、麻衣は納得のいく答えに想到することができなかった。たまたま運が悪かった、生えていた位置が悪かったとしか思えなかった。

　嵐に耐えて若葉を萌《も》えさせはじめている周囲の木々の中で、シラカバはひたすら情けなく横たわっていた。

　麻衣はコンビニで買った軍手を両手にはめ、腰を落とした。幹の部分を掴《つか》み、引き上げてみる。

　頭が割れそうに痛んだが、木はびくりとも動かなかった。

　青年が＊なたで払い落としていた枝がそこらにないかと見回す。目につかなかった。麻衣はやむなく少し森の奥に分け入り、手近なマツの枝に飛びついて折った。大きめの石を探しだしてシラカバの近くに置き、その上から先がシラカバの下に入るよう、斜めにマツの枝をあてがう。

　渾身《こんしん》の力を込めて枝を押す。

　マツの枝は、しかしあっけなく折れた。

「なにをしているんですか？」

　少し遠くから、その特徴的な声は聞こえた。「まさかあなたが、私を手伝ってくれるなんて……」

「そんなわけないでしょ」

　麻衣は青年のほうを見ず、手の中の折れた枝を森の中へ投げ捨てた。ついでに石も拾って放る。

「ただ……もう一度？」

「もう一度」

「ア起こせないかと……本当にもう倒れちゃったままなのかって思っただけよ」

　麻衣は軍手をはめた両手を叩いて、土や木の皮を払った。「おじゃましたわね。わたし、もう行くから気にしないで」

「あなたは、優しいんですね」（中略）

　この男はなんと能天気なのか――麻衣はその愚鈍さを憎んだ――わたしがどんな気持ちでシラカバを起こそうとしたのかなど、ちっとも理解せずに、自分に都合の良いところを見て勝手な評価を下す。つまらない部署に配属しようとした会社の人事、たった一度でライターの仕事を切った雑誌社、書類選考だけで落とす企業と同じだ。

「せっかくですから、私と一緒にこのシラカバを……」

「優しい？　本当にあんた、馬鹿じゃないの？」

　麻衣は怒鳴った。「わたしはムカついているだけよ。この、倒れて二度と元どおりにならないこの、この木に」

　軍手を外して、それも地面に投げ捨てる。「あんたになんて、わかんないわよ、わたしの気持ちなんて。大人しい顔をして、どうせ心の中では憐《あわ》れんでるんでしょ。昼間から酒の臭いをさせてる、だらしない無職の女って。でもね、でも」

　割れそうな頭痛と、飲んできたコーヒーがせり上がってくる感覚

からその種を自分の中に宿していることが多い」とはどういうことか。最も適当なものを次より選びなさい。（解答番号 9）

① 新発見は、若者が膨大な知識を身につけようとする際、非常識なものを受け入れることがきっかけで生まれることが多いということ。

② 新発見は、若者が膨大な知識を自分のものとしようとする際、覚えきれずに失敗することがきっかけで生まれることが多いということ。

③ 新発見は、若者が様々な知識を蓄えようとする際、それまでに学んだことが誤りだったと気づくことがきっかけで生まれることが多いということ。

④ 新発見は、若者が様々な知識を取り入れようとする際、間違いや思いがけない体験をすることがきっかけで生まれることが多いということ。

問6 [エ]に入ることばとして最も適当なものを次より選びなさい。（解答番号 10）

① 反論してはならない
② 目立ってはならない
③ 間違えてはならない
④ 恥じてはならない

問7 ――部オ「矛盾していると思うだろう」とあるが、どのような点が「矛盾している」のか。最も適当なものを次より選びなさい。（解答番号 11）

① 好き嫌いの感覚がひとりよがりの世界を生みだす一方で、好き嫌いについて考えることが自分の世界を広げることにつながるという点。

② 自己の内面でわきおこる好き嫌いの感覚を大切にする一方で、その理由について他者に理解してもらえるように伝えなくてはいけない点。

③ 主観的な好き嫌いの感覚を大切にしなければならない一方で、好き嫌いそれぞれの理由を客観的に考えなくてはいけないという点。

④ 個人的な感覚である好き嫌いほど強い味方はないという一方で、その感覚を停止させて社会全体の意見を知ることが大切だという点。

問8 ――部カ「手がかり」とあるが、本文中でこれと同じ意味で用いられていることばとして**適当でないもの**を次より一つ選びなさい。（解答番号 12）

① 癖　② ポイント　③ ひっかかり　④ 特異点

問9 ――部キ「正解を知ることではなく、頭の働かせ方を学ぶこと」とはどういうことか。最も適当なものを次より選びなさい。（解答番号 13）

① 知識を蓄えることではなく、さまざまな視点でものごとを考え、自分なりの新たな考えをつくり出す方法を学ぶこと。

② 知識を蓄えることではなく、ものごと全体を通して、何が一番大切なことかを自分で判断し行動する方法を学ぶこと。

③ 知識を蓄えることではなく、ものごと全体を見て、その中から気になる点を見つけて自身で考えを組み立てる方法を学ぶこと。

④ 知識を蓄えることではなく、ものごとの正解を自分なりに見つけだし、そのポイントを展開して全体をつくる方法を学ぶこと。

問10 次のア～オについて、本文の内容に合致しているものには①を、合致していないものには②を、それぞれマークしなさい。

ア 人間は動物と違い自由な生き物であるため、自分に合うように世界をつくり上げながら歴史を築いてきた。（解答番号 14）

イ 学校というものは、人間がつくり出した様々な体系の学問を学ぶために必要とされている。（解答番号 15）

ウ 何かを学ぶ上で好き嫌いの理由を考えることは、単なる感覚から離れることになり、それは本当の学びへとつながる。（解も変わらない。「文科系と理科系ではアタマの使い方が異なる」などと思い込んではならない。原則は同じなのだ。文章全体を見ていながら、どこかに必ず文章全体にかかわるひっかかりがあるはずだ。それをつかむ。そのポイントを自分なりに展開することで人間はものを考え始めることができる。学校の勉強には正解が用意されている。皆さんが誤った答案を書けば、間違いを指eテキされる。だが皆さんに課されているのは、キ正解を知ることではなく、頭の働かせ方を学ぶことだ。この学びは、たんに知識を蓄えることではなく、自分自身を変えていくことにほかならない。全体のコンテクストがあり、その特異点をつかんで全体をもう一回つくり直す。これは自分の世界を自分でつくり直していく力でもある。

（小林康夫『学ぶことの根拠』より）

《注》＊メカニズム…仕組み。
＊公理…一般に通用する道理。
＊コンテクスト…文脈。

問1 ――部a～eのカタカナ部分の漢字と同じ漢字を使った熟語を、後よりそれぞれ選びなさい。

a 大テイ（解答番号 1）
① 底辺 ② 抵抗 ③ 低迷 ④ 邸宅

b フク雑（解答番号 2）
① 複合 ② 副賞 ③ 全幅 ④ 往復

c タン的（解答番号 3）
① 担当 ② 簡単 ③ 発端 ④ 反物

d セイ視（解答番号 4）
① 静寂 ② 性格 ③ 制度 ④ 正論

e 指テキ（解答番号 5）
① 水滴 ② 強敵 ③ 適当 ④ 摘発

問2 A～D に入ることばの組み合わせとして最も適当なものを、次より選びなさい。（解答番号 6）

① A 例えば B しかし C また D そして
② A 例えば B たしかに C しかし D つまり
③ A また B たしかに C そして D つまり
④ A また B そして C しかし D さらに

問3 ――部ア「若い皆さんが世界と自分との間にズレを感じる理由」とは何か。最も適当なものを次より選びなさい。（解答番号 7）

① 鳥や魚と違い、生きている世界が一つではなく、いくつかに分けられた世界の中で生きているということ。
② 鳥や魚と違い、対象として世界を捉えており、その中の一つ一つを言葉で表現することが難しいということ。
③ 鳥や魚と違い、自分の存在を世界の中の一部としてではなく、自分と世界を切り離して考えているということ。
④ 鳥や魚と違い、自由に生きることが難しく、世界は自分の思いどおりにならないと考えているということ。

問4 ――部イ「学ぶことには二段階あることになる」とあるが、筆者がそのように考えているのはなぜか。その理由として最も適当なものを次より選びなさい。（解答番号 8）

① 人間がこれまで行ってきたことを考えると、自然について学ぶことと、学んだことから新たに生みだしたものを学ぶことの二段階があるから。
② 人間がこれまで行ってきたことを考えると、自然そのものについて学ぶことと、自然を人間の手によって加工したものを学ぶことの二段階があるから。
③ 人間がこれまで行ってきたことを考えると、言葉のように自然に身につくものを学ぶことと、知識を身につけるために学ぶことの二段階があるから。
④ 人間がこれまで行ってきたことを考えると、自然の中で学ぶことと、そこで学んだことをものづくりに生かせるような方法を学ぶことの二段階があるから。

問5 ――部ウ「新発見というものは、発見者が一五～一六歳の頃同じ研究に取り組む研究チームは世界におよそ一〇〇チームもあり、日々成果を競っているという。

［B］、何をするにせよ勉強して覚えるべきことは多い。新生ニューロンに限らず、何か新発見をするほどの研究者になりたいのであればなおさらだ。［C］知識量で勝る者が強者かというと、現実はそうなっていない。実はウ新発見というものは、発見者が一五～一六歳の頃からその種を自分の中に宿していることが多い。［D］、あなたたちの年になにかの「種」が宿されるということ。これは分野によらない。このことがcタン的に示しているのは、世界を変える力は知識ではなく「若い力」だということだ。若い力とは「知らない」力であり、「知っている」ということよりも「知らない」ということのほうが重要なのである。

理由の一つが「エラー」、つまり「失敗」する可能性だ。膨大な知識の体系に分け入った若者は、それを骨肉化しようとするとき、誤った理解をすることもしばしばある。物事は、教えられたとおりに学ぶとは限らないからだ。新発見は、それまでの常識からすればエラー、あるいはアクシデントと呼ばれる事態の中でなされることが多い。人間が何かを成し遂げる力は、エラーにこそある。生物としての人類もそうやって進化してきたはず。突然変異というエラーを利用することで環境に適応し、生き残ってきたのだから。歳をとると失敗を恥じるようになり、エラーを起こせなくなっていくが、エラーを恐れてはならない。若さとは、弱点であると同時に世界を変えていく力でもあるのだ。（中略）

「知らない」ことは大きな力にもなりうる。エラーをする可能性はおおいにあるが、それは、誰も考えつかなかったことを行う可能性でもある。学校では「［エ］」という雰囲気が形成されがちだが、それは世界を変える力を逆に失わせてしまうことになるかもしれない。

何かを学んでいこうとするとき、「好き」という感覚ほど強い味方はない。一方、「嫌い」という感覚は、学びにブレーキをかける。好きなことはいくらでもできるが、嫌いなことはやりたくない、と。加えて、好きや嫌いという感覚は個人的な感覚だから、誰かに「私はリンゴが好きだ」と言ったとしても、「それは君が好きなだけ、僕はバナナが好きだ」と返される場合が少なくない。好き嫌いは何かをブロックしてひとりよがりな世界を生み出すことがあるのである。

しかし、内面でわき起こる好きや嫌いは、大切にしなければならない。それが人生をつくっていくのだから。だが何かを本当に学ぶためには、好き嫌いの感覚を、さしあたり停止して、どうして好きなのか、どうして嫌いなのかをdセイ視しなければならない。オ矛盾していると思うだろう。しかし、数学の勉強が嫌いなら、どこが好きでどこが嫌いなのかを考えてみてほしい。考えることが、単なる好きや嫌いの感覚から距離を置くことを教えてくれるから。それが学ぶことの第一歩。今のうちにその術を身につけてほしい。好きだから、嫌いだからで終わってはいけない。

学ぶためのもう一つのポイントは、全体を見ること。それと同時にどこか一点を見なければならない。全体だけを見ていても絶対に自分のものにはならない。これも矛盾していると思うだろう。だがスポーツを想像すればわかりやすい。スポーツは単に肉体の問題ではない。例えば野球では、筋力を鍛えさえすればホームランを打てるわけではない。筋力だけでなく、身体全体を考え、何かポイントをつかむことでバッターとして成長できる。人はそれぞれ「癖」を持っているものだが、それを捨て、自分なりのポイントをつかむことが基本だ。

これは思考の基本でもある。人間がものを考えるとき、＊公理から出発することはありえない。全体の＊コンテクストをぼんやりと視野に入れながら、その中でカ手がかりを見つけて考えを進める。A＝B、B＝C、C＝Aといったような論理は、考え抜いたあとで、他者に説明するために組み立てる表現だ。（中略）

こうした思考は、数学でも国語でも、研究でもビジネスの現場で

二〇二〇年度 武南高等学校（併願１）

【国　語】（五〇分）〈満点：一〇〇点〉

一　次の文章を読み、後の問いに答えなさい。

皆さんは毎朝、皆さんの学校までの道のりを歩いてくる。大ａテイは友達と一緒ににぎやかに歩いてくるのかもしれない。だが遅刻して一人で登校する日もあるだろう。「自分はなぜこの学校に通っているのだろう。どうして勉強しなければならないのだろう」なんて思いながら。立ち止まって振り返ると、遠くに拡がる緑豊かな風景が眼に入ってきたりする。青空が広がっていたり、鳥がのびのびと飛んでいたりする。耳を澄ませば、路傍《ろぼう》の草むらから虫たちの声が聞こえてくるだろう。その光景の中で一人、皆さんはこんなふうに思ったかもしれない。

「世界があり、その中で僕は生きている。けれども、あの鳥と僕はどこか違う。鳥は、だれにも妨げられず自由に空を飛んでいる。しかし自分は制服を身にまとい、学校へ向かわなければならない。どうしてあの鳥のように、自由に生きられないのだろう」と。（中略）

鳥は、本当に自由なのだろうか。私はそうではないと思う。鳥はいわば空の中に閉じこめられている。魚も同様で、水の中に閉じこめられている。鳥は空を「空」とは呼ばず、魚も水を「水」と名づけることはない。人間がするようには自分の住む世界を対象として捉えることがないからだ。人間は言葉を用い、空を「空」と呼び、海を「海」と名づけた。いわば世界と自分をはっきりと分けて認識している。その意味で人間は、世界に閉じこめられてはいない。言い換えれば人間は、鳥や魚と同じような意味では「自然（＝世界）」の中に生きていない。おそらくこのことが、人間、とりわけァ若い皆さんが世界と自分との間にズレを感じる理由だ。

重要なことは、このズレがあるからこそ、人間はほかの動物のように自足することができず、自分が生きる世界を絶えずつくり替えていかなければならないということ。例えば、森を切り拓き、田畑をつくる。これこそ人間だけが持っている自由であり、人間が自由である証しなのだが、見方を変えれば、その自由に閉じこめられているともいえなくはない。人間は、自分が生きている世界と自分との間に越えがたいズレを感じながら、（孤独ではあるけれども）自由に、世界を学び、世界を自分に合うようにつくり替える努力を積み重ねてきた。それが歴史ということ。私たちは今、その結果としての世界を生きているのだ。

しかし現代において、人間が行っている世界のつくり替えは、あまりにも高度でｂフク雑だ。例えば、地下鉄を通したり、ジェット機を飛ばしたりしているが、そのために何が必要かを挙げてみればわかる。まず、言葉を知らなければならない。世界の仕組みを理解して記述するには、数学がなければならない。物理学も工学も欠かせない。いくつものことを積み重ねて、ようやくジェット機が一機、空を飛べる。

そうした数学や物理学、工学は、自然そのものではなく、人間が自然を学びながらつくり出した体系であるから、ィ学ぶことには二段階あることになる。星の運行から暦《こよみ》をつくり、めぐる季節の知識を生かした耕作や狩猟を行うなど、自然を学ぶことが第一段階だとすれば、自然を学んだ人間がつくり出したものを学ぶことが第二段階だ。現代を生きる我々には、この「二重の学び」が宿命づけられており、この第二段階のために特に必要とされているのが学校ということになる。

人間がつくり出したものは数えきれず、一人では到底学びきれない。人間は学ぶべきことを増やしすぎたのではないかと思うほどだ。研究分野の細分化も近年ますます進行している。［Ａ］、脳の「海馬」という部分を研究している脳科学者の知人がいる。人間は何かを学ぶたびに海馬の最深部で「新生ニューロン」という神経組織を生成しているのだが、

英語解答

Ⅰ (1) 3　(2) 2　(3) 3　(4) 1
(5) 4

Ⅱ (6) 2　(7) 3　(8) 4　(9) 1
(10) 4　(11) 1　(12) 4　(13) 2
(14) 3　(15) 1

Ⅲ (16) 1　(17) 2　(18) 4　(19) 2
(20) 3

Ⅳ 1…2　2…4　3…1　4…3
5…2

Ⅴ 1…3　2…4　3…2　4…1
5…1

Ⅵ 1　31…7　32…4
2　33…1　34…2
3　35…2　36…7
4　37…3　38…4
5　39…5　40…3

Ⅰ〔放送問題〕解説省略

Ⅱ〔長文読解総合―説明文〕

≪全訳≫❶日本では，他の多くの国と同様に，ゴミの量――特に紙製品――が非常に多い。割り箸だけで，このゴミの大部分を占めている。我々が店で買う品物のほとんどは，何重にも包装され梱包されている。❷しかしながら，一部の人がより環境に配慮するようになるにつれ，そういった包装は実に「過剰」だということがわかった。そして，そういう人たちの中には，販売員に対して自分の買う品物を包装したり梱包したりしないでほしいと伝えている人もいる。彼らはそれを自分の袋に入れる。現在，スーパーマーケットの中にはプラスチック製品を回収するための容器を置いているところがあり，人々がそれらを捨てに来る。❸「リデュース」「リサイクル」「リユース」は現在よく知られた３つのＲである。今日，ますます多くの人が環境への優しさについて考えている。そういうわけで，町には中古販売店が増えている。こういった店では，古着やその他の中古品を販売している。これらの店は，若者に特に人気がある。❹フリーマーケットは国内のいたるところで行われている。人々はもう使わなくなった中古品をたくさん売っている。このようなリサイクルはみんなの利益になる。つまり，中古品を売ることでお金を得られる人と，低価格で品物を買うことができる人がいるのだ。❺全ての国の中で，おそらくドイツがリサイクルに関しては最も進んでいる。ドイツでは，リサイクル可能な全ての製品にはパッケージに緑色の点で印がつけられている。また，各都市にリサイクル可能な製品を人々が持ち込む場所がある。こういう場所にある容器には，ガラス，プラスチック，新聞紙を表すそれぞれ別の印がつけられている。そういうわけで，全ての町の人々がゴミの大部分をリサイクルできるのである。❻加えて，ドイツは自動車をリサイクルするための規則を導入した。この国では毎年約260万台の自動車が廃棄されている。自動車の金属部品のうち75パーセントが現在ではリサイクルされているが，少なくとも45万トンのプラスチックとガラスは廃棄されている。この新たな規則ができたので，車製造会社はプラスチックとガラス部分をリサイクルするために，古くなった自動車を引き取らなければならない。ドイツで行っているようなプログラムのおかげで，我々は環境の改善に大いに貢献できるのである。

(6)＜英問英答＞「下線部(あ)はどういう意味か」―２．「紙製品のゴミの量は，他のゴミの量よりもはるかに多い」　下線部(あ)の前後には「ゴミの量は非常に多い」とあり，下線部(あ)は「特に紙製品は」とこれを補足している。ここから，他のゴミに比べて紙ゴミの量が多いことがわかる。

⑺＜英問英答＞「下線部(い)について正しい文はどれか」―3．「そのような人々は，商品を何回も包装したり梱包したりする必要はないと考えている」　この後，そのような包装はtoo much「多すぎる，過剰である」であり，買った品物を包んだり袋に入れたりすることを望まない人もいるという説明がある。

⑻＜英問英答＞「下線部(う)は何を指すか」―4．「プラスチック製品」　スーパーマーケットに備えつけられたプラスチックゴミの回収容器のところに「それら」を持ってきて捨てる，という文脈なので，themが指すのはplastic products「プラスチック製品」だとわかる。

⑼＜英問英答＞「下線部(え)について，当てはまらない文はどれか」―1．「人々は自分の衣服を減らすためにその店を利用している」　中古販売店について説明する第3段落中に，衣服を減らすことが目的で店を利用する人がいるといった記述はない。

⑽＜英問英答＞「下線部(お)について正しい文はどれか」―4．「人々は中古品を新しい物より低価格で買うことができる」　第4段落最終文に，フリーマーケットを利用したリサイクルでは，買い手は中古品を低価格で購入できるとある。

⑾＜英問英答＞「下線部(か)はどういうことを表しているか」―1．「ドイツはリサイクルにおいて先導的役割を果たす国である」　aheadには「他に先んじた，先進的な」という意味がある。この後にドイツではリサイクルが徹底され，制度が整っていることが説明されることから意味が推測できる。leadingにも同様に，「先導的な，先進的な，トップの」といった意味がある。

⑿＜英問英答＞「この文章によると，ドイツでは人々がリサイクルをするのをサポートするために何が行われているか」―4．「各都市にリサイクルのための場所がある」　第5段落第3文参照。

⒀＜英問英答＞「空所(き)に最もよく当てはまるのはどれか」―2．「加えて」　空所の前ではドイツにおける資源ゴミの回収について，後ではドイツにおける自動車部品のリサイクルについて述べられている。前と似た内容の情報をつけ加えるはたらきをする語句として，In addition「加えて」が適する。

⒁＜英問英答＞「空所(く)に最もよく当てはまるのはどれか」―3．「捨てられている」　Although ～「～だが，～だけれども」は‘逆接’を表す接続詞。「自動車の金属部分はリサイクルされているが」に続くことから，他の自動車部品のうち，プラスチックとガラスはリサイクルされることなくゴミとして廃棄されていると推測できる。

⒂＜英文解釈＞「下線部(け)からどういうことがわかるか」　go a long way towardは「大いに役立つ，大きな役割を果たす」という意味。直前に「ドイツのようなプログラムがあれば」とあり，これは第5，6段落に紹介されたドイツの資源ゴミと自動車部品のリサイクルの制度のことを指す。このような制度があれば一般人や企業がリサイクルに参加でき，環境改善のために協力できるといった意味だと推測できる。

Ⅲ〔長文読解―適語選択―説明文〕

≪全訳≫❶何かについて知りたいと思ったら，手始めとして良い方法は，百科事典を調べることだ。しかしながら，立派な百科事典を買うには非常に高いお金がかかる場合がある。インターネットで閲覧できるものもあるが，たいてい利用するのにお金を払わなければならない。ところが，インターネット上で最も人気のある百科事典は完全に無料だ。それはウィキペディアと呼ばれている。❷ウィキペディアと他の百科事典との大きな違いは，それがつくられる方法である。通常の百科事典の場合，会社が専門家に記事を書いてくれるよう依頼する。その後，間違いがないかどうか編集者がその記事をチェックする。一方，ウィキペディアにはそのようなスタッフは全くいない。そのウェブサイトに行くだけで，誰でもウィキペディアの記事を書くことができる。❸ウィキペディアは2001年１月に，ジミー・ウェールズというアメリカの実業家によって始められた。それ以来，300を超えるさまざまな言語で３千万以上の記事が掲載されるまでに成長してきた。百科事典に関する主な問題点は，執筆者が間違いを犯すためにときどきその情報が間違っていることがあるという点だ。ウェールズは，こういった間違いはたいてい読者によって速やかに発見され，修正されるのだと指摘している。

⒃この後「ところが，完全に無料のオンライン百科事典もある」という内容が続くことから，通常のオンライン百科事典は有料で，pay「お金を払う」必要があるとわかる。　⒄ on the other hand で「一方で，その反面」。　⒅「～語で」というときに言語の前につける前置詞は in。　⒆この後に「執筆者が間違うことがあるので」とあることから，情報が wrong「誤っている」ことがある，という意味だと推測できる。　⒇ point out で「指摘する」。

Ⅳ〔適語(句)選択・語形変化〕

1．How about ～ing？で「～するのはどうですか」。　「週末に映画を見にいくのはどうですか」―「ぜひ行きたいです」

2．‘one of the＋最上級＋複数名詞’で「最も～なもののうちの１つ」。　「富士山は世界で最も高い山の１つである」

3．‘make＋目的語＋動詞の原形’で「～に…させる」という‘使役’の意味を表せる。　「母は私と姉〔妹〕に全ての部屋を掃除させた」

4．‘形容詞〔副詞〕＋enough to ～’で「～できるほど〔～するほど〕十分…」。　「このスマートフォンはポケットに入るくらい小さい」

5．look after で「～の世話をする」。　look over「～を調べる」　look around「見回す」　look out「外を見る，気をつける」　「メアリーは海外旅行をしている間，自分のネコの面倒をみてくれるよう，私に頼んだ」

Ⅴ〔対話文完成―適文選択〕

1．Ａ：キャシー，ずいぶん曇ってるね。／Ｂ：うん，雨になりそうだよ。∥cloudy「曇っている」と言っているので，それに関して天候がどうなりそうかを述べた３が適する。

2．Ａ：放課後，僕と一緒にテニスをしない？／Ｂ：ごめんね，できないの。まっすぐ家に帰らないといけないんだ。∥空所の後，寄り道せずに家に帰らねばならないと言っているので，誘いを断る表現として４が適する。

3．Ａ：僕らは今年の夏に京都に行く予定なんだ。／Ｂ：それは楽しそうだね。∥相手が自分の予定について説明した後の発言なので，それを聞いた感想を表す文として２が適する。

4．Ａ：君は日本にどのくらいいるの？／Ｂ：2007年からだよ。∥How long ～？「どのくらいの間～か」と‘期間’を尋ねられているので，「～から，以来」と‘時の起点’を表す１が適する。

5．Ａ：あなたは何で生計を立てているのですか？／Ｂ：英語の教師をしています。∥暮らしていくために何をしているか，つまり生活費を得る手段として何の職業についているかを尋ねられているので，自分の職業を答える１が適する。

Ⅵ〔整序結合〕

1．‘It is ～ for … to —’「…が〔…にとって〕—することは～だ」の形式主語構文にする。It is で始め，‘～’は good「良い」，‘…’は your health「(あなたの)健康」，‘—’は take a walk「散歩する」とする。 It is good for your health to take a walk early in the morning.

2．「何語ですか」は「何ですか」と読み換え，What is ～「～は何ですか」と始める。‘～’にあたる「カナダで話されている言語」は，the language の後に spoken in Canada を置いて表す(過去分詞の形容詞的用法)。 What is the language spoken in Canada?

3．‘too ～ to …’「…するには～すぎる，～すぎて…できない」の形にする。Sandy was too で始め，‘～’は excited「興奮した」，‘…’は sleep「眠る」とし，前置詞の at は that night の前に置く。 Sandy was too excited to sleep at that night.

4．Do you know「知っていますか」で始め，「ミキがいつオーストラリアへ出発するか」は‘疑問詞＋主語＋動詞...’の間接疑問で表せばよい。‘疑問詞’は when，‘主語’は Miki，‘動詞’は will leave とする。 leave for ～「～へ出発する」 Do you know when Miki will leave for Australia?

5．The woman was Tom's sister.「その女性はトムのお姉さんだった」が文の骨組み。「私が駅で会った」は，目的格の関係代名詞を省略した‘主語＋動詞...’の形で I met at the station とまとめ，woman の後ろに置く。 The woman I met at the station was Tom's sister.

数学解答

1 (1) ア…2　イ…0　ウ…2　エ…0

(2) オ…5　カ…2

(3) キ…9　ク…9　ケ…9

2 コ…5　サ…1　シ…1　ス…4

3 (1) セ…9　ソ…4

(2) タ…1　チ…8　ツ…8　テ…2　ト…3

4 9

5 (1) ニ…1　ヌ…3　ネ…6

(2) ノ…7　ハ…3　ヒ…6

6 ア…4　イ…4　ウ…3　エ…2　オ…2　カ…3　キ…2　ク…3　ケ…2

7 コ…4　サ…9　シ…6　ス…1　セ…7　ソ…3　タ…0　チ…7　ツ…－　テ…6　ト…1　ナ…3

8 ニ…1　ヌ…8　ネ…3　ノ…8

9 (1) ハ…7　ヒ…3

(2) フ…9　ヘ…2

1〔独立小問集合題〕

(1)＜数の計算＞与式 $=2020\times(2020-2019)=2020\times1=2020$

(2)＜数の計算＞与式 $=4^2+(2+4)^2=16+6^2=16+36=52$

(3)＜数の計算＞与式 $=-\frac{1}{8}\div\frac{125}{1000}+\frac{1}{125}\times\frac{125}{1000}=-\frac{1}{8}\times\frac{8}{1}+\frac{1}{1000}=-1+0.001=-0.999$

2〔方程式—二次方程式の応用〕

解が $x=\frac{5\pm\sqrt{14}}{2}$ となる二次方程式は，$\left(x-\frac{5+\sqrt{14}}{2}\right)\left(x-\frac{5-\sqrt{14}}{2}\right)=0$ となる。左辺を展開して，$x^2-\left(\frac{5+\sqrt{14}}{2}+\frac{5-\sqrt{14}}{2}\right)x+\frac{5+\sqrt{14}}{2}\times\frac{5-\sqrt{14}}{2}=0$，$x^2-\frac{10}{2}x+\frac{5^2-(\sqrt{14})^2}{4}=0$，$x^2-5x+\frac{11}{4}=0$ である。

3〔方程式—一次方程式の応用〕

(1)＜水の量＞6％の食塩水 100g に含まれる食塩の量は，$100\times\frac{6}{100}=6$(g)である。よって，この食塩水をつくるのに必要な水の量は，$100-6=94$(g)である。

(2)＜食塩の量＞加えた食塩の量を xg とすると，(1)より水の量は 94g だから，できた食塩水の量は $x+94$g と表せる。よって，この 8％の食塩水に含まれる食塩の量について，$(x+94)\times\frac{8}{100}=x$ が成り立つ。両辺を 100 倍して，これを解くと，$8(x+94)=100x$ より，$2(x+94)=25x$，$2x+188=25x$，$23x=188$，$x=\frac{188}{23}$(g)となる。

4〔方程式—一次方程式の応用〕

A さんは自転車で $x$km 進むのに 20 分かかることから，1 時間，つまり 60 分で進む距離は，$x\times\frac{60}{20}=3x$(km)と表される。また，走ると $x$km 進むのに 1 時間，つまり 60 分かかることから，20 分で進む距離は，$x\times\frac{20}{60}=\frac{1}{3}x$(km)と表される。よって，A さんが 1 時間自転車に乗り，さらに 20 分走ると 30km 進むとき，$3x+\frac{1}{3}x=30$ が成り立つ。両辺を 3 倍して，これを解くと，$9x+x=90$ より，$10x=90$，$x=9$(km)となる。

5〔確率—さいころ〕

(1)＜確率＞まず，大小 2 つのさいころをそれぞれ 1 回振るとき，目の出方は全部で $6\times6=36$(通り)ある。次に，武君が振る大きいさいころの目は 1，3，5，7，9，11 だから，それぞれの目が出るときに武君が止まる点は，B，D，A，C，E，B となる。一方，南さんが振る小さいさいころの目は 2，4，

6，8，10，12だから，それぞれの目が出るときに南さんが止まる点は，D，B，E，C，A，Dとなる。よって，2人ともAで止まるのは，武君が5の目，南さんが10の目を出すときの1通りである。したがって，求める確率は$\frac{1}{36}$となる。

(2)＜確率＞(1)より，2人が同じ点で止まるときの目の出方は，Aに止まるときは，(武君，南さん)＝(5，10)の1通り，Bに止まるときは，(武君，南さん)＝(1，4)，(11，4)の2通り，Cに止まるときは，(武君，南さん)＝(7，8)の1通り，Dに止まるときは，(武君，南さん)＝(3，2)，(3，12)の2通り，Eに止まるときは，(武君，南さん)＝(9，6)の1通りあるから，合わせて$1+2+1+2+1=7$(通り)ある。よって，求める確率は$\frac{7}{36}$となる。

6 〔関数―一次関数〕

≪基本方針の決定≫直線とx軸，y軸がつくる直角三角形に注目する。

＜解説＞右図のように，それぞれの直線とx軸，y軸の交点をA～Dと定める。まず，△ABOについて，直線$y=\sqrt{3}x+b$の傾きが$\sqrt{3}$だから，$\frac{\mathrm{OA}}{\mathrm{OB}}=\sqrt{3}$となり，OB：OA＝1：$\sqrt{3}$である。これより，△ABOは3辺の比が1：2：$\sqrt{3}$の直角三角形で，∠OAB＝30°となる。ここで，円と直線$y=\sqrt{3}x+b$の接点をHとすると，OH⊥ABとなり，∠OHA＝90°となる。よって，△AOHも3辺の比が1：2：$\sqrt{3}$の直角三角形で，円の半径よりOH＝2だから，AO＝2OH＝2×2＝4となり，$b=4$である。次に，△DCOについて，直線$y=\frac{1}{\sqrt{3}}x+c$の傾きより，$\frac{\mathrm{OC}}{\mathrm{OD}}=\frac{1}{\sqrt{3}}$となり，OC：OD＝1：$\sqrt{3}$であるから，△DCOは3辺の比が1：2：$\sqrt{3}$の直角三角形で，∠OCD＝60°となる。円と直線$y=\frac{1}{\sqrt{3}}x+c$の接点をIとすると，∠OIC＝90°となり，△OCIも3辺の比が1：2：$\sqrt{3}$の直角三角形で，$\mathrm{CO}=\frac{2}{\sqrt{3}}\mathrm{OI}=\frac{2}{\sqrt{3}}\times2=\frac{4}{\sqrt{3}}$より，$c=\frac{4}{\sqrt{3}}$である。以上より，2直線の式は$y=\sqrt{3}x+4$，$y=\frac{1}{\sqrt{3}}x+\frac{4}{\sqrt{3}}$となるから，この2直線の交点の座標は，2式を連立方程式として解いて，$x=2-2\sqrt{3}$，$y=2\sqrt{3}-2$より，$(2-2\sqrt{3},\ 2\sqrt{3}-2)$となる。

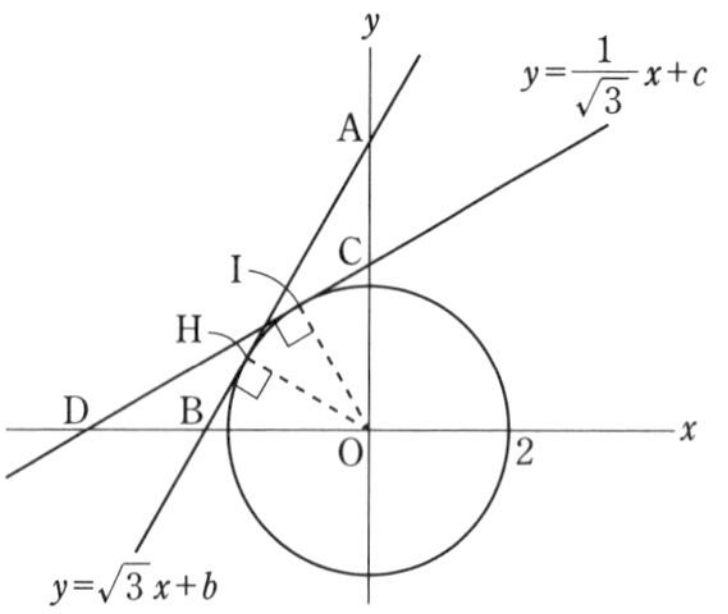

7 〔関数―関数$y=ax^2$と直線〕

右図で，点A，Bは関数$y=x^2$のグラフ上の点で，x座標がそれぞれ-2，3より，$y=(-2)^2=4$，$y=3^2=9$となるから，A$(-2,\ 4)$，B$(3,\ 9)$である。これより，直線ABの傾きは$\frac{9-4}{3-(-2)}=1$となるから，その式を$y=x+b$とおく。この直線は点Aを通るので，$y=x+b$に，点Aの座標より$x=-2$，$y=4$を代入して，$4=-2+b$，$b=6$となるから，求める直線ABの式は$y=x+6$である。また，点Aを通り，△OABの面積を2等分する直線は辺OBの中点を通る。辺OBの中点をMとすると，点O，Bの座標より，x座標は$\frac{0+3}{2}=\frac{3}{2}$，$y$座標は$\frac{0+9}{2}=\frac{9}{2}$より，$\mathrm{M}\left(\frac{3}{2},\ \frac{9}{2}\right)$である。点A，Mの座標より，直線AMの傾きは$\left(\frac{9}{2}-4\right)\div\left\{\frac{3}{2}-(-2)\right\}=\frac{1}{2}\div\frac{7}{2}=\frac{1}{7}$となるから，その式を$y=\frac{1}{7}x+m$とおくと，点Aの座標より，$4=\frac{1}{7}\times(-2)+m$，$m=$

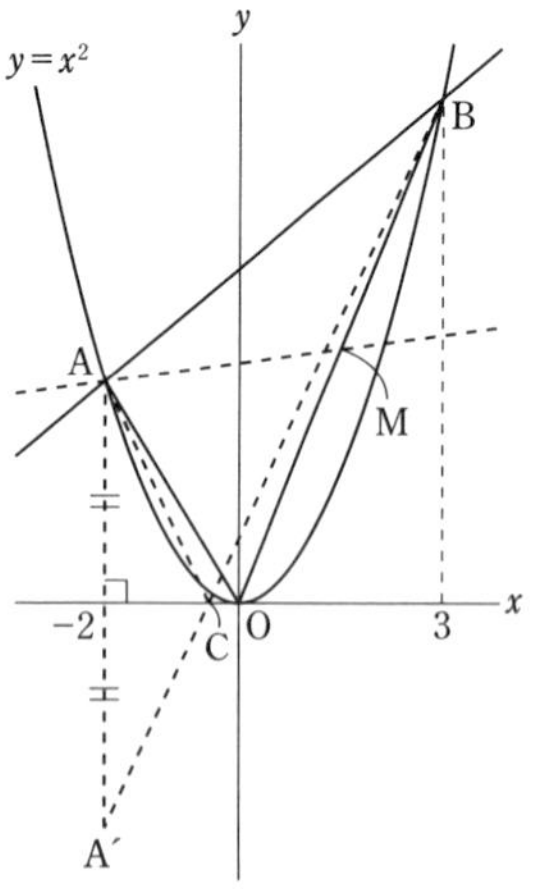

$\frac{30}{7}$となる。よって，求める直線AMの式は$y=\frac{1}{7}x+\frac{30}{7}$である。さらに，前ページの図のように，点Aと$x$軸について対称な点をA′とすると，AC＝A′Cより，AC＋CB＝A′C＋CBとなるから，AC＋CBが最小となるのは，点Cが直線A′Bとx軸の交点となるときである。点A′の座標は，A$(-2,\ 4)$より，$(-2,\ -4)$となるから，直線A′Bの傾きは$\frac{9-(-4)}{3-(-2)}=\frac{13}{5}$で，その式を$y=\frac{13}{5}x+c$とおくと，点Bの座標より，$9=\frac{13}{5}\times3+c$，$c=\frac{6}{5}$となる。したがって，直線A′Bの式は$y=\frac{13}{5}x+\frac{6}{5}$となるから，$y=0$を代入して，$0=\frac{13}{5}x+\frac{6}{5}$，$x=-\frac{6}{13}$より，C$\left(-\frac{6}{13},\ 0\right)$である。

8〔平面図形―正六角形，おうぎ形〕

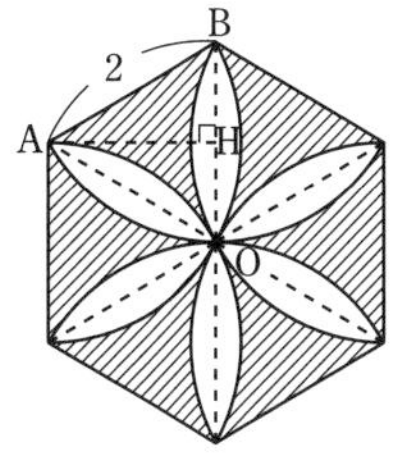

右図のように，正六角形に3本の対角線を引くと，正六角形は6つの合同な正三角形に分けられ，1つの正三角形の頂点をO，A，Bと定める。このとき，点Aを中心とするおうぎ形AOBの$\overset{\frown}{\mathrm{OB}}$と線分OBで囲まれた図形の面積を$S$とすると，斜線部分の面積は，$6\triangle\mathrm{OAB}-12S$となる。図のように，△OABで，頂点Aから辺OBへ垂線AHを引くと，△ABHは3辺の比が$1:2:\sqrt{3}$の直角三角形だから，$\mathrm{AH}=\frac{\sqrt{3}}{2}\mathrm{AB}=\frac{\sqrt{3}}{2}\times2=\sqrt{3}$より，$\triangle\mathrm{OAB}=\frac{1}{2}\times\mathrm{OB}\times\mathrm{AH}=\frac{1}{2}\times2\times\sqrt{3}=\sqrt{3}$である。また，$\angle\mathrm{OAB}=60^\circ$より，〔おうぎ形AOB〕$=\pi\times2^2\times\frac{60^\circ}{360^\circ}=\frac{2}{3}\pi$となる。したがって，$S=$〔おうぎ形AOB〕$-\triangle\mathrm{OAB}=\frac{2}{3}\pi-\sqrt{3}$となるから，斜線部分の面積は$6\triangle\mathrm{OAB}-12S=6\times\sqrt{3}-12\left(\frac{2}{3}\pi-\sqrt{3}\right)=6\sqrt{3}-8\pi+12\sqrt{3}=18\sqrt{3}-8\pi$である。

9〔空間図形―立方体〕

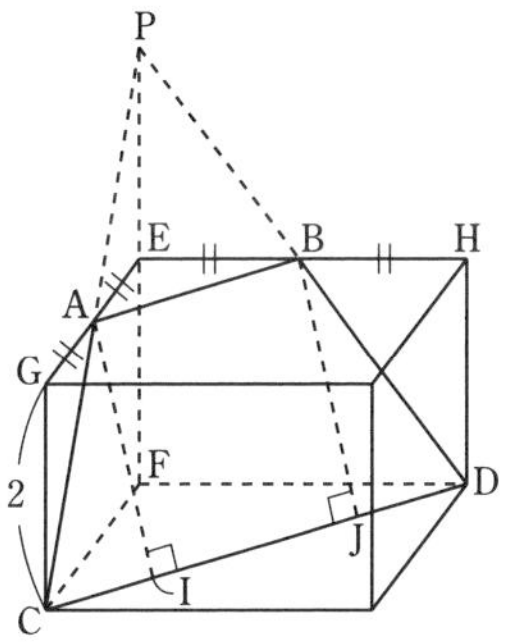

(1)<体積>右図のように，立方体の頂点をE～Hと定めると，体積を求める立体は立体EAB-FCDである。図のように，CA，FE，DBを延長すると1点で交わり，その交点をPとする。このとき，〔立体EAB-FCD〕＝〔三角錐P-FCD〕－〔三角錐P-EAB〕と考える。$\mathrm{AE}=\mathrm{BE}=\frac{1}{2}\mathrm{EH}=\frac{1}{2}\times2=1$である。また，AE∥CFより，△PAE∽△PCFとなり，相似比は，AE：CF＝1：2である。よって，PE：PF＝1：2より，PE：EF＝PE：(PE－PE)＝1：(2－1)＝1：1であるから，PE＝EF＝2であり，PF＝2PE＝2×2＝4である。したがって，〔立体EAB-FCD〕$=\frac{1}{3}\times\triangle\mathrm{FCD}\times\mathrm{PF}-\frac{1}{3}\times\triangle\mathrm{EAB}\times\mathrm{PE}=\frac{1}{3}\times\frac{1}{2}\times2\times2\times4-\frac{1}{3}\times\frac{1}{2}\times1\times1\times2=\frac{8}{3}-\frac{1}{3}=\frac{7}{3}$となる。

(2)<面積―三平方の定理>右上図の四角形ACDBは，AB∥CDより，台形だから，図のように，頂点A，Bから辺CDへそれぞれ垂線AI，BJを引くと，AI，BJが高さとなる。まず，△EABと△FCDはともに直角二等辺三角形だから，$\mathrm{AB}=\sqrt{2}\mathrm{AE}=\sqrt{2}\times1=\sqrt{2}$，$\mathrm{CD}=\sqrt{2}\mathrm{CF}=\sqrt{2}\times2=2\sqrt{2}$である。次に，△ACG≡△BDHで，AC＝BDだから，図形の対称性より，△ACI≡△BDJとなる。ここで，四角形AIJBが長方形となるから，$\mathrm{IJ}=\mathrm{AB}=\sqrt{2}$より，$\mathrm{CI}=\mathrm{DJ}=\frac{1}{2}(\mathrm{CD}-\mathrm{IJ})=\frac{1}{2}\times(2\sqrt{2}-\sqrt{2})=\frac{\sqrt{2}}{2}$である。また，△ACGで三平方の定理より，$\mathrm{AC}^2=\mathrm{AG}^2+\mathrm{CG}^2=1^2+2^2=5$であるから，△ACIで三平方の定理より，$\mathrm{AI}=\sqrt{\mathrm{AC}^2-\mathrm{CI}^2}=\sqrt{5-\left(\frac{\sqrt{2}}{2}\right)^2}=\sqrt{\frac{9}{2}}=\frac{3\sqrt{2}}{2}$となる。よって，台形ACDBの面積は，$\frac{1}{2}\times(\mathrm{AB}+\mathrm{CD})\times\mathrm{AI}=\frac{1}{2}\times(\sqrt{2}+2\sqrt{2})\times\frac{3\sqrt{2}}{2}=\frac{9}{2}$である。

国語解答

一 問１ a…② b…① c…③ d…④
e…④
問２ ② 問３ ③ 問４ ①
問５ ④ 問６ ③ 問７ ③
問８ ① 問９ ③
問10 ア…② イ…① ウ…① エ…②
オ…②

二 問１ ① 問２ ④ 問３ ②
問４ ④ 問５ ② 問６ ③
問７ ① 問８ ③ 問９ ④
問10 ②

三 問１ ③ 問２ ④ 問３ ④
問４ エ…② オ…① 問５ ②

四 問１ 馬子にも衣装 ④
二階から目薬 ②
問２ ③ 問３ ① 問４ ④
問５ ③

一〔論説文の読解―哲学的分野―哲学〕出典；小林康夫「学ぶことの根拠」(『何のために「学ぶ」のか』所収)。

≪本文の概要≫若い皆さんは，世界と自分との間にズレを感じるかもしれないが，このズレがあるからこそ，人間は，世界を学び，世界を自分に合うようにつくりかえる努力をしてきたのである。現代において，人間が行う世界のつくりかえは高度で複雑であるため，勉強して覚えるべきことは多いが，知識量の多い者が，強者だというわけではない。世界を変える力は，知識より「若い力」である。膨大な知識の体系に分け入った若者は，失敗する可能性が高いが，新発見は，エラーやアクシデントの中でなされることが多い。若さとは，弱点であると同時に，エラーをもとに世界を変えていく力だともいえるのである。また，何かを学ぶときには，好き嫌いの感覚を停止して，好き嫌いの理由を考えてほしい。考えることが，好き嫌いの感覚から距離を置くことになり，学びの第一歩になる。そして学ぶためのもう一つのポイントは，全体を見て，その中から手がかりを見つけて，考えを進めることである。それが，思考の基本であり，自分の世界を自分でつくり直していく力にもなる。

問１＜漢字＞a．「大抵」は，大部分がそうであること。　b．「複雑」は，さまざまな要素が入り組んで，絡み合っていること。　c．「端的」は，明確で，わかりやすいこと。　d．「正視」は，物事を正面からしっかり見ること。　e．「指摘」は，重要な部分を具体的に示すこと。

問２＜接続語＞A．「脳の『海馬』という部分を研究している脳科学者」がいることは，「研究分野の細分化」の一例である。　B．「何をするにせよ勉強して覚えるべきこと」が多いのは，事実である。　C．「何をするにせよ勉強して覚えるべきことは多い」反面，「知識量で勝る者が強者」であるとはかぎらない。　D．「新発見」は，「発見者が一五〜一六歳の頃からその種を自分の中に宿していること」が多いが，それは要するに，「あなたたちの年になにかの『種』が宿されるということ」である。

問３＜文章内容＞人間は，世界を「対象」としてとらえ，「世界と自分をはっきりと分けて認識している」ため，自分の住む世界に「閉じこめられている」鳥や魚と違い，世界との一体感がない。

問４＜文章内容＞人間は，「自然(＝世界)」を学び，「世界を自分に合うようにつくり替える努力」を積み重ねてきた。それをふまえると，学びには，「自然を学ぶ」という第一段階と，「自然を学んだ人間がつくり出したものを学ぶ」という第二段階が必要になるのである。

問５＜文章内容＞若いということは，「知らない」ことが多いということであり，それゆえに若者は，「膨大な知識の体系に分け入った」ときに，「『エラー』，つまり『失敗』する可能性」が高い。だが，その「エラー，あるいはアクシデント」の中でこそ，新発見がなされることが多いのである。

問６＜文章内容＞「『エラー』，つまり『失敗』する可能性」は，「誰も考えつかなかったことを行う可能性」でもあるが，学校では，「失敗」してはいけないという「雰囲気が形成されがち」である。

問７＜文章内容＞好き嫌いは「大切にしなければならない」が，学びの際には，逆に「好き嫌いの感覚」を停止して「どうして好きなのか，どうして嫌いなのか」を考えなければならないのである。

問８＜表現＞ここでの「手がかり」とは，「全体のコンテクスト」の中にある，思考を展開するための重要な「特異点」のことであり(…④)，この手がかりをつかむことが，学びの基本である。それは例えば，「身体全体」を考えて，その中から「ポイント」をつかんで体を鍛えたり(…②)，「文章全体」を見て，その中から「ひっかかり」をとらえて，思考を組み立てたりすることである(…③)。

問９＜文章内容＞学びとは，「たんに知識を蓄える」のではなく，「全体のコンテクスト」の中から「自分なりのポイント」を見つけ，そこから自分なりの思考を「展開する」方法を学ぶことである。

問10＜要旨＞人間は，自分と世界との間にズレを感じながら，世界を学び，世界を自分に合うようにつくりかえることで歴史を積み重ねてきた(ア…×)。学校は，人間がつくり出した体系を学ぶために，特に必要とされている(イ…○)。好き嫌いの理由を考えることは，単なる好き嫌いの感覚から距離を置くことを知ることであり，学びの第一歩である(ウ…○)。若さとは，エラーをする可能性が高いことであると同時に，そのエラーをもとに，世界を変える力を持つということでもあるが，年をとると，失敗を恥じてエラーを起こせなくなる(エ…×)。全体のコンテクストから手がかりを見つけていくことは思考の基本であり，それは，文科系でも理科系でも同じである(オ…×)。

二〔小説の読解〕出典；乾ルカ『森に願いを』。

問１＜心情＞麻衣は，「情けなく横たわって」いるシラカバの様子を，「わたしにそっくり」だと感じた。そして，自分の「なにもかもが上手くいかない」現状を何とかして打破して立ち上がりたい本心を，シラカバに重ねて，もう一度シラカバを「起こせないか」と考えたのである。

問２＜文章内容＞IQの高さは麻衣の誇りだったが，「何の取り柄もないつまらなそうな男」が，麻衣とほぼ同じIQ135，その友人は，さらに高いIQ141だと聞き，麻衣は，誇りを傷つけられた。

問３＜文章内容＞「目をまん丸にした青年の輪郭が揺れてぼやける」のは，「アルコールのせい」ではなく，涙が出て，視界を覆っているせいではないかということである。

問４＜語句＞「杞憂」は，する必要のない心配をすること。

問５＜文章内容＞麻衣は，「成績や学歴」の良さや(…①・④)，IQ130以上の知能を，優秀さのあかしだと考えている。そのため，青年のように「誰も見ていない」場所で，「誰からも認められない仕事」をするのは，せっかくの才能を無駄にすることだと考えたのである(…③)。

問６＜心情＞IQの高さとは無関係の仕事をする青年を，麻衣は，「向上心がない」と決めつけ，「挑戦」をしないから「失敗も挫折もない」と見下して，「羨ましいわ」といやみを言ったのである。

問７＜文章内容＞青年は，麻衣が「挫折の渦中にあることを自ら認めて」いることを指摘し，人は木と違って，「転んだ，倒れてしまったと自覚」して「自分で再び立つことができる」と言った。

問８＜文章内容＞人は，「転んだ」と自覚したうえで，「自分で再び立つことができる」が，逆に，「転んだ」と自覚できない人は，「永遠」に自分で「立つことが」できないのだと，青年は言った。

問９＜心情＞麻衣は，酒を飲んで現状から「逃避」するのをやめて，自分が「みっともなく，みじめに」挫折したことを正面から受け止め，「新しい季節」を前向きに生きようと決意したのである。

問10＜表現＞「でも……わたしは，無能じゃないの」や，「歯を食いしばってもう一度立ち上がる経験を，人は養分にするんです――」など，登場人物の言葉や心情を語る部分に，「……」や「――」を多用して含みや余韻を感じさせ，微妙な心の動きがいきいきと表現されている。

三〔古文の読解―物語〕出典；『大和物語』百四十八。

≪現代語訳≫摂津の国の難波のあたりに，家をつくって住む人がいた。(二人は)夫婦になって数年過ごしていた。女も男も，それほど身分が低い人ではなかったが，ここ数年，暮らし向きなどもたいそう悪くなって，家も壊れ，使用人たちもそれぞれ富のあるところに行ってしまい，(中略)たいそうつらい状態のままで，思い悩んで，二人が言ったことには，「やはりこのようにひどくつらい状態では生きていくことはできないだろう」。男は「(妻が)このように心細い状態でいらっしゃるのを見捨てては，どこへなりとも，行くことはできまい」(と言い)，女も，「夫を捨てては，どこへ行けようか，行けるはずがない」とばかり言い続けていたのだが，男は，「私は，どうにかこうにか暮らしていけるだろう。女がこのように若いときに，このようにして(貧しいままで)暮らしているのは，たいそう気の毒なことだ。京にのぼって，宮仕えをしなさい。(暮らしぶりが)よいようになったならば，私を訪ねなさい。私も一人前にでもなったなら，必ず(あなたを)捜して訪ねよう」などと泣く泣く言って約束して，京に縁のある人に(女を)託して，女は京に来たのだった。特別にどこへ行くともなく来たので，このついてきた人のもとにいて，「本当にしみじみと恋しい」と(夫を)思いやっていた。庭先におぎやすすきの，たいそう多いところだった。風などが吹いたときに，(女は)あの摂津の国を思いやって，「(夫は)どうしているだろう」などと悲しくて(歌を)よんだ。／一人でどうしたらよいだろうと途方に暮れていると，庭先のおぎが，風にそよそよとそよいで，それですよ，とも答えることだ／と，つぶやいた。

問１＜古語＞「年ごろ」は，数年の間，あるいは長年の間，という意味。

問２＜現代語訳＞「ある」は，生きる，という意味。「え～まじ」は，～できまい，という意味。

問３＜古文の内容理解＞男は，「若きほど」の女に，貧しく「わびしかりける」生活をさせるのは「いとほしき」ことだと考えて，宮仕えをさせようとした。「いとほし」は，気の毒であるさま。

問４＜古文の内容理解＞エ．男は，「たよりの人」に女を託して，京に向かわせたのである。　オ．京の「つきて来し人のもと」で，女は，「いとあはれ」と夫を思いやったのである。

問５＜古文の内容理解＞「いかにせまし」は，どうしたらよいだろうか，という意味。女は，自分一人で「いかにせまし」という，心細い気持ちを歌にした(①…○，②…×)。「そよ」は，それだよ，という返答の言葉であると同時に，風でおぎがそよそよとそよぐさまも表す(③・④…○)。

四〔国語の知識〕

問１＜ことわざ＞「馬子にも衣装」は，誰でも外面をきちんとよそおえば，それなりに立派に見えること。「二階から目薬」は，思っていたような効果が出ず，もどかしいこと。

問２＜慣用句＞「鶴の一声」は，人を従わせる，権力者の決定的な一言のこと。「犬も食わない」は，ばかばかしくて誰もとり合わないさま。「猫をかぶる」は，本性を隠しておとなしくする，という意味。「狸寝入り」は，寝たふりのこと。

問３＜品詞＞「買える」と「泳げる」と「遊べる」は，五段活用動詞の「買う」と「泳ぐ」と「遊ぶ」の可能動詞。可能動詞は，五段活用の動詞が，下一段活用の動詞に転じて，～できる，という意味が加わったものである。「見る」は，上一段活用動詞なので，「見える」は，可能動詞ではない。

問４＜文学史＞「雨ニモマケズ」は，宮沢賢治の詩『雨ニモマケズ』の冒頭の一節。「僕の前に道はない」は，高村光太郎の詩『道程』の冒頭の一節。「富士には月見草がよく似合う」は，太宰治の小説『富嶽百景』の一節。「吾輩は猫である」は，夏目漱石の小説『吾輩は猫である』の冒頭の一節。

問５＜文学史＞『竹取物語』は，平安時代に成立した伝奇物語で，『源氏物語』の中で「物語の出で来はじめの祖」と評されている。『伊勢物語』は，平安時代に成立した歌物語。『源氏物語』は，平安時代に成立した長編物語で，作者は紫式部。『平家物語』は，鎌倉時代に成立した軍記物語。

Memo

Memo

2025年度用

高校スーパー過去問

■編集人 声の教育社・編集部

■発行所 株式会社 声の教育社

〒162-0814 東京都新宿区新小川町8-15

☎03-5261-5061㈹ FAX03-5261-5062

https://www.koenokyoikusha.co.jp

武南高等学校

別冊解答用紙

丁寧に抜きとって、別冊としてご使用ください。

解けると春が来るんだね。

注意

○ 解答用紙は、収録の都合により縮小したものや、小社独自に作成したものもあります。
○ 学校配点は学校発表のもの、推定配点は小社で作成したものです。
○ 無断転載を禁じます。
○ 解答用紙を拡大コピーする場合、表示した拡大率に対応する用紙サイズは以下のとおりです。
101%～102%＝B5　103%～118%＝A4　119%～144%＝B4　145%～167%＝A3
(タイトルと配点表は含みません)

2024年度 武南高等学校・併願1

英語解答用紙

評点
/100

（注）この解答用紙は実物を縮小してあります。Ｂ４用紙に132％拡大コピーすると、ほぼ実物大で使用できます。（タイトルと配点表は含みません）

解答番号	解答欄
1	① ② ③ ④ ⑤ ⑥ ⑦ ⑧ ⑨ ⑩
2	① ② ③ ④ ⑤ ⑥ ⑦ ⑧ ⑨ ⑩
3	① ② ③ ④ ⑤ ⑥ ⑦ ⑧ ⑨ ⑩
4	① ② ③ ④ ⑤ ⑥ ⑦ ⑧ ⑨ ⑩
5	① ② ③ ④ ⑤ ⑥ ⑦ ⑧ ⑨ ⑩
6	① ② ③ ④ ⑤ ⑥ ⑦ ⑧ ⑨ ⑩
7	① ② ③ ④ ⑤ ⑥ ⑦ ⑧ ⑨ ⑩
8	① ② ③ ④ ⑤ ⑥ ⑦ ⑧ ⑨ ⑩
9	① ② ③ ④ ⑤ ⑥ ⑦ ⑧ ⑨ ⑩
10	① ② ③ ④ ⑤ ⑥ ⑦ ⑧ ⑨ ⑩
11	① ② ③ ④ ⑤ ⑥ ⑦ ⑧ ⑨ ⑩
12	① ② ③ ④ ⑤ ⑥ ⑦ ⑧ ⑨ ⑩
13	① ② ③ ④ ⑤ ⑥ ⑦ ⑧ ⑨ ⑩
14	① ② ③ ④ ⑤ ⑥ ⑦ ⑧ ⑨ ⑩
15	① ② ③ ④ ⑤ ⑥ ⑦ ⑧ ⑨ ⑩
16	① ② ③ ④ ⑤ ⑥ ⑦ ⑧ ⑨ ⑩
17	① ② ③ ④ ⑤ ⑥ ⑦ ⑧ ⑨ ⑩
18	① ② ③ ④ ⑤ ⑥ ⑦ ⑧ ⑨ ⑩
19	① ② ③ ④ ⑤ ⑥ ⑦ ⑧ ⑨ ⑩
20	① ② ③ ④ ⑤ ⑥ ⑦ ⑧ ⑨ ⑩

解答番号	解答欄
21	① ② ③ ④ ⑤ ⑥ ⑦ ⑧ ⑨ ⑩
22	① ② ③ ④ ⑤ ⑥ ⑦ ⑧ ⑨ ⑩
23	① ② ③ ④ ⑤ ⑥ ⑦ ⑧ ⑨ ⑩
24	① ② ③ ④ ⑤ ⑥ ⑦ ⑧ ⑨ ⑩
25	① ② ③ ④ ⑤ ⑥ ⑦ ⑧ ⑨ ⑩
26	① ② ③ ④ ⑤ ⑥ ⑦ ⑧ ⑨ ⑩
27	① ② ③ ④ ⑤ ⑥ ⑦ ⑧ ⑨ ⑩
28	① ② ③ ④ ⑤ ⑥ ⑦ ⑧ ⑨ ⑩
29	① ② ③ ④ ⑤ ⑥ ⑦ ⑧ ⑨ ⑩
30	① ② ③ ④ ⑤ ⑥ ⑦ ⑧ ⑨ ⑩
31	① ② ③ ④ ⑤ ⑥ ⑦ ⑧ ⑨ ⑩
32	① ② ③ ④ ⑤ ⑥ ⑦ ⑧ ⑨ ⑩
33	① ② ③ ④ ⑤ ⑥ ⑦ ⑧ ⑨ ⑩
34	① ② ③ ④ ⑤ ⑥ ⑦ ⑧ ⑨ ⑩
35	① ② ③ ④ ⑤ ⑥ ⑦ ⑧ ⑨ ⑩
36	① ② ③ ④ ⑤ ⑥ ⑦ ⑧ ⑨ ⑩
37	① ② ③ ④ ⑤ ⑥ ⑦ ⑧ ⑨ ⑩
38	① ② ③ ④ ⑤ ⑥ ⑦ ⑧ ⑨ ⑩
39	① ② ③ ④ ⑤ ⑥ ⑦ ⑧ ⑨ ⑩
40	① ② ③ ④ ⑤ ⑥ ⑦ ⑧ ⑨ ⑩

解答番号	解答欄
41	① ② ③ ④ ⑤ ⑥ ⑦ ⑧ ⑨ ⑩
42	① ② ③ ④ ⑤ ⑥ ⑦ ⑧ ⑨ ⑩
43	① ② ③ ④ ⑤ ⑥ ⑦ ⑧ ⑨ ⑩
44	① ② ③ ④ ⑤ ⑥ ⑦ ⑧ ⑨ ⑩
45	① ② ③ ④ ⑤ ⑥ ⑦ ⑧ ⑨ ⑩
46	① ② ③ ④ ⑤ ⑥ ⑦ ⑧ ⑨ ⑩
47	① ② ③ ④ ⑤ ⑥ ⑦ ⑧ ⑨ ⑩
48	① ② ③ ④ ⑤ ⑥ ⑦ ⑧ ⑨ ⑩
49	① ② ③ ④ ⑤ ⑥ ⑦ ⑧ ⑨ ⑩
50	① ② ③ ④ ⑤ ⑥ ⑦ ⑧ ⑨ ⑩
51	① ② ③ ④ ⑤ ⑥ ⑦ ⑧ ⑨ ⑩
52	① ② ③ ④ ⑤ ⑥ ⑦ ⑧ ⑨ ⑩
53	① ② ③ ④ ⑤ ⑥ ⑦ ⑧ ⑨ ⑩
54	① ② ③ ④ ⑤ ⑥ ⑦ ⑧ ⑨ ⑩
55	① ② ③ ④ ⑤ ⑥ ⑦ ⑧ ⑨ ⑩
56	① ② ③ ④ ⑤ ⑥ ⑦ ⑧ ⑨ ⑩
57	① ② ③ ④ ⑤ ⑥ ⑦ ⑧ ⑨ ⑩
58	① ② ③ ④ ⑤ ⑥ ⑦ ⑧ ⑨ ⑩
59	① ② ③ ④ ⑤ ⑥ ⑦ ⑧ ⑨ ⑩
60	① ② ③ ④ ⑤ ⑥ ⑦ ⑧ ⑨ ⑩

氏名	
漢字	

← 必ず記入すること

受験番号				
①	①	①	①	①
②	②	②	②	②
③	③	③	③	③
④	④	④	④	④
⑤	⑤	⑤	⑤	⑤
⑥	⑥	⑥	⑥	⑥
⑦	⑦	⑦	⑦	⑦
⑧	⑧	⑧	⑧	⑧
⑨	⑨	⑨	⑨	⑨
⓪	⓪	⓪	⓪	⓪

← まちがいなくマークすること

【注意事項】

1．黒鉛筆またはシャープペンシルを使用し、訂正は消しゴムできれいに消し、消しクズを残さないこと
2．所定欄以外にマークをせず、カードを汚したり折りまげたりしないこと
3．マーク例

良い例	悪い例
●	◐ ◑ ⊘ ◖

推定配点	
Ⅰ、Ⅱ 各4点×15	
Ⅲ～Ⅵ 各2点×20	
100点	計

2024年度　武南高等学校・併願1

数学解答用紙

評点　/100

氏名（漢字）

受験番号

1	1	1	1	1
2	2	2	2	2
3	3	3	3	3
4	4	4	4	4
5	5	5	5	5
6	6	6	6	6
7	7	7	7	7
8	8	8	8	8
9	9	9	9	9
0	0	0	0	0

← 必ず記入すること
← まちがいなくマークすること

【注意事項】
1．黒鉛筆またはシャープペンシルを使用し、訂正は消しゴムできれいに消し、消しクズを残さないこと
2．所定欄以外にマークをせず、カードを汚したり折りまげたりしないこと
3．マーク例

良い例	悪い例
●	◐ ◑ ⊘ ●

解答欄 1

ア	−	1	2	3	4	5	6	7	8	9	0
イ	−	1	2	3	4	5	6	7	8	9	0
ウ	−	1	2	3	4	5	6	7	8	9	0
エ	−	1	2	3	4	5	6	7	8	9	0
オ	−	1	2	3	4	5	6	7	8	9	0
カ	−	1	2	3	4	5	6	7	8	9	0
キ	−	1	2	3	4	5	6	7	8	9	0
ク	−	1	2	3	4	5	6	7	8	9	0
ケ	−	1	2	3	4	5	6	7	8	9	0
コ	−	1	2	3	4	5	6	7	8	9	0
サ	−	1	2	3	4	5	6	7	8	9	0
シ	−	1	2	3	4	5	6	7	8	9	0
ス	−	1	2	3	4	5	6	7	8	9	0
セ	−	1	2	3	4	5	6	7	8	9	0
ソ	−	1	2	3	4	5	6	7	8	9	0
タ	−	1	2	3	4	5	6	7	8	9	0
チ	−	1	2	3	4	5	6	7	8	9	0
ツ	−	1	2	3	4	5	6	7	8	9	0
テ	−	1	2	3	4	5	6	7	8	9	0
ト	−	1	2	3	4	5	6	7	8	9	0
ナ	−	1	2	3	4	5	6	7	8	9	0
ニ	−	1	2	3	4	5	6	7	8	9	0
ヌ	−	1	2	3	4	5	6	7	8	9	0
ネ	−	1	2	3	4	5	6	7	8	9	0
ノ	−	1	2	3	4	5	6	7	8	9	0
ハ	−	1	2	3	4	5	6	7	8	9	0
ヒ	−	1	2	3	4	5	6	7	8	9	0
フ	−	1	2	3	4	5	6	7	8	9	0
ヘ	−	1	2	3	4	5	6	7	8	9	0
ホ	−	1	2	3	4	5	6	7	8	9	0

解答欄 2

ア	−	1	2	3	4	5	6	7	8	9	0
イ	−	1	2	3	4	5	6	7	8	9	0
ウ	−	1	2	3	4	5	6	7	8	9	0
エ	−	1	2	3	4	5	6	7	8	9	0
オ	−	1	2	3	4	5	6	7	8	9	0
カ	−	1	2	3	4	5	6	7	8	9	0
キ	−	1	2	3	4	5	6	7	8	9	0
ク	−	1	2	3	4	5	6	7	8	9	0
ケ	−	1	2	3	4	5	6	7	8	9	0
コ	−	1	2	3	4	5	6	7	8	9	0
サ	−	1	2	3	4	5	6	7	8	9	0
シ	−	1	2	3	4	5	6	7	8	9	0
ス	−	1	2	3	4	5	6	7	8	9	0
セ	−	1	2	3	4	5	6	7	8	9	0
ソ	−	1	2	3	4	5	6	7	8	9	0
タ	−	1	2	3	4	5	6	7	8	9	0
チ	−	1	2	3	4	5	6	7	8	9	0
ツ	−	1	2	3	4	5	6	7	8	9	0
テ	−	1	2	3	4	5	6	7	8	9	0
ト	−	1	2	3	4	5	6	7	8	9	0
ナ	−	1	2	3	4	5	6	7	8	9	0
ニ	−	1	2	3	4	5	6	7	8	9	0
ヌ	−	1	2	3	4	5	6	7	8	9	0
ネ	−	1	2	3	4	5	6	7	8	9	0
ノ	−	1	2	3	4	5	6	7	8	9	0
ハ	−	1	2	3	4	5	6	7	8	9	0
ヒ	−	1	2	3	4	5	6	7	8	9	0
フ	−	1	2	3	4	5	6	7	8	9	0
ヘ	−	1	2	3	4	5	6	7	8	9	0
ホ	−	1	2	3	4	5	6	7	8	9	0

解答欄 3

ア	−	1	2	3	4	5	6	7	8	9	0	A	B	C	D	E	F	G	H
イ	−	1	2	3	4	5	6	7	8	9	0	A	B	C	D	E	F	G	H
ウ	−	1	2	3	4	5	6	7	8	9	0	A	B	C	D	E	F	G	H
エ	−	1	2	3	4	5	6	7	8	9	0	A	B	C	D	E	F	G	H
オ	−	1	2	3	4	5	6	7	8	9	0	A	B	C	D	E	F	G	H
カ	−	1	2	3	4	5	6	7	8	9	0	A	B	C	D	E	F	G	H
キ	−	1	2	3	4	5	6	7	8	9	0	A	B	C	D	E	F	G	H
ク	−	1	2	3	4	5	6	7	8	9	0	A	B	C	D	E	F	G	H
ケ	−	1	2	3	4	5	6	7	8	9	0	A	B	C	D	E	F	G	H
コ	−	1	2	3	4	5	6	7	8	9	0	A	B	C	D	E	F	G	H
サ	−	1	2	3	4	5	6	7	8	9	0	A	B	C	D	E	F	G	H
シ	−	1	2	3	4	5	6	7	8	9	0	A	B	C	D	E	F	G	H
ス	−	1	2	3	4	5	6	7	8	9	0	A	B	C	D	E	F	G	H
セ	−	1	2	3	4	5	6	7	8	9	0	A	B	C	D	E	F	G	H
ソ	−	1	2	3	4	5	6	7	8	9	0	A	B	C	D	E	F	G	H
タ	−	1	2	3	4	5	6	7	8	9	0	A	B	C	D	E	F	G	H
チ	−	1	2	3	4	5	6	7	8	9	0	A	B	C	D	E	F	G	H
ツ	−	1	2	3	4	5	6	7	8	9	0	A	B	C	D	E	F	G	H
テ	−	1	2	3	4	5	6	7	8	9	0	A	B	C	D	E	F	G	H
ト	−	1	2	3	4	5	6	7	8	9	0	A	B	C	D	E	F	G	H
ナ	−	1	2	3	4	5	6	7	8	9	0	A	B	C	D	E	F	G	H
ニ	−	1	2	3	4	5	6	7	8	9	0	A	B	C	D	E	F	G	H
ヌ	−	1	2	3	4	5	6	7	8	9	0	A	B	C	D	E	F	G	H
ネ	−	1	2	3	4	5	6	7	8	9	0	A	B	C	D	E	F	G	H
ノ	−	1	2	3	4	5	6	7	8	9	0	A	B	C	D	E	F	G	H
ハ	−	1	2	3	4	5	6	7	8	9	0	A	B	C	D	E	F	G	H
ヒ	−	1	2	3	4	5	6	7	8	9	0	A	B	C	D	E	F	G	H
フ	−	1	2	3	4	5	6	7	8	9	0	A	B	C	D	E	F	G	H
ヘ	−	1	2	3	4	5	6	7	8	9	0	A	B	C	D	E	F	G	H
ホ	−	1	2	3	4	5	6	7	8	9	0	A	B	C	D	E	F	G	H

（注）この解答用紙は実物を縮小してあります。Ｂ４用紙に141％拡大コピーすると、ほぼ実物大で使用できます。（タイトルと配点表は含みません）

推定配点

1、2　各4点×5
3～8　各5点×16〔3は各5点×3〕

計	100点

二〇二四年度　武南高等学校・併願Ⅰ

国語解答用紙

評点	/100

解答番号	解答欄
1	①②③④⑤⑥⑦⑧⑨⑩
2	①②③④⑤⑥⑦⑧⑨⑩
3	①②③④⑤⑥⑦⑧⑨⑩
4	①②③④⑤⑥⑦⑧⑨⑩
5	①②③④⑤⑥⑦⑧⑨⑩
6	①②③④⑤⑥⑦⑧⑨⑩
7	①②③④⑤⑥⑦⑧⑨⑩
8	①②③④⑤⑥⑦⑧⑨⑩
9	①②③④⑤⑥⑦⑧⑨⑩
10	①②③④⑤⑥⑦⑧⑨⑩
11	①②③④⑤⑥⑦⑧⑨⑩
12	①②③④⑤⑥⑦⑧⑨⑩
13	①②③④⑤⑥⑦⑧⑨⑩
14	①②③④⑤⑥⑦⑧⑨⑩
15	①②③④⑤⑥⑦⑧⑨⑩
16	①②③④⑤⑥⑦⑧⑨⑩
17	①②③④⑤⑥⑦⑧⑨⑩
18	①②③④⑤⑥⑦⑧⑨⑩
19	①②③④⑤⑥⑦⑧⑨⑩
20	①②③④⑤⑥⑦⑧⑨⑩

解答番号	解答欄
21	①②③④⑤⑥⑦⑧⑨⑩
22	①②③④⑤⑥⑦⑧⑨⑩
23	①②③④⑤⑥⑦⑧⑨⑩
24	①②③④⑤⑥⑦⑧⑨⑩
25	①②③④⑤⑥⑦⑧⑨⑩
26	①②③④⑤⑥⑦⑧⑨⑩
27	①②③④⑤⑥⑦⑧⑨⑩
28	①②③④⑤⑥⑦⑧⑨⑩
29	①②③④⑤⑥⑦⑧⑨⑩
30	①②③④⑤⑥⑦⑧⑨⑩
31	①②③④⑤⑥⑦⑧⑨⑩
32	①②③④⑤⑥⑦⑧⑨⑩
33	①②③④⑤⑥⑦⑧⑨⑩
34	①②③④⑤⑥⑦⑧⑨⑩
35	①②③④⑤⑥⑦⑧⑨⑩
36	①②③④⑤⑥⑦⑧⑨⑩
37	①②③④⑤⑥⑦⑧⑨⑩
38	①②③④⑤⑥⑦⑧⑨⑩
39	①②③④⑤⑥⑦⑧⑨⑩
40	①②③④⑤⑥⑦⑧⑨⑩

解答番号	解答欄
41	①②③④⑤⑥⑦⑧⑨⑩
42	①②③④⑤⑥⑦⑧⑨⑩
43	①②③④⑤⑥⑦⑧⑨⑩
44	①②③④⑤⑥⑦⑧⑨⑩
45	①②③④⑤⑥⑦⑧⑨⑩
46	①②③④⑤⑥⑦⑧⑨⑩
47	①②③④⑤⑥⑦⑧⑨⑩
48	①②③④⑤⑥⑦⑧⑨⑩
49	①②③④⑤⑥⑦⑧⑨⑩
50	①②③④⑤⑥⑦⑧⑨⑩
51	①②③④⑤⑥⑦⑧⑨⑩
52	①②③④⑤⑥⑦⑧⑨⑩
53	①②③④⑤⑥⑦⑧⑨⑩
54	①②③④⑤⑥⑦⑧⑨⑩
55	①②③④⑤⑥⑦⑧⑨⑩
56	①②③④⑤⑥⑦⑧⑨⑩
57	①②③④⑤⑥⑦⑧⑨⑩
58	①②③④⑤⑥⑦⑧⑨⑩
59	①②③④⑤⑥⑦⑧⑨⑩
60	①②③④⑤⑥⑦⑧⑨⑩

（注）この解答用紙は実物を縮小してあります。B４用紙に132%拡大コピーすると、ほぼ実物大で使用できます。（タイトルと配点表は含みません）

氏名	
漢字	

← 必ず記入すること

受験番号			
①	①	①	①
②	②	②	②
③	③	③	③
④	④	④	④
⑤	⑤	⑤	⑤
⑥	⑥	⑥	⑥
⑦	⑦	⑦	⑦
⑧	⑧	⑧	⑧
⑨	⑨	⑨	⑨
⑩	⑩	⑩	⑩

← まちがいなくマークすること

【注意事項】

1. 黒鉛筆またはシャープペンシルを使用し、訂正は消しゴムできれいに消し、消しクズを残さないこと
2. 所定欄以外にマークをせず、カードを汚したり折りまげたりしないこと
3. マーク例

良い例	悪い例
●	◯ ◐ ⊘ ●

推定配点	計
一　問1、問2　各2点×6　問3～問10　各3点×8 二　問1～問5　各3点×5　問6　各2点×4　問7～問10　各3点×4 三　問1～問3　各3点×3　問4～問6　各2点×3 四　各2点×7	100点

２０２４年度　武南高等学校・併願２

英語解答用紙

評点
/100

解答番号	解答欄
1	① ② ③ ④ ⑤ ⑥ ⑦ ⑧ ⑨ ⑩
2	① ② ③ ④ ⑤ ⑥ ⑦ ⑧ ⑨ ⑩
3	① ② ③ ④ ⑤ ⑥ ⑦ ⑧ ⑨ ⑩
4	① ② ③ ④ ⑤ ⑥ ⑦ ⑧ ⑨ ⑩
5	① ② ③ ④ ⑤ ⑥ ⑦ ⑧ ⑨ ⑩
6	① ② ③ ④ ⑤ ⑥ ⑦ ⑧ ⑨ ⑩
7	① ② ③ ④ ⑤ ⑥ ⑦ ⑧ ⑨ ⑩
8	① ② ③ ④ ⑤ ⑥ ⑦ ⑧ ⑨ ⑩
9	① ② ③ ④ ⑤ ⑥ ⑦ ⑧ ⑨ ⑩
10	① ② ③ ④ ⑤ ⑥ ⑦ ⑧ ⑨ ⑩
11	① ② ③ ④ ⑤ ⑥ ⑦ ⑧ ⑨ ⑩
12	① ② ③ ④ ⑤ ⑥ ⑦ ⑧ ⑨ ⑩
13	① ② ③ ④ ⑤ ⑥ ⑦ ⑧ ⑨ ⑩
14	① ② ③ ④ ⑤ ⑥ ⑦ ⑧ ⑨ ⑩
15	① ② ③ ④ ⑤ ⑥ ⑦ ⑧ ⑨ ⑩
16	① ② ③ ④ ⑤ ⑥ ⑦ ⑧ ⑨ ⑩
17	① ② ③ ④ ⑤ ⑥ ⑦ ⑧ ⑨ ⑩
18	① ② ③ ④ ⑤ ⑥ ⑦ ⑧ ⑨ ⑩
19	① ② ③ ④ ⑤ ⑥ ⑦ ⑧ ⑨ ⑩
20	① ② ③ ④ ⑤ ⑥ ⑦ ⑧ ⑨ ⑩

解答番号	解答欄
21	① ② ③ ④ ⑤ ⑥ ⑦ ⑧ ⑨ ⑩
22	① ② ③ ④ ⑤ ⑥ ⑦ ⑧ ⑨ ⑩
23	① ② ③ ④ ⑤ ⑥ ⑦ ⑧ ⑨ ⑩
24	① ② ③ ④ ⑤ ⑥ ⑦ ⑧ ⑨ ⑩
25	① ② ③ ④ ⑤ ⑥ ⑦ ⑧ ⑨ ⑩
26	① ② ③ ④ ⑤ ⑥ ⑦ ⑧ ⑨ ⑩
27	① ② ③ ④ ⑤ ⑥ ⑦ ⑧ ⑨ ⑩
28	① ② ③ ④ ⑤ ⑥ ⑦ ⑧ ⑨ ⑩
29	① ② ③ ④ ⑤ ⑥ ⑦ ⑧ ⑨ ⑩
30	① ② ③ ④ ⑤ ⑥ ⑦ ⑧ ⑨ ⑩
31	① ② ③ ④ ⑤ ⑥ ⑦ ⑧ ⑨ ⑩
32	① ② ③ ④ ⑤ ⑥ ⑦ ⑧ ⑨ ⑩
33	① ② ③ ④ ⑤ ⑥ ⑦ ⑧ ⑨ ⑩
34	① ② ③ ④ ⑤ ⑥ ⑦ ⑧ ⑨ ⑩
35	① ② ③ ④ ⑤ ⑥ ⑦ ⑧ ⑨ ⑩
36	① ② ③ ④ ⑤ ⑥ ⑦ ⑧ ⑨ ⑩
37	① ② ③ ④ ⑤ ⑥ ⑦ ⑧ ⑨ ⑩
38	① ② ③ ④ ⑤ ⑥ ⑦ ⑧ ⑨ ⑩
39	① ② ③ ④ ⑤ ⑥ ⑦ ⑧ ⑨ ⑩
40	① ② ③ ④ ⑤ ⑥ ⑦ ⑧ ⑨ ⑩

解答番号	解答欄
41	① ② ③ ④ ⑤ ⑥ ⑦ ⑧ ⑨ ⑩
42	① ② ③ ④ ⑤ ⑥ ⑦ ⑧ ⑨ ⑩
43	① ② ③ ④ ⑤ ⑥ ⑦ ⑧ ⑨ ⑩
44	① ② ③ ④ ⑤ ⑥ ⑦ ⑧ ⑨ ⑩
45	① ② ③ ④ ⑤ ⑥ ⑦ ⑧ ⑨ ⑩
46	① ② ③ ④ ⑤ ⑥ ⑦ ⑧ ⑨ ⑩
47	① ② ③ ④ ⑤ ⑥ ⑦ ⑧ ⑨ ⑩
48	① ② ③ ④ ⑤ ⑥ ⑦ ⑧ ⑨ ⑩
49	① ② ③ ④ ⑤ ⑥ ⑦ ⑧ ⑨ ⑩
50	① ② ③ ④ ⑤ ⑥ ⑦ ⑧ ⑨ ⑩
51	① ② ③ ④ ⑤ ⑥ ⑦ ⑧ ⑨ ⑩
52	① ② ③ ④ ⑤ ⑥ ⑦ ⑧ ⑨ ⑩
53	① ② ③ ④ ⑤ ⑥ ⑦ ⑧ ⑨ ⑩
54	① ② ③ ④ ⑤ ⑥ ⑦ ⑧ ⑨ ⑩
55	① ② ③ ④ ⑤ ⑥ ⑦ ⑧ ⑨ ⑩
56	① ② ③ ④ ⑤ ⑥ ⑦ ⑧ ⑨ ⑩
57	① ② ③ ④ ⑤ ⑥ ⑦ ⑧ ⑨ ⑩
58	① ② ③ ④ ⑤ ⑥ ⑦ ⑧ ⑨ ⑩
59	① ② ③ ④ ⑤ ⑥ ⑦ ⑧ ⑨ ⑩
60	① ② ③ ④ ⑤ ⑥ ⑦ ⑧ ⑨ ⑩

(注) この解答用紙は実物を縮小してあります。Ｂ４用紙に132%拡大コピーすると、ほぼ実物大で使用できます。(タイトルと配点表は含みません)

氏　名	
漢字	

← 必ず記入すること

受験番号				
①	①	①	①	①
②	②	②	②	②
③	③	③	③	③
④	④	④	④	④
⑤	⑤	⑤	⑤	⑤
⑥	⑥	⑥	⑥	⑥
⑦	⑦	⑦	⑦	⑦
⑧	⑧	⑧	⑧	⑧
⑨	⑨	⑨	⑨	⑨
⓪	⓪	⓪	⓪	⓪

← まちがいなくマークすること

【注意事項】

1．黒鉛筆またはシャープペンシルを使用し、訂正は消しゴムできれいに消し、消しクズを残さないこと
2．所定欄以外にマークをせず、カードを汚したり折りまげたりしないこと
3．マーク例

良い例	悪い例

推定配点	
Ⅰ、Ⅱ　各４点×15　Ⅲ～Ⅵ　各２点×20	
100点	計

２０２４年度　武南高等学校・併願２

数学解答用紙

評点
/100

氏　名（漢字）

受験番号				
①	①	①	①	①
②	②	②	②	②
③	③	③	③	③
④	④	④	④	④
⑤	⑤	⑤	⑤	⑤
⑥	⑥	⑥	⑥	⑥
⑦	⑦	⑦	⑦	⑦
⑧	⑧	⑧	⑧	⑧
⑨	⑨	⑨	⑨	⑨
⓪	⓪	⓪	⓪	⓪

← 必ず記入すること

← まちがいなくマークすること

【注意事項】
1．黒鉛筆またはシャープペンシルを使用し、訂正は消しゴムできれいに消し、消しクズを残さないこと
2．所定欄以外にマークをせず、カードを汚したり折りまげたりしないこと
3．マーク例

良い例	悪い例
●	◔ ◑ ⊘ ◕

解答欄 1

ア	⊖	①	②	③	④	⑤	⑥	⑦	⑧	⑨	⓪
イ	⊖	①	②	③	④	⑤	⑥	⑦	⑧	⑨	⓪
ウ	⊖	①	②	③	④	⑤	⑥	⑦	⑧	⑨	⓪
エ	⊖	①	②	③	④	⑤	⑥	⑦	⑧	⑨	⓪
オ	⊖	①	②	③	④	⑤	⑥	⑦	⑧	⑨	⓪
カ	⊖	①	②	③	④	⑤	⑥	⑦	⑧	⑨	⓪
キ	⊖	①	②	③	④	⑤	⑥	⑦	⑧	⑨	⓪
ク	⊖	①	②	③	④	⑤	⑥	⑦	⑧	⑨	⓪
ケ	⊖	①	②	③	④	⑤	⑥	⑦	⑧	⑨	⓪
コ	⊖	①	②	③	④	⑤	⑥	⑦	⑧	⑨	⓪
サ	⊖	①	②	③	④	⑤	⑥	⑦	⑧	⑨	⓪
シ	⊖	①	②	③	④	⑤	⑥	⑦	⑧	⑨	⓪
ス	⊖	①	②	③	④	⑤	⑥	⑦	⑧	⑨	⓪
セ	⊖	①	②	③	④	⑤	⑥	⑦	⑧	⑨	⓪
ソ	⊖	①	②	③	④	⑤	⑥	⑦	⑧	⑨	⓪
タ	⊖	①	②	③	④	⑤	⑥	⑦	⑧	⑨	⓪
チ	⊖	①	②	③	④	⑤	⑥	⑦	⑧	⑨	⓪
ツ	⊖	①	②	③	④	⑤	⑥	⑦	⑧	⑨	⓪
テ	⊖	①	②	③	④	⑤	⑥	⑦	⑧	⑨	⓪
ト	⊖	①	②	③	④	⑤	⑥	⑦	⑧	⑨	⓪
ナ	⊖	①	②	③	④	⑤	⑥	⑦	⑧	⑨	⓪
ニ	⊖	①	②	③	④	⑤	⑥	⑦	⑧	⑨	⓪
ヌ	⊖	①	②	③	④	⑤	⑥	⑦	⑧	⑨	⓪
ネ	⊖	①	②	③	④	⑤	⑥	⑦	⑧	⑨	⓪
ノ	⊖	①	②	③	④	⑤	⑥	⑦	⑧	⑨	⓪
ハ	⊖	①	②	③	④	⑤	⑥	⑦	⑧	⑨	⓪
ヒ	⊖	①	②	③	④	⑤	⑥	⑦	⑧	⑨	⓪
フ	⊖	①	②	③	④	⑤	⑥	⑦	⑧	⑨	⓪
ヘ	⊖	①	②	③	④	⑤	⑥	⑦	⑧	⑨	⓪
ホ	⊖	①	②	③	④	⑤	⑥	⑦	⑧	⑨	⓪

解答欄 2

ア	⊖	①	②	③	④	⑤	⑥	⑦	⑧	⑨	⓪
イ	⊖	①	②	③	④	⑤	⑥	⑦	⑧	⑨	⓪
ウ	⊖	①	②	③	④	⑤	⑥	⑦	⑧	⑨	⓪
エ	⊖	①	②	③	④	⑤	⑥	⑦	⑧	⑨	⓪
オ	⊖	①	②	③	④	⑤	⑥	⑦	⑧	⑨	⓪
カ	⊖	①	②	③	④	⑤	⑥	⑦	⑧	⑨	⓪
キ	⊖	①	②	③	④	⑤	⑥	⑦	⑧	⑨	⓪
ク	⊖	①	②	③	④	⑤	⑥	⑦	⑧	⑨	⓪
ケ	⊖	①	②	③	④	⑤	⑥	⑦	⑧	⑨	⓪
コ	⊖	①	②	③	④	⑤	⑥	⑦	⑧	⑨	⓪
サ	⊖	①	②	③	④	⑤	⑥	⑦	⑧	⑨	⓪
シ	⊖	①	②	③	④	⑤	⑥	⑦	⑧	⑨	⓪
ス	⊖	①	②	③	④	⑤	⑥	⑦	⑧	⑨	⓪
セ	⊖	①	②	③	④	⑤	⑥	⑦	⑧	⑨	⓪
ソ	⊖	①	②	③	④	⑤	⑥	⑦	⑧	⑨	⓪
タ	⊖	①	②	③	④	⑤	⑥	⑦	⑧	⑨	⓪
チ	⊖	①	②	③	④	⑤	⑥	⑦	⑧	⑨	⓪
ツ	⊖	①	②	③	④	⑤	⑥	⑦	⑧	⑨	⓪
テ	⊖	①	②	③	④	⑤	⑥	⑦	⑧	⑨	⓪
ト	⊖	①	②	③	④	⑤	⑥	⑦	⑧	⑨	⓪
ナ	⊖	①	②	③	④	⑤	⑥	⑦	⑧	⑨	⓪
ニ	⊖	①	②	③	④	⑤	⑥	⑦	⑧	⑨	⓪
ヌ	⊖	①	②	③	④	⑤	⑥	⑦	⑧	⑨	⓪
ネ	⊖	①	②	③	④	⑤	⑥	⑦	⑧	⑨	⓪
ノ	⊖	①	②	③	④	⑤	⑥	⑦	⑧	⑨	⓪
ハ	⊖	①	②	③	④	⑤	⑥	⑦	⑧	⑨	⓪
ヒ	⊖	①	②	③	④	⑤	⑥	⑦	⑧	⑨	⓪
フ	⊖	①	②	③	④	⑤	⑥	⑦	⑧	⑨	⓪
ヘ	⊖	①	②	③	④	⑤	⑥	⑦	⑧	⑨	⓪
ホ	⊖	①	②	③	④	⑤	⑥	⑦	⑧	⑨	⓪

解答欄 3

ア	⊖	①	②	③	④	⑤	⑥	⑦	⑧	⑨	⓪	Ⓐ	Ⓑ	Ⓒ	Ⓓ	Ⓔ	Ⓕ	Ⓖ	Ⓗ
イ	⊖	①	②	③	④	⑤	⑥	⑦	⑧	⑨	⓪	Ⓐ	Ⓑ	Ⓒ	Ⓓ	Ⓔ	Ⓕ	Ⓖ	Ⓗ
ウ	⊖	①	②	③	④	⑤	⑥	⑦	⑧	⑨	⓪	Ⓐ	Ⓑ	Ⓒ	Ⓓ	Ⓔ	Ⓕ	Ⓖ	Ⓗ
エ	⊖	①	②	③	④	⑤	⑥	⑦	⑧	⑨	⓪	Ⓐ	Ⓑ	Ⓒ	Ⓓ	Ⓔ	Ⓕ	Ⓖ	Ⓗ
オ	⊖	①	②	③	④	⑤	⑥	⑦	⑧	⑨	⓪	Ⓐ	Ⓑ	Ⓒ	Ⓓ	Ⓔ	Ⓕ	Ⓖ	Ⓗ
カ	⊖	①	②	③	④	⑤	⑥	⑦	⑧	⑨	⓪	Ⓐ	Ⓑ	Ⓒ	Ⓓ	Ⓔ	Ⓕ	Ⓖ	Ⓗ
キ	⊖	①	②	③	④	⑤	⑥	⑦	⑧	⑨	⓪	Ⓐ	Ⓑ	Ⓒ	Ⓓ	Ⓔ	Ⓕ	Ⓖ	Ⓗ
ク	⊖	①	②	③	④	⑤	⑥	⑦	⑧	⑨	⓪	Ⓐ	Ⓑ	Ⓒ	Ⓓ	Ⓔ	Ⓕ	Ⓖ	Ⓗ
ケ	⊖	①	②	③	④	⑤	⑥	⑦	⑧	⑨	⓪	Ⓐ	Ⓑ	Ⓒ	Ⓓ	Ⓔ	Ⓕ	Ⓖ	Ⓗ
コ	⊖	①	②	③	④	⑤	⑥	⑦	⑧	⑨	⓪	Ⓐ	Ⓑ	Ⓒ	Ⓓ	Ⓔ	Ⓕ	Ⓖ	Ⓗ
サ	⊖	①	②	③	④	⑤	⑥	⑦	⑧	⑨	⓪	Ⓐ	Ⓑ	Ⓒ	Ⓓ	Ⓔ	Ⓕ	Ⓖ	Ⓗ
シ	⊖	①	②	③	④	⑤	⑥	⑦	⑧	⑨	⓪	Ⓐ	Ⓑ	Ⓒ	Ⓓ	Ⓔ	Ⓕ	Ⓖ	Ⓗ
ス	⊖	①	②	③	④	⑤	⑥	⑦	⑧	⑨	⓪	Ⓐ	Ⓑ	Ⓒ	Ⓓ	Ⓔ	Ⓕ	Ⓖ	Ⓗ
セ	⊖	①	②	③	④	⑤	⑥	⑦	⑧	⑨	⓪	Ⓐ	Ⓑ	Ⓒ	Ⓓ	Ⓔ	Ⓕ	Ⓖ	Ⓗ
ソ	⊖	①	②	③	④	⑤	⑥	⑦	⑧	⑨	⓪	Ⓐ	Ⓑ	Ⓒ	Ⓓ	Ⓔ	Ⓕ	Ⓖ	Ⓗ
タ	⊖	①	②	③	④	⑤	⑥	⑦	⑧	⑨	⓪	Ⓐ	Ⓑ	Ⓒ	Ⓓ	Ⓔ	Ⓕ	Ⓖ	Ⓗ
チ	⊖	①	②	③	④	⑤	⑥	⑦	⑧	⑨	⓪	Ⓐ	Ⓑ	Ⓒ	Ⓓ	Ⓔ	Ⓕ	Ⓖ	Ⓗ
ツ	⊖	①	②	③	④	⑤	⑥	⑦	⑧	⑨	⓪	Ⓐ	Ⓑ	Ⓒ	Ⓓ	Ⓔ	Ⓕ	Ⓖ	Ⓗ
テ	⊖	①	②	③	④	⑤	⑥	⑦	⑧	⑨	⓪	Ⓐ	Ⓑ	Ⓒ	Ⓓ	Ⓔ	Ⓕ	Ⓖ	Ⓗ
ト	⊖	①	②	③	④	⑤	⑥	⑦	⑧	⑨	⓪	Ⓐ	Ⓑ	Ⓒ	Ⓓ	Ⓔ	Ⓕ	Ⓖ	Ⓗ
ナ	⊖	①	②	③	④	⑤	⑥	⑦	⑧	⑨	⓪	Ⓐ	Ⓑ	Ⓒ	Ⓓ	Ⓔ	Ⓕ	Ⓖ	Ⓗ
ニ	⊖	①	②	③	④	⑤	⑥	⑦	⑧	⑨	⓪	Ⓐ	Ⓑ	Ⓒ	Ⓓ	Ⓔ	Ⓕ	Ⓖ	Ⓗ
ヌ	⊖	①	②	③	④	⑤	⑥	⑦	⑧	⑨	⓪	Ⓐ	Ⓑ	Ⓒ	Ⓓ	Ⓔ	Ⓕ	Ⓖ	Ⓗ
ネ	⊖	①	②	③	④	⑤	⑥	⑦	⑧	⑨	⓪	Ⓐ	Ⓑ	Ⓒ	Ⓓ	Ⓔ	Ⓕ	Ⓖ	Ⓗ
ノ	⊖	①	②	③	④	⑤	⑥	⑦	⑧	⑨	⓪	Ⓐ	Ⓑ	Ⓒ	Ⓓ	Ⓔ	Ⓕ	Ⓖ	Ⓗ
ハ	⊖	①	②	③	④	⑤	⑥	⑦	⑧	⑨	⓪	Ⓐ	Ⓑ	Ⓒ	Ⓓ	Ⓔ	Ⓕ	Ⓖ	Ⓗ
ヒ	⊖	①	②	③	④	⑤	⑥	⑦	⑧	⑨	⓪	Ⓐ	Ⓑ	Ⓒ	Ⓓ	Ⓔ	Ⓕ	Ⓖ	Ⓗ
フ	⊖	①	②	③	④	⑤	⑥	⑦	⑧	⑨	⓪	Ⓐ	Ⓑ	Ⓒ	Ⓓ	Ⓔ	Ⓕ	Ⓖ	Ⓗ
ヘ	⊖	①	②	③	④	⑤	⑥	⑦	⑧	⑨	⓪	Ⓐ	Ⓑ	Ⓒ	Ⓓ	Ⓔ	Ⓕ	Ⓖ	Ⓗ
ホ	⊖	①	②	③	④	⑤	⑥	⑦	⑧	⑨	⓪	Ⓐ	Ⓑ	Ⓒ	Ⓓ	Ⓔ	Ⓕ	Ⓖ	Ⓗ

（注）この解答用紙は実物を縮小してあります。Ｂ４用紙に141％拡大コピーすると、ほぼ実物大で使用できます。（タイトルと配点表は含みません）

推定配点	
1～7　各５点×16 8　各４点×５〔キ～ケは完答〕	
100点	計

二〇二四年度　武南高等学校・併願二

国語解答用紙

評点
/100

解答番号	解答欄
1	① ② ③ ④ ⑤ ⑥ ⑦ ⑧ ⑨ ⑩
2	① ② ③ ④ ⑤ ⑥ ⑦ ⑧ ⑨ ⑩
3	① ② ③ ④ ⑤ ⑥ ⑦ ⑧ ⑨ ⑩
4	① ② ③ ④ ⑤ ⑥ ⑦ ⑧ ⑨ ⑩
5	① ② ③ ④ ⑤ ⑥ ⑦ ⑧ ⑨ ⑩
6	① ② ③ ④ ⑤ ⑥ ⑦ ⑧ ⑨ ⑩
7	① ② ③ ④ ⑤ ⑥ ⑦ ⑧ ⑨ ⑩
8	① ② ③ ④ ⑤ ⑥ ⑦ ⑧ ⑨ ⑩
9	① ② ③ ④ ⑤ ⑥ ⑦ ⑧ ⑨ ⑩
10	① ② ③ ④ ⑤ ⑥ ⑦ ⑧ ⑨ ⑩
11	① ② ③ ④ ⑤ ⑥ ⑦ ⑧ ⑨ ⑩
12	① ② ③ ④ ⑤ ⑥ ⑦ ⑧ ⑨ ⑩
13	① ② ③ ④ ⑤ ⑥ ⑦ ⑧ ⑨ ⑩
14	① ② ③ ④ ⑤ ⑥ ⑦ ⑧ ⑨ ⑩
15	① ② ③ ④ ⑤ ⑥ ⑦ ⑧ ⑨ ⑩
16	① ② ③ ④ ⑤ ⑥ ⑦ ⑧ ⑨ ⑩
17	① ② ③ ④ ⑤ ⑥ ⑦ ⑧ ⑨ ⑩
18	① ② ③ ④ ⑤ ⑥ ⑦ ⑧ ⑨ ⑩
19	① ② ③ ④ ⑤ ⑥ ⑦ ⑧ ⑨ ⑩
20	① ② ③ ④ ⑤ ⑥ ⑦ ⑧ ⑨ ⑩

解答番号	解答欄
21	① ② ③ ④ ⑤ ⑥ ⑦ ⑧ ⑨ ⑩
22	① ② ③ ④ ⑤ ⑥ ⑦ ⑧ ⑨ ⑩
23	① ② ③ ④ ⑤ ⑥ ⑦ ⑧ ⑨ ⑩
24	① ② ③ ④ ⑤ ⑥ ⑦ ⑧ ⑨ ⑩
25	① ② ③ ④ ⑤ ⑥ ⑦ ⑧ ⑨ ⑩
26	① ② ③ ④ ⑤ ⑥ ⑦ ⑧ ⑨ ⑩
27	① ② ③ ④ ⑤ ⑥ ⑦ ⑧ ⑨ ⑩
28	① ② ③ ④ ⑤ ⑥ ⑦ ⑧ ⑨ ⑩
29	① ② ③ ④ ⑤ ⑥ ⑦ ⑧ ⑨ ⑩
30	① ② ③ ④ ⑤ ⑥ ⑦ ⑧ ⑨ ⑩
31	① ② ③ ④ ⑤ ⑥ ⑦ ⑧ ⑨ ⑩
32	① ② ③ ④ ⑤ ⑥ ⑦ ⑧ ⑨ ⑩
33	① ② ③ ④ ⑤ ⑥ ⑦ ⑧ ⑨ ⑩
34	① ② ③ ④ ⑤ ⑥ ⑦ ⑧ ⑨ ⑩
35	① ② ③ ④ ⑤ ⑥ ⑦ ⑧ ⑨ ⑩
36	① ② ③ ④ ⑤ ⑥ ⑦ ⑧ ⑨ ⑩
37	① ② ③ ④ ⑤ ⑥ ⑦ ⑧ ⑨ ⑩
38	① ② ③ ④ ⑤ ⑥ ⑦ ⑧ ⑨ ⑩
39	① ② ③ ④ ⑤ ⑥ ⑦ ⑧ ⑨ ⑩
40	① ② ③ ④ ⑤ ⑥ ⑦ ⑧ ⑨ ⑩

解答番号	解答欄
41	① ② ③ ④ ⑤ ⑥ ⑦ ⑧ ⑨ ⑩
42	① ② ③ ④ ⑤ ⑥ ⑦ ⑧ ⑨ ⑩
43	① ② ③ ④ ⑤ ⑥ ⑦ ⑧ ⑨ ⑩
44	① ② ③ ④ ⑤ ⑥ ⑦ ⑧ ⑨ ⑩
45	① ② ③ ④ ⑤ ⑥ ⑦ ⑧ ⑨ ⑩
46	① ② ③ ④ ⑤ ⑥ ⑦ ⑧ ⑨ ⑩
47	① ② ③ ④ ⑤ ⑥ ⑦ ⑧ ⑨ ⑩
48	① ② ③ ④ ⑤ ⑥ ⑦ ⑧ ⑨ ⑩
49	① ② ③ ④ ⑤ ⑥ ⑦ ⑧ ⑨ ⑩
50	① ② ③ ④ ⑤ ⑥ ⑦ ⑧ ⑨ ⑩
51	① ② ③ ④ ⑤ ⑥ ⑦ ⑧ ⑨ ⑩
52	① ② ③ ④ ⑤ ⑥ ⑦ ⑧ ⑨ ⑩
53	① ② ③ ④ ⑤ ⑥ ⑦ ⑧ ⑨ ⑩
54	① ② ③ ④ ⑤ ⑥ ⑦ ⑧ ⑨ ⑩
55	① ② ③ ④ ⑤ ⑥ ⑦ ⑧ ⑨ ⑩
56	① ② ③ ④ ⑤ ⑥ ⑦ ⑧ ⑨ ⑩
57	① ② ③ ④ ⑤ ⑥ ⑦ ⑧ ⑨ ⑩
58	① ② ③ ④ ⑤ ⑥ ⑦ ⑧ ⑨ ⑩
59	① ② ③ ④ ⑤ ⑥ ⑦ ⑧ ⑨ ⑩
60	① ② ③ ④ ⑤ ⑥ ⑦ ⑧ ⑨ ⑩

（注）この解答用紙は実物を縮小してあります。Ｂ４用紙に132%拡大コピーすると、ほぼ実物大で使用できます。（タイトルと配点表は含みません）

氏名	
漢字	

← 必ず記入すること

受験番号				
①	①	①	①	①
②	②	②	②	②
③	③	③	③	③
④	④	④	④	④
⑤	⑤	⑤	⑤	⑤
⑥	⑥	⑥	⑥	⑥
⑦	⑦	⑦	⑦	⑦
⑧	⑧	⑧	⑧	⑧
⑨	⑨	⑨	⑨	⑨
⓪	⓪	⓪	⓪	⓪

← まちがいなくマークすること

【注意事項】

1．黒鉛筆またはシャープペンシルを使用し、訂正は消しゴムできれいに消し、消しクズを残さないこと
2．所定欄以外にマークをせず、カードを汚したり折りまげたりしないこと
3．マーク例

良い例	悪い例
●	

推定配点

一　問１～問３　各２点×７　問４～問10　各３点×７
二　問１　各２点×２　問２～問10　各３点×９
三　問１　３点　問２　２点　問３～問５　各３点×３
四　各２点×10

計　100点

２０２３年度　武南高等学校・併願１

英語解答用紙

評点
／100

（注）この解答用紙は実物を縮小してあります。Ｂ４用紙に132％拡大コピーすると、ほぼ実物大で使用できます。（タイトルと配点表は含みません）

解答番号	解答欄									
1	①	②	③	④	⑤	⑥	⑦	⑧	⑨	⑩
2	①	②	③	④	⑤	⑥	⑦	⑧	⑨	⑩
3	①	②	③	④	⑤	⑥	⑦	⑧	⑨	⑩
4	①	②	③	④	⑤	⑥	⑦	⑧	⑨	⑩
5	①	②	③	④	⑤	⑥	⑦	⑧	⑨	⑩
6	①	②	③	④	⑤	⑥	⑦	⑧	⑨	⑩
7	①	②	③	④	⑤	⑥	⑦	⑧	⑨	⑩
8	①	②	③	④	⑤	⑥	⑦	⑧	⑨	⑩
9	①	②	③	④	⑤	⑥	⑦	⑧	⑨	⑩
10	①	②	③	④	⑤	⑥	⑦	⑧	⑨	⑩
11	①	②	③	④	⑤	⑥	⑦	⑧	⑨	⑩
12	①	②	③	④	⑤	⑥	⑦	⑧	⑨	⑩
13	①	②	③	④	⑤	⑥	⑦	⑧	⑨	⑩
14	①	②	③	④	⑤	⑥	⑦	⑧	⑨	⑩
15	①	②	③	④	⑤	⑥	⑦	⑧	⑨	⑩
16	①	②	③	④	⑤	⑥	⑦	⑧	⑨	⑩
17	①	②	③	④	⑤	⑥	⑦	⑧	⑨	⑩
18	①	②	③	④	⑤	⑥	⑦	⑧	⑨	⑩
19	①	②	③	④	⑤	⑥	⑦	⑧	⑨	⑩
20	①	②	③	④	⑤	⑥	⑦	⑧	⑨	⑩

解答番号	解答欄									
21	①	②	③	④	⑤	⑥	⑦	⑧	⑨	⑩
22	①	②	③	④	⑤	⑥	⑦	⑧	⑨	⑩
23	①	②	③	④	⑤	⑥	⑦	⑧	⑨	⑩
24	①	②	③	④	⑤	⑥	⑦	⑧	⑨	⑩
25	①	②	③	④	⑤	⑥	⑦	⑧	⑨	⑩
26	①	②	③	④	⑤	⑥	⑦	⑧	⑨	⑩
27	①	②	③	④	⑤	⑥	⑦	⑧	⑨	⑩
28	①	②	③	④	⑤	⑥	⑦	⑧	⑨	⑩
29	①	②	③	④	⑤	⑥	⑦	⑧	⑨	⑩
30	①	②	③	④	⑤	⑥	⑦	⑧	⑨	⑩
31	①	②	③	④	⑤	⑥	⑦	⑧	⑨	⑩
32	①	②	③	④	⑤	⑥	⑦	⑧	⑨	⑩
33	①	②	③	④	⑤	⑥	⑦	⑧	⑨	⑩
34	①	②	③	④	⑤	⑥	⑦	⑧	⑨	⑩
35	①	②	③	④	⑤	⑥	⑦	⑧	⑨	⑩
36	①	②	③	④	⑤	⑥	⑦	⑧	⑨	⑩
37	①	②	③	④	⑤	⑥	⑦	⑧	⑨	⑩
38	①	②	③	④	⑤	⑥	⑦	⑧	⑨	⑩
39	①	②	③	④	⑤	⑥	⑦	⑧	⑨	⑩
40	①	②	③	④	⑤	⑥	⑦	⑧	⑨	⑩

解答番号	解答欄									
41	①	②	③	④	⑤	⑥	⑦	⑧	⑨	⑩
42	①	②	③	④	⑤	⑥	⑦	⑧	⑨	⑩
43	①	②	③	④	⑤	⑥	⑦	⑧	⑨	⑩
44	①	②	③	④	⑤	⑥	⑦	⑧	⑨	⑩
45	①	②	③	④	⑤	⑥	⑦	⑧	⑨	⑩
46	①	②	③	④	⑤	⑥	⑦	⑧	⑨	⑩
47	①	②	③	④	⑤	⑥	⑦	⑧	⑨	⑩
48	①	②	③	④	⑤	⑥	⑦	⑧	⑨	⑩
49	①	②	③	④	⑤	⑥	⑦	⑧	⑨	⑩
50	①	②	③	④	⑤	⑥	⑦	⑧	⑨	⑩
51	①	②	③	④	⑤	⑥	⑦	⑧	⑨	⑩
52	①	②	③	④	⑤	⑥	⑦	⑧	⑨	⑩
53	①	②	③	④	⑤	⑥	⑦	⑧	⑨	⑩
54	①	②	③	④	⑤	⑥	⑦	⑧	⑨	⑩
55	①	②	③	④	⑤	⑥	⑦	⑧	⑨	⑩
56	①	②	③	④	⑤	⑥	⑦	⑧	⑨	⑩
57	①	②	③	④	⑤	⑥	⑦	⑧	⑨	⑩
58	①	②	③	④	⑤	⑥	⑦	⑧	⑨	⑩
59	①	②	③	④	⑤	⑥	⑦	⑧	⑨	⑩
60	①	②	③	④	⑤	⑥	⑦	⑧	⑨	⑩

氏　名	
漢字	

↑

受験番号				
①	①	①	①	①
②	②	②	②	②
③	③	③	③	③
④	④	④	④	④
⑤	⑤	⑤	⑤	⑤
⑥	⑥	⑥	⑥	⑥
⑦	⑦	⑦	⑦	⑦
⑧	⑧	⑧	⑧	⑧
⑨	⑨	⑨	⑨	⑨
⓪	⓪	⓪	⓪	⓪

← 必ず記入すること

← まちがいなく マークすること

【注意事項】

1．黒鉛筆またはシャープペンシルを使用し、訂正は消しゴムできれいに消し、消しクズを残さないこと
2．所定欄以外にマークをせず、カードを汚したり折りまげたりしないこと
3．マーク例

良い例	悪い例
●	◯ ◐ ⊘ ◖

推定配点	
Ⅰ、Ⅱ　各４点×15 Ⅲ～Ⅵ　各２点×20	
100点	計

2023年度　武南高等学校・併願1

数学解答用紙

評点	/100

解答欄 3

ア	−	1	2	3	4	5	6	7	8	9	0	A	B	C	D	E	F	G	H
イ	−	1	2	3	4	5	6	7	8	9	0	A	B	C	D	E	F	G	H
ウ	−	1	2	3	4	5	6	7	8	9	0	A	B	C	D	E	F	G	H
エ	−	1	2	3	4	5	6	7	8	9	0	A	B	C	D	E	F	G	H
オ	−	1	2	3	4	5	6	7	8	9	0	A	B	C	D	E	F	G	H
カ	−	1	2	3	4	5	6	7	8	9	0	A	B	C	D	E	F	G	H
キ	−	1	2	3	4	5	6	7	8	9	0	A	B	C	D	E	F	G	H
ク	−	1	2	3	4	5	6	7	8	9	0	A	B	C	D	E	F	G	H
ケ	−	1	2	3	4	5	6	7	8	9	0	A	B	C	D	E	F	G	H
コ	−	1	2	3	4	5	6	7	8	9	0	A	B	C	D	E	F	G	H
サ	−	1	2	3	4	5	6	7	8	9	0	A	B	C	D	E	F	G	H
シ	−	1	2	3	4	5	6	7	8	9	0	A	B	C	D	E	F	G	H
ス	−	1	2	3	4	5	6	7	8	9	0	A	B	C	D	E	F	G	H
セ	−	1	2	3	4	5	6	7	8	9	0	A	B	C	D	E	F	G	H
ソ	−	1	2	3	4	5	6	7	8	9	0	A	B	C	D	E	F	G	H
タ	−	1	2	3	4	5	6	7	8	9	0	A	B	C	D	E	F	G	H
チ	−	1	2	3	4	5	6	7	8	9	0	A	B	C	D	E	F	G	H
ツ	−	1	2	3	4	5	6	7	8	9	0	A	B	C	D	E	F	G	H
テ	−	1	2	3	4	5	6	7	8	9	0	A	B	C	D	E	F	G	H
ト	−	1	2	3	4	5	6	7	8	9	0	A	B	C	D	E	F	G	H
ナ	−	1	2	3	4	5	6	7	8	9	0	A	B	C	D	E	F	G	H
ニ	−	1	2	3	4	5	6	7	8	9	0	A	B	C	D	E	F	G	H
ヌ	−	1	2	3	4	5	6	7	8	9	0	A	B	C	D	E	F	G	H
ネ	−	1	2	3	4	5	6	7	8	9	0	A	B	C	D	E	F	G	H
ノ	−	1	2	3	4	5	6	7	8	9	0	A	B	C	D	E	F	G	H
ハ	−	1	2	3	4	5	6	7	8	9	0	A	B	C	D	E	F	G	H
ヒ	−	1	2	3	4	5	6	7	8	9	0	A	B	C	D	E	F	G	H
フ	−	1	2	3	4	5	6	7	8	9	0	A	B	C	D	E	F	G	H
ヘ	−	1	2	3	4	5	6	7	8	9	0	A	B	C	D	E	F	G	H
ホ	−	1	2	3	4	5	6	7	8	9	0	A	B	C	D	E	F	G	H

解答欄 2

ア	−	1	2	3	4	5	6	7	8	9	0
イ	−	1	2	3	4	5	6	7	8	9	0
ウ	−	1	2	3	4	5	6	7	8	9	0
エ	−	1	2	3	4	5	6	7	8	9	0
オ	−	1	2	3	4	5	6	7	8	9	0
カ	−	1	2	3	4	5	6	7	8	9	0
キ	−	1	2	3	4	5	6	7	8	9	0
ク	−	1	2	3	4	5	6	7	8	9	0
ケ	−	1	2	3	4	5	6	7	8	9	0
コ	−	1	2	3	4	5	6	7	8	9	0
サ	−	1	2	3	4	5	6	7	8	9	0
シ	−	1	2	3	4	5	6	7	8	9	0
ス	−	1	2	3	4	5	6	7	8	9	0
セ	−	1	2	3	4	5	6	7	8	9	0
ソ	−	1	2	3	4	5	6	7	8	9	0
タ	−	1	2	3	4	5	6	7	8	9	0
チ	−	1	2	3	4	5	6	7	8	9	0
ツ	−	1	2	3	4	5	6	7	8	9	0
テ	−	1	2	3	4	5	6	7	8	9	0
ト	−	1	2	3	4	5	6	7	8	9	0
ナ	−	1	2	3	4	5	6	7	8	9	0
ニ	−	1	2	3	4	5	6	7	8	9	0
ヌ	−	1	2	3	4	5	6	7	8	9	0
ネ	−	1	2	3	4	5	6	7	8	9	0
ノ	−	1	2	3	4	5	6	7	8	9	0
ハ	−	1	2	3	4	5	6	7	8	9	0
ヒ	−	1	2	3	4	5	6	7	8	9	0
フ	−	1	2	3	4	5	6	7	8	9	0
ヘ	−	1	2	3	4	5	6	7	8	9	0
ホ	−	1	2	3	4	5	6	7	8	9	0

解答欄 1

ア	−	1	2	3	4	5	6	7	8	9	0
イ	−	1	2	3	4	5	6	7	8	9	0
ウ	−	1	2	3	4	5	6	7	8	9	0
エ	−	1	2	3	4	5	6	7	8	9	0
オ	−	1	2	3	4	5	6	7	8	9	0
カ	−	1	2	3	4	5	6	7	8	9	0
キ	−	1	2	3	4	5	6	7	8	9	0
ク	−	1	2	3	4	5	6	7	8	9	0
ケ	−	1	2	3	4	5	6	7	8	9	0
コ	−	1	2	3	4	5	6	7	8	9	0
サ	−	1	2	3	4	5	6	7	8	9	0
シ	−	1	2	3	4	5	6	7	8	9	0
ス	−	1	2	3	4	5	6	7	8	9	0
セ	−	1	2	3	4	5	6	7	8	9	0
ソ	−	1	2	3	4	5	6	7	8	9	0
タ	−	1	2	3	4	5	6	7	8	9	0
チ	−	1	2	3	4	5	6	7	8	9	0
ツ	−	1	2	3	4	5	6	7	8	9	0
テ	−	1	2	3	4	5	6	7	8	9	0
ト	−	1	2	3	4	5	6	7	8	9	0
ナ	−	1	2	3	4	5	6	7	8	9	0
ニ	−	1	2	3	4	5	6	7	8	9	0
ヌ	−	1	2	3	4	5	6	7	8	9	0
ネ	−	1	2	3	4	5	6	7	8	9	0
ノ	−	1	2	3	4	5	6	7	8	9	0
ハ	−	1	2	3	4	5	6	7	8	9	0
ヒ	−	1	2	3	4	5	6	7	8	9	0
フ	−	1	2	3	4	5	6	7	8	9	0
ヘ	−	1	2	3	4	5	6	7	8	9	0
ホ	−	1	2	3	4	5	6	7	8	9	0

氏　名（漢字）

← 必ず記入すること

受験番号				
1	1	1	1	1
2	2	2	2	2
3	3	3	3	3
4	4	4	4	4
5	5	5	5	5
6	6	6	6	6
7	7	7	7	7
8	8	8	8	8
9	9	9	9	9
0	0	0	0	0

← まちがいなくマークすること

【注意事項】

1. 黒鉛筆またはシャープペンシルを使用し、訂正は消しゴムできれいに消し、消しクズを残さないこと
2. 所定欄以外にマークをせず、カードを汚したり折りまげたりしないこと
3. マーク例

良い例	悪い例
●	◌ ◑ ⊘ ●

（注）この解答用紙は実物を縮小してあります。Ｂ４用紙に141％拡大コピーすると、ほぼ実物大で使用できます。（タイトルと配点表は含みません）

推定配点	計
1 各3点×5〔(4)は完答〕 2～6 各4点×10 7、8 各3点×15	100点

二〇二三年度　武南高等学校・併願一

国語解答用紙

評点
/100

（注）この解答用紙は実物を縮小してあります。Ｂ４用紙に132%拡大コピーすると、ほぼ実物大で使用できます。（タイトルと配点表は含みません）

解答番号	解答欄
1	①②③④⑤⑥⑦⑧⑨⑩
2	①②③④⑤⑥⑦⑧⑨⑩
3	①②③④⑤⑥⑦⑧⑨⑩
4	①②③④⑤⑥⑦⑧⑨⑩
5	①②③④⑤⑥⑦⑧⑨⑩
6	①②③④⑤⑥⑦⑧⑨⑩
7	①②③④⑤⑥⑦⑧⑨⑩
8	①②③④⑤⑥⑦⑧⑨⑩
9	①②③④⑤⑥⑦⑧⑨⑩
10	①②③④⑤⑥⑦⑧⑨⑩
11	①②③④⑤⑥⑦⑧⑨⑩
12	①②③④⑤⑥⑦⑧⑨⑩
13	①②③④⑤⑥⑦⑧⑨⑩
14	①②③④⑤⑥⑦⑧⑨⑩
15	①②③④⑤⑥⑦⑧⑨⑩
16	①②③④⑤⑥⑦⑧⑨⑩
17	①②③④⑤⑥⑦⑧⑨⑩
18	①②③④⑤⑥⑦⑧⑨⑩
19	①②③④⑤⑥⑦⑧⑨⑩
20	①②③④⑤⑥⑦⑧⑨⑩

解答番号	解答欄
21	①②③④⑤⑥⑦⑧⑨⑩
22	①②③④⑤⑥⑦⑧⑨⑩
23	①②③④⑤⑥⑦⑧⑨⑩
24	①②③④⑤⑥⑦⑧⑨⑩
25	①②③④⑤⑥⑦⑧⑨⑩
26	①②③④⑤⑥⑦⑧⑨⑩
27	①②③④⑤⑥⑦⑧⑨⑩
28	①②③④⑤⑥⑦⑧⑨⑩
29	①②③④⑤⑥⑦⑧⑨⑩
30	①②③④⑤⑥⑦⑧⑨⑩
31	①②③④⑤⑥⑦⑧⑨⑩
32	①②③④⑤⑥⑦⑧⑨⑩
33	①②③④⑤⑥⑦⑧⑨⑩
34	①②③④⑤⑥⑦⑧⑨⑩
35	①②③④⑤⑥⑦⑧⑨⑩
36	①②③④⑤⑥⑦⑧⑨⑩
37	①②③④⑤⑥⑦⑧⑨⑩
38	①②③④⑤⑥⑦⑧⑨⑩
39	①②③④⑤⑥⑦⑧⑨⑩
40	①②③④⑤⑥⑦⑧⑨⑩

解答番号	解答欄
41	①②③④⑤⑥⑦⑧⑨⑩
42	①②③④⑤⑥⑦⑧⑨⑩
43	①②③④⑤⑥⑦⑧⑨⑩
44	①②③④⑤⑥⑦⑧⑨⑩
45	①②③④⑤⑥⑦⑧⑨⑩
46	①②③④⑤⑥⑦⑧⑨⑩
47	①②③④⑤⑥⑦⑧⑨⑩
48	①②③④⑤⑥⑦⑧⑨⑩
49	①②③④⑤⑥⑦⑧⑨⑩
50	①②③④⑤⑥⑦⑧⑨⑩
51	①②③④⑤⑥⑦⑧⑨⑩
52	①②③④⑤⑥⑦⑧⑨⑩
53	①②③④⑤⑥⑦⑧⑨⑩
54	①②③④⑤⑥⑦⑧⑨⑩
55	①②③④⑤⑥⑦⑧⑨⑩
56	①②③④⑤⑥⑦⑧⑨⑩
57	①②③④⑤⑥⑦⑧⑨⑩
58	①②③④⑤⑥⑦⑧⑨⑩
59	①②③④⑤⑥⑦⑧⑨⑩
60	①②③④⑤⑥⑦⑧⑨⑩

氏　名	
漢字	

↑ ← 必ず記入すること

受験番号				
①	①	①	①	①
②	②	②	②	②
③	③	③	③	③
④	④	④	④	④
⑤	⑤	⑤	⑤	⑤
⑥	⑥	⑥	⑥	⑥
⑦	⑦	⑦	⑦	⑦
⑧	⑧	⑧	⑧	⑧
⑨	⑨	⑨	⑨	⑨
⓪	⓪	⓪	⓪	⓪

← まちがいなくマークすること

【注意事項】

1．黒鉛筆またはシャープペンシルを使用し、訂正は消しゴムできれいに消し、消しクズを残さないこと
2．所定欄以外にマークをせず、カードを汚したり折りまげたりしないこと
3．マーク例

良い例	悪い例
●	◐ ◑ ⊘ ●

推定配点	
一 問1、問2　各2点×6　問3～問10　各3点×8 二 問1　各2点×2　問2～問5　各3点×4　問6　2点 問7～問10　各3点×4 三 問1　2点　問2～問5　各3点×4　問6　2点 四 各2点×9	
100点	計

２０２３年度　武南高等学校・併願２

英語解答用紙

評点
/100

解答番号	解答欄
1	① ② ③ ④ ⑤ ⑥ ⑦ ⑧ ⑨ ⑩
2	① ② ③ ④ ⑤ ⑥ ⑦ ⑧ ⑨ ⑩
3	① ② ③ ④ ⑤ ⑥ ⑦ ⑧ ⑨ ⑩
4	① ② ③ ④ ⑤ ⑥ ⑦ ⑧ ⑨ ⑩
5	① ② ③ ④ ⑤ ⑥ ⑦ ⑧ ⑨ ⑩
6	① ② ③ ④ ⑤ ⑥ ⑦ ⑧ ⑨ ⑩
7	① ② ③ ④ ⑤ ⑥ ⑦ ⑧ ⑨ ⑩
8	① ② ③ ④ ⑤ ⑥ ⑦ ⑧ ⑨ ⑩
9	① ② ③ ④ ⑤ ⑥ ⑦ ⑧ ⑨ ⑩
10	① ② ③ ④ ⑤ ⑥ ⑦ ⑧ ⑨ ⑩
11	① ② ③ ④ ⑤ ⑥ ⑦ ⑧ ⑨ ⑩
12	① ② ③ ④ ⑤ ⑥ ⑦ ⑧ ⑨ ⑩
13	① ② ③ ④ ⑤ ⑥ ⑦ ⑧ ⑨ ⑩
14	① ② ③ ④ ⑤ ⑥ ⑦ ⑧ ⑨ ⑩
15	① ② ③ ④ ⑤ ⑥ ⑦ ⑧ ⑨ ⑩
16	① ② ③ ④ ⑤ ⑥ ⑦ ⑧ ⑨ ⑩
17	① ② ③ ④ ⑤ ⑥ ⑦ ⑧ ⑨ ⑩
18	① ② ③ ④ ⑤ ⑥ ⑦ ⑧ ⑨ ⑩
19	① ② ③ ④ ⑤ ⑥ ⑦ ⑧ ⑨ ⑩
20	① ② ③ ④ ⑤ ⑥ ⑦ ⑧ ⑨ ⑩

解答番号	解答欄
21	① ② ③ ④ ⑤ ⑥ ⑦ ⑧ ⑨ ⑩
22	① ② ③ ④ ⑤ ⑥ ⑦ ⑧ ⑨ ⑩
23	① ② ③ ④ ⑤ ⑥ ⑦ ⑧ ⑨ ⑩
24	① ② ③ ④ ⑤ ⑥ ⑦ ⑧ ⑨ ⑩
25	① ② ③ ④ ⑤ ⑥ ⑦ ⑧ ⑨ ⑩
26	① ② ③ ④ ⑤ ⑥ ⑦ ⑧ ⑨ ⑩
27	① ② ③ ④ ⑤ ⑥ ⑦ ⑧ ⑨ ⑩
28	① ② ③ ④ ⑤ ⑥ ⑦ ⑧ ⑨ ⑩
29	① ② ③ ④ ⑤ ⑥ ⑦ ⑧ ⑨ ⑩
30	① ② ③ ④ ⑤ ⑥ ⑦ ⑧ ⑨ ⑩
31	① ② ③ ④ ⑤ ⑥ ⑦ ⑧ ⑨ ⑩
32	① ② ③ ④ ⑤ ⑥ ⑦ ⑧ ⑨ ⑩
33	① ② ③ ④ ⑤ ⑥ ⑦ ⑧ ⑨ ⑩
34	① ② ③ ④ ⑤ ⑥ ⑦ ⑧ ⑨ ⑩
35	① ② ③ ④ ⑤ ⑥ ⑦ ⑧ ⑨ ⑩
36	① ② ③ ④ ⑤ ⑥ ⑦ ⑧ ⑨ ⑩
37	① ② ③ ④ ⑤ ⑥ ⑦ ⑧ ⑨ ⑩
38	① ② ③ ④ ⑤ ⑥ ⑦ ⑧ ⑨ ⑩
39	① ② ③ ④ ⑤ ⑥ ⑦ ⑧ ⑨ ⑩
40	① ② ③ ④ ⑤ ⑥ ⑦ ⑧ ⑨ ⑩

解答番号	解答欄
41	① ② ③ ④ ⑤ ⑥ ⑦ ⑧ ⑨ ⑩
42	① ② ③ ④ ⑤ ⑥ ⑦ ⑧ ⑨ ⑩
43	① ② ③ ④ ⑤ ⑥ ⑦ ⑧ ⑨ ⑩
44	① ② ③ ④ ⑤ ⑥ ⑦ ⑧ ⑨ ⑩
45	① ② ③ ④ ⑤ ⑥ ⑦ ⑧ ⑨ ⑩
46	① ② ③ ④ ⑤ ⑥ ⑦ ⑧ ⑨ ⑩
47	① ② ③ ④ ⑤ ⑥ ⑦ ⑧ ⑨ ⑩
48	① ② ③ ④ ⑤ ⑥ ⑦ ⑧ ⑨ ⑩
49	① ② ③ ④ ⑤ ⑥ ⑦ ⑧ ⑨ ⑩
50	① ② ③ ④ ⑤ ⑥ ⑦ ⑧ ⑨ ⑩
51	① ② ③ ④ ⑤ ⑥ ⑦ ⑧ ⑨ ⑩
52	① ② ③ ④ ⑤ ⑥ ⑦ ⑧ ⑨ ⑩
53	① ② ③ ④ ⑤ ⑥ ⑦ ⑧ ⑨ ⑩
54	① ② ③ ④ ⑤ ⑥ ⑦ ⑧ ⑨ ⑩
55	① ② ③ ④ ⑤ ⑥ ⑦ ⑧ ⑨ ⑩
56	① ② ③ ④ ⑤ ⑥ ⑦ ⑧ ⑨ ⑩
57	① ② ③ ④ ⑤ ⑥ ⑦ ⑧ ⑨ ⑩
58	① ② ③ ④ ⑤ ⑥ ⑦ ⑧ ⑨ ⑩
59	① ② ③ ④ ⑤ ⑥ ⑦ ⑧ ⑨ ⑩
60	① ② ③ ④ ⑤ ⑥ ⑦ ⑧ ⑨ ⑩

氏名	
漢字	

← 必ず記入すること

受験番号				
①	①	①	①	①
②	②	②	②	②
③	③	③	③	③
④	④	④	④	④
⑤	⑤	⑤	⑤	⑤
⑥	⑥	⑥	⑥	⑥
⑦	⑦	⑦	⑦	⑦
⑧	⑧	⑧	⑧	⑧
⑨	⑨	⑨	⑨	⑨
⓪	⓪	⓪	⓪	⓪

← まちがいなくマークすること

【注意事項】

1．黒鉛筆またはシャープペンシルを使用し、訂正は消しゴムできれいに消し、消しクズを残さないこと
2．所定欄以外にマークをせず、カードを汚したり折りまげたりしないこと
3．マーク例

良い例	悪い例

（注）この解答用紙は実物を縮小してあります。Ｂ４用紙に132%拡大コピーすると、ほぼ実物大で使用できます。（タイトルと配点表は含みません）

推定配点	
Ⅰ、Ⅱ　各４点×15　Ⅲ～Ⅵ　各２点×20	
100点	計

２０２３年度　武南高等学校・併願２

数学解答用紙

氏　名（漢 字）

受験番号				
1	1	1	1	1
2	2	2	2	2
3	3	3	3	3
4	4	4	4	4
5	5	5	5	5
6	6	6	6	6
7	7	7	7	7
8	8	8	8	8
9	9	9	9	9
0	0	0	0	0

← 必ず記入すること

← まちがいなく マークすること

【注意事項】
1．黒鉛筆またはシャープペンシルを使用し、訂正は消しゴムできれいに消し、消しクズを残さないこと
2．所定欄以外にマークをせず、カードを汚したり折りまげたりしないこと
3．マーク例

良い例	悪い例
●	◌ ◐ ⊘ ⬮

解　答　欄　1											
ア	−	1	2	3	4	5	6	7	8	9	0
イ	−	1	2	3	4	5	6	7	8	9	0
ウ	−	1	2	3	4	5	6	7	8	9	0
エ	−	1	2	3	4	5	6	7	8	9	0
オ	−	1	2	3	4	5	6	7	8	9	0
カ	−	1	2	3	4	5	6	7	8	9	0
キ	−	1	2	3	4	5	6	7	8	9	0
ク	−	1	2	3	4	5	6	7	8	9	0
ケ	−	1	2	3	4	5	6	7	8	9	0
コ	−	1	2	3	4	5	6	7	8	9	0
サ	−	1	2	3	4	5	6	7	8	9	0
シ	−	1	2	3	4	5	6	7	8	9	0
ス	−	1	2	3	4	5	6	7	8	9	0
セ	−	1	2	3	4	5	6	7	8	9	0
ソ	−	1	2	3	4	5	6	7	8	9	0
タ	−	1	2	3	4	5	6	7	8	9	0
チ	−	1	2	3	4	5	6	7	8	9	0
ツ	−	1	2	3	4	5	6	7	8	9	0
テ	−	1	2	3	4	5	6	7	8	9	0
ト	−	1	2	3	4	5	6	7	8	9	0
ナ	−	1	2	3	4	5	6	7	8	9	0
ニ	−	1	2	3	4	5	6	7	8	9	0
ヌ	−	1	2	3	4	5	6	7	8	9	0
ネ	−	1	2	3	4	5	6	7	8	9	0
ノ	−	1	2	3	4	5	6	7	8	9	0
ハ	−	1	2	3	4	5	6	7	8	9	0
ヒ	−	1	2	3	4	5	6	7	8	9	0
フ	−	1	2	3	4	5	6	7	8	9	0
ヘ	−	1	2	3	4	5	6	7	8	9	0
ホ	−	1	2	3	4	5	6	7	8	9	0

解　答　欄　2											
ア	−	1	2	3	4	5	6	7	8	9	0
イ	−	1	2	3	4	5	6	7	8	9	0
ウ	−	1	2	3	4	5	6	7	8	9	0
エ	−	1	2	3	4	5	6	7	8	9	0
オ	−	1	2	3	4	5	6	7	8	9	0
カ	−	1	2	3	4	5	6	7	8	9	0
キ	−	1	2	3	4	5	6	7	8	9	0
ク	−	1	2	3	4	5	6	7	8	9	0
ケ	−	1	2	3	4	5	6	7	8	9	0
コ	−	1	2	3	4	5	6	7	8	9	0
サ	−	1	2	3	4	5	6	7	8	9	0
シ	−	1	2	3	4	5	6	7	8	9	0
ス	−	1	2	3	4	5	6	7	8	9	0
セ	−	1	2	3	4	5	6	7	8	9	0
ソ	−	1	2	3	4	5	6	7	8	9	0
タ	−	1	2	3	4	5	6	7	8	9	0
チ	−	1	2	3	4	5	6	7	8	9	0
ツ	−	1	2	3	4	5	6	7	8	9	0
テ	−	1	2	3	4	5	6	7	8	9	0
ト	−	1	2	3	4	5	6	7	8	9	0
ナ	−	1	2	3	4	5	6	7	8	9	0
ニ	−	1	2	3	4	5	6	7	8	9	0
ヌ	−	1	2	3	4	5	6	7	8	9	0
ネ	−	1	2	3	4	5	6	7	8	9	0
ノ	−	1	2	3	4	5	6	7	8	9	0
ハ	−	1	2	3	4	5	6	7	8	9	0
ヒ	−	1	2	3	4	5	6	7	8	9	0
フ	−	1	2	3	4	5	6	7	8	9	0
ヘ	−	1	2	3	4	5	6	7	8	9	0
ホ	−	1	2	3	4	5	6	7	8	9	0

解　答　欄　3																			
ア	−	1	2	3	4	5	6	7	8	9	0	A	B	C	D	E	F	G	H
イ	−	1	2	3	4	5	6	7	8	9	0	A	B	C	D	E	F	G	H
ウ	−	1	2	3	4	5	6	7	8	9	0	A	B	C	D	E	F	G	H
エ	−	1	2	3	4	5	6	7	8	9	0	A	B	C	D	E	F	G	H
オ	−	1	2	3	4	5	6	7	8	9	0	A	B	C	D	E	F	G	H
カ	−	1	2	3	4	5	6	7	8	9	0	A	B	C	D	E	F	G	H
キ	−	1	2	3	4	5	6	7	8	9	0	A	B	C	D	E	F	G	H
ク	−	1	2	3	4	5	6	7	8	9	0	A	B	C	D	E	F	G	H
ケ	−	1	2	3	4	5	6	7	8	9	0	A	B	C	D	E	F	G	H
コ	−	1	2	3	4	5	6	7	8	9	0	A	B	C	D	E	F	G	H
サ	−	1	2	3	4	5	6	7	8	9	0	A	B	C	D	E	F	G	H
シ	−	1	2	3	4	5	6	7	8	9	0	A	B	C	D	E	F	G	H
ス	−	1	2	3	4	5	6	7	8	9	0	A	B	C	D	E	F	G	H
セ	−	1	2	3	4	5	6	7	8	9	0	A	B	C	D	E	F	G	H
ソ	−	1	2	3	4	5	6	7	8	9	0	A	B	C	D	E	F	G	H
タ	−	1	2	3	4	5	6	7	8	9	0	A	B	C	D	E	F	G	H
チ	−	1	2	3	4	5	6	7	8	9	0	A	B	C	D	E	F	G	H
ツ	−	1	2	3	4	5	6	7	8	9	0	A	B	C	D	E	F	G	H
テ	−	1	2	3	4	5	6	7	8	9	0	A	B	C	D	E	F	G	H
ト	−	1	2	3	4	5	6	7	8	9	0	A	B	C	D	E	F	G	H
ナ	−	1	2	3	4	5	6	7	8	9	0	A	B	C	D	E	F	G	H
ニ	−	1	2	3	4	5	6	7	8	9	0	A	B	C	D	E	F	G	H
ヌ	−	1	2	3	4	5	6	7	8	9	0	A	B	C	D	E	F	G	H
ネ	−	1	2	3	4	5	6	7	8	9	0	A	B	C	D	E	F	G	H
ノ	−	1	2	3	4	5	6	7	8	9	0	A	B	C	D	E	F	G	H
ハ	−	1	2	3	4	5	6	7	8	9	0	A	B	C	D	E	F	G	H
ヒ	−	1	2	3	4	5	6	7	8	9	0	A	B	C	D	E	F	G	H
フ	−	1	2	3	4	5	6	7	8	9	0	A	B	C	D	E	F	G	H
ヘ	−	1	2	3	4	5	6	7	8	9	0	A	B	C	D	E	F	G	H
ホ	−	1	2	3	4	5	6	7	8	9	0	A	B	C	D	E	F	G	H

評点
／100

（注）この解答用紙は実物を縮小してあります。Ｂ４用紙に141％拡大コピーすると、ほぼ実物大で使用できます。（タイトルと配点表は含みません）

推定配点	
1～8　各４点×25〔1(4)、8イウ、エ～セはそれぞれ完答〕	
100点	計

二〇二三年度　武南高等学校・併願二

国語解答用紙

評点
/100

推定配点
一　問1、問2　各2点×6　問3～問10　各3点×8
二　問1～問6　各3点×6　問7　2点　問8～問10　各3点×3　問11　2点
三　問1　3点　問2　各2点×2　問3、問4　各3点×2　問5　2点
四　各2点×9
計　100点

氏	名
漢字	

受験番号				
①	①	①	①	①
②	②	②	②	②
③	③	③	③	③
④	④	④	④	④
⑤	⑤	⑤	⑤	⑤
⑥	⑥	⑥	⑥	⑥
⑦	⑦	⑦	⑦	⑦
⑧	⑧	⑧	⑧	⑧
⑨	⑨	⑨	⑨	⑨
⓪	⓪	⓪	⓪	⓪

← 必ず記入すること

← まちがいなく マークすること

【注意事項】

1．黒鉛筆またはシャープペンシルを使用し、訂正は消しゴムできれいに消し、消しクズを残さないこと

2．所定欄以外にマークをせず、カードを汚したり折りまげたりしないこと

3．マーク例

良い例	悪い例
●	◯◐⊘◕

解答番号	解答欄
1	①②③④⑤⑥⑦⑧⑨⑩
2	①②③④⑤⑥⑦⑧⑨⑩
3	①②③④⑤⑥⑦⑧⑨⑩
4	①②③④⑤⑥⑦⑧⑨⑩
5	①②③④⑤⑥⑦⑧⑨⑩
6	①②③④⑤⑥⑦⑧⑨⑩
7	①②③④⑤⑥⑦⑧⑨⑩
8	①②③④⑤⑥⑦⑧⑨⑩
9	①②③④⑤⑥⑦⑧⑨⑩
10	①②③④⑤⑥⑦⑧⑨⑩
11	①②③④⑤⑥⑦⑧⑨⑩
12	①②③④⑤⑥⑦⑧⑨⑩
13	①②③④⑤⑥⑦⑧⑨⑩
14	①②③④⑤⑥⑦⑧⑨⑩
15	①②③④⑤⑥⑦⑧⑨⑩
16	①②③④⑤⑥⑦⑧⑨⑩
17	①②③④⑤⑥⑦⑧⑨⑩
18	①②③④⑤⑥⑦⑧⑨⑩
19	①②③④⑤⑥⑦⑧⑨⑩
20	①②③④⑤⑥⑦⑧⑨⑩

解答番号	解答欄
21	①②③④⑤⑥⑦⑧⑨⑩
22	①②③④⑤⑥⑦⑧⑨⑩
23	①②③④⑤⑥⑦⑧⑨⑩
24	①②③④⑤⑥⑦⑧⑨⑩
25	①②③④⑤⑥⑦⑧⑨⑩
26	①②③④⑤⑥⑦⑧⑨⑩
27	①②③④⑤⑥⑦⑧⑨⑩
28	①②③④⑤⑥⑦⑧⑨⑩
29	①②③④⑤⑥⑦⑧⑨⑩
30	①②③④⑤⑥⑦⑧⑨⑩
31	①②③④⑤⑥⑦⑧⑨⑩
32	①②③④⑤⑥⑦⑧⑨⑩
33	①②③④⑤⑥⑦⑧⑨⑩
34	①②③④⑤⑥⑦⑧⑨⑩
35	①②③④⑤⑥⑦⑧⑨⑩
36	①②③④⑤⑥⑦⑧⑨⑩
37	①②③④⑤⑥⑦⑧⑨⑩
38	①②③④⑤⑥⑦⑧⑨⑩
39	①②③④⑤⑥⑦⑧⑨⑩
40	①②③④⑤⑥⑦⑧⑨⑩

解答番号	解答欄
41	①②③④⑤⑥⑦⑧⑨⑩
42	①②③④⑤⑥⑦⑧⑨⑩
43	①②③④⑤⑥⑦⑧⑨⑩
44	①②③④⑤⑥⑦⑧⑨⑩
45	①②③④⑤⑥⑦⑧⑨⑩
46	①②③④⑤⑥⑦⑧⑨⑩
47	①②③④⑤⑥⑦⑧⑨⑩
48	①②③④⑤⑥⑦⑧⑨⑩
49	①②③④⑤⑥⑦⑧⑨⑩
50	①②③④⑤⑥⑦⑧⑨⑩
51	①②③④⑤⑥⑦⑧⑨⑩
52	①②③④⑤⑥⑦⑧⑨⑩
53	①②③④⑤⑥⑦⑧⑨⑩
54	①②③④⑤⑥⑦⑧⑨⑩
55	①②③④⑤⑥⑦⑧⑨⑩
56	①②③④⑤⑥⑦⑧⑨⑩
57	①②③④⑤⑥⑦⑧⑨⑩
58	①②③④⑤⑥⑦⑧⑨⑩
59	①②③④⑤⑥⑦⑧⑨⑩
60	①②③④⑤⑥⑦⑧⑨⑩

（注）この解答用紙は実物を縮小してあります。Ｂ４用紙に132%拡大コピーすると、ほぼ実物大で使用できます。（タイトルと配点表は含みません）

２０２２年度　武南高等学校・併願１

英語解答用紙

評点
/100

(注) この解答用紙は実物を縮小してあります。Ｂ４用紙に125%拡大コピーすると、ほぼ実物大で使用できます。(タイトルと配点表は含みません)

解答番号	解答欄
1	① ② ③ ④ ⑤ ⑥ ⑦ ⑧ ⑨ ⑩
2	① ② ③ ④ ⑤ ⑥ ⑦ ⑧ ⑨ ⑩
3	① ② ③ ④ ⑤ ⑥ ⑦ ⑧ ⑨ ⑩
4	① ② ③ ④ ⑤ ⑥ ⑦ ⑧ ⑨ ⑩
5	① ② ③ ④ ⑤ ⑥ ⑦ ⑧ ⑨ ⑩
6	① ② ③ ④ ⑤ ⑥ ⑦ ⑧ ⑨ ⑩
7	① ② ③ ④ ⑤ ⑥ ⑦ ⑧ ⑨ ⑩
8	① ② ③ ④ ⑤ ⑥ ⑦ ⑧ ⑨ ⑩
9	① ② ③ ④ ⑤ ⑥ ⑦ ⑧ ⑨ ⑩
10	① ② ③ ④ ⑤ ⑥ ⑦ ⑧ ⑨ ⑩
11	① ② ③ ④ ⑤ ⑥ ⑦ ⑧ ⑨ ⑩
12	① ② ③ ④ ⑤ ⑥ ⑦ ⑧ ⑨ ⑩
13	① ② ③ ④ ⑤ ⑥ ⑦ ⑧ ⑨ ⑩
14	① ② ③ ④ ⑤ ⑥ ⑦ ⑧ ⑨ ⑩
15	① ② ③ ④ ⑤ ⑥ ⑦ ⑧ ⑨ ⑩
16	① ② ③ ④ ⑤ ⑥ ⑦ ⑧ ⑨ ⑩
17	① ② ③ ④ ⑤ ⑥ ⑦ ⑧ ⑨ ⑩
18	① ② ③ ④ ⑤ ⑥ ⑦ ⑧ ⑨ ⑩
19	① ② ③ ④ ⑤ ⑥ ⑦ ⑧ ⑨ ⑩
20	① ② ③ ④ ⑤ ⑥ ⑦ ⑧ ⑨ ⑩

解答番号	解答欄
21	① ② ③ ④ ⑤ ⑥ ⑦ ⑧ ⑨ ⑩
22	① ② ③ ④ ⑤ ⑥ ⑦ ⑧ ⑨ ⑩
23	① ② ③ ④ ⑤ ⑥ ⑦ ⑧ ⑨ ⑩
24	① ② ③ ④ ⑤ ⑥ ⑦ ⑧ ⑨ ⑩
25	① ② ③ ④ ⑤ ⑥ ⑦ ⑧ ⑨ ⑩
26	① ② ③ ④ ⑤ ⑥ ⑦ ⑧ ⑨ ⑩
27	① ② ③ ④ ⑤ ⑥ ⑦ ⑧ ⑨ ⑩
28	① ② ③ ④ ⑤ ⑥ ⑦ ⑧ ⑨ ⑩
29	① ② ③ ④ ⑤ ⑥ ⑦ ⑧ ⑨ ⑩
30	① ② ③ ④ ⑤ ⑥ ⑦ ⑧ ⑨ ⑩
31	① ② ③ ④ ⑤ ⑥ ⑦ ⑧ ⑨ ⑩
32	① ② ③ ④ ⑤ ⑥ ⑦ ⑧ ⑨ ⑩
33	① ② ③ ④ ⑤ ⑥ ⑦ ⑧ ⑨ ⑩
34	① ② ③ ④ ⑤ ⑥ ⑦ ⑧ ⑨ ⑩
35	① ② ③ ④ ⑤ ⑥ ⑦ ⑧ ⑨ ⑩
36	① ② ③ ④ ⑤ ⑥ ⑦ ⑧ ⑨ ⑩
37	① ② ③ ④ ⑤ ⑥ ⑦ ⑧ ⑨ ⑩
38	① ② ③ ④ ⑤ ⑥ ⑦ ⑧ ⑨ ⑩
39	① ② ③ ④ ⑤ ⑥ ⑦ ⑧ ⑨ ⑩
40	① ② ③ ④ ⑤ ⑥ ⑦ ⑧ ⑨ ⑩

解答番号	解答欄
41	① ② ③ ④ ⑤ ⑥ ⑦ ⑧ ⑨ ⑩
42	① ② ③ ④ ⑤ ⑥ ⑦ ⑧ ⑨ ⑩
43	① ② ③ ④ ⑤ ⑥ ⑦ ⑧ ⑨ ⑩
44	① ② ③ ④ ⑤ ⑥ ⑦ ⑧ ⑨ ⑩
45	① ② ③ ④ ⑤ ⑥ ⑦ ⑧ ⑨ ⑩
46	① ② ③ ④ ⑤ ⑥ ⑦ ⑧ ⑨ ⑩
47	① ② ③ ④ ⑤ ⑥ ⑦ ⑧ ⑨ ⑩
48	① ② ③ ④ ⑤ ⑥ ⑦ ⑧ ⑨ ⑩
49	① ② ③ ④ ⑤ ⑥ ⑦ ⑧ ⑨ ⑩
50	① ② ③ ④ ⑤ ⑥ ⑦ ⑧ ⑨ ⑩
51	① ② ③ ④ ⑤ ⑥ ⑦ ⑧ ⑨ ⑩
52	① ② ③ ④ ⑤ ⑥ ⑦ ⑧ ⑨ ⑩
53	① ② ③ ④ ⑤ ⑥ ⑦ ⑧ ⑨ ⑩
54	① ② ③ ④ ⑤ ⑥ ⑦ ⑧ ⑨ ⑩
55	① ② ③ ④ ⑤ ⑥ ⑦ ⑧ ⑨ ⑩
56	① ② ③ ④ ⑤ ⑥ ⑦ ⑧ ⑨ ⑩
57	① ② ③ ④ ⑤ ⑥ ⑦ ⑧ ⑨ ⑩
58	① ② ③ ④ ⑤ ⑥ ⑦ ⑧ ⑨ ⑩
59	① ② ③ ④ ⑤ ⑥ ⑦ ⑧ ⑨ ⑩
60	① ② ③ ④ ⑤ ⑥ ⑦ ⑧ ⑨ ⑩

氏名	
かな	
漢字	

受験番号			
①	①	①	①
②	②	②	②
③	③	③	③
④	④	④	④
⑤	⑤	⑤	⑤
⑥	⑥	⑥	⑥
⑦	⑦	⑦	⑦
⑧	⑧	⑧	⑧
⑨	⑨	⑨	⑨
⓪	⓪	⓪	⓪

← 必ず記入すること

← まちがいなく マークすること

【注意事項】

1. 黒鉛筆またはシャープペンシルを使用し、訂正は消しゴムできれいに消し、消しクズを残さないこと
2. 所定欄以外にマークをせず、カードを汚したり折りまげたりしないこと
3. マーク例

良い例	悪い例

推定配点	
Ⅰ、Ⅱ 各４点×15　Ⅲ～Ⅵ 各２点×20	
100点	計

２０２２年度　武南高等学校・併願１

数学解答用紙

評点
/100

解答欄 3

ア	−	1	2	3	4	5	6	7	8	9	0	A	B	C	D	E	F	G	H
イ	−	1	2	3	4	5	6	7	8	9	0	A	B	C	D	E	F	G	H
ウ	−	1	2	3	4	5	6	7	8	9	0	A	B	C	D	E	F	G	H
エ	−	1	2	3	4	5	6	7	8	9	0	A	B	C	D	E	F	G	H
オ	−	1	2	3	4	5	6	7	8	9	0	A	B	C	D	E	F	G	H
カ	−	1	2	3	4	5	6	7	8	9	0	A	B	C	D	E	F	G	H
キ	−	1	2	3	4	5	6	7	8	9	0	A	B	C	D	E	F	G	H
ク	−	1	2	3	4	5	6	7	8	9	0	A	B	C	D	E	F	G	H
ケ	−	1	2	3	4	5	6	7	8	9	0	A	B	C	D	E	F	G	H
コ	−	1	2	3	4	5	6	7	8	9	0	A	B	C	D	E	F	G	H
サ	−	1	2	3	4	5	6	7	8	9	0	A	B	C	D	E	F	G	H
シ	−	1	2	3	4	5	6	7	8	9	0	A	B	C	D	E	F	G	H
ス	−	1	2	3	4	5	6	7	8	9	0	A	B	C	D	E	F	G	H
セ	−	1	2	3	4	5	6	7	8	9	0	A	B	C	D	E	F	G	H
ソ	−	1	2	3	4	5	6	7	8	9	0	A	B	C	D	E	F	G	H
タ	−	1	2	3	4	5	6	7	8	9	0	A	B	C	D	E	F	G	H
チ	−	1	2	3	4	5	6	7	8	9	0	A	B	C	D	E	F	G	H
ツ	−	1	2	3	4	5	6	7	8	9	0	A	B	C	D	E	F	G	H
テ	−	1	2	3	4	5	6	7	8	9	0	A	B	C	D	E	F	G	H
ト	−	1	2	3	4	5	6	7	8	9	0	A	B	C	D	E	F	G	H
ナ	−	1	2	3	4	5	6	7	8	9	0	A	B	C	D	E	F	G	H
ニ	−	1	2	3	4	5	6	7	8	9	0	A	B	C	D	E	F	G	H
ヌ	−	1	2	3	4	5	6	7	8	9	0	A	B	C	D	E	F	G	H
ネ	−	1	2	3	4	5	6	7	8	9	0	A	B	C	D	E	F	G	H
ノ	−	1	2	3	4	5	6	7	8	9	0	A	B	C	D	E	F	G	H
ハ	−	1	2	3	4	5	6	7	8	9	0	A	B	C	D	E	F	G	H
ヒ	−	1	2	3	4	5	6	7	8	9	0	A	B	C	D	E	F	G	H
フ	−	1	2	3	4	5	6	7	8	9	0	A	B	C	D	E	F	G	H
ヘ	−	1	2	3	4	5	6	7	8	9	0	A	B	C	D	E	F	G	H
ホ	−	1	2	3	4	5	6	7	8	9	0	A	B	C	D	E	F	G	H

解答欄 2

ア	−	1	2	3	4	5	6	7	8	9	0
イ	−	1	2	3	4	5	6	7	8	9	0
ウ	−	1	2	3	4	5	6	7	8	9	0
エ	−	1	2	3	4	5	6	7	8	9	0
オ	−	1	2	3	4	5	6	7	8	9	0
カ	−	1	2	3	4	5	6	7	8	9	0
キ	−	1	2	3	4	5	6	7	8	9	0
ク	−	1	2	3	4	5	6	7	8	9	0
ケ	−	1	2	3	4	5	6	7	8	9	0
コ	−	1	2	3	4	5	6	7	8	9	0
サ	−	1	2	3	4	5	6	7	8	9	0
シ	−	1	2	3	4	5	6	7	8	9	0
ス	−	1	2	3	4	5	6	7	8	9	0
セ	−	1	2	3	4	5	6	7	8	9	0
ソ	−	1	2	3	4	5	6	7	8	9	0
タ	−	1	2	3	4	5	6	7	8	9	0
チ	−	1	2	3	4	5	6	7	8	9	0
ツ	−	1	2	3	4	5	6	7	8	9	0
テ	−	1	2	3	4	5	6	7	8	9	0
ト	−	1	2	3	4	5	6	7	8	9	0
ナ	−	1	2	3	4	5	6	7	8	9	0
ニ	−	1	2	3	4	5	6	7	8	9	0
ヌ	−	1	2	3	4	5	6	7	8	9	0
ネ	−	1	2	3	4	5	6	7	8	9	0
ノ	−	1	2	3	4	5	6	7	8	9	0
ハ	−	1	2	3	4	5	6	7	8	9	0
ヒ	−	1	2	3	4	5	6	7	8	9	0
フ	−	1	2	3	4	5	6	7	8	9	0
ヘ	−	1	2	3	4	5	6	7	8	9	0
ホ	−	1	2	3	4	5	6	7	8	9	0

解答欄 1

ア	−	1	2	3	4	5	6	7	8	9	0
イ	−	1	2	3	4	5	6	7	8	9	0
ウ	−	1	2	3	4	5	6	7	8	9	0
エ	−	1	2	3	4	5	6	7	8	9	0
オ	−	1	2	3	4	5	6	7	8	9	0
カ	−	1	2	3	4	5	6	7	8	9	0
キ	−	1	2	3	4	5	6	7	8	9	0
ク	−	1	2	3	4	5	6	7	8	9	0
ケ	−	1	2	3	4	5	6	7	8	9	0
コ	−	1	2	3	4	5	6	7	8	9	0
サ	−	1	2	3	4	5	6	7	8	9	0
シ	−	1	2	3	4	5	6	7	8	9	0
ス	−	1	2	3	4	5	6	7	8	9	0
セ	−	1	2	3	4	5	6	7	8	9	0
ソ	−	1	2	3	4	5	6	7	8	9	0
タ	−	1	2	3	4	5	6	7	8	9	0
チ	−	1	2	3	4	5	6	7	8	9	0
ツ	−	1	2	3	4	5	6	7	8	9	0
テ	−	1	2	3	4	5	6	7	8	9	0
ト	−	1	2	3	4	5	6	7	8	9	0
ナ	−	1	2	3	4	5	6	7	8	9	0
ニ	−	1	2	3	4	5	6	7	8	9	0
ヌ	−	1	2	3	4	5	6	7	8	9	0
ネ	−	1	2	3	4	5	6	7	8	9	0
ノ	−	1	2	3	4	5	6	7	8	9	0
ハ	−	1	2	3	4	5	6	7	8	9	0
ヒ	−	1	2	3	4	5	6	7	8	9	0
フ	−	1	2	3	4	5	6	7	8	9	0
ヘ	−	1	2	3	4	5	6	7	8	9	0
ホ	−	1	2	3	4	5	6	7	8	9	0

（注）この解答用紙は実物を縮小してあります。Ｂ４用紙に142％拡大コピーすると、ほぼ実物大で使用できます。（タイトルと配点表は含みません）

氏　名（漢 字）

↑ 必ず記入すること

受験番号			
1	1	1	1
2	2	2	2
3	3	3	3
4	4	4	4
5	5	5	5
6	6	6	6
7	7	7	7
8	8	8	8
9	9	9	9
0	0	0	0

← 必ず記入すること

← まちがいなくマークすること

【注意事項】

・黒鉛筆またはシャープペンシルを使用する

・訂正は消しゴムできれいに消し、消しクズを残さないこと

推定配点

1〜5 各3点×18〔4は各3点×7〕

6 各4点×4

7 各3点×10

計	100点

二〇二二年度　武南高等学校・併願Ⅰ

国語解答用紙

評点
/100

氏	名
かな	
漢字	

← 必ず記入すること

受験番号			
①	①	①	①
②	②	②	②
③	③	③	③
④	④	④	④
⑤	⑤	⑤	⑤
⑥	⑥	⑥	⑥
⑦	⑦	⑦	⑦
⑧	⑧	⑧	⑧
⑨	⑨	⑨	⑨
⓪	⓪	⓪	⓪

← まちがいなく マークすること

【注意事項】
1．黒鉛筆またはシャープペンシルを使用し、訂正は消しゴムできれいに消し、消しクズを残さないこと
2．所定欄以外にマークをせず、カードを汚したり折りまげたりしないこと
3．マーク例

良い例	悪い例
●	◔ ◑ ⊘ ◕

解答番号	解答欄
1	① ② ③ ④ ⑤ ⑥ ⑦ ⑧ ⑨ ⑩
2	① ② ③ ④ ⑤ ⑥ ⑦ ⑧ ⑨ ⑩
3	① ② ③ ④ ⑤ ⑥ ⑦ ⑧ ⑨ ⑩
4	① ② ③ ④ ⑤ ⑥ ⑦ ⑧ ⑨ ⑩
5	① ② ③ ④ ⑤ ⑥ ⑦ ⑧ ⑨ ⑩
6	① ② ③ ④ ⑤ ⑥ ⑦ ⑧ ⑨ ⑩
7	① ② ③ ④ ⑤ ⑥ ⑦ ⑧ ⑨ ⑩
8	① ② ③ ④ ⑤ ⑥ ⑦ ⑧ ⑨ ⑩
9	① ② ③ ④ ⑤ ⑥ ⑦ ⑧ ⑨ ⑩
10	① ② ③ ④ ⑤ ⑥ ⑦ ⑧ ⑨ ⑩
11	① ② ③ ④ ⑤ ⑥ ⑦ ⑧ ⑨ ⑩
12	① ② ③ ④ ⑤ ⑥ ⑦ ⑧ ⑨ ⑩
13	① ② ③ ④ ⑤ ⑥ ⑦ ⑧ ⑨ ⑩
14	① ② ③ ④ ⑤ ⑥ ⑦ ⑧ ⑨ ⑩
15	① ② ③ ④ ⑤ ⑥ ⑦ ⑧ ⑨ ⑩
16	① ② ③ ④ ⑤ ⑥ ⑦ ⑧ ⑨ ⑩
17	① ② ③ ④ ⑤ ⑥ ⑦ ⑧ ⑨ ⑩
18	① ② ③ ④ ⑤ ⑥ ⑦ ⑧ ⑨ ⑩
19	① ② ③ ④ ⑤ ⑥ ⑦ ⑧ ⑨ ⑩
20	① ② ③ ④ ⑤ ⑥ ⑦ ⑧ ⑨ ⑩

解答番号	解答欄
21	① ② ③ ④ ⑤ ⑥ ⑦ ⑧ ⑨ ⑩
22	① ② ③ ④ ⑤ ⑥ ⑦ ⑧ ⑨ ⑩
23	① ② ③ ④ ⑤ ⑥ ⑦ ⑧ ⑨ ⑩
24	① ② ③ ④ ⑤ ⑥ ⑦ ⑧ ⑨ ⑩
25	① ② ③ ④ ⑤ ⑥ ⑦ ⑧ ⑨ ⑩
26	① ② ③ ④ ⑤ ⑥ ⑦ ⑧ ⑨ ⑩
27	① ② ③ ④ ⑤ ⑥ ⑦ ⑧ ⑨ ⑩
28	① ② ③ ④ ⑤ ⑥ ⑦ ⑧ ⑨ ⑩
29	① ② ③ ④ ⑤ ⑥ ⑦ ⑧ ⑨ ⑩
30	① ② ③ ④ ⑤ ⑥ ⑦ ⑧ ⑨ ⑩
31	① ② ③ ④ ⑤ ⑥ ⑦ ⑧ ⑨ ⑩
32	① ② ③ ④ ⑤ ⑥ ⑦ ⑧ ⑨ ⑩
33	① ② ③ ④ ⑤ ⑥ ⑦ ⑧ ⑨ ⑩
34	① ② ③ ④ ⑤ ⑥ ⑦ ⑧ ⑨ ⑩
35	① ② ③ ④ ⑤ ⑥ ⑦ ⑧ ⑨ ⑩
36	① ② ③ ④ ⑤ ⑥ ⑦ ⑧ ⑨ ⑩
37	① ② ③ ④ ⑤ ⑥ ⑦ ⑧ ⑨ ⑩
38	① ② ③ ④ ⑤ ⑥ ⑦ ⑧ ⑨ ⑩
39	① ② ③ ④ ⑤ ⑥ ⑦ ⑧ ⑨ ⑩
40	① ② ③ ④ ⑤ ⑥ ⑦ ⑧ ⑨ ⑩

解答番号	解答欄
41	① ② ③ ④ ⑤ ⑥ ⑦ ⑧ ⑨ ⑩
42	① ② ③ ④ ⑤ ⑥ ⑦ ⑧ ⑨ ⑩
43	① ② ③ ④ ⑤ ⑥ ⑦ ⑧ ⑨ ⑩
44	① ② ③ ④ ⑤ ⑥ ⑦ ⑧ ⑨ ⑩
45	① ② ③ ④ ⑤ ⑥ ⑦ ⑧ ⑨ ⑩
46	① ② ③ ④ ⑤ ⑥ ⑦ ⑧ ⑨ ⑩
47	① ② ③ ④ ⑤ ⑥ ⑦ ⑧ ⑨ ⑩
48	① ② ③ ④ ⑤ ⑥ ⑦ ⑧ ⑨ ⑩
49	① ② ③ ④ ⑤ ⑥ ⑦ ⑧ ⑨ ⑩
50	① ② ③ ④ ⑤ ⑥ ⑦ ⑧ ⑨ ⑩
51	① ② ③ ④ ⑤ ⑥ ⑦ ⑧ ⑨ ⑩
52	① ② ③ ④ ⑤ ⑥ ⑦ ⑧ ⑨ ⑩
53	① ② ③ ④ ⑤ ⑥ ⑦ ⑧ ⑨ ⑩
54	① ② ③ ④ ⑤ ⑥ ⑦ ⑧ ⑨ ⑩
55	① ② ③ ④ ⑤ ⑥ ⑦ ⑧ ⑨ ⑩
56	① ② ③ ④ ⑤ ⑥ ⑦ ⑧ ⑨ ⑩
57	① ② ③ ④ ⑤ ⑥ ⑦ ⑧ ⑨ ⑩
58	① ② ③ ④ ⑤ ⑥ ⑦ ⑧ ⑨ ⑩
59	① ② ③ ④ ⑤ ⑥ ⑦ ⑧ ⑨ ⑩
60	① ② ③ ④ ⑤ ⑥ ⑦ ⑧ ⑨ ⑩

（注）この解答用紙は実物を縮小してあります。Ｂ４用紙に125%拡大コピーすると、ほぼ実物大で使用できます。（タイトルと配点表は含みません）

推定配点	
一 問１　各２点×５　問２、問３　各３点×２　問４　各２点×２ 問５～問７　各３点×３　問８　２点　問９～問11　各３点×４ 二 問１、問２　各３点×２　問３　２点　問４～問10　各３点×７ 三 問１、問２　各２点×２　問３　３点　問４　２点　問５　３点 四 各２点×８	
計	100点

２０２２年度　武南高等学校・併願２

英語解答用紙

評点　/100

推定配点
Ⅰ、Ⅱ 各4点×15
Ⅲ～Ⅵ 各2点×20
計 100点

氏名	
かな	
漢字	

受験番号			
①	①	①	①
②	②	②	②
③	③	③	③
④	④	④	④
⑤	⑤	⑤	⑤
⑥	⑥	⑥	⑥
⑦	⑦	⑦	⑦
⑧	⑧	⑧	⑧
⑨	⑨	⑨	⑨
⓪	⓪	⓪	⓪

← 必ず記入すること

← まちがいなく マークすること

【注意事項】

1．黒鉛筆またはシャープペンシルを使用し、訂正は消しゴムできれいに消し、消しクズを残さないこと
2．所定欄以外にマークをせず、カードを汚したり折りまげたりしないこと
3．マーク例

良い例	悪い例
●	◐ ◑ ⊘ ●

解答番号	解答欄
1	① ② ③ ④ ⑤ ⑥ ⑦ ⑧ ⑨ ⑩
2	① ② ③ ④ ⑤ ⑥ ⑦ ⑧ ⑨ ⑩
3	① ② ③ ④ ⑤ ⑥ ⑦ ⑧ ⑨ ⑩
4	① ② ③ ④ ⑤ ⑥ ⑦ ⑧ ⑨ ⑩
5	① ② ③ ④ ⑤ ⑥ ⑦ ⑧ ⑨ ⑩
6	① ② ③ ④ ⑤ ⑥ ⑦ ⑧ ⑨ ⑩
7	① ② ③ ④ ⑤ ⑥ ⑦ ⑧ ⑨ ⑩
8	① ② ③ ④ ⑤ ⑥ ⑦ ⑧ ⑨ ⑩
9	① ② ③ ④ ⑤ ⑥ ⑦ ⑧ ⑨ ⑩
10	① ② ③ ④ ⑤ ⑥ ⑦ ⑧ ⑨ ⑩
11	① ② ③ ④ ⑤ ⑥ ⑦ ⑧ ⑨ ⑩
12	① ② ③ ④ ⑤ ⑥ ⑦ ⑧ ⑨ ⑩
13	① ② ③ ④ ⑤ ⑥ ⑦ ⑧ ⑨ ⑩
14	① ② ③ ④ ⑤ ⑥ ⑦ ⑧ ⑨ ⑩
15	① ② ③ ④ ⑤ ⑥ ⑦ ⑧ ⑨ ⑩
16	① ② ③ ④ ⑤ ⑥ ⑦ ⑧ ⑨ ⑩
17	① ② ③ ④ ⑤ ⑥ ⑦ ⑧ ⑨ ⑩
18	① ② ③ ④ ⑤ ⑥ ⑦ ⑧ ⑨ ⑩
19	① ② ③ ④ ⑤ ⑥ ⑦ ⑧ ⑨ ⑩
20	① ② ③ ④ ⑤ ⑥ ⑦ ⑧ ⑨ ⑩

解答番号	解答欄
21	① ② ③ ④ ⑤ ⑥ ⑦ ⑧ ⑨ ⑩
22	① ② ③ ④ ⑤ ⑥ ⑦ ⑧ ⑨ ⑩
23	① ② ③ ④ ⑤ ⑥ ⑦ ⑧ ⑨ ⑩
24	① ② ③ ④ ⑤ ⑥ ⑦ ⑧ ⑨ ⑩
25	① ② ③ ④ ⑤ ⑥ ⑦ ⑧ ⑨ ⑩
26	① ② ③ ④ ⑤ ⑥ ⑦ ⑧ ⑨ ⑩
27	① ② ③ ④ ⑤ ⑥ ⑦ ⑧ ⑨ ⑩
28	① ② ③ ④ ⑤ ⑥ ⑦ ⑧ ⑨ ⑩
29	① ② ③ ④ ⑤ ⑥ ⑦ ⑧ ⑨ ⑩
30	① ② ③ ④ ⑤ ⑥ ⑦ ⑧ ⑨ ⑩
31	① ② ③ ④ ⑤ ⑥ ⑦ ⑧ ⑨ ⑩
32	① ② ③ ④ ⑤ ⑥ ⑦ ⑧ ⑨ ⑩
33	① ② ③ ④ ⑤ ⑥ ⑦ ⑧ ⑨ ⑩
34	① ② ③ ④ ⑤ ⑥ ⑦ ⑧ ⑨ ⑩
35	① ② ③ ④ ⑤ ⑥ ⑦ ⑧ ⑨ ⑩
36	① ② ③ ④ ⑤ ⑥ ⑦ ⑧ ⑨ ⑩
37	① ② ③ ④ ⑤ ⑥ ⑦ ⑧ ⑨ ⑩
38	① ② ③ ④ ⑤ ⑥ ⑦ ⑧ ⑨ ⑩
39	① ② ③ ④ ⑤ ⑥ ⑦ ⑧ ⑨ ⑩
40	① ② ③ ④ ⑤ ⑥ ⑦ ⑧ ⑨ ⑩

解答番号	解答欄
41	① ② ③ ④ ⑤ ⑥ ⑦ ⑧ ⑨ ⑩
42	① ② ③ ④ ⑤ ⑥ ⑦ ⑧ ⑨ ⑩
43	① ② ③ ④ ⑤ ⑥ ⑦ ⑧ ⑨ ⑩
44	① ② ③ ④ ⑤ ⑥ ⑦ ⑧ ⑨ ⑩
45	① ② ③ ④ ⑤ ⑥ ⑦ ⑧ ⑨ ⑩
46	① ② ③ ④ ⑤ ⑥ ⑦ ⑧ ⑨ ⑩
47	① ② ③ ④ ⑤ ⑥ ⑦ ⑧ ⑨ ⑩
48	① ② ③ ④ ⑤ ⑥ ⑦ ⑧ ⑨ ⑩
49	① ② ③ ④ ⑤ ⑥ ⑦ ⑧ ⑨ ⑩
50	① ② ③ ④ ⑤ ⑥ ⑦ ⑧ ⑨ ⑩
51	① ② ③ ④ ⑤ ⑥ ⑦ ⑧ ⑨ ⑩
52	① ② ③ ④ ⑤ ⑥ ⑦ ⑧ ⑨ ⑩
53	① ② ③ ④ ⑤ ⑥ ⑦ ⑧ ⑨ ⑩
54	① ② ③ ④ ⑤ ⑥ ⑦ ⑧ ⑨ ⑩
55	① ② ③ ④ ⑤ ⑥ ⑦ ⑧ ⑨ ⑩
56	① ② ③ ④ ⑤ ⑥ ⑦ ⑧ ⑨ ⑩
57	① ② ③ ④ ⑤ ⑥ ⑦ ⑧ ⑨ ⑩
58	① ② ③ ④ ⑤ ⑥ ⑦ ⑧ ⑨ ⑩
59	① ② ③ ④ ⑤ ⑥ ⑦ ⑧ ⑨ ⑩
60	① ② ③ ④ ⑤ ⑥ ⑦ ⑧ ⑨ ⑩

（注）この解答用紙は実物を縮小してあります。Ｂ４用紙に125％拡大コピーすると、ほぼ実物大で使用できます。（タイトルと配点表は含みません）

２０２２年度　武南高等学校・併願２

数学解答用紙

評点
/100

(注)この解答用紙は実物を縮小してあります。Ｂ４用紙に142%拡大コピーすると、ほぼ実物大で使用できます。(タイトルと配点表は含みません)

解答欄 1										
ア	−	1	2	3	4	5	6	7	8	9	0
イ	−	1	2	3	4	5	6	7	8	9	0
ウ	−	1	2	3	4	5	6	7	8	9	0
エ	−	1	2	3	4	5	6	7	8	9	0
オ	−	1	2	3	4	5	6	7	8	9	0
カ	−	1	2	3	4	5	6	7	8	9	0
キ	−	1	2	3	4	5	6	7	8	9	0
ク	−	1	2	3	4	5	6	7	8	9	0
ケ	−	1	2	3	4	5	6	7	8	9	0
コ	−	1	2	3	4	5	6	7	8	9	0
サ	−	1	2	3	4	5	6	7	8	9	0
シ	−	1	2	3	4	5	6	7	8	9	0
ス	−	1	2	3	4	5	6	7	8	9	0
セ	−	1	2	3	4	5	6	7	8	9	0
ソ	−	1	2	3	4	5	6	7	8	9	0
タ	−	1	2	3	4	5	6	7	8	9	0
チ	−	1	2	3	4	5	6	7	8	9	0
ツ	−	1	2	3	4	5	6	7	8	9	0
テ	−	1	2	3	4	5	6	7	8	9	0
ト	−	1	2	3	4	5	6	7	8	9	0
ナ	−	1	2	3	4	5	6	7	8	9	0
ニ	−	1	2	3	4	5	6	7	8	9	0
ヌ	−	1	2	3	4	5	6	7	8	9	0
ネ	−	1	2	3	4	5	6	7	8	9	0
ノ	−	1	2	3	4	5	6	7	8	9	0
ハ	−	1	2	3	4	5	6	7	8	9	0
ヒ	−	1	2	3	4	5	6	7	8	9	0
フ	−	1	2	3	4	5	6	7	8	9	0
ヘ	−	1	2	3	4	5	6	7	8	9	0
ホ	−	1	2	3	4	5	6	7	8	9	0

解答欄 2											
ア	−	1	2	3	4	5	6	7	8	9	0
イ	−	1	2	3	4	5	6	7	8	9	0
ウ	−	1	2	3	4	5	6	7	8	9	0
エ	−	1	2	3	4	5	6	7	8	9	0
オ	−	1	2	3	4	5	6	7	8	9	0
カ	−	1	2	3	4	5	6	7	8	9	0
キ	−	1	2	3	4	5	6	7	8	9	0
ク	−	1	2	3	4	5	6	7	8	9	0
ケ	−	1	2	3	4	5	6	7	8	9	0
コ	−	1	2	3	4	5	6	7	8	9	0
サ	−	1	2	3	4	5	6	7	8	9	0
シ	−	1	2	3	4	5	6	7	8	9	0
ス	−	1	2	3	4	5	6	7	8	9	0
セ	−	1	2	3	4	5	6	7	8	9	0
ソ	−	1	2	3	4	5	6	7	8	9	0
タ	−	1	2	3	4	5	6	7	8	9	0
チ	−	1	2	3	4	5	6	7	8	9	0
ツ	−	1	2	3	4	5	6	7	8	9	0
テ	−	1	2	3	4	5	6	7	8	9	0
ト	−	1	2	3	4	5	6	7	8	9	0
ナ	−	1	2	3	4	5	6	7	8	9	0
ニ	−	1	2	3	4	5	6	7	8	9	0
ヌ	−	1	2	3	4	5	6	7	8	9	0
ネ	−	1	2	3	4	5	6	7	8	9	0
ノ	−	1	2	3	4	5	6	7	8	9	0
ハ	−	1	2	3	4	5	6	7	8	9	0
ヒ	−	1	2	3	4	5	6	7	8	9	0
フ	−	1	2	3	4	5	6	7	8	9	0
ヘ	−	1	2	3	4	5	6	7	8	9	0
ホ	−	1	2	3	4	5	6	7	8	9	0

解答欄 3																			
ア	−	1	2	3	4	5	6	7	8	9	0	A	B	C	D	E	F	G	H
イ	−	1	2	3	4	5	6	7	8	9	0	A	B	C	D	E	F	G	H
ウ	−	1	2	3	4	5	6	7	8	9	0	A	B	C	D	E	F	G	H
エ	−	1	2	3	4	5	6	7	8	9	0	A	B	C	D	E	F	G	H
オ	−	1	2	3	4	5	6	7	8	9	0	A	B	C	D	E	F	G	H
カ	−	1	2	3	4	5	6	7	8	9	0	A	B	C	D	E	F	G	H
キ	−	1	2	3	4	5	6	7	8	9	0	A	B	C	D	E	F	G	H
ク	−	1	2	3	4	5	6	7	8	9	0	A	B	C	D	E	F	G	H
ケ	−	1	2	3	4	5	6	7	8	9	0	A	B	C	D	E	F	G	H
コ	−	1	2	3	4	5	6	7	8	9	0	A	B	C	D	E	F	G	H
サ	−	1	2	3	4	5	6	7	8	9	0	A	B	C	D	E	F	G	H
シ	−	1	2	3	4	5	6	7	8	9	0	A	B	C	D	E	F	G	H
ス	−	1	2	3	4	5	6	7	8	9	0	A	B	C	D	E	F	G	H
セ	−	1	2	3	4	5	6	7	8	9	0	A	B	C	D	E	F	G	H
ソ	−	1	2	3	4	5	6	7	8	9	0	A	B	C	D	E	F	G	H
タ	−	1	2	3	4	5	6	7	8	9	0	A	B	C	D	E	F	G	H
チ	−	1	2	3	4	5	6	7	8	9	0	A	B	C	D	E	F	G	H
ツ	−	1	2	3	4	5	6	7	8	9	0	A	B	C	D	E	F	G	H
テ	−	1	2	3	4	5	6	7	8	9	0	A	B	C	D	E	F	G	H
ト	−	1	2	3	4	5	6	7	8	9	0	A	B	C	D	E	F	G	H
ナ	−	1	2	3	4	5	6	7	8	9	0	A	B	C	D	E	F	G	H
ニ	−	1	2	3	4	5	6	7	8	9	0	A	B	C	D	E	F	G	H
ヌ	−	1	2	3	4	5	6	7	8	9	0	A	B	C	D	E	F	G	H
ネ	−	1	2	3	4	5	6	7	8	9	0	A	B	C	D	E	F	G	H
ノ	−	1	2	3	4	5	6	7	8	9	0	A	B	C	D	E	F	G	H
ハ	−	1	2	3	4	5	6	7	8	9	0	A	B	C	D	E	F	G	H
ヒ	−	1	2	3	4	5	6	7	8	9	0	A	B	C	D	E	F	G	H
フ	−	1	2	3	4	5	6	7	8	9	0	A	B	C	D	E	F	G	H
ヘ	−	1	2	3	4	5	6	7	8	9	0	A	B	C	D	E	F	G	H
ホ	−	1	2	3	4	5	6	7	8	9	0	A	B	C	D	E	F	G	H

氏　名(漢 字)

← 必ず記入すること

受験番号			
1	1	1	1
2	2	2	2
3	3	3	3
4	4	4	4
5	5	5	5
6	6	6	6
7	7	7	7
8	8	8	8
9	9	9	9
0	0	0	0

← まちがいなくマークすること

【注意事項】

・黒鉛筆またはシャープペンシルを使用する

・訂正は消しゴムできれいに消し、消しクズを残さないこと

推定配点	
1〜7 各4点×25〔4は各4点×6〕	
100点	計

二〇二二年度　武南高等学校・併願二

国語解答用紙

評点
／100

（注）この解答用紙は実物を縮小してあります。Ｂ４用紙に125%拡大コピーすると、ほぼ実物大で使用できます。（タイトルと配点表は含みません）

解答番号	解答欄
1	① ② ③ ④ ⑤ ⑥ ⑦ ⑧ ⑨ ⑩
2	① ② ③ ④ ⑤ ⑥ ⑦ ⑧ ⑨ ⑩
3	① ② ③ ④ ⑤ ⑥ ⑦ ⑧ ⑨ ⑩
4	① ② ③ ④ ⑤ ⑥ ⑦ ⑧ ⑨ ⑩
5	① ② ③ ④ ⑤ ⑥ ⑦ ⑧ ⑨ ⑩
6	① ② ③ ④ ⑤ ⑥ ⑦ ⑧ ⑨ ⑩
7	① ② ③ ④ ⑤ ⑥ ⑦ ⑧ ⑨ ⑩
8	① ② ③ ④ ⑤ ⑥ ⑦ ⑧ ⑨ ⑩
9	① ② ③ ④ ⑤ ⑥ ⑦ ⑧ ⑨ ⑩
10	① ② ③ ④ ⑤ ⑥ ⑦ ⑧ ⑨ ⑩
11	① ② ③ ④ ⑤ ⑥ ⑦ ⑧ ⑨ ⑩
12	① ② ③ ④ ⑤ ⑥ ⑦ ⑧ ⑨ ⑩
13	① ② ③ ④ ⑤ ⑥ ⑦ ⑧ ⑨ ⑩
14	① ② ③ ④ ⑤ ⑥ ⑦ ⑧ ⑨ ⑩
15	① ② ③ ④ ⑤ ⑥ ⑦ ⑧ ⑨ ⑩
16	① ② ③ ④ ⑤ ⑥ ⑦ ⑧ ⑨ ⑩
17	① ② ③ ④ ⑤ ⑥ ⑦ ⑧ ⑨ ⑩
18	① ② ③ ④ ⑤ ⑥ ⑦ ⑧ ⑨ ⑩
19	① ② ③ ④ ⑤ ⑥ ⑦ ⑧ ⑨ ⑩
20	① ② ③ ④ ⑤ ⑥ ⑦ ⑧ ⑨ ⑩

解答番号	解答欄
21	① ② ③ ④ ⑤ ⑥ ⑦ ⑧ ⑨ ⑩
22	① ② ③ ④ ⑤ ⑥ ⑦ ⑧ ⑨ ⑩
23	① ② ③ ④ ⑤ ⑥ ⑦ ⑧ ⑨ ⑩
24	① ② ③ ④ ⑤ ⑥ ⑦ ⑧ ⑨ ⑩
25	① ② ③ ④ ⑤ ⑥ ⑦ ⑧ ⑨ ⑩
26	① ② ③ ④ ⑤ ⑥ ⑦ ⑧ ⑨ ⑩
27	① ② ③ ④ ⑤ ⑥ ⑦ ⑧ ⑨ ⑩
28	① ② ③ ④ ⑤ ⑥ ⑦ ⑧ ⑨ ⑩
29	① ② ③ ④ ⑤ ⑥ ⑦ ⑧ ⑨ ⑩
30	① ② ③ ④ ⑤ ⑥ ⑦ ⑧ ⑨ ⑩
31	① ② ③ ④ ⑤ ⑥ ⑦ ⑧ ⑨ ⑩
32	① ② ③ ④ ⑤ ⑥ ⑦ ⑧ ⑨ ⑩
33	① ② ③ ④ ⑤ ⑥ ⑦ ⑧ ⑨ ⑩
34	① ② ③ ④ ⑤ ⑥ ⑦ ⑧ ⑨ ⑩
35	① ② ③ ④ ⑤ ⑥ ⑦ ⑧ ⑨ ⑩
36	① ② ③ ④ ⑤ ⑥ ⑦ ⑧ ⑨ ⑩
37	① ② ③ ④ ⑤ ⑥ ⑦ ⑧ ⑨ ⑩
38	① ② ③ ④ ⑤ ⑥ ⑦ ⑧ ⑨ ⑩
39	① ② ③ ④ ⑤ ⑥ ⑦ ⑧ ⑨ ⑩
40	① ② ③ ④ ⑤ ⑥ ⑦ ⑧ ⑨ ⑩

解答番号	解答欄
41	① ② ③ ④ ⑤ ⑥ ⑦ ⑧ ⑨ ⑩
42	① ② ③ ④ ⑤ ⑥ ⑦ ⑧ ⑨ ⑩
43	① ② ③ ④ ⑤ ⑥ ⑦ ⑧ ⑨ ⑩
44	① ② ③ ④ ⑤ ⑥ ⑦ ⑧ ⑨ ⑩
45	① ② ③ ④ ⑤ ⑥ ⑦ ⑧ ⑨ ⑩
46	① ② ③ ④ ⑤ ⑥ ⑦ ⑧ ⑨ ⑩
47	① ② ③ ④ ⑤ ⑥ ⑦ ⑧ ⑨ ⑩
48	① ② ③ ④ ⑤ ⑥ ⑦ ⑧ ⑨ ⑩
49	① ② ③ ④ ⑤ ⑥ ⑦ ⑧ ⑨ ⑩
50	① ② ③ ④ ⑤ ⑥ ⑦ ⑧ ⑨ ⑩
51	① ② ③ ④ ⑤ ⑥ ⑦ ⑧ ⑨ ⑩
52	① ② ③ ④ ⑤ ⑥ ⑦ ⑧ ⑨ ⑩
53	① ② ③ ④ ⑤ ⑥ ⑦ ⑧ ⑨ ⑩
54	① ② ③ ④ ⑤ ⑥ ⑦ ⑧ ⑨ ⑩
55	① ② ③ ④ ⑤ ⑥ ⑦ ⑧ ⑨ ⑩
56	① ② ③ ④ ⑤ ⑥ ⑦ ⑧ ⑨ ⑩
57	① ② ③ ④ ⑤ ⑥ ⑦ ⑧ ⑨ ⑩
58	① ② ③ ④ ⑤ ⑥ ⑦ ⑧ ⑨ ⑩
59	① ② ③ ④ ⑤ ⑥ ⑦ ⑧ ⑨ ⑩
60	① ② ③ ④ ⑤ ⑥ ⑦ ⑧ ⑨ ⑩

氏名	
かな	
漢字	

← 必ず記入すること

受験番号			
①	①	①	①
②	②	②	②
③	③	③	③
④	④	④	④
⑤	⑤	⑤	⑤
⑥	⑥	⑥	⑥
⑦	⑦	⑦	⑦
⑧	⑧	⑧	⑧
⑨	⑨	⑨	⑨
⓪	⓪	⓪	⓪

← まちがいなくマークすること

【注意事項】

1．黒鉛筆またはシャープペンシルを使用し、訂正は消しゴムできれいに消し、消しクズを残さないこと
2．所定欄以外にマークをせず、カードを汚したり折りまげたりしないこと
3．マーク例

良い例	悪い例
●	◔ ◑ ⊘ ●

推定配点

一　問1、問2　各2点×6　問3～問8　各3点×7　問9　2点　問10　4点
二　問1　各2点×4　問2　3点　問3　各2点×2　問4～問9　各3点×6　問10　4点
三　問1～問3　各2点×3　問4、問5　各3点×2
四　各2点×6

計	100点

2021年度　武南高等学校・併願1

英語解答用紙

評点
/100

解答番号	解答欄
1	① ② ③ ④ ⑤ ⑥ ⑦ ⑧ ⑨ ⑩
2	① ② ③ ④ ⑤ ⑥ ⑦ ⑧ ⑨ ⑩
3	① ② ③ ④ ⑤ ⑥ ⑦ ⑧ ⑨ ⑩
4	① ② ③ ④ ⑤ ⑥ ⑦ ⑧ ⑨ ⑩
5	① ② ③ ④ ⑤ ⑥ ⑦ ⑧ ⑨ ⑩
6	① ② ③ ④ ⑤ ⑥ ⑦ ⑧ ⑨ ⑩
7	① ② ③ ④ ⑤ ⑥ ⑦ ⑧ ⑨ ⑩
8	① ② ③ ④ ⑤ ⑥ ⑦ ⑧ ⑨ ⑩
9	① ② ③ ④ ⑤ ⑥ ⑦ ⑧ ⑨ ⑩
10	① ② ③ ④ ⑤ ⑥ ⑦ ⑧ ⑨ ⑩
11	① ② ③ ④ ⑤ ⑥ ⑦ ⑧ ⑨ ⑩
12	① ② ③ ④ ⑤ ⑥ ⑦ ⑧ ⑨ ⑩
13	① ② ③ ④ ⑤ ⑥ ⑦ ⑧ ⑨ ⑩
14	① ② ③ ④ ⑤ ⑥ ⑦ ⑧ ⑨ ⑩
15	① ② ③ ④ ⑤ ⑥ ⑦ ⑧ ⑨ ⑩
16	① ② ③ ④ ⑤ ⑥ ⑦ ⑧ ⑨ ⑩
17	① ② ③ ④ ⑤ ⑥ ⑦ ⑧ ⑨ ⑩
18	① ② ③ ④ ⑤ ⑥ ⑦ ⑧ ⑨ ⑩
19	① ② ③ ④ ⑤ ⑥ ⑦ ⑧ ⑨ ⑩
20	① ② ③ ④ ⑤ ⑥ ⑦ ⑧ ⑨ ⑩

解答番号	解答欄
21	① ② ③ ④ ⑤ ⑥ ⑦ ⑧ ⑨ ⑩
22	① ② ③ ④ ⑤ ⑥ ⑦ ⑧ ⑨ ⑩
23	① ② ③ ④ ⑤ ⑥ ⑦ ⑧ ⑨ ⑩
24	① ② ③ ④ ⑤ ⑥ ⑦ ⑧ ⑨ ⑩
25	① ② ③ ④ ⑤ ⑥ ⑦ ⑧ ⑨ ⑩
26	① ② ③ ④ ⑤ ⑥ ⑦ ⑧ ⑨ ⑩
27	① ② ③ ④ ⑤ ⑥ ⑦ ⑧ ⑨ ⑩
28	① ② ③ ④ ⑤ ⑥ ⑦ ⑧ ⑨ ⑩
29	① ② ③ ④ ⑤ ⑥ ⑦ ⑧ ⑨ ⑩
30	① ② ③ ④ ⑤ ⑥ ⑦ ⑧ ⑨ ⑩
31	① ② ③ ④ ⑤ ⑥ ⑦ ⑧ ⑨ ⑩
32	① ② ③ ④ ⑤ ⑥ ⑦ ⑧ ⑨ ⑩
33	① ② ③ ④ ⑤ ⑥ ⑦ ⑧ ⑨ ⑩
34	① ② ③ ④ ⑤ ⑥ ⑦ ⑧ ⑨ ⑩
35	① ② ③ ④ ⑤ ⑥ ⑦ ⑧ ⑨ ⑩
36	① ② ③ ④ ⑤ ⑥ ⑦ ⑧ ⑨ ⑩
37	① ② ③ ④ ⑤ ⑥ ⑦ ⑧ ⑨ ⑩
38	① ② ③ ④ ⑤ ⑥ ⑦ ⑧ ⑨ ⑩
39	① ② ③ ④ ⑤ ⑥ ⑦ ⑧ ⑨ ⑩
40	① ② ③ ④ ⑤ ⑥ ⑦ ⑧ ⑨ ⑩

解答番号	解答欄
41	① ② ③ ④ ⑤ ⑥ ⑦ ⑧ ⑨ ⑩
42	① ② ③ ④ ⑤ ⑥ ⑦ ⑧ ⑨ ⑩
43	① ② ③ ④ ⑤ ⑥ ⑦ ⑧ ⑨ ⑩
44	① ② ③ ④ ⑤ ⑥ ⑦ ⑧ ⑨ ⑩
45	① ② ③ ④ ⑤ ⑥ ⑦ ⑧ ⑨ ⑩
46	① ② ③ ④ ⑤ ⑥ ⑦ ⑧ ⑨ ⑩
47	① ② ③ ④ ⑤ ⑥ ⑦ ⑧ ⑨ ⑩
48	① ② ③ ④ ⑤ ⑥ ⑦ ⑧ ⑨ ⑩
49	① ② ③ ④ ⑤ ⑥ ⑦ ⑧ ⑨ ⑩
50	① ② ③ ④ ⑤ ⑥ ⑦ ⑧ ⑨ ⑩
51	① ② ③ ④ ⑤ ⑥ ⑦ ⑧ ⑨ ⑩
52	① ② ③ ④ ⑤ ⑥ ⑦ ⑧ ⑨ ⑩
53	① ② ③ ④ ⑤ ⑥ ⑦ ⑧ ⑨ ⑩
54	① ② ③ ④ ⑤ ⑥ ⑦ ⑧ ⑨ ⑩
55	① ② ③ ④ ⑤ ⑥ ⑦ ⑧ ⑨ ⑩
56	① ② ③ ④ ⑤ ⑥ ⑦ ⑧ ⑨ ⑩
57	① ② ③ ④ ⑤ ⑥ ⑦ ⑧ ⑨ ⑩
58	① ② ③ ④ ⑤ ⑥ ⑦ ⑧ ⑨ ⑩
59	① ② ③ ④ ⑤ ⑥ ⑦ ⑧ ⑨ ⑩
60	① ② ③ ④ ⑤ ⑥ ⑦ ⑧ ⑨ ⑩

（注）この解答用紙は実物を縮小してあります。Ｂ４用紙に125%拡大コピーすると、ほぼ実物大で使用できます。（タイトルと配点表は含みません）

氏名	
かな	
漢字	

← 必ず記入すること

受験番号			
①	①	①	①
②	②	②	②
③	③	③	③
④	④	④	④
⑤	⑤	⑤	⑤
⑥	⑥	⑥	⑥
⑦	⑦	⑦	⑦
⑧	⑧	⑧	⑧
⑨	⑨	⑨	⑨
⓪	⓪	⓪	⓪

← まちがいなくマークすること

【注意事項】

1．黒鉛筆またはシャープペンシルを使用し、訂正は消しゴムできれいに消し、消しクズを残さないこと
2．所定欄以外にマークをせず、カードを汚したり折りまげたりしないこと
3．マーク例

良い例	悪い例
●	◐ ◑ ⊘ ●

推定配点
Ⅰ、Ⅱ　各4点×15
Ⅲ～Ⅵ　各2点×20
計　100点

２０２１年度　武南高等学校・併願１

数学解答用紙

評点
/100

（注）この解答用紙は実物を縮小してあります。Ｂ４用紙に142%拡大コピーすると、ほぼ実物大で使用できます。（タイトルと配点表は含みません）

解答欄 1

ア	⊖ ① ② ③ ④ ⑤ ⑥ ⑦ ⑧ ⑨ ⓪
イ	⊖ ① ② ③ ④ ⑤ ⑥ ⑦ ⑧ ⑨ ⓪
ウ	⊖ ① ② ③ ④ ⑤ ⑥ ⑦ ⑧ ⑨ ⓪
エ	⊖ ① ② ③ ④ ⑤ ⑥ ⑦ ⑧ ⑨ ⓪
オ	⊖ ① ② ③ ④ ⑤ ⑥ ⑦ ⑧ ⑨ ⓪
カ	⊖ ① ② ③ ④ ⑤ ⑥ ⑦ ⑧ ⑨ ⓪
キ	⊖ ① ② ③ ④ ⑤ ⑥ ⑦ ⑧ ⑨ ⓪
ク	⊖ ① ② ③ ④ ⑤ ⑥ ⑦ ⑧ ⑨ ⓪
ケ	⊖ ① ② ③ ④ ⑤ ⑥ ⑦ ⑧ ⑨ ⓪
コ	⊖ ① ② ③ ④ ⑤ ⑥ ⑦ ⑧ ⑨ ⓪
サ	⊖ ① ② ③ ④ ⑤ ⑥ ⑦ ⑧ ⑨ ⓪
シ	⊖ ① ② ③ ④ ⑤ ⑥ ⑦ ⑧ ⑨ ⓪
ス	⊖ ① ② ③ ④ ⑤ ⑥ ⑦ ⑧ ⑨ ⓪
セ	⊖ ① ② ③ ④ ⑤ ⑥ ⑦ ⑧ ⑨ ⓪
ソ	⊖ ① ② ③ ④ ⑤ ⑥ ⑦ ⑧ ⑨ ⓪
タ	⊖ ① ② ③ ④ ⑤ ⑥ ⑦ ⑧ ⑨ ⓪
チ	⊖ ① ② ③ ④ ⑤ ⑥ ⑦ ⑧ ⑨ ⓪
ツ	⊖ ① ② ③ ④ ⑤ ⑥ ⑦ ⑧ ⑨ ⓪
テ	⊖ ① ② ③ ④ ⑤ ⑥ ⑦ ⑧ ⑨ ⓪
ト	⊖ ① ② ③ ④ ⑤ ⑥ ⑦ ⑧ ⑨ ⓪
ナ	⊖ ① ② ③ ④ ⑤ ⑥ ⑦ ⑧ ⑨ ⓪
ニ	⊖ ① ② ③ ④ ⑤ ⑥ ⑦ ⑧ ⑨ ⓪
ヌ	⊖ ① ② ③ ④ ⑤ ⑥ ⑦ ⑧ ⑨ ⓪
ネ	⊖ ① ② ③ ④ ⑤ ⑥ ⑦ ⑧ ⑨ ⓪
ノ	⊖ ① ② ③ ④ ⑤ ⑥ ⑦ ⑧ ⑨ ⓪
ハ	⊖ ① ② ③ ④ ⑤ ⑥ ⑦ ⑧ ⑨ ⓪
ヒ	⊖ ① ② ③ ④ ⑤ ⑥ ⑦ ⑧ ⑨ ⓪
フ	⊖ ① ② ③ ④ ⑤ ⑥ ⑦ ⑧ ⑨ ⓪
ヘ	⊖ ① ② ③ ④ ⑤ ⑥ ⑦ ⑧ ⑨ ⓪
ホ	⊖ ① ② ③ ④ ⑤ ⑥ ⑦ ⑧ ⑨ ⓪

解答欄 2

ア	⊖ ① ② ③ ④ ⑤ ⑥ ⑦ ⑧ ⑨ ⓪
イ	⊖ ① ② ③ ④ ⑤ ⑥ ⑦ ⑧ ⑨ ⓪
ウ	⊖ ① ② ③ ④ ⑤ ⑥ ⑦ ⑧ ⑨ ⓪
エ	⊖ ① ② ③ ④ ⑤ ⑥ ⑦ ⑧ ⑨ ⓪
オ	⊖ ① ② ③ ④ ⑤ ⑥ ⑦ ⑧ ⑨ ⓪
カ	⊖ ① ② ③ ④ ⑤ ⑥ ⑦ ⑧ ⑨ ⓪
キ	⊖ ① ② ③ ④ ⑤ ⑥ ⑦ ⑧ ⑨ ⓪
ク	⊖ ① ② ③ ④ ⑤ ⑥ ⑦ ⑧ ⑨ ⓪
ケ	⊖ ① ② ③ ④ ⑤ ⑥ ⑦ ⑧ ⑨ ⓪
コ	⊖ ① ② ③ ④ ⑤ ⑥ ⑦ ⑧ ⑨ ⓪
サ	⊖ ① ② ③ ④ ⑤ ⑥ ⑦ ⑧ ⑨ ⓪
シ	⊖ ① ② ③ ④ ⑤ ⑥ ⑦ ⑧ ⑨ ⓪
ス	⊖ ① ② ③ ④ ⑤ ⑥ ⑦ ⑧ ⑨ ⓪
セ	⊖ ① ② ③ ④ ⑤ ⑥ ⑦ ⑧ ⑨ ⓪
ソ	⊖ ① ② ③ ④ ⑤ ⑥ ⑦ ⑧ ⑨ ⓪
タ	⊖ ① ② ③ ④ ⑤ ⑥ ⑦ ⑧ ⑨ ⓪
チ	⊖ ① ② ③ ④ ⑤ ⑥ ⑦ ⑧ ⑨ ⓪
ツ	⊖ ① ② ③ ④ ⑤ ⑥ ⑦ ⑧ ⑨ ⓪
テ	⊖ ① ② ③ ④ ⑤ ⑥ ⑦ ⑧ ⑨ ⓪
ト	⊖ ① ② ③ ④ ⑤ ⑥ ⑦ ⑧ ⑨ ⓪
ナ	⊖ ① ② ③ ④ ⑤ ⑥ ⑦ ⑧ ⑨ ⓪
ニ	⊖ ① ② ③ ④ ⑤ ⑥ ⑦ ⑧ ⑨ ⓪
ヌ	⊖ ① ② ③ ④ ⑤ ⑥ ⑦ ⑧ ⑨ ⓪
ネ	⊖ ① ② ③ ④ ⑤ ⑥ ⑦ ⑧ ⑨ ⓪
ノ	⊖ ① ② ③ ④ ⑤ ⑥ ⑦ ⑧ ⑨ ⓪
ハ	⊖ ① ② ③ ④ ⑤ ⑥ ⑦ ⑧ ⑨ ⓪
ヒ	⊖ ① ② ③ ④ ⑤ ⑥ ⑦ ⑧ ⑨ ⓪
フ	⊖ ① ② ③ ④ ⑤ ⑥ ⑦ ⑧ ⑨ ⓪
ヘ	⊖ ① ② ③ ④ ⑤ ⑥ ⑦ ⑧ ⑨ ⓪
ホ	⊖ ① ② ③ ④ ⑤ ⑥ ⑦ ⑧ ⑨ ⓪

解答欄 3

ア	⊖ ① ② ③ ④ ⑤ ⑥ ⑦ ⑧ ⑨ ⓪ Ⓐ Ⓑ Ⓒ Ⓓ Ⓔ Ⓕ Ⓖ Ⓗ
イ	⊖ ① ② ③ ④ ⑤ ⑥ ⑦ ⑧ ⑨ ⓪ Ⓐ Ⓑ Ⓒ Ⓓ Ⓔ Ⓕ Ⓖ Ⓗ
ウ	⊖ ① ② ③ ④ ⑤ ⑥ ⑦ ⑧ ⑨ ⓪ Ⓐ Ⓑ Ⓒ Ⓓ Ⓔ Ⓕ Ⓖ Ⓗ
エ	⊖ ① ② ③ ④ ⑤ ⑥ ⑦ ⑧ ⑨ ⓪ Ⓐ Ⓑ Ⓒ Ⓓ Ⓔ Ⓕ Ⓖ Ⓗ
オ	⊖ ① ② ③ ④ ⑤ ⑥ ⑦ ⑧ ⑨ ⓪ Ⓐ Ⓑ Ⓒ Ⓓ Ⓔ Ⓕ Ⓖ Ⓗ
カ	⊖ ① ② ③ ④ ⑤ ⑥ ⑦ ⑧ ⑨ ⓪ Ⓐ Ⓑ Ⓒ Ⓓ Ⓔ Ⓕ Ⓖ Ⓗ
キ	⊖ ① ② ③ ④ ⑤ ⑥ ⑦ ⑧ ⑨ ⓪ Ⓐ Ⓑ Ⓒ Ⓓ Ⓔ Ⓕ Ⓖ Ⓗ
ク	⊖ ① ② ③ ④ ⑤ ⑥ ⑦ ⑧ ⑨ ⓪ Ⓐ Ⓑ Ⓒ Ⓓ Ⓔ Ⓕ Ⓖ Ⓗ
ケ	⊖ ① ② ③ ④ ⑤ ⑥ ⑦ ⑧ ⑨ ⓪ Ⓐ Ⓑ Ⓒ Ⓓ Ⓔ Ⓕ Ⓖ Ⓗ
コ	⊖ ① ② ③ ④ ⑤ ⑥ ⑦ ⑧ ⑨ ⓪ Ⓐ Ⓑ Ⓒ Ⓓ Ⓔ Ⓕ Ⓖ Ⓗ
サ	⊖ ① ② ③ ④ ⑤ ⑥ ⑦ ⑧ ⑨ ⓪ Ⓐ Ⓑ Ⓒ Ⓓ Ⓔ Ⓕ Ⓖ Ⓗ
シ	⊖ ① ② ③ ④ ⑤ ⑥ ⑦ ⑧ ⑨ ⓪ Ⓐ Ⓑ Ⓒ Ⓓ Ⓔ Ⓕ Ⓖ Ⓗ
ス	⊖ ① ② ③ ④ ⑤ ⑥ ⑦ ⑧ ⑨ ⓪ Ⓐ Ⓑ Ⓒ Ⓓ Ⓔ Ⓕ Ⓖ Ⓗ
セ	⊖ ① ② ③ ④ ⑤ ⑥ ⑦ ⑧ ⑨ ⓪ Ⓐ Ⓑ Ⓒ Ⓓ Ⓔ Ⓕ Ⓖ Ⓗ
ソ	⊖ ① ② ③ ④ ⑤ ⑥ ⑦ ⑧ ⑨ ⓪ Ⓐ Ⓑ Ⓒ Ⓓ Ⓔ Ⓕ Ⓖ Ⓗ
タ	⊖ ① ② ③ ④ ⑤ ⑥ ⑦ ⑧ ⑨ ⓪ Ⓐ Ⓑ Ⓒ Ⓓ Ⓔ Ⓕ Ⓖ Ⓗ
チ	⊖ ① ② ③ ④ ⑤ ⑥ ⑦ ⑧ ⑨ ⓪ Ⓐ Ⓑ Ⓒ Ⓓ Ⓔ Ⓕ Ⓖ Ⓗ
ツ	⊖ ① ② ③ ④ ⑤ ⑥ ⑦ ⑧ ⑨ ⓪ Ⓐ Ⓑ Ⓒ Ⓓ Ⓔ Ⓕ Ⓖ Ⓗ
テ	⊖ ① ② ③ ④ ⑤ ⑥ ⑦ ⑧ ⑨ ⓪ Ⓐ Ⓑ Ⓒ Ⓓ Ⓔ Ⓕ Ⓖ Ⓗ
ト	⊖ ① ② ③ ④ ⑤ ⑥ ⑦ ⑧ ⑨ ⓪ Ⓐ Ⓑ Ⓒ Ⓓ Ⓔ Ⓕ Ⓖ Ⓗ
ナ	⊖ ① ② ③ ④ ⑤ ⑥ ⑦ ⑧ ⑨ ⓪ Ⓐ Ⓑ Ⓒ Ⓓ Ⓔ Ⓕ Ⓖ Ⓗ
ニ	⊖ ① ② ③ ④ ⑤ ⑥ ⑦ ⑧ ⑨ ⓪ Ⓐ Ⓑ Ⓒ Ⓓ Ⓔ Ⓕ Ⓖ Ⓗ
ヌ	⊖ ① ② ③ ④ ⑤ ⑥ ⑦ ⑧ ⑨ ⓪ Ⓐ Ⓑ Ⓒ Ⓓ Ⓔ Ⓕ Ⓖ Ⓗ
ネ	⊖ ① ② ③ ④ ⑤ ⑥ ⑦ ⑧ ⑨ ⓪ Ⓐ Ⓑ Ⓒ Ⓓ Ⓔ Ⓕ Ⓖ Ⓗ
ノ	⊖ ① ② ③ ④ ⑤ ⑥ ⑦ ⑧ ⑨ ⓪ Ⓐ Ⓑ Ⓒ Ⓓ Ⓔ Ⓕ Ⓖ Ⓗ
ハ	⊖ ① ② ③ ④ ⑤ ⑥ ⑦ ⑧ ⑨ ⓪ Ⓐ Ⓑ Ⓒ Ⓓ Ⓔ Ⓕ Ⓖ Ⓗ
ヒ	⊖ ① ② ③ ④ ⑤ ⑥ ⑦ ⑧ ⑨ ⓪ Ⓐ Ⓑ Ⓒ Ⓓ Ⓔ Ⓕ Ⓖ Ⓗ
フ	⊖ ① ② ③ ④ ⑤ ⑥ ⑦ ⑧ ⑨ ⓪ Ⓐ Ⓑ Ⓒ Ⓓ Ⓔ Ⓕ Ⓖ Ⓗ
ヘ	⊖ ① ② ③ ④ ⑤ ⑥ ⑦ ⑧ ⑨ ⓪ Ⓐ Ⓑ Ⓒ Ⓓ Ⓔ Ⓕ Ⓖ Ⓗ
ホ	⊖ ① ② ③ ④ ⑤ ⑥ ⑦ ⑧ ⑨ ⓪ Ⓐ Ⓑ Ⓒ Ⓓ Ⓔ Ⓕ Ⓖ Ⓗ

氏　名（漢 字）

← 必ず記入すること

受験番号			
①	①	①	①
②	②	②	②
③	③	③	③
④	④	④	④
⑤	⑤	⑤	⑤
⑥	⑥	⑥	⑥
⑦	⑦	⑦	⑦
⑧	⑧	⑧	⑧
⑨	⑨	⑨	⑨
⓪	⓪	⓪	⓪

← まちがいなくマークすること

【注意事項】

・黒鉛筆またはシャープペンシルを使用する
・訂正は消しゴムできれいに消し、消しクズを残さないこと

推定配点	
1～8 各４点×25〔2(3)、3(2)、5(1)はそれぞれ各４点×２〕	
100点	計

二〇二二年度　武南高等学校・併願一

国語解答用紙

評点　／100

解答番号	解答欄
1	① ② ③ ④ ⑤ ⑥ ⑦ ⑧ ⑨ ⑩
2	① ② ③ ④ ⑤ ⑥ ⑦ ⑧ ⑨ ⑩
3	① ② ③ ④ ⑤ ⑥ ⑦ ⑧ ⑨ ⑩
4	① ② ③ ④ ⑤ ⑥ ⑦ ⑧ ⑨ ⑩
5	① ② ③ ④ ⑤ ⑥ ⑦ ⑧ ⑨ ⑩
6	① ② ③ ④ ⑤ ⑥ ⑦ ⑧ ⑨ ⑩
7	① ② ③ ④ ⑤ ⑥ ⑦ ⑧ ⑨ ⑩
8	① ② ③ ④ ⑤ ⑥ ⑦ ⑧ ⑨ ⑩
9	① ② ③ ④ ⑤ ⑥ ⑦ ⑧ ⑨ ⑩
10	① ② ③ ④ ⑤ ⑥ ⑦ ⑧ ⑨ ⑩
11	① ② ③ ④ ⑤ ⑥ ⑦ ⑧ ⑨ ⑩
12	① ② ③ ④ ⑤ ⑥ ⑦ ⑧ ⑨ ⑩
13	① ② ③ ④ ⑤ ⑥ ⑦ ⑧ ⑨ ⑩
14	① ② ③ ④ ⑤ ⑥ ⑦ ⑧ ⑨ ⑩
15	① ② ③ ④ ⑤ ⑥ ⑦ ⑧ ⑨ ⑩
16	① ② ③ ④ ⑤ ⑥ ⑦ ⑧ ⑨ ⑩
17	① ② ③ ④ ⑤ ⑥ ⑦ ⑧ ⑨ ⑩
18	① ② ③ ④ ⑤ ⑥ ⑦ ⑧ ⑨ ⑩
19	① ② ③ ④ ⑤ ⑥ ⑦ ⑧ ⑨ ⑩
20	① ② ③ ④ ⑤ ⑥ ⑦ ⑧ ⑨ ⑩

解答番号	解答欄
21	① ② ③ ④ ⑤ ⑥ ⑦ ⑧ ⑨ ⑩
22	① ② ③ ④ ⑤ ⑥ ⑦ ⑧ ⑨ ⑩
23	① ② ③ ④ ⑤ ⑥ ⑦ ⑧ ⑨ ⑩
24	① ② ③ ④ ⑤ ⑥ ⑦ ⑧ ⑨ ⑩
25	① ② ③ ④ ⑤ ⑥ ⑦ ⑧ ⑨ ⑩
26	① ② ③ ④ ⑤ ⑥ ⑦ ⑧ ⑨ ⑩
27	① ② ③ ④ ⑤ ⑥ ⑦ ⑧ ⑨ ⑩
28	① ② ③ ④ ⑤ ⑥ ⑦ ⑧ ⑨ ⑩
29	① ② ③ ④ ⑤ ⑥ ⑦ ⑧ ⑨ ⑩
30	① ② ③ ④ ⑤ ⑥ ⑦ ⑧ ⑨ ⑩
31	① ② ③ ④ ⑤ ⑥ ⑦ ⑧ ⑨ ⑩
32	① ② ③ ④ ⑤ ⑥ ⑦ ⑧ ⑨ ⑩
33	① ② ③ ④ ⑤ ⑥ ⑦ ⑧ ⑨ ⑩
34	① ② ③ ④ ⑤ ⑥ ⑦ ⑧ ⑨ ⑩
35	① ② ③ ④ ⑤ ⑥ ⑦ ⑧ ⑨ ⑩
36	① ② ③ ④ ⑤ ⑥ ⑦ ⑧ ⑨ ⑩
37	① ② ③ ④ ⑤ ⑥ ⑦ ⑧ ⑨ ⑩
38	① ② ③ ④ ⑤ ⑥ ⑦ ⑧ ⑨ ⑩
39	① ② ③ ④ ⑤ ⑥ ⑦ ⑧ ⑨ ⑩
40	① ② ③ ④ ⑤ ⑥ ⑦ ⑧ ⑨ ⑩

解答番号	解答欄
41	① ② ③ ④ ⑤ ⑥ ⑦ ⑧ ⑨ ⑩
42	① ② ③ ④ ⑤ ⑥ ⑦ ⑧ ⑨ ⑩
43	① ② ③ ④ ⑤ ⑥ ⑦ ⑧ ⑨ ⑩
44	① ② ③ ④ ⑤ ⑥ ⑦ ⑧ ⑨ ⑩
45	① ② ③ ④ ⑤ ⑥ ⑦ ⑧ ⑨ ⑩
46	① ② ③ ④ ⑤ ⑥ ⑦ ⑧ ⑨ ⑩
47	① ② ③ ④ ⑤ ⑥ ⑦ ⑧ ⑨ ⑩
48	① ② ③ ④ ⑤ ⑥ ⑦ ⑧ ⑨ ⑩
49	① ② ③ ④ ⑤ ⑥ ⑦ ⑧ ⑨ ⑩
50	① ② ③ ④ ⑤ ⑥ ⑦ ⑧ ⑨ ⑩
51	① ② ③ ④ ⑤ ⑥ ⑦ ⑧ ⑨ ⑩
52	① ② ③ ④ ⑤ ⑥ ⑦ ⑧ ⑨ ⑩
53	① ② ③ ④ ⑤ ⑥ ⑦ ⑧ ⑨ ⑩
54	① ② ③ ④ ⑤ ⑥ ⑦ ⑧ ⑨ ⑩
55	① ② ③ ④ ⑤ ⑥ ⑦ ⑧ ⑨ ⑩
56	① ② ③ ④ ⑤ ⑥ ⑦ ⑧ ⑨ ⑩
57	① ② ③ ④ ⑤ ⑥ ⑦ ⑧ ⑨ ⑩
58	① ② ③ ④ ⑤ ⑥ ⑦ ⑧ ⑨ ⑩
59	① ② ③ ④ ⑤ ⑥ ⑦ ⑧ ⑨ ⑩
60	① ② ③ ④ ⑤ ⑥ ⑦ ⑧ ⑨ ⑩

（注）この解答用紙は実物を縮小してあります。Ｂ４用紙に125%拡大コピーすると、ほぼ実物大で使用できます。（タイトルと配点表は含みません）

氏名	
かな	
漢字	

← 必ず記入すること

受験番号			
①	①	①	①
②	②	②	②
③	③	③	③
④	④	④	④
⑤	⑤	⑤	⑤
⑥	⑥	⑥	⑥
⑦	⑦	⑦	⑦
⑧	⑧	⑧	⑧
⑨	⑨	⑨	⑨
⓪	⓪	⓪	⓪

← まちがいなくマークすること

【注意事項】

1．黒鉛筆またはシャープペンシルを使用し、訂正は消しゴムできれいに消し、消しクズを残さないこと
2．所定欄以外にマークをせず、カードを汚したり折りまげたりしないこと
3．マーク例

良い例	悪い例
●	◐ ◑ ⊘ ●

推定配点	
一 問1、問2　各2点×9　問3～問9　各3点×7 二 各3点×13 三、四　各2点×11	
100点	計

2021年度　武南高等学校・併願2

英語解答用紙

評点
/100

推定配点
I、II 各4点×15
III～VI 各2点×20
100点 計

氏	名
かな	
漢字	

受験番号			
①	①	①	①
②	②	②	②
③	③	③	③
④	④	④	④
⑤	⑤	⑤	⑤
⑥	⑥	⑥	⑥
⑦	⑦	⑦	⑦
⑧	⑧	⑧	⑧
⑨	⑨	⑨	⑨
⓪	⓪	⓪	⓪

← 必ず記入すること

← まちがいなく マークすること

【注意事項】

1．黒鉛筆またはシャープペンシルを使用し、訂正は消しゴムできれいに消し、消しクズを残さないこと
2．所定欄以外にマークをせず、カードを汚したり折りまげたりしないこと
3．マーク例

良い例	悪い例
●	○ ◐ ⊘ ●

解答番号	解答欄
1	① ② ③ ④ ⑤ ⑥ ⑦ ⑧ ⑨ ⑩
2	① ② ③ ④ ⑤ ⑥ ⑦ ⑧ ⑨ ⑩
3	① ② ③ ④ ⑤ ⑥ ⑦ ⑧ ⑨ ⑩
4	① ② ③ ④ ⑤ ⑥ ⑦ ⑧ ⑨ ⑩
5	① ② ③ ④ ⑤ ⑥ ⑦ ⑧ ⑨ ⑩
6	① ② ③ ④ ⑤ ⑥ ⑦ ⑧ ⑨ ⑩
7	① ② ③ ④ ⑤ ⑥ ⑦ ⑧ ⑨ ⑩
8	① ② ③ ④ ⑤ ⑥ ⑦ ⑧ ⑨ ⑩
9	① ② ③ ④ ⑤ ⑥ ⑦ ⑧ ⑨ ⑩
10	① ② ③ ④ ⑤ ⑥ ⑦ ⑧ ⑨ ⑩
11	① ② ③ ④ ⑤ ⑥ ⑦ ⑧ ⑨ ⑩
12	① ② ③ ④ ⑤ ⑥ ⑦ ⑧ ⑨ ⑩
13	① ② ③ ④ ⑤ ⑥ ⑦ ⑧ ⑨ ⑩
14	① ② ③ ④ ⑤ ⑥ ⑦ ⑧ ⑨ ⑩
15	① ② ③ ④ ⑤ ⑥ ⑦ ⑧ ⑨ ⑩
16	① ② ③ ④ ⑤ ⑥ ⑦ ⑧ ⑨ ⑩
17	① ② ③ ④ ⑤ ⑥ ⑦ ⑧ ⑨ ⑩
18	① ② ③ ④ ⑤ ⑥ ⑦ ⑧ ⑨ ⑩
19	① ② ③ ④ ⑤ ⑥ ⑦ ⑧ ⑨ ⑩
20	① ② ③ ④ ⑤ ⑥ ⑦ ⑧ ⑨ ⑩

解答番号	解答欄
21	① ② ③ ④ ⑤ ⑥ ⑦ ⑧ ⑨ ⑩
22	① ② ③ ④ ⑤ ⑥ ⑦ ⑧ ⑨ ⑩
23	① ② ③ ④ ⑤ ⑥ ⑦ ⑧ ⑨ ⑩
24	① ② ③ ④ ⑤ ⑥ ⑦ ⑧ ⑨ ⑩
25	① ② ③ ④ ⑤ ⑥ ⑦ ⑧ ⑨ ⑩
26	① ② ③ ④ ⑤ ⑥ ⑦ ⑧ ⑨ ⑩
27	① ② ③ ④ ⑤ ⑥ ⑦ ⑧ ⑨ ⑩
28	① ② ③ ④ ⑤ ⑥ ⑦ ⑧ ⑨ ⑩
29	① ② ③ ④ ⑤ ⑥ ⑦ ⑧ ⑨ ⑩
30	① ② ③ ④ ⑤ ⑥ ⑦ ⑧ ⑨ ⑩
31	① ② ③ ④ ⑤ ⑥ ⑦ ⑧ ⑨ ⑩
32	① ② ③ ④ ⑤ ⑥ ⑦ ⑧ ⑨ ⑩
33	① ② ③ ④ ⑤ ⑥ ⑦ ⑧ ⑨ ⑩
34	① ② ③ ④ ⑤ ⑥ ⑦ ⑧ ⑨ ⑩
35	① ② ③ ④ ⑤ ⑥ ⑦ ⑧ ⑨ ⑩
36	① ② ③ ④ ⑤ ⑥ ⑦ ⑧ ⑨ ⑩
37	① ② ③ ④ ⑤ ⑥ ⑦ ⑧ ⑨ ⑩
38	① ② ③ ④ ⑤ ⑥ ⑦ ⑧ ⑨ ⑩
39	① ② ③ ④ ⑤ ⑥ ⑦ ⑧ ⑨ ⑩
40	① ② ③ ④ ⑤ ⑥ ⑦ ⑧ ⑨ ⑩

解答番号	解答欄
41	① ② ③ ④ ⑤ ⑥ ⑦ ⑧ ⑨ ⑩
42	① ② ③ ④ ⑤ ⑥ ⑦ ⑧ ⑨ ⑩
43	① ② ③ ④ ⑤ ⑥ ⑦ ⑧ ⑨ ⑩
44	① ② ③ ④ ⑤ ⑥ ⑦ ⑧ ⑨ ⑩
45	① ② ③ ④ ⑤ ⑥ ⑦ ⑧ ⑨ ⑩
46	① ② ③ ④ ⑤ ⑥ ⑦ ⑧ ⑨ ⑩
47	① ② ③ ④ ⑤ ⑥ ⑦ ⑧ ⑨ ⑩
48	① ② ③ ④ ⑤ ⑥ ⑦ ⑧ ⑨ ⑩
49	① ② ③ ④ ⑤ ⑥ ⑦ ⑧ ⑨ ⑩
50	① ② ③ ④ ⑤ ⑥ ⑦ ⑧ ⑨ ⑩
51	① ② ③ ④ ⑤ ⑥ ⑦ ⑧ ⑨ ⑩
52	① ② ③ ④ ⑤ ⑥ ⑦ ⑧ ⑨ ⑩
53	① ② ③ ④ ⑤ ⑥ ⑦ ⑧ ⑨ ⑩
54	① ② ③ ④ ⑤ ⑥ ⑦ ⑧ ⑨ ⑩
55	① ② ③ ④ ⑤ ⑥ ⑦ ⑧ ⑨ ⑩
56	① ② ③ ④ ⑤ ⑥ ⑦ ⑧ ⑨ ⑩
57	① ② ③ ④ ⑤ ⑥ ⑦ ⑧ ⑨ ⑩
58	① ② ③ ④ ⑤ ⑥ ⑦ ⑧ ⑨ ⑩
59	① ② ③ ④ ⑤ ⑥ ⑦ ⑧ ⑨ ⑩
60	① ② ③ ④ ⑤ ⑥ ⑦ ⑧ ⑨ ⑩

(注) この解答用紙は実物を縮小してあります。Ｂ４用紙に125%拡大コピーすると、ほぼ実物大で使用できます。(タイトルと配点表は含みません)

２０２１年度　武南高等学校・併願２

数学解答用紙

評点
／100

（注）この解答用紙は実物を縮小してあります。Ｂ４用紙に142％拡大コピーすると、ほぼ実物大で使用できます。（タイトルと配点表は含みません）

解　答　欄　3

ア	⊖	①	②	③	④	⑤	⑥	⑦	⑧	⑨	⓪	Ⓐ	Ⓑ	Ⓒ	Ⓓ	Ⓔ	Ⓕ	Ⓖ	Ⓗ
イ	⊖	①	②	③	④	⑤	⑥	⑦	⑧	⑨	⓪	Ⓐ	Ⓑ	Ⓒ	Ⓓ	Ⓔ	Ⓕ	Ⓖ	Ⓗ
ウ	⊖	①	②	③	④	⑤	⑥	⑦	⑧	⑨	⓪	Ⓐ	Ⓑ	Ⓒ	Ⓓ	Ⓔ	Ⓕ	Ⓖ	Ⓗ
エ	⊖	①	②	③	④	⑤	⑥	⑦	⑧	⑨	⓪	Ⓐ	Ⓑ	Ⓒ	Ⓓ	Ⓔ	Ⓕ	Ⓖ	Ⓗ
オ	⊖	①	②	③	④	⑤	⑥	⑦	⑧	⑨	⓪	Ⓐ	Ⓑ	Ⓒ	Ⓓ	Ⓔ	Ⓕ	Ⓖ	Ⓗ
カ	⊖	①	②	③	④	⑤	⑥	⑦	⑧	⑨	⓪	Ⓐ	Ⓑ	Ⓒ	Ⓓ	Ⓔ	Ⓕ	Ⓖ	Ⓗ
キ	⊖	①	②	③	④	⑤	⑥	⑦	⑧	⑨	⓪	Ⓐ	Ⓑ	Ⓒ	Ⓓ	Ⓔ	Ⓕ	Ⓖ	Ⓗ
ク	⊖	①	②	③	④	⑤	⑥	⑦	⑧	⑨	⓪	Ⓐ	Ⓑ	Ⓒ	Ⓓ	Ⓔ	Ⓕ	Ⓖ	Ⓗ
ケ	⊖	①	②	③	④	⑤	⑥	⑦	⑧	⑨	⓪	Ⓐ	Ⓑ	Ⓒ	Ⓓ	Ⓔ	Ⓕ	Ⓖ	Ⓗ
コ	⊖	①	②	③	④	⑤	⑥	⑦	⑧	⑨	⓪	Ⓐ	Ⓑ	Ⓒ	Ⓓ	Ⓔ	Ⓕ	Ⓖ	Ⓗ
サ	⊖	①	②	③	④	⑤	⑥	⑦	⑧	⑨	⓪	Ⓐ	Ⓑ	Ⓒ	Ⓓ	Ⓔ	Ⓕ	Ⓖ	Ⓗ
シ	⊖	①	②	③	④	⑤	⑥	⑦	⑧	⑨	⓪	Ⓐ	Ⓑ	Ⓒ	Ⓓ	Ⓔ	Ⓕ	Ⓖ	Ⓗ
ス	⊖	①	②	③	④	⑤	⑥	⑦	⑧	⑨	⓪	Ⓐ	Ⓑ	Ⓒ	Ⓓ	Ⓔ	Ⓕ	Ⓖ	Ⓗ
セ	⊖	①	②	③	④	⑤	⑥	⑦	⑧	⑨	⓪	Ⓐ	Ⓑ	Ⓒ	Ⓓ	Ⓔ	Ⓕ	Ⓖ	Ⓗ
ソ	⊖	①	②	③	④	⑤	⑥	⑦	⑧	⑨	⓪	Ⓐ	Ⓑ	Ⓒ	Ⓓ	Ⓔ	Ⓕ	Ⓖ	Ⓗ
タ	⊖	①	②	③	④	⑤	⑥	⑦	⑧	⑨	⓪	Ⓐ	Ⓑ	Ⓒ	Ⓓ	Ⓔ	Ⓕ	Ⓖ	Ⓗ
チ	⊖	①	②	③	④	⑤	⑥	⑦	⑧	⑨	⓪	Ⓐ	Ⓑ	Ⓒ	Ⓓ	Ⓔ	Ⓕ	Ⓖ	Ⓗ
ツ	⊖	①	②	③	④	⑤	⑥	⑦	⑧	⑨	⓪	Ⓐ	Ⓑ	Ⓒ	Ⓓ	Ⓔ	Ⓕ	Ⓖ	Ⓗ
テ	⊖	①	②	③	④	⑤	⑥	⑦	⑧	⑨	⓪	Ⓐ	Ⓑ	Ⓒ	Ⓓ	Ⓔ	Ⓕ	Ⓖ	Ⓗ
ト	⊖	①	②	③	④	⑤	⑥	⑦	⑧	⑨	⓪	Ⓐ	Ⓑ	Ⓒ	Ⓓ	Ⓔ	Ⓕ	Ⓖ	Ⓗ
ナ	⊖	①	②	③	④	⑤	⑥	⑦	⑧	⑨	⓪	Ⓐ	Ⓑ	Ⓒ	Ⓓ	Ⓔ	Ⓕ	Ⓖ	Ⓗ
ニ	⊖	①	②	③	④	⑤	⑥	⑦	⑧	⑨	⓪	Ⓐ	Ⓑ	Ⓒ	Ⓓ	Ⓔ	Ⓕ	Ⓖ	Ⓗ
ヌ	⊖	①	②	③	④	⑤	⑥	⑦	⑧	⑨	⓪	Ⓐ	Ⓑ	Ⓒ	Ⓓ	Ⓔ	Ⓕ	Ⓖ	Ⓗ
ネ	⊖	①	②	③	④	⑤	⑥	⑦	⑧	⑨	⓪	Ⓐ	Ⓑ	Ⓒ	Ⓓ	Ⓔ	Ⓕ	Ⓖ	Ⓗ
ノ	⊖	①	②	③	④	⑤	⑥	⑦	⑧	⑨	⓪	Ⓐ	Ⓑ	Ⓒ	Ⓓ	Ⓔ	Ⓕ	Ⓖ	Ⓗ
ハ	⊖	①	②	③	④	⑤	⑥	⑦	⑧	⑨	⓪	Ⓐ	Ⓑ	Ⓒ	Ⓓ	Ⓔ	Ⓕ	Ⓖ	Ⓗ
ヒ	⊖	①	②	③	④	⑤	⑥	⑦	⑧	⑨	⓪	Ⓐ	Ⓑ	Ⓒ	Ⓓ	Ⓔ	Ⓕ	Ⓖ	Ⓗ
フ	⊖	①	②	③	④	⑤	⑥	⑦	⑧	⑨	⓪	Ⓐ	Ⓑ	Ⓒ	Ⓓ	Ⓔ	Ⓕ	Ⓖ	Ⓗ
ヘ	⊖	①	②	③	④	⑤	⑥	⑦	⑧	⑨	⓪	Ⓐ	Ⓑ	Ⓒ	Ⓓ	Ⓔ	Ⓕ	Ⓖ	Ⓗ
ホ	⊖	①	②	③	④	⑤	⑥	⑦	⑧	⑨	⓪	Ⓐ	Ⓑ	Ⓒ	Ⓓ	Ⓔ	Ⓕ	Ⓖ	Ⓗ

解　答　欄　2

ア	⊖	①	②	③	④	⑤	⑥	⑦	⑧	⑨	⓪
イ	⊖	①	②	③	④	⑤	⑥	⑦	⑧	⑨	⓪
ウ	⊖	①	②	③	④	⑤	⑥	⑦	⑧	⑨	⓪
エ	⊖	①	②	③	④	⑤	⑥	⑦	⑧	⑨	⓪
オ	⊖	①	②	③	④	⑤	⑥	⑦	⑧	⑨	⓪
カ	⊖	①	②	③	④	⑤	⑥	⑦	⑧	⑨	⓪
キ	⊖	①	②	③	④	⑤	⑥	⑦	⑧	⑨	⓪
ク	⊖	①	②	③	④	⑤	⑥	⑦	⑧	⑨	⓪
ケ	⊖	①	②	③	④	⑤	⑥	⑦	⑧	⑨	⓪
コ	⊖	①	②	③	④	⑤	⑥	⑦	⑧	⑨	⓪
サ	⊖	①	②	③	④	⑤	⑥	⑦	⑧	⑨	⓪
シ	⊖	①	②	③	④	⑤	⑥	⑦	⑧	⑨	⓪
ス	⊖	①	②	③	④	⑤	⑥	⑦	⑧	⑨	⓪
セ	⊖	①	②	③	④	⑤	⑥	⑦	⑧	⑨	⓪
ソ	⊖	①	②	③	④	⑤	⑥	⑦	⑧	⑨	⓪
タ	⊖	①	②	③	④	⑤	⑥	⑦	⑧	⑨	⓪
チ	⊖	①	②	③	④	⑤	⑥	⑦	⑧	⑨	⓪
ツ	⊖	①	②	③	④	⑤	⑥	⑦	⑧	⑨	⓪
テ	⊖	①	②	③	④	⑤	⑥	⑦	⑧	⑨	⓪
ト	⊖	①	②	③	④	⑤	⑥	⑦	⑧	⑨	⓪
ナ	⊖	①	②	③	④	⑤	⑥	⑦	⑧	⑨	⓪
ニ	⊖	①	②	③	④	⑤	⑥	⑦	⑧	⑨	⓪
ヌ	⊖	①	②	③	④	⑤	⑥	⑦	⑧	⑨	⓪
ネ	⊖	①	②	③	④	⑤	⑥	⑦	⑧	⑨	⓪
ノ	⊖	①	②	③	④	⑤	⑥	⑦	⑧	⑨	⓪
ハ	⊖	①	②	③	④	⑤	⑥	⑦	⑧	⑨	⓪
ヒ	⊖	①	②	③	④	⑤	⑥	⑦	⑧	⑨	⓪
フ	⊖	①	②	③	④	⑤	⑥	⑦	⑧	⑨	⓪
ヘ	⊖	①	②	③	④	⑤	⑥	⑦	⑧	⑨	⓪
ホ	⊖	①	②	③	④	⑤	⑥	⑦	⑧	⑨	⓪

解　答　欄　1

ア	⊖	①	②	③	④	⑤	⑥	⑦	⑧	⑨	⓪
イ	⊖	①	②	③	④	⑤	⑥	⑦	⑧	⑨	⓪
ウ	⊖	①	②	③	④	⑤	⑥	⑦	⑧	⑨	⓪
エ	⊖	①	②	③	④	⑤	⑥	⑦	⑧	⑨	⓪
オ	⊖	①	②	③	④	⑤	⑥	⑦	⑧	⑨	⓪
カ	⊖	①	②	③	④	⑤	⑥	⑦	⑧	⑨	⓪
キ	⊖	①	②	③	④	⑤	⑥	⑦	⑧	⑨	⓪
ク	⊖	①	②	③	④	⑤	⑥	⑦	⑧	⑨	⓪
ケ	⊖	①	②	③	④	⑤	⑥	⑦	⑧	⑨	⓪
コ	⊖	①	②	③	④	⑤	⑥	⑦	⑧	⑨	⓪
サ	⊖	①	②	③	④	⑤	⑥	⑦	⑧	⑨	⓪
シ	⊖	①	②	③	④	⑤	⑥	⑦	⑧	⑨	⓪
ス	⊖	①	②	③	④	⑤	⑥	⑦	⑧	⑨	⓪
セ	⊖	①	②	③	④	⑤	⑥	⑦	⑧	⑨	⓪
ソ	⊖	①	②	③	④	⑤	⑥	⑦	⑧	⑨	⓪
タ	⊖	①	②	③	④	⑤	⑥	⑦	⑧	⑨	⓪
チ	⊖	①	②	③	④	⑤	⑥	⑦	⑧	⑨	⓪
ツ	⊖	①	②	③	④	⑤	⑥	⑦	⑧	⑨	⓪
テ	⊖	①	②	③	④	⑤	⑥	⑦	⑧	⑨	⓪
ト	⊖	①	②	③	④	⑤	⑥	⑦	⑧	⑨	⓪
ナ	⊖	①	②	③	④	⑤	⑥	⑦	⑧	⑨	⓪
ニ	⊖	①	②	③	④	⑤	⑥	⑦	⑧	⑨	⓪
ヌ	⊖	①	②	③	④	⑤	⑥	⑦	⑧	⑨	⓪
ネ	⊖	①	②	③	④	⑤	⑥	⑦	⑧	⑨	⓪
ノ	⊖	①	②	③	④	⑤	⑥	⑦	⑧	⑨	⓪
ハ	⊖	①	②	③	④	⑤	⑥	⑦	⑧	⑨	⓪
ヒ	⊖	①	②	③	④	⑤	⑥	⑦	⑧	⑨	⓪
フ	⊖	①	②	③	④	⑤	⑥	⑦	⑧	⑨	⓪
ヘ	⊖	①	②	③	④	⑤	⑥	⑦	⑧	⑨	⓪
ホ	⊖	①	②	③	④	⑤	⑥	⑦	⑧	⑨	⓪

氏　名（漢字）

← 必ず記入すること

受験番号			
①	①	①	①
②	②	②	②
③	③	③	③
④	④	④	④
⑤	⑤	⑤	⑤
⑥	⑥	⑥	⑥
⑦	⑦	⑦	⑦
⑧	⑧	⑧	⑧
⑨	⑨	⑨	⑨
⓪	⓪	⓪	⓪

← まちがいなくマークすること

【注意事項】
- 黒鉛筆またはシャープペンシルを使用する
- 訂正は消しゴムできれいに消し、消しクズを残さないこと

推定配点	
1、2　各4点×7〔2(3)は各4点×2〕 3　5点 4〜7　各4点×13〔4は各4点×2〕 8、9　各5点×3	
計	100点

二〇二二年度　武南高等学校・併願二

国語解答用紙

評点
/100

（注）この解答用紙は実物を縮小してあります。Ｂ４用紙に125%拡大コピーすると、ほぼ実物大で使用できます。（タイトルと配点表は含みません）

解答番号	解答欄									
1	①	②	③	④	⑤	⑥	⑦	⑧	⑨	⑩
2	①	②	③	④	⑤	⑥	⑦	⑧	⑨	⑩
3	①	②	③	④	⑤	⑥	⑦	⑧	⑨	⑩
4	①	②	③	④	⑤	⑥	⑦	⑧	⑨	⑩
5	①	②	③	④	⑤	⑥	⑦	⑧	⑨	⑩
6	①	②	③	④	⑤	⑥	⑦	⑧	⑨	⑩
7	①	②	③	④	⑤	⑥	⑦	⑧	⑨	⑩
8	①	②	③	④	⑤	⑥	⑦	⑧	⑨	⑩
9	①	②	③	④	⑤	⑥	⑦	⑧	⑨	⑩
10	①	②	③	④	⑤	⑥	⑦	⑧	⑨	⑩
11	①	②	③	④	⑤	⑥	⑦	⑧	⑨	⑩
12	①	②	③	④	⑤	⑥	⑦	⑧	⑨	⑩
13	①	②	③	④	⑤	⑥	⑦	⑧	⑨	⑩
14	①	②	③	④	⑤	⑥	⑦	⑧	⑨	⑩
15	①	②	③	④	⑤	⑥	⑦	⑧	⑨	⑩
16	①	②	③	④	⑤	⑥	⑦	⑧	⑨	⑩
17	①	②	③	④	⑤	⑥	⑦	⑧	⑨	⑩
18	①	②	③	④	⑤	⑥	⑦	⑧	⑨	⑩
19	①	②	③	④	⑤	⑥	⑦	⑧	⑨	⑩
20	①	②	③	④	⑤	⑥	⑦	⑧	⑨	⑩

解答番号	解答欄									
21	①	②	③	④	⑤	⑥	⑦	⑧	⑨	⑩
22	①	②	③	④	⑤	⑥	⑦	⑧	⑨	⑩
23	①	②	③	④	⑤	⑥	⑦	⑧	⑨	⑩
24	①	②	③	④	⑤	⑥	⑦	⑧	⑨	⑩
25	①	②	③	④	⑤	⑥	⑦	⑧	⑨	⑩
26	①	②	③	④	⑤	⑥	⑦	⑧	⑨	⑩
27	①	②	③	④	⑤	⑥	⑦	⑧	⑨	⑩
28	①	②	③	④	⑤	⑥	⑦	⑧	⑨	⑩
29	①	②	③	④	⑤	⑥	⑦	⑧	⑨	⑩
30	①	②	③	④	⑤	⑥	⑦	⑧	⑨	⑩
31	①	②	③	④	⑤	⑥	⑦	⑧	⑨	⑩
32	①	②	③	④	⑤	⑥	⑦	⑧	⑨	⑩
33	①	②	③	④	⑤	⑥	⑦	⑧	⑨	⑩
34	①	②	③	④	⑤	⑥	⑦	⑧	⑨	⑩
35	①	②	③	④	⑤	⑥	⑦	⑧	⑨	⑩
36	①	②	③	④	⑤	⑥	⑦	⑧	⑨	⑩
37	①	②	③	④	⑤	⑥	⑦	⑧	⑨	⑩
38	①	②	③	④	⑤	⑥	⑦	⑧	⑨	⑩
39	①	②	③	④	⑤	⑥	⑦	⑧	⑨	⑩
40	①	②	③	④	⑤	⑥	⑦	⑧	⑨	⑩

解答番号	解答欄									
41	①	②	③	④	⑤	⑥	⑦	⑧	⑨	⑩
42	①	②	③	④	⑤	⑥	⑦	⑧	⑨	⑩
43	①	②	③	④	⑤	⑥	⑦	⑧	⑨	⑩
44	①	②	③	④	⑤	⑥	⑦	⑧	⑨	⑩
45	①	②	③	④	⑤	⑥	⑦	⑧	⑨	⑩
46	①	②	③	④	⑤	⑥	⑦	⑧	⑨	⑩
47	①	②	③	④	⑤	⑥	⑦	⑧	⑨	⑩
48	①	②	③	④	⑤	⑥	⑦	⑧	⑨	⑩
49	①	②	③	④	⑤	⑥	⑦	⑧	⑨	⑩
50	①	②	③	④	⑤	⑥	⑦	⑧	⑨	⑩
51	①	②	③	④	⑤	⑥	⑦	⑧	⑨	⑩
52	①	②	③	④	⑤	⑥	⑦	⑧	⑨	⑩
53	①	②	③	④	⑤	⑥	⑦	⑧	⑨	⑩
54	①	②	③	④	⑤	⑥	⑦	⑧	⑨	⑩
55	①	②	③	④	⑤	⑥	⑦	⑧	⑨	⑩
56	①	②	③	④	⑤	⑥	⑦	⑧	⑨	⑩
57	①	②	③	④	⑤	⑥	⑦	⑧	⑨	⑩
58	①	②	③	④	⑤	⑥	⑦	⑧	⑨	⑩
59	①	②	③	④	⑤	⑥	⑦	⑧	⑨	⑩
60	①	②	③	④	⑤	⑥	⑦	⑧	⑨	⑩

氏名	
かな	
漢字	

↑

受験番号			
①	①	①	①
②	②	②	②
③	③	③	③
④	④	④	④
⑤	⑤	⑤	⑤
⑥	⑥	⑥	⑥
⑦	⑦	⑦	⑦
⑧	⑧	⑧	⑧
⑨	⑨	⑨	⑨
⓪	⓪	⓪	⓪

← 必ず記入すること

← まちがいなくマークすること

【注意事項】

1．黒鉛筆またはシャープペンシルを使用し、訂正は消しゴムできれいに消し、消しクズを残さないこと
2．所定欄以外にマークをせず、カードを汚したり折りまげたりしないこと
3．マーク例

良い例	悪い例
●	◐ ◑ ⊘ ●

推定配点

一　問１　各２点×５　問２、問３　各３点×２　問４　２点
問５～問10　各３点×６
二　問１～問３　各２点×７　問４～問９　各４点×６
三、四　各２点×13

100点	計

２０２０年度　武南高等学校・併願１

英語解答用紙

評点
/100

(注) この解答用紙は実物を縮小してあります。Ｂ４用紙に125%拡大コピーすると、ほぼ実物大で使用できます。(タイトルと配点表は含みません)

解答番号	解答欄
1	① ② ③ ④ ⑤ ⑥ ⑦ ⑧ ⑨ ⑩
2	① ② ③ ④ ⑤ ⑥ ⑦ ⑧ ⑨ ⑩
3	① ② ③ ④ ⑤ ⑥ ⑦ ⑧ ⑨ ⑩
4	① ② ③ ④ ⑤ ⑥ ⑦ ⑧ ⑨ ⑩
5	① ② ③ ④ ⑤ ⑥ ⑦ ⑧ ⑨ ⑩
6	① ② ③ ④ ⑤ ⑥ ⑦ ⑧ ⑨ ⑩
7	① ② ③ ④ ⑤ ⑥ ⑦ ⑧ ⑨ ⑩
8	① ② ③ ④ ⑤ ⑥ ⑦ ⑧ ⑨ ⑩
9	① ② ③ ④ ⑤ ⑥ ⑦ ⑧ ⑨ ⑩
10	① ② ③ ④ ⑤ ⑥ ⑦ ⑧ ⑨ ⑩
11	① ② ③ ④ ⑤ ⑥ ⑦ ⑧ ⑨ ⑩
12	① ② ③ ④ ⑤ ⑥ ⑦ ⑧ ⑨ ⑩
13	① ② ③ ④ ⑤ ⑥ ⑦ ⑧ ⑨ ⑩
14	① ② ③ ④ ⑤ ⑥ ⑦ ⑧ ⑨ ⑩
15	① ② ③ ④ ⑤ ⑥ ⑦ ⑧ ⑨ ⑩
16	① ② ③ ④ ⑤ ⑥ ⑦ ⑧ ⑨ ⑩
17	① ② ③ ④ ⑤ ⑥ ⑦ ⑧ ⑨ ⑩
18	① ② ③ ④ ⑤ ⑥ ⑦ ⑧ ⑨ ⑩
19	① ② ③ ④ ⑤ ⑥ ⑦ ⑧ ⑨ ⑩
20	① ② ③ ④ ⑤ ⑥ ⑦ ⑧ ⑨ ⑩

解答番号	解答欄
21	① ② ③ ④ ⑤ ⑥ ⑦ ⑧ ⑨ ⑩
22	① ② ③ ④ ⑤ ⑥ ⑦ ⑧ ⑨ ⑩
23	① ② ③ ④ ⑤ ⑥ ⑦ ⑧ ⑨ ⑩
24	① ② ③ ④ ⑤ ⑥ ⑦ ⑧ ⑨ ⑩
25	① ② ③ ④ ⑤ ⑥ ⑦ ⑧ ⑨ ⑩
26	① ② ③ ④ ⑤ ⑥ ⑦ ⑧ ⑨ ⑩
27	① ② ③ ④ ⑤ ⑥ ⑦ ⑧ ⑨ ⑩
28	① ② ③ ④ ⑤ ⑥ ⑦ ⑧ ⑨ ⑩
29	① ② ③ ④ ⑤ ⑥ ⑦ ⑧ ⑨ ⑩
30	① ② ③ ④ ⑤ ⑥ ⑦ ⑧ ⑨ ⑩
31	① ② ③ ④ ⑤ ⑥ ⑦ ⑧ ⑨ ⑩
32	① ② ③ ④ ⑤ ⑥ ⑦ ⑧ ⑨ ⑩
33	① ② ③ ④ ⑤ ⑥ ⑦ ⑧ ⑨ ⑩
34	① ② ③ ④ ⑤ ⑥ ⑦ ⑧ ⑨ ⑩
35	① ② ③ ④ ⑤ ⑥ ⑦ ⑧ ⑨ ⑩
36	① ② ③ ④ ⑤ ⑥ ⑦ ⑧ ⑨ ⑩
37	① ② ③ ④ ⑤ ⑥ ⑦ ⑧ ⑨ ⑩
38	① ② ③ ④ ⑤ ⑥ ⑦ ⑧ ⑨ ⑩
39	① ② ③ ④ ⑤ ⑥ ⑦ ⑧ ⑨ ⑩
40	① ② ③ ④ ⑤ ⑥ ⑦ ⑧ ⑨ ⑩

解答番号	解答欄
41	① ② ③ ④ ⑤ ⑥ ⑦ ⑧ ⑨ ⑩
42	① ② ③ ④ ⑤ ⑥ ⑦ ⑧ ⑨ ⑩
43	① ② ③ ④ ⑤ ⑥ ⑦ ⑧ ⑨ ⑩
44	① ② ③ ④ ⑤ ⑥ ⑦ ⑧ ⑨ ⑩
45	① ② ③ ④ ⑤ ⑥ ⑦ ⑧ ⑨ ⑩
46	① ② ③ ④ ⑤ ⑥ ⑦ ⑧ ⑨ ⑩
47	① ② ③ ④ ⑤ ⑥ ⑦ ⑧ ⑨ ⑩
48	① ② ③ ④ ⑤ ⑥ ⑦ ⑧ ⑨ ⑩
49	① ② ③ ④ ⑤ ⑥ ⑦ ⑧ ⑨ ⑩
50	① ② ③ ④ ⑤ ⑥ ⑦ ⑧ ⑨ ⑩
51	① ② ③ ④ ⑤ ⑥ ⑦ ⑧ ⑨ ⑩
52	① ② ③ ④ ⑤ ⑥ ⑦ ⑧ ⑨ ⑩
53	① ② ③ ④ ⑤ ⑥ ⑦ ⑧ ⑨ ⑩
54	① ② ③ ④ ⑤ ⑥ ⑦ ⑧ ⑨ ⑩
55	① ② ③ ④ ⑤ ⑥ ⑦ ⑧ ⑨ ⑩
56	① ② ③ ④ ⑤ ⑥ ⑦ ⑧ ⑨ ⑩
57	① ② ③ ④ ⑤ ⑥ ⑦ ⑧ ⑨ ⑩
58	① ② ③ ④ ⑤ ⑥ ⑦ ⑧ ⑨ ⑩
59	① ② ③ ④ ⑤ ⑥ ⑦ ⑧ ⑨ ⑩
60	① ② ③ ④ ⑤ ⑥ ⑦ ⑧ ⑨ ⑩

氏名	
かな	
漢字	

受験番号			
①	①	①	①
②	②	②	②
③	③	③	③
④	④	④	④
⑤	⑤	⑤	⑤
⑥	⑥	⑥	⑥
⑦	⑦	⑦	⑦
⑧	⑧	⑧	⑧
⑨	⑨	⑨	⑨
⓪	⓪	⓪	⓪

← 必ず記入すること

← まちがいなくマークすること

【注意事項】

1．黒鉛筆またはシャープペンシルを使用し、訂正は消しゴムできれいに消し、消しクズを残さないこと
2．所定欄以外にマークをせず、カードを汚したり折りまげたりしないこと
3．マーク例

良い例	悪い例
●	◐ ◑ ⊘ ●

推定配点	
Ⅰ、Ⅱ 各４点×15 Ⅲ～Ⅵ 各２点×20〔Ⅵは各２点×５〕	
100点	計

２０２０年度　武南高等学校・併願１

数学解答用紙

評点
/100

氏　名(漢 字)

← 必ず記入すること

受験番号			
①	①	①	①
②	②	②	②
③	③	③	③
④	④	④	④
⑤	⑤	⑤	⑤
⑥	⑥	⑥	⑥
⑦	⑦	⑦	⑦
⑧	⑧	⑧	⑧
⑨	⑨	⑨	⑨
⓪	⓪	⓪	⓪

← まちがいなく マークすること

【注意事項】
・黒鉛筆またはシャープペンシルを使用する
・訂正は消しゴムできれいに消し、消しクズを残さないこと

解　答　欄　1											
ア	⊖	①	②	③	④	⑤	⑥	⑦	⑧	⑨	⓪
イ	⊖	①	②	③	④	⑤	⑥	⑦	⑧	⑨	⓪
ウ	⊖	①	②	③	④	⑤	⑥	⑦	⑧	⑨	⓪
エ	⊖	①	②	③	④	⑤	⑥	⑦	⑧	⑨	⓪
オ	⊖	①	②	③	④	⑤	⑥	⑦	⑧	⑨	⓪
カ	⊖	①	②	③	④	⑤	⑥	⑦	⑧	⑨	⓪
キ	⊖	①	②	③	④	⑤	⑥	⑦	⑧	⑨	⓪
ク	⊖	①	②	③	④	⑤	⑥	⑦	⑧	⑨	⓪
ケ	⊖	①	②	③	④	⑤	⑥	⑦	⑧	⑨	⓪
コ	⊖	①	②	③	④	⑤	⑥	⑦	⑧	⑨	⓪
サ	⊖	①	②	③	④	⑤	⑥	⑦	⑧	⑨	⓪
シ	⊖	①	②	③	④	⑤	⑥	⑦	⑧	⑨	⓪
ス	⊖	①	②	③	④	⑤	⑥	⑦	⑧	⑨	⓪
セ	⊖	①	②	③	④	⑤	⑥	⑦	⑧	⑨	⓪
ソ	⊖	①	②	③	④	⑤	⑥	⑦	⑧	⑨	⓪
タ	⊖	①	②	③	④	⑤	⑥	⑦	⑧	⑨	⓪
チ	⊖	①	②	③	④	⑤	⑥	⑦	⑧	⑨	⓪
ツ	⊖	①	②	③	④	⑤	⑥	⑦	⑧	⑨	⓪
テ	⊖	①	②	③	④	⑤	⑥	⑦	⑧	⑨	⓪
ト	⊖	①	②	③	④	⑤	⑥	⑦	⑧	⑨	⓪
ナ	⊖	①	②	③	④	⑤	⑥	⑦	⑧	⑨	⓪
ニ	⊖	①	②	③	④	⑤	⑥	⑦	⑧	⑨	⓪
ヌ	⊖	①	②	③	④	⑤	⑥	⑦	⑧	⑨	⓪
ネ	⊖	①	②	③	④	⑤	⑥	⑦	⑧	⑨	⓪
ノ	⊖	①	②	③	④	⑤	⑥	⑦	⑧	⑨	⓪
ハ	⊖	①	②	③	④	⑤	⑥	⑦	⑧	⑨	⓪
ヒ	⊖	①	②	③	④	⑤	⑥	⑦	⑧	⑨	⓪
フ	⊖	①	②	③	④	⑤	⑥	⑦	⑧	⑨	⓪
ヘ	⊖	①	②	③	④	⑤	⑥	⑦	⑧	⑨	⓪
ホ	⊖	①	②	③	④	⑤	⑥	⑦	⑧	⑨	⓪

解　答　欄　2											
ア	⊖	①	②	③	④	⑤	⑥	⑦	⑧	⑨	⓪
イ	⊖	①	②	③	④	⑤	⑥	⑦	⑧	⑨	⓪
ウ	⊖	①	②	③	④	⑤	⑥	⑦	⑧	⑨	⓪
エ	⊖	①	②	③	④	⑤	⑥	⑦	⑧	⑨	⓪
オ	⊖	①	②	③	④	⑤	⑥	⑦	⑧	⑨	⓪
カ	⊖	①	②	③	④	⑤	⑥	⑦	⑧	⑨	⓪
キ	⊖	①	②	③	④	⑤	⑥	⑦	⑧	⑨	⓪
ク	⊖	①	②	③	④	⑤	⑥	⑦	⑧	⑨	⓪
ケ	⊖	①	②	③	④	⑤	⑥	⑦	⑧	⑨	⓪
コ	⊖	①	②	③	④	⑤	⑥	⑦	⑧	⑨	⓪
サ	⊖	①	②	③	④	⑤	⑥	⑦	⑧	⑨	⓪
シ	⊖	①	②	③	④	⑤	⑥	⑦	⑧	⑨	⓪
ス	⊖	①	②	③	④	⑤	⑥	⑦	⑧	⑨	⓪
セ	⊖	①	②	③	④	⑤	⑥	⑦	⑧	⑨	⓪
ソ	⊖	①	②	③	④	⑤	⑥	⑦	⑧	⑨	⓪
タ	⊖	①	②	③	④	⑤	⑥	⑦	⑧	⑨	⓪
チ	⊖	①	②	③	④	⑤	⑥	⑦	⑧	⑨	⓪
ツ	⊖	①	②	③	④	⑤	⑥	⑦	⑧	⑨	⓪
テ	⊖	①	②	③	④	⑤	⑥	⑦	⑧	⑨	⓪
ト	⊖	①	②	③	④	⑤	⑥	⑦	⑧	⑨	⓪
ナ	⊖	①	②	③	④	⑤	⑥	⑦	⑧	⑨	⓪
ニ	⊖	①	②	③	④	⑤	⑥	⑦	⑧	⑨	⓪
ヌ	⊖	①	②	③	④	⑤	⑥	⑦	⑧	⑨	⓪
ネ	⊖	①	②	③	④	⑤	⑥	⑦	⑧	⑨	⓪
ノ	⊖	①	②	③	④	⑤	⑥	⑦	⑧	⑨	⓪
ハ	⊖	①	②	③	④	⑤	⑥	⑦	⑧	⑨	⓪
ヒ	⊖	①	②	③	④	⑤	⑥	⑦	⑧	⑨	⓪
フ	⊖	①	②	③	④	⑤	⑥	⑦	⑧	⑨	⓪
ヘ	⊖	①	②	③	④	⑤	⑥	⑦	⑧	⑨	⓪
ホ	⊖	①	②	③	④	⑤	⑥	⑦	⑧	⑨	⓪

解　答　欄　3																			
ア	⊖	①	②	③	④	⑤	⑥	⑦	⑧	⑨	⓪	Ⓐ	Ⓑ	Ⓒ	Ⓓ	Ⓔ	Ⓕ	Ⓖ	Ⓗ
イ	⊖	①	②	③	④	⑤	⑥	⑦	⑧	⑨	⓪	Ⓐ	Ⓑ	Ⓒ	Ⓓ	Ⓔ	Ⓕ	Ⓖ	Ⓗ
ウ	⊖	①	②	③	④	⑤	⑥	⑦	⑧	⑨	⓪	Ⓐ	Ⓑ	Ⓒ	Ⓓ	Ⓔ	Ⓕ	Ⓖ	Ⓗ
エ	⊖	①	②	③	④	⑤	⑥	⑦	⑧	⑨	⓪	Ⓐ	Ⓑ	Ⓒ	Ⓓ	Ⓔ	Ⓕ	Ⓖ	Ⓗ
オ	⊖	①	②	③	④	⑤	⑥	⑦	⑧	⑨	⓪	Ⓐ	Ⓑ	Ⓒ	Ⓓ	Ⓔ	Ⓕ	Ⓖ	Ⓗ
カ	⊖	①	②	③	④	⑤	⑥	⑦	⑧	⑨	⓪	Ⓐ	Ⓑ	Ⓒ	Ⓓ	Ⓔ	Ⓕ	Ⓖ	Ⓗ
キ	⊖	①	②	③	④	⑤	⑥	⑦	⑧	⑨	⓪	Ⓐ	Ⓑ	Ⓒ	Ⓓ	Ⓔ	Ⓕ	Ⓖ	Ⓗ
ク	⊖	①	②	③	④	⑤	⑥	⑦	⑧	⑨	⓪	Ⓐ	Ⓑ	Ⓒ	Ⓓ	Ⓔ	Ⓕ	Ⓖ	Ⓗ
ケ	⊖	①	②	③	④	⑤	⑥	⑦	⑧	⑨	⓪	Ⓐ	Ⓑ	Ⓒ	Ⓓ	Ⓔ	Ⓕ	Ⓖ	Ⓗ
コ	⊖	①	②	③	④	⑤	⑥	⑦	⑧	⑨	⓪	Ⓐ	Ⓑ	Ⓒ	Ⓓ	Ⓔ	Ⓕ	Ⓖ	Ⓗ
サ	⊖	①	②	③	④	⑤	⑥	⑦	⑧	⑨	⓪	Ⓐ	Ⓑ	Ⓒ	Ⓓ	Ⓔ	Ⓕ	Ⓖ	Ⓗ
シ	⊖	①	②	③	④	⑤	⑥	⑦	⑧	⑨	⓪	Ⓐ	Ⓑ	Ⓒ	Ⓓ	Ⓔ	Ⓕ	Ⓖ	Ⓗ
ス	⊖	①	②	③	④	⑤	⑥	⑦	⑧	⑨	⓪	Ⓐ	Ⓑ	Ⓒ	Ⓓ	Ⓔ	Ⓕ	Ⓖ	Ⓗ
セ	⊖	①	②	③	④	⑤	⑥	⑦	⑧	⑨	⓪	Ⓐ	Ⓑ	Ⓒ	Ⓓ	Ⓔ	Ⓕ	Ⓖ	Ⓗ
ソ	⊖	①	②	③	④	⑤	⑥	⑦	⑧	⑨	⓪	Ⓐ	Ⓑ	Ⓒ	Ⓓ	Ⓔ	Ⓕ	Ⓖ	Ⓗ
タ	⊖	①	②	③	④	⑤	⑥	⑦	⑧	⑨	⓪	Ⓐ	Ⓑ	Ⓒ	Ⓓ	Ⓔ	Ⓕ	Ⓖ	Ⓗ
チ	⊖	①	②	③	④	⑤	⑥	⑦	⑧	⑨	⓪	Ⓐ	Ⓑ	Ⓒ	Ⓓ	Ⓔ	Ⓕ	Ⓖ	Ⓗ
ツ	⊖	①	②	③	④	⑤	⑥	⑦	⑧	⑨	⓪	Ⓐ	Ⓑ	Ⓒ	Ⓓ	Ⓔ	Ⓕ	Ⓖ	Ⓗ
テ	⊖	①	②	③	④	⑤	⑥	⑦	⑧	⑨	⓪	Ⓐ	Ⓑ	Ⓒ	Ⓓ	Ⓔ	Ⓕ	Ⓖ	Ⓗ
ト	⊖	①	②	③	④	⑤	⑥	⑦	⑧	⑨	⓪	Ⓐ	Ⓑ	Ⓒ	Ⓓ	Ⓔ	Ⓕ	Ⓖ	Ⓗ
ナ	⊖	①	②	③	④	⑤	⑥	⑦	⑧	⑨	⓪	Ⓐ	Ⓑ	Ⓒ	Ⓓ	Ⓔ	Ⓕ	Ⓖ	Ⓗ
ニ	⊖	①	②	③	④	⑤	⑥	⑦	⑧	⑨	⓪	Ⓐ	Ⓑ	Ⓒ	Ⓓ	Ⓔ	Ⓕ	Ⓖ	Ⓗ
ヌ	⊖	①	②	③	④	⑤	⑥	⑦	⑧	⑨	⓪	Ⓐ	Ⓑ	Ⓒ	Ⓓ	Ⓔ	Ⓕ	Ⓖ	Ⓗ
ネ	⊖	①	②	③	④	⑤	⑥	⑦	⑧	⑨	⓪	Ⓐ	Ⓑ	Ⓒ	Ⓓ	Ⓔ	Ⓕ	Ⓖ	Ⓗ
ノ	⊖	①	②	③	④	⑤	⑥	⑦	⑧	⑨	⓪	Ⓐ	Ⓑ	Ⓒ	Ⓓ	Ⓔ	Ⓕ	Ⓖ	Ⓗ
ハ	⊖	①	②	③	④	⑤	⑥	⑦	⑧	⑨	⓪	Ⓐ	Ⓑ	Ⓒ	Ⓓ	Ⓔ	Ⓕ	Ⓖ	Ⓗ
ヒ	⊖	①	②	③	④	⑤	⑥	⑦	⑧	⑨	⓪	Ⓐ	Ⓑ	Ⓒ	Ⓓ	Ⓔ	Ⓕ	Ⓖ	Ⓗ
フ	⊖	①	②	③	④	⑤	⑥	⑦	⑧	⑨	⓪	Ⓐ	Ⓑ	Ⓒ	Ⓓ	Ⓔ	Ⓕ	Ⓖ	Ⓗ
ヘ	⊖	①	②	③	④	⑤	⑥	⑦	⑧	⑨	⓪	Ⓐ	Ⓑ	Ⓒ	Ⓓ	Ⓔ	Ⓕ	Ⓖ	Ⓗ
ホ	⊖	①	②	③	④	⑤	⑥	⑦	⑧	⑨	⓪	Ⓐ	Ⓑ	Ⓒ	Ⓓ	Ⓔ	Ⓕ	Ⓖ	Ⓗ

(注) この解答用紙は実物を縮小してあります。Ｂ４用紙に142%拡大コピーすると、ほぼ実物大で使用できます。(タイトルと配点表は含みません)

推定配点	
1〜4 各5点×7　5 各7点×2　6 各6点×3　7 各3点×5　8、9 各6点×3	
計	100点

二〇二〇年度　武南高等学校・併願一

国語解答用紙

解答番号	解答欄	解答番号	解答欄	解答番号	解答欄
1	① ② ③ ④ ⑤ ⑥ ⑦ ⑧ ⑨ ⑩	21	① ② ③ ④ ⑤ ⑥ ⑦ ⑧ ⑨ ⑩	41	① ② ③ ④ ⑤ ⑥ ⑦ ⑧ ⑨ ⑩
2	① ② ③ ④ ⑤ ⑥ ⑦ ⑧ ⑨ ⑩	22	① ② ③ ④ ⑤ ⑥ ⑦ ⑧ ⑨ ⑩	42	① ② ③ ④ ⑤ ⑥ ⑦ ⑧ ⑨ ⑩
3	① ② ③ ④ ⑤ ⑥ ⑦ ⑧ ⑨ ⑩	23	① ② ③ ④ ⑤ ⑥ ⑦ ⑧ ⑨ ⑩	43	① ② ③ ④ ⑤ ⑥ ⑦ ⑧ ⑨ ⑩
4	① ② ③ ④ ⑤ ⑥ ⑦ ⑧ ⑨ ⑩	24	① ② ③ ④ ⑤ ⑥ ⑦ ⑧ ⑨ ⑩	44	① ② ③ ④ ⑤ ⑥ ⑦ ⑧ ⑨ ⑩
5	① ② ③ ④ ⑤ ⑥ ⑦ ⑧ ⑨ ⑩	25	① ② ③ ④ ⑤ ⑥ ⑦ ⑧ ⑨ ⑩	45	① ② ③ ④ ⑤ ⑥ ⑦ ⑧ ⑨ ⑩
6	① ② ③ ④ ⑤ ⑥ ⑦ ⑧ ⑨ ⑩	26	① ② ③ ④ ⑤ ⑥ ⑦ ⑧ ⑨ ⑩	46	① ② ③ ④ ⑤ ⑥ ⑦ ⑧ ⑨ ⑩
7	① ② ③ ④ ⑤ ⑥ ⑦ ⑧ ⑨ ⑩	27	① ② ③ ④ ⑤ ⑥ ⑦ ⑧ ⑨ ⑩	47	① ② ③ ④ ⑤ ⑥ ⑦ ⑧ ⑨ ⑩
8	① ② ③ ④ ⑤ ⑥ ⑦ ⑧ ⑨ ⑩	28	① ② ③ ④ ⑤ ⑥ ⑦ ⑧ ⑨ ⑩	48	① ② ③ ④ ⑤ ⑥ ⑦ ⑧ ⑨ ⑩
9	① ② ③ ④ ⑤ ⑥ ⑦ ⑧ ⑨ ⑩	29	① ② ③ ④ ⑤ ⑥ ⑦ ⑧ ⑨ ⑩	49	① ② ③ ④ ⑤ ⑥ ⑦ ⑧ ⑨ ⑩
10	① ② ③ ④ ⑤ ⑥ ⑦ ⑧ ⑨ ⑩	30	① ② ③ ④ ⑤ ⑥ ⑦ ⑧ ⑨ ⑩	50	① ② ③ ④ ⑤ ⑥ ⑦ ⑧ ⑨ ⑩
11	① ② ③ ④ ⑤ ⑥ ⑦ ⑧ ⑨ ⑩	31	① ② ③ ④ ⑤ ⑥ ⑦ ⑧ ⑨ ⑩	51	① ② ③ ④ ⑤ ⑥ ⑦ ⑧ ⑨ ⑩
12	① ② ③ ④ ⑤ ⑥ ⑦ ⑧ ⑨ ⑩	32	① ② ③ ④ ⑤ ⑥ ⑦ ⑧ ⑨ ⑩	52	① ② ③ ④ ⑤ ⑥ ⑦ ⑧ ⑨ ⑩
13	① ② ③ ④ ⑤ ⑥ ⑦ ⑧ ⑨ ⑩	33	① ② ③ ④ ⑤ ⑥ ⑦ ⑧ ⑨ ⑩	53	① ② ③ ④ ⑤ ⑥ ⑦ ⑧ ⑨ ⑩
14	① ② ③ ④ ⑤ ⑥ ⑦ ⑧ ⑨ ⑩	34	① ② ③ ④ ⑤ ⑥ ⑦ ⑧ ⑨ ⑩	54	① ② ③ ④ ⑤ ⑥ ⑦ ⑧ ⑨ ⑩
15	① ② ③ ④ ⑤ ⑥ ⑦ ⑧ ⑨ ⑩	35	① ② ③ ④ ⑤ ⑥ ⑦ ⑧ ⑨ ⑩	55	① ② ③ ④ ⑤ ⑥ ⑦ ⑧ ⑨ ⑩
16	① ② ③ ④ ⑤ ⑥ ⑦ ⑧ ⑨ ⑩	36	① ② ③ ④ ⑤ ⑥ ⑦ ⑧ ⑨ ⑩	56	① ② ③ ④ ⑤ ⑥ ⑦ ⑧ ⑨ ⑩
17	① ② ③ ④ ⑤ ⑥ ⑦ ⑧ ⑨ ⑩	37	① ② ③ ④ ⑤ ⑥ ⑦ ⑧ ⑨ ⑩	57	① ② ③ ④ ⑤ ⑥ ⑦ ⑧ ⑨ ⑩
18	① ② ③ ④ ⑤ ⑥ ⑦ ⑧ ⑨ ⑩	38	① ② ③ ④ ⑤ ⑥ ⑦ ⑧ ⑨ ⑩	58	① ② ③ ④ ⑤ ⑥ ⑦ ⑧ ⑨ ⑩
19	① ② ③ ④ ⑤ ⑥ ⑦ ⑧ ⑨ ⑩	39	① ② ③ ④ ⑤ ⑥ ⑦ ⑧ ⑨ ⑩	59	① ② ③ ④ ⑤ ⑥ ⑦ ⑧ ⑨ ⑩
20	① ② ③ ④ ⑤ ⑥ ⑦ ⑧ ⑨ ⑩	40	① ② ③ ④ ⑤ ⑥ ⑦ ⑧ ⑨ ⑩	60	① ② ③ ④ ⑤ ⑥ ⑦ ⑧ ⑨ ⑩

(注) この解答用紙は実物を縮小してあります。Ｂ４用紙に125%拡大コピーすると、ほぼ実物大で使用できます。(タイトルと配点表は含みません)

評点
/100

氏	名
かな	
漢字	

← 必ず記入すること

受験番号			
①	①	①	①
②	②	②	②
③	③	③	③
④	④	④	④
⑤	⑤	⑤	⑤
⑥	⑥	⑥	⑥
⑦	⑦	⑦	⑦
⑧	⑧	⑧	⑧
⑨	⑨	⑨	⑨
⓪	⓪	⓪	⓪

← 必ず記入すること

← まちがいなくマークすること

【注意事項】

1．黒鉛筆またはシャープペンシルを使用し、訂正は消しゴムできれいに消し、消しクズを残さないこと
2．所定欄以外にマークをせず、カードを汚したり折りまげたりしないこと
3．マーク例

良い例	悪い例
●	◐ ◑ ⊘ ●

推定配点

一 問1 各2点×5 問2～問8 各3点×7
問9 4点 問10 各1点×5
二、三 各3点×16
四 各2点×6

計	100点